Ulrich Lüke

Das Säugetier von Gottes Gnaden

Ulrich Lüke

Das Säugetier von Gottes Gnaden

Evolution, Bewusstsein, Freiheit

HERDER

FREIBURG · BASEL · WIEN

Bibliographische Information der Deutschen Bibliothek

Die Deutsche Bibliothek verzeichnet diese Publikation in der Deutschen Nationalbibliographie; detaillierte bibliographische Daten sind im Internet über ⟨http://dnb.ddb.de⟩ abrufbar.

2. Auflage

www.herder.de
Umschlaggestaltung: Finken & Bumiller, Stuttgart
Satz: SatzWeise Trier
Druck und Bindung: fgb · freiburger graphische betriebe 2007
www.fgb.de
Gedruckt auf umweltfreundlichem, chlorfrei gebleichtem Papier
ISBN 978-3-451-28859-3

Gliederung

Vorwort

Sicher war die Anthropologie philosophisch nie ein beherrschbares oder ein annähernd konfliktbereinigtes oder wenigstens ein überschaubares Gebiet. Wer sich aber heute – von welcher Richtung auch immer – auf das Feld der Anthropologie begibt, stößt auf eine einzige gigantische Großbaustelle bestehend aus zahllosen Einzelbaustellen. Er findet dort eine Vielzahl der unterschiedlichsten intellektuellen Gewerke bei einer nicht selten mit sehr viel Geld ausgestatteten, manchmal an Besessenheit grenzenden und mit geradezu religiösen Heilsversprechen angepriesenen Arbeit. Jedes dieser Gewerke und das in durchaus faszinierender Weise fokussiert auf die eigenen Fragestellungen und auf das eigene Arbeitsprogramm, aber fast keines weitet den Blick für das Gesamtgeschehen auf dieser Großbaustelle. Ausgehend von einem christlichen Menschenbild versucht diese Arbeit, einige dieser Einzelbaustellen konstruktiv wie kritisch zu sichten und zu charakterisieren.

Da ist die intellektuelle Baustelle der Debatte um Evolution und Schöpfung, um Evolution statt Schöpfung, um Evolution als Schöpfung, also die Debatte um eine scheinbar nur alternativ zu vergebende, biologische oder theologische Interpretationshoheit auf dem Felde der Anthropologie.

Da ist die intellektuelle Baustelle der Geist-Gehirn-Debatte, auf der es um nichts Geringeres als die Frage von Determination und Freiheit, die Frage nach der ethischen Zurechenbarkeit und Verantwortlichkeit oder der grundsätzlichen ethischen Unzurechnungsfähigkeit des Menschen geht.

Da ist die Baustelle der Debatte um den Lebensbeginn, auf der um die Frage des Terminus a quo einer Schutzwürdigkeit des menschlichen Lebens gerungen und auf der zugleich mit ungeheuerlichen Heilungsversprechungen für dessen weitgehend forschungs- und vermarktungsorientierte Freigabe geworben wird.

Da ist die Baustelle der Debatte um das Lebensende, auf der um die Frage eines Terminus ad quem des menschlichen Lebens und um die Erlaubtheit ärztlich assistierter Tötung auf Verlangen gerungen und auf der zugleich mit den therapeutischen und merkantilen Segnungen der Organtransplantation gelockt wird.

Da ist die Baustelle der Debatte um das dem Menschen – als Subjekt und Objekt – angemessene Denken, auf der sich der naturalistisch-reduktionistische Denktyp mit unverhohlenen Alleinvertretungsansprüchen gegen alle anderen Denktypen zu positionieren versucht.

Ein allgemein akzeptierter Masterplan und eine für die vielen Teilbaustellen zuständige, allseits respektierte Bauleitung für das Ganze sind nicht in Sicht. Was also ist zu denken und zu tun, wenn im undurchschauten Zwielicht des Zukünftigen das Menschliche und das Unmenschliche menschenmöglich werden?

Zu den folgenden konstruktiv kritischen Besichtigungen, Beschreibungen, Beanstandungen einiger Teilbaustellen auf der Großbaustelle der Anthropologie hat mich Herr Dr. Peter Suchla vom Herder-Verlag ermutigt. Bei der Durchführung dieses Programms haben mich Frau Angelika Hoven durch ihr Korrekturlesen und Herr Christoph Offergeld durch seine Registererstellung unterstützt. Ihnen sei herzlich dafür gedankt.

0 Ouvertüre

Wenn wir den Menschen biologisch einordnen wollen, dann ergibt sich folgendes Bild:

Stamm: Vertebraten (Wirbeltiere)
Klasse: Mammalier (Säugetier)
Ordnung: Primates (Herrentiere)
Familie: Hominidae (Menschenartige)
Art: Homo sapiens sapiens

Jetzt wissen wir also, was ein Mensch ist, oder? Nein, streng genommen haben wir ihn nur im übrigen Reich der Tiere lokalisiert. Er ist also, wie der Titel schon sagt, ein Wirbeltier, Säugetier, Herrentier, Menschentier, dieser Mensch.

Aber woher kommt er entwicklungsgeschichtlich betrachtet. Es kann, auch wenn amerikanische Kreationisten anderer Ansicht sein mögen, nicht der mindeste Zweifel bestehen, dass er eindeutige Spuren in der Evolution hinterlassen hat, nämlich seine menschliche Stammesgeschichte: Australopithecus – Homo habilis – Homo erectus – Homo sapiens neanderthalensis – Homo sapiens sapiens.

Wenn er also taxonomisch im Tierreich einzuordnen ist, wenn er nicht anders als tierisch zu nennende Vorfahren in seiner Stammesgeschichte aufweist, ist er dann nur ein Tier und sonst nichts? Ein »nackter Affe«, wie Morris meinte, einer mit möglicherweise gefährlich überdimensioniertem Gehirn, ein »Irrläufer der Evolution«, wie Koestler meinte, sonst nichts?

Andererseits: Ist er nicht – fern davon ein Naturwesen zu sein – das Kulturwesen schlechthin? Aber selbst die Insignien unserer Kulturentwicklung kann und muss man wohl auch kritisch sehen. Erich Kästner hat das auf wunderbare Weise so getan:[1]

Die Entwicklung der Menschheit

Einst haben die Kerls auf den Bäumen gehockt,
behaart und mit böser Visage.
Dann hat man sie aus dem Urwald gelockt
und die Welt asphaltiert und aufgestockt
bis zur dreißigsten Etage.

Da saßen sie nun, den Flöhen entflohn,
in zentralgeheizten Räumen.
Da sitzen sie nun am Telefon.
Und es herrscht noch immer derselbe Ton
wie seinerzeit auf den Bäumen.

Sie hören weit. Sie sehen fern.
Sie sind mit dem Weltall in Fühlung.
Sie putzen die Zähne. Sie atmen modern.
Die Erde ist ein gebildeter Stern
mit sehr viel Wasserspülung.

Sie schießen die Briefschaften durch ein Rohr.
Sie jagen und züchten Mikroben.
Sie versehen die Natur mit allem Komfort.
Sie fliegen steil in den Himmel empor
und bleiben zwei Wochen oben.

Was ihre Verdauung übrig lässt,
das verarbeiten sie zu Watte.
Sie spalten Atome. Sie heilen Inzest.
Sie stellen durch Stiluntersuchungen fest,
daß Cäsar Plattfüße hatte.

So haben sie mit dem Kopf und dem Mund
den Fortschritt der Menschheit geschaffen.
Doch davon mal abgesehen und
bei Lichte betrachtet sind sie im Grund
noch immer die alten Affen.

Der Mensch trotz aller Kulturbemühungen ein alter Affe, sonst nichts? Und auch die Religion, nichts als Affentheater? Letztlich will der Moralist Kästner aber durch seine Bespöttelung zweifelhafter Kulturleistungen die wirkliche Kulturleistung, die Menschlichkeit, in den Blick rücken.

Manchmal treten Biologen auf, die den gläubigen Menschen einschließlich ihrer Theologen erklären möchten, dass die Glaubenssysteme inhaltlich unsinnig und nichts als soziokulturelle Produkte Darwinscher Evolutionstheorie seien. Durch diese frei erfundene Scheinwelt oder Hinterwelt falle es der biologischen Art Mensch leichter, mit der wirklichen Welt klar zu kommen.

Wenn sich dann ein solcher Aufklärer, nachdem er erklärt hat, was Religion wirklich ist, selber stolz zum Atheismus bekennt, erinnert mich das stark an einen Gehörlosen, der den versammelten Musikern erklären möchte, was Musik ist. Musik, sagt dieser Gehörlose, das seien nur diese schwarzen Striche und Punkte auf dem fünflinigen Papier. Was diese Musiker hörten sei Einbildung, trüge aber auf raffinierte Weise zu einer Wirtschaftsankurbelung für Partiturverlage und Musikalienhandlungen bei. Und darin bestünde ihr eigentlicher Sinn.[2]

Der Verhaltensforscher und Nobelpreisträger Konrad Lorenz findet dazu deutliche Worte:

»›Der Mensch ist ein Säugetier aus der Ordnung der Primaten‹ ist ebenso offensichtlich richtig wie die Aussage, der Mensch sei ›eigentlich nichts anderes als ein solches‹ offensichtlich falsch ist. Julian Huxley hat für solche Fehler die wunderschöne Bezeichnung ›nothing else buttery‹ geprägt.«[3] Diese »*Nichts-anderes-Alserei*« wie Lorenz die reduktionistische Verkürzung nennt, wird dem Menschen nicht gerecht.

Das andere, genau gegenteilige Problem wäre, den Menschen von allem, was ihn mit den Tieren verbindet, zu isolieren, ihn zu einer Art Engel hoch zu stilisieren, das wäre eine »Ganz-anderes-Alserei«. Aber der Mensch ist nicht als einziges Wesen dieser Erde vom Himmel gefallen, er hat wie alle anderen auch eine Evolutionsgeschichte durchlaufen und sehr irdische Eigenschaften. Mit beiden Haltungen, mit der »Nichts-anderes-Alserei« und der »Ganz-anderes-Alserei«, mit seiner Unterschätzung und seiner Überschätzung fügt man dem Menschen großen Schaden zu.

Der geniale Philosoph und Mathematiker Blaise Pascal (1623–1662) hatte das bereits im 17. Jahrhundert in den Satz gebracht: »*Der*

Mensch ist weder Engel noch Tier, und das Unglück will, dass, wer den Engel will, das Tier macht.«[4]

Wie aber gerät der Mensch an seinen Gott?

Kein Vogel hat über die Gesetze der Aerodynamik nachgedacht, nachdenken können, als er sich an den Lebensraum Luft anpasste. Aber wir Menschen können die Gesetze der Aerodynamik aus seinem Körperbau und Verhalten ablesen. Kein Fisch hat über die Gesetze der Hydrodynamik nachgedacht, nachdenken können, als er sich an die Verhältnisse im Lebensraum Wasser anpasste. Aber wir Menschen können sie aus seinem Körperbau und Verhalten ablesen.

Ob auch die Tatsache, dass es keine menschliche Kultur auf dieser Erde gibt, die nicht durch Artefakte und Verhaltensweisen für sich die Dimension des Religiösen erschlossen hätte, ein Hinweis auf diese umfassendere Realität ist? Nur wir Menschen, blind wie die Vögel für die Aerodynamik und blind wie die Fische für die Hydrodynamik, können noch nicht wahrnehmen, was in der Evolution religiös in uns und mit uns vorgeht und uns existentiell angeht?

Nähern wir uns dem mit einer irgendwie bio-theologischen Geschichte:

Was haben ein evangelischer Pastor des 17. Jahrhunderts, einige vor genau 150 Jahren gefundene Knochen und eines der bekanntesten Kirchenlieder miteinander zu tun?

Wenn man der kirchlichen Praxis entwöhnte Christen etwa anlässlich ihrer Trauung fragt, was denn nun gesungen werden könne und solle, dann flüchten sie sich zu den Restbeständen ihrer Musikalität. Und dazu gehört das Lied »*Lobet den Herren, den mächtigen König der Ehren*«. Dieses Lied stammt von einem Herrn namens Joachim Neumann, der 1650 in Bremen geboren wurde und ebendort als Pastor erst dreißigjährig 1680 starb. Dazwischen aber war er ab 1674 Rektor der Lateinschule in Düsseldorf und an der Kirche St. Martin Vikar und wohl auch ein Hobby-Organist.

Wie es damals weit verbreitet war, übersetze er seinen Namen in eine der klassischen Sprachen. Er wählte dafür das Griechische: »neos« für neu und »anär« für Mann und hieß fortan Neander. Er scheint die Menschen im weltabgewandten idyllischen Tal der Düssel durch seine Musik und Predigt sehr beeindruckt zu haben. Jedenfalls benannten sie nach seinem frühen Tod ihr schönes Tal in Neandertal um.

Fast 200 Jahre nach seinem Wirken an dieser Stätte wurde dort mit Pickel und Schwarzpulver Kalkstein abgebaut, und es stand nur noch die sogenannte »Feldhofer Kapelle«, ein Kalksteinfelsen, in dem über Jahrhunderttausende regelrechte Grotten ausgewaschen waren. Ihr schmaler Eingang lag 18 Meter hoch über der Düssel und war nur auf abenteuerliche Weise zu erreichen. Man sprengte ihn schließlich.

Als man das Geröll beiseite schaufelte, stieß man auf kräftige gekrümmte Oberschenkelknochen, einige Rippen, Arm- und Schulterknochen, ein Stück vom Beckenknochen sowie ein Schädeldach mit mächtigen Überaugenwülsten. Es war ein Glück, dass sie dem Elberfelder Lehrer Johann Carl Fuhlrott in die Hände fielen, der in ihnen sofort einen fossilen Beleg für die Entwicklungsgeschichte des Menschen erkannte. Und auch als Wissenschaftspäpste des 19. Jahrhunderts von seiner Theorie nichts wissen wollten, unter ihnen hartnäckig und unangenehm der Begründer der modernen Pathologie Rudolf Virchow, der in all dem nur das Skelett eines pathologischen, rachitischen Menschen sehen wollte, hielt er an seiner These fest.

Und man bedenke: Das alles war im August des Jahres 1856, und erst drei Jahre später kam das bahnbrechende Werk von Charles Darwin »Über die Entstehung der Arten durch natürliche Zuchtwahl« heraus. Und selbst darin ist nur ein einziger Satz zu finden über die Denkbarkeit einer Evolution auch des Menschen. Nach und nach aber und durch immer neue Fossilfunde setzte sich dieser Gedanke über die Entstehung des Menschen durch. 35.000 Jahre alt sind die Knochen des Neandertalers, ein wirklich »alter Mann« aus dem Tal des »neuen Mannes« hat ein neues Bild von Mensch und Menschwerdung entstehen lassen.

Ist nun der alte Schöpfergott durch die neuen Funde des alten Menschen und seine Evolution widerlegt? Heute wissen wir durch viele weitere Funde, dass dieser Menschentyp des Neandertalers Sozialfürsorge betrieb, Totemkulte und rituelle Bestattungen kannte und diverse religiöse Praktiken vollzog. Der Neandertaler und wahrscheinlich auch schon sein Vorgänger, der Homo erectus sind also bereits religiöse Menschen.

Der erste, der den Namen »Homo sapiens« (der weise Mensch) trägt, der »Homo sapiens neanderthalensis«, wie die Wissenschaft ihn nennt, ist bereits ein religiöser Mensch. Vielleicht ist er ein weiser, weil religiöser und ein religiöser, weil weiser Mensch.

Der Mensch ist das Wesen, das bereits in der Morgenröte seines

Auftretens den rein biologischen Funktionshorizont überschreitet und nicht schadlos dahin zurückgestuft und darauf zurückgestutzt werden kann. Dieser Mensch befindet nicht bloß unter Selbsterhaltungs- und Fortpflanzungsgesichtspunkt über dies und jenes, sondern er fragt, wie primitiv auch immer, nach dem Sinn des Ganzen, er sucht nach einem Deutungshorizont, in dem das Drama des eigenen Lebens und das ganze Welttheater einen Sinn ergeben. Vom Göttlichen angesprochen und für das Göttliche ansprechbar wird sich der Mensch selber lebenslänglich zur staunenswerten Gabe und unabweisbaren Aufgabe.

Christen behaupten darüber hinaus noch etwas mehr: Der Mensch wurde nicht nur vom tierisch-untermenschlichen, sondern auch vom göttlich-übermenschlichen her geprägt, ja angezielt. Gott hat sich in die Niederungen einer biologischen Stammes- und Individualgeschichte des Menschen hineinbegeben. Christen sagen damit, dass nicht nur der Mensch auf die Suche nach Gott ausgeht, sondern Gott selbst dem suchenden Menschen entgegengeht, bis diesem in Jesus Christus der menschliche Gott aufgeht.

Gott wird – menschlich unverständlich – Mensch, um uns – unverständlich menschlich – Gott nahe zu bringen.

Und wenn ich dann mit Joachim Neander singe:

Lobe den Herren, der künstlich und fein dich bereitet,
der dir Gesundheit verliehen, dich freundlichen geleitet …,

dann denke ich an das überaus kunstvolle evolutive Gewordensein des Menschen, das ihn zu Gott führte und an das menschliche Entgegenkommen Gottes, das ihn zum Menschen führte. Und dann ahne ich, der Mensch ist ein Säugetier von Gottes Gnaden, und singe ich mit ganzem Herzen:

Lobe den Herren, was in mir ist, lobe den Namen.
Lob ihn mit allen, die seine Verheißung bekamen.
Er ist dein Licht;
Seele, vergiss es ja nicht.
Lob ihn in Ewigkeit. Amen.

Und ich bin dankbar für einen evangelischen Pastor des 17. Jahrhunderts, ein paar 35 000 Jahre alte Knochen, einen Lehrer des 19. Jahrhunderts, die mich durch je ihren Beitrag das Loblied auf den evolutiv wirksamen Schöpfer und das evolutiv bewirkte Geschöpf Mensch ganz neu singen lassen. Und dann bin ich durch diese Art Selbsterkenntnis ein »neuer Mann«, der vielleicht gerade beginnt, etwas weiser und also ein wirklicher Homo sapiens sapiens zu werden.

1 Problemeinführung

Ist der Mensch von Gott erschaffen worden, oder ist er in einem evolutiven Prozess entstanden, dessen letzte und entscheidende Phase als Hominisation bezeichnet wird? Die Menschen früherer Jahrhunderte hatten zumeist keinen Zweifel daran, dass Gott den Menschen erschaffen hat, und sie nahmen ihre Gewissheit aus dem Buche der Bücher, aus den ersten Kapiteln der Bibel. Die meisten Menschen unseres Jahrhunderts entscheiden sich eher anders. Sie berufen sich auf die Evolutionstheorie und messen den Schöpfungsaussagen der Bibel keine oder keine große Bedeutung bei. Aber ist die Alternative richtig: Entweder Erschaffung oder Evolution und Hominisation?

1.1 Die Zuständigkeit der Anthropologie

Die Frage nach der Erschaffung, der Evolution und Hominisation des Menschen gehört in das weite Feld der Anthropologie. Die Frage nach den Fakten, wie der Mensch wurde, was er ist, verbindet sich unmittelbar mit der Frage nach dem Sinn, warum er wurde, was er ist.

Was ist und was will Anthropologie? Was leistet sie?

Der Begriff Anthropologie stammt aus dem Griechischen: hò ánthropos heißt übersetzt der Mensch; hò lógos bedeutet das Wort, der Sinn, die Wissenschaft. Demnach ist Anthropologie die Lehre, die Wissenschaft vom Menschen.

Erstmals taucht der Begriff Anthropologie in Schriften der deutschen Schulphilosophie auf, z. B. 1594/96 bei O. Casmanns.[1] Damit ist aber keineswegs zugleich der Beginn der Anthropologie ausgemacht. Allenfalls ist hierin der zaghafte Beginn einer expliziten Anthropologie zu sehen, der allerdings, selbst in verschriftlichter Form, bereits eine mehr als 2000-jährige Vorgeschichte in einer impliziten Anthropologie besaß.

Ja man wird sagen müssen, dass über die verschriftlichte Form einer impliziten Anthropologie hinaus auch eine noch vorschriftliche anthropologische Reflexion angenommen werden muss, insofern man und weil man den Menschen nur als ein konstitutionell selbstreflexives Wesen verstehen kann und muss.

Im Modus von Mythen, Kunst (dazu zählen auch schon die ca. 10 000 bis 30 000 Jahre alten Höhlenmalereien), Gesellschaftsordnung und Religion treibt der Mensch implizite Anthropologie, insofern er darin zumindest unthematisch die Frage nach sich selbst, nach seinem Woher und Wohin stellt und zu beantworten sucht.

Es gibt bewegende Zeugnisse aus dieser sicher mehr als drei Jahrtausende währenden Phase einer schon verschriftlichten impliziten Anthropologie.

Dazu gehört im Bereich der biblischen Tradition z. B. die Priesterschriftliche (Siebentagewerk nach Gen 1, 1 – 2, 4a) und die Jahwistische Schöpfungserzählung (die Paradieses-Erzählung um Adam und Eva nach Gen 2, 4b ff.), auf die noch näher einzugehen sein wird, weil sie zum wichtigsten jüdisch-christlichen Grundbestand anthropologischer Selbsterhellung zählen.

Dazu gehört auch der etwa aus dem 6. vorchristlichen Jahrhundert stammende Psalm 8:

> *»Herr, unser Herrscher,/ wie gewaltig ist dein Name auf der ganzen Erde;/*
> *über den Himmel breitest du deine Hoheit aus.*
> *Aus dem Mund der Kinder und Säuglinge schaffst du dir Lob,/ deinen Gegnern zum Trotz;/ Feinde und Widersacher müssen verstummen.*
> *Sehe ich den Himmel, das Werk deiner Finger,/*
> *Mond und Sterne, die du befestigt:*
> *Was ist der Mensch, dass du an ihn denkst/*
> *des Menschen Kind, dass du dich seiner annimmst?*
> *Du hast ihn nur wenig geringer gemacht als Gott/*
> *hast ihn mit Herrlichkeit und Ehre gekrönt.*
> *Du hast ihn als Herrscher eingesetzt über das Werk deiner Hände,/ hast ihm alles zu Füssen gelegt:*
> *All die Schafe, Ziegen und Rinder/ und auch die wilden Tiere,*
> *die Vögel des Himmels und die Fische im Meer,/ alles, was auf den Pfaden der Meere dahinzieht./ Herr, unser Herrscher,/ wie gewaltig ist dein Name auf der ganzen Erde!«*[2]

Von dieser impliziten Anthropologie gibt auch die griechische Inschrift auf dem Apollotempel in Delphi Zeugnis: Gnothi seauton – Erkenne dich selbst – Noscere te ipsum! Sie stammt aus vorsokratischer Zeit und wurde, wie aus der Verteidigungsrede (Apologie) des Sokrates zu entnehmen ist, zu einem wesentlichen Antrieb seines philosophischen Denkens, wie es uns durch Platon überliefert und von ihm weiterentwickelt und ausgestaltet worden ist.

Es lassen sich also im wachsenden Vollzug der Selbstreflexivität des Menschen verschiedene Phasen ausmachen:

1. die Phase einer vorschriftlichen impliziten Anthropologie, in der es mündliche Erzähltraditionen gibt, die dem Menschen Antwort auf die Frage nach sich selbst geben.
2. die Phase einer verschriftlichten impliziten Anthropologie, in der es bereits Schriftzeugnisse des Menschen gibt, z. B. auf Tontafeln. Aber der Mensch macht die Frage nach sich selbst darin noch nicht zum ausdrücklichen Thema.
3. die Phase einer verschriftlichten expliziten Anthropologie, in der der Mensch schriftlich und ganz ausdrücklich die Frage nach sich selbst stellt.
4. die Phase einer sich in vielen Disziplinen (Theologie, Philosophie, Biologie, Paläoanthropologie, Ethnologie etc.) ausdifferenzierenden expliziten Anthropologie mit wissenschaftlichem Anspruch.

Dabei wird innerhalb der individuellen und kollektiven menschlichen Existenz keine der Phasen endgültig überwunden, sondern jede bleibt vom alltäglichen Dasein bis zu den hoch spezialisierten wissenschaftlichen Bemühungen des Menschen gegenwärtig. Von der zweiten und dritten Phase der Anthropologie, der verschriftlichten impliziten und der verschriftlichten expliziten Anthropologie finden sich zahlreiche Zeugnisse in der Bibel. Und diese geben indirekt auch noch Hinweise auf die erste vorschriftliche Phase. Die vierte Phase anthropologischer Selbsterhellung findet reiche Belege in einer Theologie, die auf den bleibend wichtigen biblischen Befund Bezug nimmt und ihn in einem ausdifferenzierten Fächerspektrum zugleich überschreitet.

J. B. Lotz charakterisiert die Entwicklung der Anthropologie in folgender Weise:

»Gewiss ist die Frage nach dem Menschen irgendwie ›das‹ Thema der Philosophie; doch bildete es früher nicht den beherrschenden Mittel-

punkt. Die Antike kreiste um den ›Kosmos‹ oder die in sich ruhende Natur und sah den Menschen in deren Zusammenhang. Dem Mittelalter war der Mensch ein Glied der von Gott ausgehenden ›Ordnung‹. Die Neuzeit löste zwar den Menschen von solchen tragenden Gründen und stellte ihn auf sich selbst, aber vorwiegend als ›Subjekt‹ oder Vernunft, wobei diese schließlich als transzendentales Subjekt oder pantheistisch absolute All-Vernunft den Menschen zu einem Moment im Entwicklungsgang des Absoluten verflüchtigte. Als dem Menschen die Unhaltbarkeit derartiger Übersteigerungen zum Bewusstsein kam, merkte er, dass er sein eigentliches Selbst weithin verloren und besonders das Leben dem abstrakten Schein-Begriff geopfert hatte. Die Neugeburt begann, sobald er sich auf sich selbst zurückgeworfen sah, und zwar (im Gegensatz zum einseitig verstandenen Idealismus) auf die personale und geschichtliche Konkretheit seines allem Begriff vorausgehenden und jedem Begriff überlegenen Lebens. So wird der Mensch sich selbst zu ›dem‹ Thema alles Philosophierens; den Menschen gilt es zu erforschen und alles andere nur in ihm.«[3]

Die moderne Anthropologie verdankt sich also einem emanzipatorischen Impuls mit zwei Stossrichtungen: Zum einen ist sie gegen die mittelalterlich-metaphysische Einebnung des Menschen als ein Geschöpf neben anderen gerichtet und will in dieser Hinsicht das Besondere des Menschen betonen. Zum anderen ist sie gegen die geschichtsphilosophische Verflüchtigung des konkreten Menschen als bloßer Fall der allgemeinen Idee Mensch gerichtet und will in dieser Hinsicht die unverwechselbare Geschichtlichkeit und Einmaligkeit des konkreten Menschen festhalten.

Daraus, dass der Mensch sich selbst zum Thema wird, ergeben sich schließlich mit Beginn der Neuzeit die verschiedenen expliziten Anthropologien. Zwei große, divergierende Entwicklungsäste am Baumstamm der Anthropologie, die sich ihrerseits nochmals in eine Vielzahl von Entwicklungszweigen weiter aufgliedern, ließen sich angeben:

1. Eine Anthropologie im Vollzug der Subjektivität, die eher dem Bereich der Geisteswissenschaften zuzuordnen ist.
2. Eine Anthropologie im Vollzug objektivierender Erkenntnis, die eher dem Bereich der Naturwissenschaft zuzuordnen ist.

Die Philosophie war zumeist an den Geisteswissenschaften orientiert, bewahrte aber zumindest, wenn auch oft nur im Protest gegen diese, eine Offenheit für die anthropologischen Erkenntnisse der Naturwissenschaften und nahm insofern eine Brückenfunktion zwischen den beiden großen divergierenden anthropologischen Denkansätzen ein.

Immanuel Kant (1724–1804) hatte das Feld der Philosophie durch die weithin bekannten vier Fragen abgesteckt:

»*1) Was kann ich wissen?*
2) Was soll ich tun?
3) Was darf ich hoffen?
4) Was ist der Mensch?

Die erste Frage beantwortet die Metaphysik, die zweite die Moral, die dritte die Religion, und die vierte die Anthropologie. Im Grunde könnte man aber alles dieses zur Anthropologie rechnen, weil sich die drei ersten Fragen auf die letzte beziehen.«[4]

Philosophische Anthropologie kann man in Übereinstimmung mit Kant durchaus als die Fundamentaldisziplin der Philosophie auffassen. Sie ist nicht nur eine Disziplin unter oder neben anderen, sondern die Fundamental- oder Zentraldisziplin der ganzen Philosophie.[5]

Schließlich wird das Theaterstück, das Drama, Lust- oder Trauerspiel der Philosophie nirgends sonst als auf der Bühne des menschlichen Welt- und Selbstverständnisses dazu noch von menschlichen Darstellern und unter menschlicher Regie aufgeführt.

Die philosophische Anthropologie kann und will dabei nicht die vollständige Sammlung und Übersicht aller anthropologischen Aspekte bieten. Die Ganzheit und Einheit des Menschen ist Gegenstand der philosophischen Anthropologie, aber nicht in einem abschließenden definierenden, sondern in einem aufschließenden exponierenden und extrapolierenden Sinn.

1.2 Zur Vorgehensweise in diesem Buch

Ich möchte die anthropologische Grundfrage »Wer oder was ist der Mensch?« nicht aus einer ausschließlich geisteswissenschaftlichen, sondern aus der Verbindung einer naturwissenschaftlichen und theologischen Perspektive angehen. Dabei werden Ergebnisse der Physik und Chemie in geringerem Umfang, Ergebnisse der Biologie, z.B. speziell der Evolutionsbiologie, der Ethologie, der Paläoanthropologie, der Genetik etc. aber in größerem Umfang eine Rolle spielen. Es soll deutlich werden, dass naturwissenschaftliche Aussagen über den Menschen kein

Sollen konstituieren, d.h. aus sich nicht normativ sein können. Darum ist der naturalistische Fehlschluss von einem naturalen Sein auf ein ethisches Sollen zu vermeiden. Was gemeint ist, mag ein Beispiel erklären. Aus der Tatsache, dass im Hochgebirge manchmal Bergsteiger durch Steinschlag, d.h. also durch natürliche Gegebenheiten, zu Tode kommen, kann man nicht auf eine ethische Erlaubtheit zur Wiedereinführung der Todesstrafe schließen. Denn bei Letzterem ist die wenn auch zumeist eingeschränkte menschliche Freiheit mit im Spiel.

Es soll auch deutlich werden, dass Aussagen über den Menschen nicht aus ausschließlichen nackten Tatsachen bestehen, sondern immer zumindest das höchst transparente oder fadenscheinige Mäntelchen einer nicht naturwissenschaftlichen, einer außernaturwissenschaftlichen Deutung umgehängt haben.

Wenn man Menschen unserer Tage nach der Entstehung oder Herkunft des Menschen als einer biologischen Art fragt, dann erhält man die allgemeine und stichwortartige Auskunft: Evolution natürlich.

Wenn man dann genauer fragt, wie sich das abgespielt haben könnte, welche Etappen der Menschwerdung durchlaufen wurden, dann werden die Antworten zumeist sehr vage. Die Affen spielen dann irgendeine Rolle und die Neandertaler, aber welche, das ist den allermeisten Befragten unbekannt. Dass die Erfindung der Sprache wichtig war und der aufrechte Gang, werden einige Nachdenkliche noch beisteuern, bevor auch sie passen.

In einem aber werden sich die meisten Befragten erstaunlich sicher und einig sein: Die Erschaffung des Menschen ist ein biblischer Mythos, der dem aufgeklärten Menschen unserer Tage kaum noch zuzumuten ist, ein schöner Mythos vielleicht, aber wissenschaftlich völlig unhaltbar. Bei der Frage nach der Entstehung des Menschen als distinkte Art, bei der Frage im Kontext der Phylogenese also, wird die naturwissenschaftlich gestützte Evolutionslehre der als mythologisch angesehenen theologischen Schöpfungslehre entgegengesetzt. Die kurz gefasste Antwort vieler Zeitgenossen lautet dann: Evolution ja, Schöpfung nein!

Stellt man die Frage nach der Erschaffung des individuellen Menschen, platziert man also die Frage in einem ontogenetischen Kontext, ist für die meisten Zeitgenossen die Mitwirkung Gottes noch abwegiger. Gerade hier erlebt sich der Mensch doch via Zeugung als Schöpfer des neuen Menschen, oder durch die Benutzung von Kontrazeptiva als

Verhinderer solcher Neuschöpfung. Aber ist er wirklich Schöpfer in einem Gottes Schöpfertätigkeit dispensierenden gleichwertigen Sinne? Oder ist der zeugende Mensch schon wegen seiner Verwiesenheit auf das Zusammenwirken mit dem anderen an der Zeugung beteiligten, für die Zeugung benötigten Partner doch etwas gänzlich anderes, genau genommen eben weniger als ein Schöpfer, also allenfalls ein Mitschöpfer? Oder ist im Zeitalter der Ermöglichung gentechnologischer Selbstdechiffrierung des menschlichen Erbguts, im Zeitalter neu- und selbst konstituierter Erbgutsequenzen, im Zeitalter reproduktionsmedizinischer Möglichkeitserweiterungen, im Zeitalter klonungstechnischer Reproduzierbarkeit des Menschen die Schöpferpotenz Gottes für uns Menschen in den Horizont der Erreichbarkeit geraten?

Beide Fragehorizonte, der phylogenetische und der ontogenetische, sind hier also mit zu bedenken, wo es um den Menschen, um seine Entstehens- und Lebensbedingungen geht. Bezogen auf die einschlägigen biologischen Disziplinen heißt das: Es sind die Evolutionstheorie mit dem Schwerpunkt Hominisation, die vergleichende Verhaltensforschung oder Ethologie, die Humangenetik, sowie die Reproduktions- und Entwicklungsbiologie (Embryologie) zu konsultieren.

Liegt nicht auch darin ein Problem, dass die theologische Anthropologie im Blick auf den Menschen oft von der Krone der Schöpfung spricht, ihm also eine Spitzenstellung einräumt, die naturwissenschaftliche Anthropologie in ihm aber eher ein Wesen des evolutiven Übergangs, im Jetztmenschen also gewissermaßen den »Neandertaler der Zukunft« (von Ditfurth) sieht?

Und schließlich soll auch der Mensch am Ende seiner Möglichkeiten in den Blick genommen, sollen auch Krankheit, Heilung und Tod als biologisches und theologisches Problem mitbedacht werden.

Die Ergebnisse solcher naturwissenschaftlichen Konsultation sind intellektuell redlich mit dem bibelexegetischen Befund und den schöpfungs- bzw. fundamentaltheolgischen Aussagen zu vermitteln; denn neben den und ergänzend zu den innerfachlich theologischen Überlegungen vermitteln auch naturwissenschaftliche Beiträge nicht selten theologische Erträge, die anders als durch fachliches Grenzgängertum vielleicht nicht zu erwirtschaften wären.

2 Der Mensch – nichts als Natur?

Anlass für die in der Kapitelüberschrift gestellte Frage ist eine landauf landab zu hörende, eine implizit wie explizit geradezu allgegenwärtige doppelte Vermutung oder Behauptung heutiger Zeitgenossen, dass nämlich erstens alles, was ist, also auch der Mensch selbst, notwendig einer naturwissenschaftlichen Beschreibbarkeit und Erklärbarkeit zugänglich ist und dass zweitens diese Beschreibbarkeit und Erklärbarkeit nicht nur notwendig, sondern hinreichend ist. Und wenn die Beschreibung und Erklärung zwar aktuell noch nicht vollständig ist, so erwartet man doch von einer expandierenden Naturwissenschaft in näherer oder etwas fernerer Zukunft deren zufriedenstellende Vervollkommnung. Und so stellt man einen Vertrauensscheck mit hohem Nennwert aus, dessen Bonität allerdings erst in der Zukunft überprüfbar sein wird.

2.1 Das Problem des Reduktionismus

Wenn sich ein Naturwissenschaftler, ganz gleich, ob er Physiker, Chemiker oder Biologe ist, daranmacht, den Menschen zu erforschen, so findet er an ihm weder in atomar-materieller, noch in chemisch-biochemischer, noch in physiologisch-morphologischer Hinsicht irgendetwas völlig Unableitbares, absolut Einmaliges und im subhumanen Bereich Nie-Dagewesenes.

Es liegt nahe, dem Menschen mit reduktionistischen Methoden und Gedankengängen derart zu Leibe zu rücken, dass das spezifisch Menschliche auf der Strecke bleibt.

Typische Formulierungen dieses Denktyps sind: Der Mensch ist nichts anderes als ein komplizierter Primat … nichts anderes als ein spezieller Säuger, ein spezielles Wirbeltier … nichts anderes als ein vielzelliges Organsystem, ein Organismus … nichts anderes als eine hochkomplexe Ansammlung von Zellen … nichts anderes als ein hochkomplexer chemisch-biochemischer Reaktionsraum … nichts anderes als ein (makro-)molekularer Reaktionsreigen … nichts anderes als eine hochkomplexe, hochspezifische Vergesellschaftung von Atomen und subatomaren Elementarteilchen etc.

Man kann mit gutem Recht, mit absolut nachvollziehbarer naturwissenschaftlicher Logik den Menschen derart analysieren, elementarisieren, deklinieren, reduzieren. Das Ergebnis ist möglicherweise naturwissenschaftlich völlig richtig und zugleich anthropologisch völlig falsch. Es ist von unzweifelhafter Evidenz, was auch schon die mittelalterliche Philosophie und Theologie wusste: Das Ganze ist mehr als die Summe seiner Teile. Das oben skizzierte bis karikierte Vorgehen wird als reduktionistisch, der ihm zugrunde liegende Denkansatz als Reduktionismus bezeichnet.

Der analytischen Reduktion eines systemischen Ganzen auf die diesem Ganzen zugrundeliegenden Bauelemente oder Bestandteile gehen im Allgemeinen die erst in der systemischen Ganzheit auftretenden unprognostizierbaren Systemeigenschaften verloren und dann misslingt eben auch die anschließende synthetische Rekonstruktion. Außerdem übersieht ein Reduktionismus, der nur die vom Teil aufs Ganze zielenden Ursachenketten, also die ›upward causation‹ sieht, dass es noch die vom Ganzen aufs Teil zielenden Ursachen gibt, also die nach Campbell so genannte ›downward causation‹.[1]

Reduktionismus: Der Mensch ist nichts anderes als ein?

spezieller Primat	→	ein Säugetier	→	ein Organsystem	→	komplexer Zell-Verbund	→	komplexes Molekülsystem	→	Ensemble von Atomen	→ etc.

Am Ende dieser reduktionistischen Ableitungsfolge bestimmt sich die menschliche Ganzheit aus dem, was von Atomen oder gar subatomaren Bestandteilen zu sagen ist. Ohne nur im Geringsten bestreiten zu wollen, dass der Mensch all das ist, ein Primat, ein Organsystem, ein hochkomplexes Ensemble von Molekülen und Atomen etc., so ist doch mit Entschiedenheit festzuhalten, dass er mehr als nur das ist. Das Ganze ist eben mehr als die Summe seiner Teile.

Der sich selbst als »trauriger Naturalist« begreifende Philosoph Wetz versucht im Felde des Naturalismus eine Unterscheidung zu treffen, zwischen einem metaphysischen Naturalismus, *»nach dem das Universum aus Wasserstoff und Helium mit dem Menschen als winzigem*

Staubkorn darin bereits alles ist, was es gibt« und einem methodischen Naturalismus, *»der eine Alleinherrschaft der Naturwissenschaften im Reich der Erkenntnis anstrebt.«*[2] Ihm scheint zu entgehen, dass auch dem, was er methodischen Naturalismus nennt, metaphysische Annahmen zu Grunde liegen, über die er sich und anderen nur noch keine Rechenschaft geben will oder kann. Nicht ganz weit entfernt von seinem methodischen Naturalismus liegt dann, auch wenn er Kultur nicht ausschließt sondern kompensatorisch als »eine Art Mängelbewirtschaftung«[3] zu verstehen versucht, seine reduktionistische Definition des Menschen:

»Der Mensch ist ein vergängliches Stück um sich selbst bekümmerte Natur in einer um ihn unbekümmerten Welt. (...) Es kann nicht ausgeschlossen werden, dass das bewusste menschliche Leben eine ohnmächtige Begleiterscheinung subjektloser Naturprozesse in einem anonymen Spiel blinder Naturkräfte ist.«[4]

Problematisch ist ohne Frage auch die Position, die den Menschen als das im Vergleich mit dem Tier ganz und gar andere Wesen definiert, also gewissermaßen eine »Ganz-anderes-Alserei« betreibt. Dagegen wäre zu sagen, dass der Mensch nachweislich zahllose physische und sogar psychische Eigenschaften mit anderen Säugern und Primaten teilt. Im Blick auf die moderne Verhaltensforschung wird man sogar sagen müssen, dass der Mensch viele der Eigenschaften, die man gemeinhin als besonders menschlich ansieht, mit bestimmten Tieren teilt, und dass manche, gemeinhin tierisch genannte Eigenschaften leider vor allem dem Menschen eigen sind.

Vom allgemeinen weltanschaulichen Reduktionismus ist aber ein methodologischer Reduktionismus zu unterscheiden. Gegen einen methodologischen Reduktionismus, der um seine aus dem Erkenntnisinteresse erwachsende und um der besseren Erkennbarkeit willen vollzogene Partialisierung des Erkenntnisgegenstandes weiß, ist nichts einzuwenden. Das gilt aber nur solange, wie der reduktionistisch vorgehende Naturwissenschaftler nicht aus der partialen Erkenntnis totale und totalisierende Ergebnisse ableiten zu können und behaupten zu dürfen meint. Letzteres wäre ein weltanschaulicher Reduktionismus, den Goethe in seinem Faust mit den Worten des Mephisto so wunderbar spöttisch kennzeichnet:

»Daran erkenn ich den gelehrten Herrn!
Was ihr nicht tastet, steht euch meilenfern,
Was ihr nicht faßt, das fehlt euch ganz und gar,
Was ihr nicht rechnet, glaubt ihr, sei nicht wahr,
Was ihr nicht wägt, hat für euch kein Gewicht,
Was ihr nicht münzt, das, meint ihr, gelte nicht.«[5]

Der einem methodologischen Reduktionismus verpflichtete Naturwissenschaftler zerlegt, wenn er Anthropologie betreibt, die menschliche Ganzheit und kommt so zu anthropologisch relevanten (Er-)Kenntnissen. Aber die Extrapolation von Ergebnissen aus der Detail-Studie auf den Menschen als den Einen und Ganzen ist hier nicht selten höchst problematisch. Der der Einheit und Ganzheit verpflichtete Philosoph hingegen ist in Gefahr, umfassende Aussagen über den Menschen zu machen, die einer auf das Detail zielenden naturwissenschaftlichen Recherche nicht standhalten oder zumindest nicht entsprechen.

Man hat gelegentlich den Begriff methodologischer Atheist ins Spiel gebracht, um klarzustellen, dass der Naturwissenschaftler nur mit naturwissenschaftlichen Hypothesen und nicht mit der Hypothese Gott zu arbeiten habe. Dass auch der Naturwissenschaftler, der sich mit dem Menschen befasst, wie jeder andere Naturwissenschaftler ein methodologischer Atheist zu sein hat oder aufhört ein Naturwissenschaftler zu sein, das liegt auf der Hand.

Gleichwohl ist der Begriff methodologischer Atheist nicht besonders geglückt; auch der Bäcker, der davon ausgeht, dass er das Mehl und sonstige Backzutaten schon selbst ordern und überdies die Brötchen selbst backen muss, ist ein methodologischer Atheist. Unabhängig davon kann beim Bäcker wie beim Naturwissenschaftler ein tiefes religiös zu nennendes Bewusstsein davon vorhanden sein, auf materiell-sächliche und geistig-intellektuelle Vorgaben angewiesen zu sein, die er sich nicht selbst hergestellt oder erschlossen, sondern wie ein vorgegebenes Geschenk empfangen hat.

2.2 Zum Verhältnis von Naturwissenschaft und Theologie

Der heutige Zeitgenosse fühlt sich intellektuell vor die ausschließende Alternative gestellt anzugeben, ob nicht alles, was ist, einzig als Ausgeburt von »Mutter Natur« anzusehen ist, und ob dem »guten alten Gottvater« überhaupt noch eine Zuständigkeit verbleibt. Und daran schließt sich die Frage an, ob nicht dann, wenn die für Mutter Natur zuständige Naturwissenschaft alles zu sagen hat, die sich mit Gottvater beschäftigende Theologie schlicht nichtssagend geworden ist.

Muss der Naturwissenschaftler ungläubig sein, um als Naturwissenschaftler glaubwürdig zu sein? Manche bejahen das, aber Vorsicht: Man glaubt nicht, wie viel man glauben muss, um ungläubig zu sein. Muss der Theologe wissenschaftlich naiv sein, um glauben zu können?

Ist religiöser Unglaube die Bedingung für wissenschaftliche Glaubwürdigkeit? Ist naturwissenschaftliche Unkenntnis die Bedingung für religiösen Glauben? Diese Vermutungen sind sachlich und historisch kaum haltbar. Der Frauenburger Domherr Nikolaus Kopernikus belegte als Physiker und Astronom im Jahre 1543, dass sich die Erde um die Sonne dreht und nicht umgekehrt. Und diese Arbeit widmete er dem Papst. Und der 80 Jahre später darauf aufbauende, aber von kirchlichen Würdenträgern bedrängte Galilei war fromm bis in die Knochen. Der Augustinermönch Gregor Mendel begründete im Jahr 1860 mit Bahn brechenden Versuchen die klassische Genetik. Der Priester, Mathematiker und Physiker, Georges Lemaître, entwickelt im Jahr 1927 und gegen Einsteins Ansichten die Urknalltheorie: Später ist Lemaître Domherr an der Kathedrale zu Mechelen (Belgien) und Präsident der Päpstlichen Akademie der Wissenschaften. Und bis heute sind unzählige Naturwissenschaftler religiöse Menschen und nicht wenige Theologen zugleich gute Naturwissenschaftler. Und doch hat es zwischen Glaube und Theologie einerseits und Naturwissenschaft andererseits ein schweres Zerwürfnis gegeben.

Die großen monotheistischen Religionen sagen, Gott habe die Welt geschaffen. Aber ihre Schöpfungserzählungen können und wollen uns keinen Weltentstehungsreport liefern. Das scheinen die Alten gewusst zu haben; denn sie ließen zwei miteinander unvereinbare Erzählungen das »Siebentagewerk« in Gen.1 und die »Adam und Eva-Erzählung« in Gen. 2 nebeneinander stehen. Leider haben später verantwortliche Kirchenführer in Verkennung des Charakters der Schöpfungserzählungen an einer wortwörtlichen und damit an einer Fehlinterpretation festgehalten. Aber nicht wenige Theologen schon des 19. Jahrhunderts hatten nicht das mindeste Problem mit der Darwinschen Evolutionstheorie. So etwa Antonio Rosmini-Serbati (1792–

1855), der auch die Seele evolutiven Prozessen unterziehen wollte, oder Franz Xaver Kiefel (1869–1928), der keinen Widerspruch zwischen der Schöpfungserzählung und Darwins Deszendenztheorie sehen konnte oder der von der Anglikanischen zur Katholischen Kirche konvertierte und später zum Kardinal ernannte John Henry Newman (1801–1890). Letzterer meinte, wenn er genötigt werden solle anzunehmen, die Welt wäre von Anfang an so geschaffen worden, wie sie heute sei, dann müsse er ja wohl auch annehmen, der Herrgott hätte fossilienhaltige Felsen erschaffen. Dann müsse man auch glauben, der Herrgott hätte uns irreführen wollen; und die Fossilien sollten unsere biblische Rechtgläubigkeit auf die Probe stellen. Aber als Täuscher und Verführer konnte sich Newman den Schöpfergott beim schlechtesten Willen nicht vorstellen. Und so hielt er die Argumente, die sein Zeitgenosse Darwin für die Evolution vorbrachte für plausibler als einen textunkritischen Biblizismus.

Gegen die gouvernantenhafte Bevormundung durch schlechte Theologie zog die neuzeitliche Naturwissenschaft mit Recht zu Felde. Aber da, wo sie meinte, einzig ihr Zugang zur Welt sei legitim und intellektuell redlich, da wurde sie selber intellektuell unredlich und zur Ideologie. Im Blick auf quantenphysikalische und chaostheoretische Phänomene, im Blick auf das Auftreten unprognostizierbarer Eigenschaften komplexer Systeme haben nachdenkliche Naturwissenschaftler des 20. und 21. Jahrhunderts die Allmachts- und Allwissenheitsphantasien des 17. bis 19. Jahrhunderts in den endgültigen Ruhestand verabschiedet.

Der Jesuit und Paläontologe Teilhard de Chardin (1881–1955) schließlich war einer der großen Vermittler von naturwissenschaftlicher und theologischer Rationalität im 20. Jahrhundert. Ihm war auf Grund seiner paläontologischen Forschungen klar: Gott erschafft kein statisches Fertigprodukt, sondern eine Werdewelt; er macht eine Welt, die sich macht. Und diese sich machende Welt schreitet von der chemischen über die biologische zur geistigen Evolution fort und damit Gott entgegen.

Nach den Werkzeugen zur Erweiterung der manuellen Fähigkeiten und den Fahrzeugen zur Erweiterung der Fortbewegungsmöglichkeiten sah er Denkzeuge kommen und prognostizierte bereits mehr als ein Jahrzehnt vor den ersten Computern ein Denken, das künstlich das Organ vervollkommnet, auf dem es beruht. Teilhard de Chardin besaß auch die Kühnheit und die Sachkenntnis, den evolutiven Prozess in den christlichen Deutungshorizont zu stellen und Evolutionsgeschichte als Heilsgeschichte Gottes mit seiner Schöpfung und seiner Menschheit zu interpretieren. Das hat ihm zunächst in Rom manche Probleme eingebracht, aber die nachkonziliare Kirche hat seine Bahn brechenden Gedanken weithin rezipiert.

Der christliche Glaube sah von Anfang an in der Natur die Spuren Gottes. Und den Menschen, dieses besondere Wirbeltier und Säugetier, sah er in bester biblischer Tradition als Abbild Gottes. Gott und die natürliche Welt sind so intensiv aufeinander bezogen, dass der Hl. Thomas von Aquin im 13. Jahrhundert formulieren konnte: »*Ein Irrtum über die Welt wirkt sich aus in einem falschen Denken über Gott.*«[6] Demnach ist es nicht belanglos, wie und was wir von der Welt wissen. Und im 19. Jahrhundert formuliert das I. Vatikanische Konzil: »*Gott, der Ursprung und das Ziel aller Dinge, kann mit dem natürlichen Licht der menschlichen Vernunft aus den geschaffenen Dingen gewiss erkannt werden.*«[7] Wenn also die Naturerkenntnis ein möglicher und legitimer Weg der Gotteserkenntnis ist, dann haben die Naturwissenschaftler ein Mitspracherecht bei der Gottesfrage und die Theologen bei ihrem Nachdenken über Gott auch eine Konsultationspflicht bei der Naturwissenschaft.

Bei aller Präzision: Eine letzte wissenschaftliche, geschweige denn existentielle Gewissheit bietet die Naturwissenschaft nicht. So sucht der Naturwissenschaftler wie andere Menschen auch jenseits der wissenschaftlichen Gewissheit nach existentieller Gewissheit.

Unter der erfreulich großen Zahl von jungen Theologie Studierenden sitzen derzeit nicht wenige graue und kahle Häupter, Menschen in reiferen Jahren, Menschen im Ruhestand. Sie absolvieren ein Seniorenstudium. Fragt man sie nach ihrem »Vorleben«, so stellt man fest, dass es sich häufig ausgesprochen theologiefern abgespielt hat. Zum großen Teil haben die Seniorenstudenten ihr aktives Berufsleben in naturwissenschaftlichen, technischen, wirtschaftlichen, juristischen Arbeitsfeldern mit sehr speziellen Fragestellungen verbracht. Jetzt fragen sie grundlegender und umfassender nach dem Sinn und Ziel dieses Welttheaters im Ganzen und erwarten Antworten aus dem Glauben.

Eine theologische Rationalität muss insbesondere das bedenken, was einer bloß naturwissenschaftlichen, technischen oder wirtschaftlichen Rationalität entgeht.

Wo der Mensch – wie in manchen biowissenschaftlichen Projekten – am Anfang seines Lebens als Mittel zu wissenschaftlichen Zwecken missbraucht wird, muss der Glaube mit seiner Theologie die unveräußerbare Würde des Menschen von Anfang an nachdrücklich thematisieren.

Wo sich Wissenschaft für politisch-militärische Zwecke prostituiert, da muss der Glaube im Namen Gottes und um des Menschen willen nachdrücklich und theologisch geschliffen seinen Protest formulieren.

Wo, wie in Zeiten knapper Kassen, menschliche Belange nur noch als Kostenfaktor gesehen und als Sozialballast abgeworfen werden sollen, da muss der Glaube mit seiner Theologie begründet Einspruch erheben.

Wo der Mensch am Ende mit Fragen der Patientenverfügung, der Organspende, der Sterbebegleitung oder gar Euthanasie befasst ist, da ist noch etwas anderes als nur eine medizinisch-technische Rationalität gefragt.

Natürlich muss der Glaube mit seiner Theologie eine gründliche Kenntnis der naturwissenschaftlich-technisch-medizinischen Forschung haben, wenn er sie kritisieren, bestätigen oder bestärken will. Er muss wissenschaftlich auf Augenhöhe argumentieren und muss zugleich wohlbegründet seine andere Perspektive einbringen.

Der religiöse Glaube mit seiner theologischen Rationalität fragt nach Ursprung, Sinn und Zweck des Ganzen. Theologie ist subjektorientiert, aber eben nicht am Objektivierbaren vorbei.

Die wissenschaftliche Rationalität betrachtet Segmente des Ganzen, sie präpariert ihre Objekte aus dem Ganzen heraus, sie fragt nach ganz konkreten Zielen und Methoden. Sie ist objektorientiert, aber in jede Erkenntnis geht das Subjekt mit ein.

Im Blick auf den Kulturprozess der Neuzeit ist das Verhältnis von Theologie und Glaube einerseits und Naturwissenschaft andererseits vielleicht ganz gut mit dem Bild von der Bergwanderung zu beschreiben. Naturwissenschaft ist wie das Fortschreiten auf dem Weg, das Fokussieren auf den nächsten oder die wenigen nächsten Schritte und deren Bewältigung. Dabei werden erstaunliche Strecken zurückgelegt, aber die Gesamtorientierung hintangestellt.

Theologie und Glaube sind wie das Innehalten auf dem Weg. Dabei wird das Ziel am Gipfel neu in den Blick genommen, eine Gesamtorientierung über das schon Bewältigte und das noch zu Bewältigende ermöglicht. Man steht und kommt währenddessen nicht voran, zugleich aber werden die Intention und die Motivation neu bestärkt.

Albert Einstein, der vor genau 100 Jahren mit seiner Relativitätstheorie die Physik revolutionierte, beschrieb das Verhältnis ganz ähnlich:

»Obwohl die Religion das Ziel bestimmt, hat sie doch weitgehend von der Wissenschaft gelernt, mit welchen Mitteln sich diese von ihr gesetzten Ziele erreichen lassen. Die Wissenschaft kann hingegen nur von denen aufgebaut werden, die durch und durch von dem Streben nach Wahrheit und Erkenntnis erfüllt sind. Die Quelle dieser Gesinnung entspringt aber wiederum auf religiösem Gebiet. … Naturwissenschaft ohne Religion ist lahm, Religion ohne Naturwissenschaft ist blind.«[8]

Natürlich wird kein Berg erstiegen, wenn man sich nicht der Mühe des nächsten Schrittes unterzieht und das immer wieder, tausende von Malen. Das leistet die Naturwissenschaft, das mutet sie uns zu und dazu ermutigt sie uns. Leider kann man auch nach aufwändigen und kostspieligen wissenschaftlich-technischen Gewaltmärschen in Sackgassen enden, die für Menschheit und Schöpfung fatal sind.

Aber es wird auch kein nennenswerter Berg erstiegen, wenn man nicht innehält, über den nächsten Schritt weit hinausblickt, sich neu auf das Gesamtziel ausrichtet, Kraft und Motivation schöpft. Das leistet der Glaube und seine wissenschaftliche Reflexion, die Theologie.

Eine andere Verhältnisbestimmung von Glauben und Naturwissenschaft lässt sich mit einem Bild aus der Fischerei erläutern. Der Naturwissenschaftler ist wie ein Fischer. Seine Fragestellungen und Methoden sind wie die kenntnisreiche Variation und Kombination von Netzgröße und Maschenweite, Tauchtiefe und Schleppzeit. Damit kann er höchst differenzierte Fänge tätigen und wird wohl auch immer Überraschendes im Netz vorfinden, d.h. für den Naturwissenschaftler Erwartetes und Unerwartetes messen. Was immer er fängt, alles ist Hinweis auf das Meer, aber er fängt nicht das Meer. Das Meer ist die Bedingung der Möglichkeit von Fischer und Fang. Und das Meer steht für das umfassende Ganze, von dem Glaube und Theologie sprechen, wenn sie Gott sagen.

Mutter Natur und / oder Gottvater? Die Welt, die wir uns zu vermessen vermessen, ist mehr als die naturalistisch zu beschreibende Jungfernzeugung von Mutter Natur. Sie ist auch nicht einfach – wie in der griechischen Mythologie beim Zeus – eine pure Kopfgeburt von Gottvater. Was immer die Mutter Natur austrägt und gebiert, es ist bejaht und gewollt und geliebt von Gott, dem Vater.

In Anlehnung an ein Wort des polnischen Philosophen Kolakowski kann man sagen: Der Naturwissenschaftler glaubt, dass er weiß; der Theologe weiß, dass er glaubt. Nicht um Glauben gegen Wissen, sondern um Glauben wegen Wissen muss es also heute gehen. Denn heute können wir nur mehr mit Wissen glauben und mit Glauben wissen. Der Glaube an Gott stirbt nicht an der Mehrung naturwissenschaftlicher Kenntnis und naturwissenschaftliche Kenntnis nicht durch den Glauben an Gott.

Man kann das Nachdenken über Gott wie über die Natur prinzipiell nicht weit genug treiben. Und wenn man glaubt, dass Gott der Schöpfer Himmels und der Erde ist, dann führt das Nachdenken über Gott auch zum Nachdenken über die Natur.

Und den nachdenklichen Naturwissenschaftler führt das Nachdenken über die Natur zum Vordenker der Natur, zum Schöpfergott. Und er ahnt, er hat nur das Vorgedachte nachgedacht. Wo Theologen und Naturwissenschaftler ganz und nur der Wahrheit verpflichtet das Ihre tun, da führen ihre Wege nicht auseinander, sondern letztlich zueinander in einer Ahnung von der überragenden Größe Gottes.

2.3 Zum Verhältnis von Technik und Theologie

Wie steht es um die Technikakzeptanz in der Theologie, hat die Theologie ein Problem mit der Technik? Zwar hat einmal ein Papst im 19. Jahrhundert die Einführung der Gaslaternen in Rom unter Hinweis darauf abgelehnt, dass Gott, wenn er es auch nachts hell hätte haben wollen, selbst für Beleuchtung gesorgt hätte. Aber das sind intellektuelle Tiefflüge, die nicht einmal in ihrer Zeit ernst genommen wurden. Im übrigen hat er damit ein Musterbeispiel für den naturalistischen Fehlschluss vorgelegt, der von der Faktizität auf die Normativität eines Sachverhalts schließt, und insofern ein Lehrstück für Theologen wie Techniker gegeben.

Aus der Sicht der Theologie gibt es kein generelles Akzeptanzproblem für Technik. Kein gotischer Dom mit seiner atemberaubenden Statik wäre entstanden oder stünde noch, wenn Religion und Theologie ein grundsätzliches Akzeptanzproblem mit der Technik hätten. Ja es ist sogar umgekehrt: Das theologisch Gewollte, aber technisch noch nicht Machbare wurde zur Herausforderung und zum Auftrag an die Technik. Oder die Technik entstand – oft aus nach heutiger Ansicht kuriosen theologischen Erwägungen – im Binnenraum von Kirchen und Klöstern.[9] Die Techniken in Weinbau, Brauereiwesen und Milchverarbeitung, die Veredlungsprozesse in Land- und Viehwirtschaft, die Techniken vom karolingischen Bronzeguss der Aachener Domtüren und -gitter bis zur Optimierung der Jahres- und Zeitmessung zur präzisen Osterfestterminierung (1515), die den bis heute gültigen Kalender zu Folge hatte, all das sind Dokumente einer intensiven Verbindung von Technik und Theologie. Und heute?

Der Dichter Reinhold Schneider, weder Techniker noch Theologe, aber ein tief religiöser Mensch schrieb vor gut 50 Jahren: »*Die geistige Spitze, die Forschung, ist auf das Ende gestoßen, auf die Macht, und läuft ihr nach wie die Macht der Forschung; wir kreisen im Todeszirkel; wir wissen nicht, was Spitze und Ende ist.*«[10] Er sah ganz offensichtlich eine unheilige Allianz zwischen Forschung und (wirtschaftlich-politischer?) Macht, die über Technik miteinander verbunden seien und deutete sie als »Todeszirkel«. Ist das die »katholische« Position? Sicher nicht! Die Theologie ist nicht die Dämonisierungsinstanz für Technik, nicht die Theorie eines technikmüden Romantizismus und wissenschaftsfernen Irrationalismus.

Aber sie ist auch nicht das, als was sie von manchen Technikern am liebsten gesehen würde: Sie ist nicht die transzendentale Absegnungs-, Bejubelungs- und Legitimationsinstanz. Technikakzeptanz kann ja nicht heißen, auf »Teufel komm heraus« alles abzusegnen und mit Generalabsolution zu versehen, was dann ohnehin geschieht. Eine Theologie, die sich zum bloßen Claqueur der Technik macht, macht sich lächerlich oder gar überflüssig.

Stellen wir uns einmal eine Technik ohne ethische Maßstäbe vor. Stellen wir uns 1. vor, ihr entscheidender Orientierungsmaßstab sei das Geld, und technische Projekte liefen nur dann und immer dann, wenn, und nur dort und immer dort, wo das Geld läuft. Es besteht der begründete Verdacht, dass das gelegentlich schon heute so ist. Aber dann könnten wir – im Extremfall – keiner Technikexpertise mehr trauen, weil sie alle zum wunschgemäßen Auftraggeberergebnis führten. »Wes Brot ich ess, des Lied ich sing.« Ein Wahrheitswert wäre nur zu vermuten, wenn das Ergebnis dem Auftraggeberinteresse zuwider liefe. Gewiss, Technikforschung ist nicht ohne Geld möglich. Nur der Himmel ist umsonst, alles andere kostet. Aber eine Technik, deren Maßstab einzig das Geld ist, wäre blanke Drittmittelprostitution.

Stellen wir uns 2. vor, die Technik habe zur Zeit reichlich gefüllter Kassen die Möglichkeit, nur ihrer eigenen inneren Logik zu folgen, sie sei ansonsten keiner Kontrolle unterworfen. Das mag, sofern die innere Kontrolle funktioniert, zu großen technischen Leistungen führen. Nach den Erfahrungen der letzten Jahre sind aber auch bezüglich der fachinternen Kontrolle Zweifel angebracht, da die intellektuelle Redlichkeit selber kein Produkt der Technik ist. Wenn nun die Technik nicht mehr konsens- und akzeptanzbedürftig wäre, dann wäre sie, wie in manchen Ländern das Militär, eine Krebsgeschwulst am Leib der Gesellschaft und hörte auf, deren integraler Bestandteil zu sein. Nun aber ist sie Teil der Gesellschaft, entsteht aus ihr, forscht auch mit deren knapper Ressource Geld und bleibt ihr auch deshalb schon rechenschaftspflichtig. Das heißt keineswegs, dass die Gesellschaft der Technik und Technikforschung die Ziele vorschreibt, wohl aber, dass sie durch eine hoffentlich rationale Sozialverträglichkeitskontrolle bestimmte Maßstäbe vorgibt.

Die Technik selbst ist ambivalent. Zu ihren Produkten gehören ebenso das Zyklon b der Gaskammern und die Hochleistungskrematorien von Auschwitz wie auch die modernen Bild gebenden Verfahren der Hirnforschung und die Robotik für minimal-invasive Präzisionschirurgie.

Logischerweise ist nicht die Technik, wohl aber der Techniker und Ingenieur dafür verantwortlich, wofür er sich und seine Technik in Dienst nehmen lässt. Er arbeitet zwar an moral-indifferenten Objekten, nicht aber in moralfreien gesellschaftlichen Verwendungskontexten und mit ethikfreien Intentionen. Und genau da stellt sich dem ethisch zurechnungsfähigen Techniker die Zielfrage. Er kann sich eben vielfach nicht auf reine Funktionslust herausreden und seine Zuständigkeit auf nichts als die Teillösung eines ethisch irrelevanten Sachproblems segmentieren.

Aber wie findet die Technik ihre ethischen Maßstäbe und ihre Ziele, wenn nicht das Geld und die innere Fachlogik allein maßgebend sein können? Ist sie in der Situation, die ich vor kurzem in einem frechen Graffiti entdeckte: »I don't know, what I want, but I know, how to get it.«? Oder in der Situation, die das nicht minder freche Motorradfahrerlied von Qualtinger besingt: »Ich weiß zwar nicht, wohin ich will, aber dafür bin ich schneller da.«

Und hier, bei der Frage »cui bono?« hat die Theologie eine wichtige Funktion. Ihr hartnäckiges Nachfragen nach gesellschaftlichen Zielen, wissenschaftlichen Hintergründen, wirtschaftlichen Absichten und persönlichen Intentionen wird ihr gelegentlich als fehlende Technikakzeptanz ausgelegt. Denn es ist immerhin leichter, anderen eine ideologisch bedingte fehlende Technikakzeptanz oder hinterhältige Behinderung durch öffentliche Bedenkenträgerei zu unterstellen, als Rechenschaft darüber zu geben, warum diese oder jene vielleicht teure oder Risiko behaftete Technik zu tolerieren oder gar zu wünschen sei.

Es gibt unbestreitbar auch in unserer Zeit einen naiven Technikoptimismus, irrationale Allmachtsphantasien und Paradiesesverheißungen bei einigen (wenigen?) Technikern. In der Tat muten einige Techniken wie das Skifahren in von Lawinen gefährdeten Hängen an (etwa im Bereich der Gentechnik an Keimbahnzellen). Sie mögen den absoluten Kick für bestimmte Forscher bieten, beim Gelingen mit höchster fachlicher Bewunderung und großen Patentnutzungsgewinnen honoriert werden, sind aber zugleich mit der intolerablen Inkaufnahme einer Gefährdung anderer verbunden. Hier kritisch-konstruktiv zu intervenieren, wäre Aufgabe einer zeitgemäßen Theologie, setzt aber voraus, dass diese hinsichtlich der Sachkenntnis auf Augenhöhe argumentiert und nicht die technische Naivität zur Quelle eines Stroms von Verdächtigungen gegen Technik wird. Der Ausgangspunkt der theologischen Nachfrage ist dabei nicht in ihr freies Belieben gestellt, sondern einer christlich orientierten Anthropologie und Ethik verpflichtet.

Die Technik in unserem Land ist – Gott sei Dank – nicht ohne Maßstäbe, aber die werden nicht aus einem nur technischen, sondern aus einem individual- und sozialethischen, aus einem philosophisch-theologischen Diskurs gewonnen, der sich in aller Regel nicht in den Forschungslabors vollzieht aber gleichwohl technisch auf der Höhe zu sein hat. Und dieser Diskurs wurde und wird auch in neuerer Zeit wesentlich von der Theologie mitgestaltet. Gibt es also eine Technikakzeptanz der Theologie? Ja sicher, aber nicht als bloß affirmative, sondern nur als kritisch-konstruktive und intellektuell auf Augenhöhe mit den kompetenten Vertretern der Technik.

Der nicht gerade zu den »Kirchenvätern« zu zählende, sich selbst sogar als »religiös unmusikalisch« charakterisierende Philosoph Jürgen Habermas betitelt einen seiner neueren Aufsatzbände mit: *Zwischen Naturalismus und Religion.*[11] In den als gegenläufig und komplementär charakterisierten Begriffen sieht er die Brennpunkte gegenwärtigen Philosophierens. Er konstatiert auf Seiten des Naturalismus die *»Einübung in eine Perspektive der Selbstobjektivierung, die alles Verständliche und Erlebte auf Beobachtbares reduziert«* und *»die Disposition zu einer entsprechenden Selbstinstrumentalisierung«* fördern könnte. Und auf Seiten der Religion konstatiert er eine unerwartete *»Revitalisierung«* und gar *»Politisierung«* von Glaubensgemeinschaften und ihren religiösen Überzeugungen; denn ihre *»Überlieferungen leisten bis heute die Artikulation eines Bewusstseins von dem, was fehlt. Sie halten eine Sensibilität für Versagtes wach.«*[12]

Letztlich vermutet er hinter diesen in Spannung zueinander stehenden Brennpunkten des Philosophierens die Frage nach der Herkunft des Selbstverständnisses der Moderne: *»Ist die moderne Wissenschaft eine ganz aus sich selbst verständliche Praxis, die den Maßstab alles Wahren und Falschen performativ festlegt, oder lässt sich diese eher als ein Resultat einer Geschichte der Vernunft verstehen, die die Weltreligionen wesentlich einbegreift?«*[13]

Das Pendant zum Naturalismus als einer naturalistischen Philosophie ist, wenn man nicht beiderseits bei einer unreflektierten und diskursunfähigen Naturbelassenheit stehen bleiben will, nicht die Religion sondern die reflektierte wissenschaftlich versprachlichte Religion, also die Theologie, in unseren Breiten vornehmlich die christliche Theologie.

Muss die Theologie, wenn eine naturalistische Philosophie den Ring betritt, im intellektuellen Kräftemessen das Handtuch werfen? Oder weniger kämpferisch ausgedrückt: Muss sie in Anerkennung der nicht selten behaupteten größeren philosophischen Potenz des Naturalismus bescheiden zurücktreten? Hat sie selber etwas zu sagen oder muss sie sich nur etwas sagen lassen? Als die Philosophie, die in diesem Diskurs nicht nur etwas zu sagen, sondern angeblich das Sagen hat, wird nicht selten der Naturalismus herausgestellt. Um ihn also und um sein Verhältnis zur Theologie soll es in diesen Überlegungen gehen.

Diese Frage ist, wenn man nur einen kleinen Blick in die Philosophiegeschichte wagt, schlichtweg nicht eindeutig zu beantworten. Es gibt zahllose Spielarten des Naturalismus seit der griechischen Antike und bis heute. Und trotz oder wegen dieser zweieinhalb Jahrtausende alten Geschichte findet sich keine eindeutige und klare Form des Naturalismus. Hans Blumenberg hat auf die schier unglaubliche Plastizität und auf die damit verbundene Gebrauchbarkeit und Missbrauchbarkeit des Naturalismus hingewiesen. »*Dieser Naturalismus konnte die heterogensten Ideologien sanktionieren: Er lieh dem Liberalismus ebenso seine Evidenz wie dem Klassenkampf des Kommunismus, der nach Marx (1844) ›vollendeter Naturalismus‹ sein sollte. Rassenrangordnungen waren eine unvermeidliche Konsequenz biologistischer Prinzipien, und die daraus sich aufdrängende Praxis enthüllte grausam, was es bedeutete, wenn der Mensch sich selbst als ›Naturprodukt‹ behandelte.*«[14] Bereits 1930 wird in einem der wichtigsten unter den theologischen Lexika die Nähe bestimmter Formen des Naturalismus zu Rassetheorien diagnostiziert.[15]

Der Naturalismus ist eine Philosophie, genauer ein Konglomerat von Philosophien und keine Naturwissenschaft, wie manche Naturalisten gern glauben machen oder wenigstens nahe legen wollen. Er ist auf Seiten der Philosophie auch nicht der einzige legitime Erbe naturwissenschaftlicher Rationalität, sondern einer unter vielen.

Gibt es also den Naturalismus im Singular gar nicht, ist er nur eine nicht differenzierende Sammelbezeichnung für völlig heterodoxe philosophische Annäherungsversuche an die nicht begriffene Wirklichkeit? Lautet der (etwas reichlich flapsig formulierte) Schlussbefund also: Man kann den Pudding des Naturalismus nicht mit den Nägeln eindeutiger philosophischer Begrifflichkeit an die Wand der Philosophiegeschichte nageln?

Oder sollte man, wenn man aus dem Spektrum der Möglichkeiten irgendeine einigermaßen klar definierte Form des Naturalismus herausgreift, glauben, eine Theorie, die historisch belegbar in ihren verschiedenen Spielarten eine derartige intellektuelle Promiskuität zeigt, werde sich in diesem Fall durch intellektuelle Wahrheitstreue auszeichnen?

Ist Naturalismus die Theorie, die auf Grund ihrer tatsächlichen oder zumindest behaupteten Anlehnung an die Naturwissenschaften am besten mit dem Pfund der Anschaulichkeit wuchern kann? Bei den mit Grundlagenfragen befassten Naturwissenschaften ist aber bereits seit Jahrzehnten ein derartiger Schwund der Anschaulichkeit zu beobachten, dass man den Worten des bekennenden Naturalisten Vollmer folgend schon sagen kann: Eine neue physikalische Theorie, die sich durch mesokosmische Anschaulichkeit auszeichnet, ist in höchstem Maße verdächtig, falsch zu sein.[16] Damit wird auch die dem Naturalismus gern attestierte, aber wohl doch nur vordergründige Evidenz durch Anschaulichkeit obsolet.

Ist der Naturalismus eine philosophiegeschichtliche Amöbe, die nahezu jede intellektuelle Gestalt annehmen kann, je nach dem, welcher Naturbegriff zu Grunde gelegt wird? Das scheint zu weitgehend zu sein; denn dann könnte man nur noch auf ein zwar irgendwie noch kohärentes, aber beliebig änderbares und ineinander umwandelbares Sortiment intellektuell amorpher Zufälligkeiten verweisen. Und das verbietet sich meines Erachtens angesichts der erkennbaren Wirkungsgeschichte des Naturalismus. Aber man könnte vielleicht sagen: Der Naturalismus ist ein Chamäleon; denn er kann als Positivismus, Materialismus, Atheismus, Deismus und auch als Pantheismus auftreten.[17] Das beträfe dann aber nur die weltanschauliche Farbgebung, die intellektuelle Anatomie, – nämlich die konstante Orientierung an dem, was jeweils Natur ist oder sein soll, was als Natur ausgegeben oder vorgestellt wird – bliebe dabei gleich. Aber was ist Natur? Der Frage wird nachzugehen und an dem Punkt wird anzusetzen sein.

Man hat formal oft einen methodologischen Naturalismus und einen ontologischen Naturalismus unterschieden. Der methodologische Naturalismus hält die Naturwissenschaften zumindest für die vollkommenste Form des Vernunftgebrauchs, manchmal sogar für die einzige und glaubt, alle anderen Formen seien im Letzten auf Naturwissenschaft zurückzuführen, oder müssten zur Selbstlegitimation darauf zurückgeführt werden. Vielleicht teilen viele Zeitgenossen die Ansicht, die Naturwissenschaften seien der schlechthin privilegierte oder gar der einzige Weg zur Wirklichkeit. Aber dann ist der Weg vom methodologischen zum ontologischen Naturalismus nicht mehr weit. Dann steht für minder differenzierungsfähige Menschen sehr bald neben der Behauptung, das Wirkliche werde vornehmlich oder einzig von der Naturwissenschaft erfasst, auch die Behauptung im Raum, nur das von der Naturwissenschaft Erfasste sei wirklich.

Wirklichkeitsansprüche anderer Wissenschaften, z. B. der Geisteswissenschaften, wären obsolet oder nur als von der Naturwissenschaft abgeleitete geduldet. Dabei wäre dann – gewissermaßen als perfekte Selbstentsorgung – die Rückführung der Geisteswissenschaften auf die Naturwissenschaften auch noch Aufgabe der Geisteswissenschaften. Etwa nach dem Motto: Begründet bitte, aber natürlich naturwissenschaftlich, eure Überflüssigkeit. Immerhin liegt der Verdacht nahe, der Reduktionismus sei für den Naturalismus essentiell.

Hat der Naturalismus einen derartigen Monopolanspruch auf die Wahrheit? Ist einer naturalistischen Behauptung nur noch mit naturalistischen Gegenbehauptungen zu begegnen? Und welches unparteiische übergeordnete Reglement legt fest, dass in dem Duell stets der Naturalismus die Waffenwahl hat? Ein nicht selten mit dem jungen Wittgenstein in Verbindung gebrachter Satz behauptet, die Wahrheit sei die Summe der Naturwissenschaften. Aber dieser Satz ist eben selber kein naturwissenschaftlicher Satz und genau deshalb selbstwidersprüchlich. Das heißt, wenn er wahr wäre, wäre er falsch; wenn er falsch wäre, wäre er wahr.

2.4.2 Der unbegriffene Begriff Natur

Der zentrale Begriff jedes Naturalismus ist der Begriff Natur. Aber der Naturalismus bzw. die Naturalismen leisten leider keine eindeutige Klärung dessen, was Natur sein soll. Damit besteht die Gefahr, dass der Begriff Natur wie schon so oft in seiner Geschichte zur Projektionsfläche für epistemische Hoffnungen aller Art wird. Vorsokratisch war Natur – Physis genannt – der Name für das alles Seiende umgreifende Sein. Aristoteles fasste den Begriff Natur/ Physis enger, schrieb ihm eine Selbstanfänglichkeit und Selbstzielhaftigkeit zu und setzte ihn gegen das Technisch-Poietische, gegen das von Menschen gemachte Künstliche ab. Die bis heute übliche und mehr und mehr ihres Sinnes entkleidete Entgegensetzung künstlich versus natürlich hat hier ihren Ursprung. Im Mittelalter war Natur weithin die von Gott gestaltete Schöpfung, aber auch schon die »natura naturans«, die erzeugende Natur, neben der von Gott erzeugten »natura naturata«. Im Pantheismus schließlich übernahm die Natur quasi-göttliche Funktionen (Spinoza: Deus sive natura) und wurde in der Neuzeit, zumeist der Selbstzielhaftigkeit entkleidet zum Objekt einer ausschließlich quantifizierenden Forschung. Was also ist Natur?

Wenn wir umgangssprachlich oder auch wissenschaftlich von der Natur einer Sache sprechen, zielen wir zumeist auf eine qualitative Bestimmung, auf eine Art Wesensaussage, eine Essenz. Dann stellt sich unmittelbar daran anschließend die Frage der Normativität. Aber der Weg von der Naturalität zur Normativität ist nahezu auf Schritt und Tritt mit den Fallen und Stricken des naturalistischen Fehlschlusses bestückt, der aus empirischen Daten ethische Ansprüche herzuleiten versucht.

Wenn wir Natur aber als quantitative Bestimmung auffassen, dann hat sie zwangsläufig ein Gegenüber, und es wäre zumindest nach diesem Gegenüber zu fragen.[18] Welche Natur also meinen wir, meinen die Naturalisten?

Ist Natur das Beobachtbare? Dann fordert dieser Begriff immer noch als komplementäre Größen die Beobachtung mit ihren Randbedingungen bzw. den Beobachter mit seinen Wahrnehmungsmöglichkeiten und -grenzen. Ohne sie wäre vom Beobachtbaren, als das Natur hier definiert wird, gar nicht zu reden.

Ist Natur dasjenige, dem man exakt nur streng reduktionistisch beikommen kann? Was aber wären dann die sich dieser Exaktheit entziehenden unprognostizierbaren Systemeigenschaften der höheren Komplexitäts- und Integrationsebenen? Es wird doch niemand behaupten wollen, aus den reduktionistisch ermittelten, vielleicht gar für irreduzibel gehaltenen Grundbausteinen dessen, was dann Natur genannt wird, sei alles Folgende ableitbar, einschließlich des geschichtlich Kontingenten.

Ist Natur negativ zu bestimmen als das nicht vom Menschen Gemachte? Dann wäre das vom Menschen Gemachte nicht natürlich und hätte doch das Natürliche zur Voraussetzung, weil der Mensch ja auf das natürlich Gegebene zurückgreifen muss. Und nicht selten führt dann diese auf Natürlichkeit basierende Künstlichkeit zu einer auf Künstlichkeit basierenden Natürlichkeit.[19] Es entsteht durch den Künstliches schaffenden Menschen eine sekundäre oder tertiäre Natürlichkeit, die prima facie vielleicht gar nicht von der ursprünglichen Natürlichkeit zu unterscheiden ist.

Wenn Natur also nicht schlechthin alles ist, dann hat sie notwendig ein Gegenüber, aber welches? Je nachdem auch, welchen Komplementär- oder Kontrastbegriff man zu dem der Natur bemüht, ergibt sich eine völlig unterschiedliche Füllung des Begriffs Natur. Lautet das oppositionelle Begriffspaar Natur und Kultur? Lautet es Natur und Übernatur bzw. Natur und Gnade? Die Begriffe Übernatur oder Gnade bezeichneten in der Theologiegeschichte nicht selten das der angeblich berechenbaren Natur gegenübergestellte unberechenbare Eingreifen Gottes. Oder lautet das komplementäre oder kontrastive Begriffspaar Natur und Geschichte? Der immer gleich klingende Begriff Natur in diesen Begriffspaaren entpuppt sich beim inhaltlichen Vergleich als bloße Äquivokation. Man darf wohl sagen, von welchem begrifflichen Gegenüber man in den Wald des Naturbegriffs hineinruft, so schallt es ›natürlicherweise‹ heraus.

Und wenn ein Philosoph[20] auch alles daransetzt, die dem Naturbegriff korrespondierenden Begriffe Gnade oder Übernatur lächerlich zu machen, als mythisch oder märchenhaft zu diskreditieren, so hat er doch damit die anderen Kontrast- oder Komplementärbegriffe nicht abgeschüttelt. Und überdies bleibt festzuhalten: Selbst die problematische augustinische Identifikation von natura rei und voluntas Dei, die Natur der Sache und der Wille Gottes seien identisch, kann zwar bestritten und mit hohen Theodizeekosten belegt, nicht aber grundsätzlich widerlegt werden. Die Vorfindlichkeit der wie auch immer zu bestimmenden natura kann gelesen werden als Indiz einer ungeschuldeten vorausgehenden gratia. Natura kann als ein mit dem impliziten Rückverweis auf die gratia ausgestattetes Gemachtes, Gewordenes, Sich-selbst-Machendes gelesen werden. Und eine Wissenschaft, der die natura das Erste ist, die die natura als das Erste ansieht, beginnt selber mit einem wohl nur etwas anders formulierten Glaubenssatz und kann die denkbare Vorgängigkeit der gratia prinzipiell nicht falsifizieren.

Die Gnade, so sagt ein Satz der klassischen Gnadentheologie setzt die Natur voraus, zerstört sie nicht, sondern erhöht und vollendet sie.[21] Die gratia operans ist damit keine Zerstörung der zur Menschennatur gehörigen Freiheit sondern wird zur gratia cooperans.[22] Und umgekehrt wäre zu sagen: Die Natur, wie immer sie zu bestimmen ist, setzt die vorgängige und als ein gnadenhaftes Walten zu denkende schöpferische Initiative Gottes voraus. Man kann also bei der insistierenden Frage nach den Möglichkeitsbedingungen von Natur auf die Gnade stoßen.

Was sich uns jeweils als ein Ganzes ausgibt, erweist sich immer noch als offen für den weiteren Ausgriff; und das gilt sowohl für die Mittel der Erkenntnis, die nie in Gänze zur Hand sind, wie auch für die Objekte der Erkenntnis, die nie in Gänze im Blick sind. Natur als ein Ganzes wäre damit offen auf Transzendenz hin, jedenfalls nicht prinzipiell gegen sie abschließbar. Ja sie wäre als Ganzes überhaupt nur erkennbar von einem Gesichtspunkt außerhalb ihrer selbst her, erkennbar nur in Gegenübersetzung z. B. zur Transzendenz.

Aber man könnte ja noch einen Schritt weiter gehen und behaupten, Natur sei nicht nur ein ganzes Eines, sondern das Einzige und das Ein und Alles. Man könnte schließlich das, was einmal Übernatur oder Gnade genannt wurde und nicht selten zu einem problematischen Zwei-Stockwerk-Denken geführt hat, vollständig zu naturalisieren versuchen.[23] Voltaire schließlich lässt die sich selbst verabsolutierende Natur sagen: *»Ich bin das größere Alles.«*[24] Wenn Natur das Ein und Alles ist, geht dann naturwissenschaftliche Erkenntnis nach dem Maß ihres Zugriffs auf Natur auch expansionistisch gegen unendlich? Annektiert oder absorbiert sie dann all ihre Gegenbegriffe, Kultur, Geschichte, Beobachter, Künstlichkeit, Sittlichkeit etc.? Erfüllt sie dann alle metaphysischen Bedürfnisse, entlarvt sie dann die Übernatur als bloße Zukunftsgestalt von Natur, reduziert sie also Übernatur auf Natur?[25]

So unklar der geradezu missionarisch vorgetragene Satz »Alles ist Natur!« oder »Natur ist alles!« als ganzer und in jedem seiner Worte ist, eines an ihm ist klar, seine metaphysische Hypostasierung. Was zuvor für den Gottgläubigen Gott war, oder genauer, was als Schöpfer und Geschöpf in einvernehmlicher oder widersprüchlicher Beziehung zueinander stand, das ist jetzt für den Naturgläubigen die alles und jedes umfassende Natur. Dieses gewissermaßen naturalistische ens perfectissimum hat zwar mit den vielen Entdivinisierungsversuchen eine philosophische Abmagerungskur durchlaufen, ist aber gerade in seiner »Hauptproblemzone«, rund um seine metaphysische Leibesmitte, mitnichten abgespeckt. Der Naturalismus hat seinem naturalistischen ens perfectissimum nur einen etwas besser kaschierenden philosophischen »Begriffsschlabberlook« umgehängt.

Wer Natur zum Ein und Alles macht, kann vielleicht persönlich gottlos werden, nicht aber intellektuell Gott loswerden. In Anlehnung an das schon erwähnte Wort von Kolakowski ließe sich sagen: Der Naturalist glaubt, dass er weiß; der Theist weiß, dass er glaubt.

Es gibt im Naturalismus gewissermaßen Reifungsstufen; das lässt hoffen. Sie hießen zum Beispiel Mechanismus, Determinismus, Biologismus etc. Doch auf jeder dieser Reifungsstufen wurde dieselbe Parole ausgegeben: Wir erklären zwar noch nicht jetzt, aber zumindest irgendwann alles Einzelne und das Gesamte. Das lässt leider nicht hoffen, sondern partizipiert noch immer an einer Allwissenheits- wenn nicht gar Allmachtsphantasie, die nur durch Hinweise auf das Asymptotische dieser Erkenntnis- und Erklärungsprozesse gemildert wird.[26] Um es mit den Begriffen von Du Bois Reymond zu sagen: Das »Ignoramus« kommt ihnen nur mit dem Noch-wissen-wir-nicht-Vorbehalt über die Lippen, das »Ignorabimus«, wir werden nicht wissen, fehlt in ihrem Wortschatz. Das allerdings könnte ein Forschungspathos befördern und ein motivationaler forschungsstrategischer Vorteil sein. Aber es bleibt festzuhalten: Noch nie seit den frühesten philosophiegeschichtlichen Anfängen des Naturalismus ist die – implizit oder explizit in dieser Forschungslogik liegende – naturalistische Totalerklärung auch nur annähernd im Bereich des Möglichen gewesen. Immer blieben die Verkünder und Vollstrecker des Determinismus, Prognostizismus etc. in der Vollstreckung selber auf der Strecke. Warum sollte ich ihnen mehr Kredit geben als ihren Gegnern, die auch die Antworten schuldig bleiben (müssen). Ehrlicherweise kann man doch nur darauf verweisen, dass unsere Forschungsprogramme bestenfalls begehbare Brücken bauen über Pfeiler, die sie nicht selbst gegründet sondern vorgefunden haben, dass sie die Bedingungen ihrer Möglichkeit nicht durchschauen, geschweige denn selbst setzen.

Der Naturalismus ist nicht selten ein Trittbrettfahrer auf dem Zug der naturwissenschaftlichen Erfolgsgeschichte, insofern er deren Ergebnisse für das eigene weltbildhaltige Konzept, für dessen Wichtigkeit, ja sogar dessen Richtigkeit reklamiert. Aber die naturwissenschaftliche Forschung hängt wohl nur höchst selten von naturalistisch-philosophischen Erkenntnissen ab, auch eignen sich ihre Ergebnisse nicht so ohne weiteres als Beleg- oder gar Beweisstücke für eine naturalistische Philosophie. Diese vom Naturalismus immer wieder neu gesuchte enge Verbindung mit der Naturwissenschaft erinnert sehr an die Blütezeit bestimmter Wissenschaftstheorien, die den Wissenschaftlern zu erklären versuchen, was sie und warum sie etwas wissenschaftlich erkennen können. Und diese nehmen das, wenn es gut geht, zur Kenntnis, aber meistens geht es nicht gut; und dann gehen sie in Bezug auf diese Wissenschaftstheorie orthodox, heterodox oder paradox ihren jeweiligen Erkenntnisweg ungerührt und nicht selten erfolgreich weiter. Sie bleiben dem Platonismus verbunden wie Heisenberg, oder dem Spinozismus wie Einstein, oder dem Kantianismus wie Planck[27] und bedürfen des Naturalismus nicht. Das heißt aber nicht, dass naturalistische Denkansätze nicht weiterführend und also belanglos seien.

Zweifellos ist der Versuch interessant, z. B. das Phänomen Religiosität soziobiologisch zu rekonstruieren und zu simulieren.[28] Zweifellos ist der Versuch interessant, ethische Entwürfe als populationsdynamische Erfolgskonzepte zu lesen und zu verstehen. Zweifellos ist es interessant, der hochfahrend behaupteten Willens- und Entscheidungsfreiheit des Menschen neurobiologisch mit dem naturalistischen Generalverdacht vollständiger Determination des Leibes »auf den Geist zu gehen«. Aber vielleicht erscheint einem das sich aus solcher Fragestellung herbeibewiesene anthropologische Konstrukt des völlig determinierten Menschen genauso haltlos wie der absolut freie Mensch. Das konsequente Ergebnis der Annahme totaler Determination wäre ja nicht weniger als der zur Annahme seiner Determination determinierte Determinist. Und ist der Mensch, wenn er das erkennt, nicht genau darüber schon hinaus. Wer im Prozess gegen den Menschen nur den Staatsanwalt eines gar noch reduktionistischen Naturalismus bemüht, bringt den Menschen fast unweigerlich und lebenslänglich hinter die Gitter der Determination. Oder er leitet, wie dies der Physiker Pascal Jordan getan hat, die menschliche Freiheit aus der quantenphysikalischen Unbestimmtheit her.[29] Die quantenphysikalische Unbestimmtheit lässt nur noch stochastische Gewissheiten im mikrophysikalischen Bereich zu; damit erreicht sie aber allenfalls einen Begriff der Freiheit von, nicht aber den Begriff der Freiheit für. Ein wirklicher Freiheitsbegriff kann aber weder auf das Von noch auf das Für verzichten.

Die nahezu allgegenwärtigen Phänomene des deterministischen Chaos legen zwar eine mathematisch nachvollziehbare Determination physikalischer, chemischer und biologischer Prozesse nahe, klassifiziert werden diese aber als nahezu völlig unprognostizierbar. Eine Determination, die prospektiv mit einem derartigen Spektrum von Möglichkeiten aufwartet und erst retrospektiv sagen kann, welche sich davon verwirklicht hat, ficht den Verteidiger von relativer Willens- und Entscheidungsfreiheit nicht besonders an. Zur Findung eines einigermaßen angemessenen Urteils über den Menschen gehört wohl nicht nur der anklagende Staatsanwalt menschlicher Determination, sondern auch der emphatische Verteidiger des angeblich absolut freien Menschen.

Zweifellos sind die naturalistischen Erklärungsversuche von Freiheit, Ethik, Religion etc. interessant, aber liefern sie eine erschöpfende, eine annähernd umfassende oder zumindest eine ausreichende Erklärung des jeweils in Rede stehenden Phänomens? Ich zweifle daran. Denn alle bisher gestellten Fragen führen doch, wenn sich überhaupt Antworten abzeichnen, nur zu solchen Antworten, die in einem neuen noch unumgriffenen offenen Fragehorizont stehen. Alle Antworten, auch die der Naturalismen, sind Extrapolierungen, Spezifizierungen und Fokussierungen von Fragen. Und als solche so wichtig wie transitorisch. Naturalistischen Behauptungen des Kalibers, dieses oder jenes Phänomen sei »nichts anderes als …« ist in jedem Fall zu misstrauen; denn sie nehmen schon die prinzipielle naturwissenschaftliche Frage-, Antwort- und Präzisionsoffenheit nicht ernst. Nikolaus von Kues hatte diese Erkenntnis so formuliert: »*Weil alles, was gewusst wird, besser und vollkommener gewusst werden kann, wird nichts so gewusst, wie es wissbar ist.*«[30]

Dass fast alles, worauf der Naturalist hinweist, eine durch Naturwissenschaft annäherungsweise beschreibbare Dimension hat, ist eine Banalität und keine Ersterkenntnis oder Neuentdeckung des neuzeitlichen Naturalismus. Verdienstvoll ist es wohl, die Karte der naturwissenschaftlichen Beschreibbarkeit auszureizen.

Die Behauptung allerdings, dass alles in einer naturalistischen Weltsicht seine restlose und vollkommene Erklärung und Deutung finden kann, ist hingegen Metaphysik, die entweder nicht um sich weiß, oder weismachen möchte, sie sei keine Metaphysik. Ein solcher Naturalismus wäre also schlechte oder verkappte Metaphysik. Für den, der die stillschweigende implizite Metaphysikalisierung der Natur nicht mitvollzieht, bleibt der Naturalismus immerhin ein anregendes aber uneingelöstes Forschungsprogramm.

2.4.4 Grenzen der Reichweite naturalistischer Erklärungen

Worin die Begrenztheit der naturalistischen Erklärungen liegt, soll an einigen Beispielen erläutert werden.

a) Schon Platon führt in seinem Phaidon auf geradezu klassische Weise die naturalistischen Erklärungen seiner Zeit ad absurdum.[31] Sokrates sitzt im Gefängnis und diskutiert mit seinen Schülern. Er ist wegen Asebie, also Gottlosigkeit, in einem rechtlich höchst zweifelhaften Verfahren zum Tode verurteilt, und der Schierlingsbecher wartet auf ihn. Er hätte rechtzeitig fliehen können; denn seine Schüler hatten ihm die Möglichkeit mit Hilfe von Bestechungsgeld eröffnet. Aber er bleibt, und zwar im Respekt vor den Gesetzen, die er selbst, als er politisch aktiv war, mitgeschaffen hat. Und er bleibt in der Hoffnung, dass durch den biologischen Tod nicht das befürchtete absolute Ende, sondern weit eher die erhoffte Vollendung erreicht wird. Er bleibt, weil es einen ethischen und religiösen Deutungskontext für seine Existenz und deren Ende gibt, der naturalistisch nicht einholbar und simulierbar ist.

Die naturalistische Erklärung sagt: Sokrates bleibt im Gefängnis, weil seine Knochen, Sehnen, Muskeln und ihre Interaktion so beschaffen ist, dass er hier sitzt, bis der Schierlingsbecher kommt. Für die naturalistische Erklärung ist schon der Begriff Asebie unerschwinglich, oder nur durch abenteuerliche Zusatzannahmen, durch ein »adaptive story telling« erreichbar. Die naturalistische Asebie-Interpretation müsste die jeweilige Götter- oder Gottgläubigkeit als zwei miteinander konkurrierende Wahnvorstellungen begreifen, die in einer von ihren Trägern nicht durchschauten Weise letztlich nur um biologische Ressourcen streiten, und zwar mit der biologisch wiederum interessanten Todesfolge für eine von beiden. Oder sie müsste den biologischen Überlebensinstinkt als Hilfskonstruktion zu Rate ziehen, der hier per definitionem gerade keine entscheidende Rolle spielt; denn Sokrates geht ja in den Tod, und zwar ohne suizidale Anwandlungen von Lebensflucht, Lebensangst oder Lebensverweigerung.[32] Mit der neodarwinistisch-soziobiologischen Allzweckkeule der Welterklärung kann man hier nur Lufthiebe tätigen. Diese naturalistische Erklärungsvariante des Verhaltens von Sokrates, derzeit am deutlichsten in der Soziobiologie repräsentiert, ist bemüht, durch eine abenteuerliche biologische Erschleichung der ethischen und religiösen Kategorien das Territorium ihrer Zuständigkeit bis zur Allzuständigkeit zu weiten.

b) Der mit dem Nobelpreis ausgezeichnete Molekulargenetiker Jaques Monod versuchte seinerzeit mit den Mitteln seiner Naturwissenschaft die Sinnlosigkeit menschlicher Existenz zu belegen. Vom damals für sicher gehaltenen, heute allerdings weitgehend modifizierten Kenntnisstand aus versuchte er den Menschen molekulargenetisch und evolutionsbiologisch als Produkt aus Zufall und Notwendigkeit zu dechiffrieren und die Teleologie als Teleonomie zu naturalisieren. Sein anthropologisches Fazit lautet: »*Wenn er diese Botschaft in ihrer vollen Bedeutung aufnimmt, dann muss der Mensch endlich aus seinem tausendjährigen Traum erwachen und seine totale Verlassenheit, seine radikale Fremdheit erkennen. Er weiß nun, dass er seinen Platz wie ein Zigeuner am Rande des Universums hat, das für seine Musik taub ist und gleichgültig gegen seine Hoffnungen, Leiden und Verbrechen. (...) Der Alte Bund ist zerbrochen; der Mensch weiß endlich, dass er in der teilnahmslosen Unermesslichkeit des Universums allein ist, aus dem er zufällig hervortrat. Nicht nur sein Los, auch seine Pflicht steht nirgendwo geschrieben. Es ist an ihm zwischen dem Reich und der Finsternis zu wählen.*«[33]

Und dann zauberte er doch aus dem Zylinder der Sinn- und Hoffnungslosigkeit das metaphysische Kaninchen einer »Ethik der Erkenntnis«[34] und der intellektuellen Redlichkeit, ja sogar eines wirklichen Sozialismus.[35] Aber gerade die von ihm geforderten Standards, Forschungsethos und intellektuelle Redlichkeit, wenden sich gegen seine naturalistisch hergeleiteten und allumfassend ausgelegten weltbildhaltigen Behauptungen.[36] Mir scheint in diesem exemplarischen Kultbuch naturalistischer Weltentzauberung schleicht sich hinterrücks die nicht restlos naturalisierbare Sollensstruktur der menschlichen Selbstvorfindlichkeit wieder ein.

c) Auch an einem Allerweltsbeispiel ließe sich, und zwar ohne Annahme von etwas Göttlich-Transzendentem, die Grenze der naturalistischen Erklärung verdeutlichen: Die naturalistische Erklärung des 10-Euro-Scheins. Sie könnte seine materielle Gegebenheit (Papier, Form, Farbgebung, Größe, Gewicht, Datum, Bilddaten, Prägung, Wasserzeichen, Sicherheitsstreifen, Banknotennummer etc.) so weitgehend, wie nur irgend denkbar analysieren und in einem dickleibigen Band dokumentieren. Aber sein Symbolwert, die Bedeutungszuweisung, die vertrauensabhängige konkret-aktuelle Wertzumessung, die grenzübergreifende Verbindungs- und Austauschfunktion, die Nutzung im Spielautomaten, im Bordell, im Kaufhaus oder in der Misereorkollekte samt ihrem jeweiligen Sinn- und Bedeutungshorizont etc. wären jedenfalls nicht das genuine Ergebnis einer naturwissenschaftlichen Kausalitätsrecherche. Die materialen Daten haben allenfalls einen Verweischarakter auf den umfassenderen Deutungskontext, dem sie dienend implementiert sind. Wer den 10-Euro-Schein auf Biegen und Brechen naturalistisch erklärbar machen will, der biegt und bricht den ohnehin schon an Begriffsdilatation leidenden Naturalismus selbst, indem er ihm weit mehr als nur das Naturale an der Wirklichkeit abverlangt. Derart aufgeblasen geriert sich der Naturalismus dann nicht nur als eine, sondern als die einzige Wirklichkeitstheorie.

Die seltener vorgebrachte, noch weitergehende Behauptung, Wirklichkeit und Naturwissenschaft seien koextensiv, müsste dann aber die unumgriffene Wirklichkeit mit dem naturwissenschaftlichen Expansionismus wachsen sehen. Eine solche Behauptung wäre allerdings ein argumentativer Bumerang, weil jede neue naturwissenschaftliche Erkenntnis den zuvor behaupteten Satz von der Koextensivität von Naturwissenschaft und Wirklichkeit selber träfe und konterkarierte. Wirklichkeit ist immer mehr als das naturwissenschaftlich Erfasste. Oder man müsste behaupten, was sicher nicht nur falsch, aber eben auch nicht ganz richtig ist, die Naturwissenschaft erschaffe die Wirklichkeit erst, von der sie handelt.

Auch für die naturwissenschaftlichen Erkenntnisse gibt es so etwas wie ein von diesen nicht, zumindest aber nicht allein hervorgebrachtes soziales, sittliches, wirtschaftliches, intellektuelles und auch religiöses Koordinatensystem, in dem sie sich ereignen. Dass der die empirisch-naturalen Gegebenheiten jeweils umfassende Deutungshorizont selber nichts anderes als eine Variable und ein Artefakt der empirisch einholbaren naturalen Basisdaten sein soll, das glaube, wer will. Und das muss glauben, wer immer die restlose naturale Erklärbarkeit der Welt behauptet; denn beweisen kann er es nicht.

Wenn ein Naturalist also behaupten wollte, alle Wirklichkeit sei Natur, dann wäre darauf zu antworten: Nicht einmal das Eine, die ihm erkenntnismäßig zugemutete Natur, geschweige denn das Andere, die noch umfassendere Wirklichkeit, hat der solches behauptende Naturalist im (Be-)Griff.

2.4.5 Naturalismus als kritische Instanz in der Theologie

Der Naturalismus war in der Vergangenheit und ist vielleicht auch in der Zukunft eine kritische Instanz gegenüber der Theologie durch seine Anfragen von außen. Der Naturalismus war und ist aber auch eine kritische Anfrage innerhalb der Theologie, insofern er in ein und demselben theologischen Denkansatz den Aspekt des Naturhaften maximiert und den der Gnade minimiert. Er findet sich in zahlreichen manchmal zu Unrecht als heterodox klassifizierten theologischen Theorien.

Einige Spielarten eines theologischen Naturalismus (z. B. des Pelagianismus) sagen, »das Vermögen der menschlichen Natur (…) sei die fundamentale Form der Gnade.«[37] Sie statten die menschliche Natur, sie ist ja schließlich von Gott geschaffen, mit derart vielen ›Extras‹ aus, dass sie auf Übernatürliches nicht angewiesen ist und auf Gnade verzichten kann. Die Perfektion der ersten Schöpfung, der creatio ex nihilo Gottes verträgt nach einem derartigen pelagianischem Denkmuster kein im entscheidenden Punkt imperfektes Wesen. Der Pelagianismus riskiert die Allmacht bei der creatio continua, um sie bei der creatio ex nihilo umso strahlender zum Ausdruck bringen zu können. Wer sich die Welt als vollkommenstes Uhrwerk denkt, weil es ja aus der Hand des vollkommensten Uhrmachers hervorgegangen ist, der kann sich dann auch die korrigierende und reparierende Tätigkeit des Uhrreparateurs sparen. Er schließt übernatürliche Interventionen Gottes (Gott als nachbessernder Uhrreparateur) im Bereich der Natur gerade aus übernatürlichen Gründen (Gott als perfekter Uhrmacher) aus. Diese Konzeption von Allmacht Gottes ist hier creatio-ex-nihilo-lastig. Der Deismus lässt grüßen.

Der Supranaturalismus hingegen lässt die menschliche Natur derart schrumpfen, dass sie ein immer und überall bedürftiges Wesen wird, zu nichts aus sich selbst in der Lage ist und ständiger supranaturaler Interventionen bedarf. Angesichts der defizitären Produktion in der creatio ex nihilo bedarf es der ständigen Inanspruchnahme der Garantie, sprich der creatio continua. Der theologische Supranaturalist riskiert die Perfektion bei der creatio ex nihilo, um sie bei der creatio continua allgegenwärtig ins Spiel zu bringen. Die Allmacht Gottes ist hier creatio-continua-lastig. Sowohl der hier skizzierte theologische Naturalismus wie auch der Supranaturalismus konzipieren ihr Denkmodell antagonistisch: Wo der Naturalismus herrscht, muss der Supranaturalismus weichen und umgekehrt.

Der scholastische Topos, demzufolge Gnade die Natur voraussetze, nicht zerstöre, sondern vielmehr erhebe und vollende, entgeht vielleicht dem Kontrastkonzept von Natur und Übernatur, ersetzt es aber durch ein Komplementärkonzept und belässt so das Gegenüber von Natur und Übernatur.

Dagegen wendet Metz ein:»*Letztlich wurzelt der theologische Naturalismus in einem Missverständnis des Verhältnisses von Natur und Gnade: beide werden als dualistisch konkurrierende und bloß äußerlich zusammengestückte, nicht aber als ursprüngliche und deshalb je den ganzen Menschen betreffende Daseinsbestimmungen verstanden, die gleichsinnig wachsen; die freisetzende ›Ermöglichung‹ der Natur durch Gnade wird nicht gewürdigt.*«[38]

Gewiss hat der Naturalismus von außerhalb der Theologie wie auch der von innen eine kritische Funktion gegenüber einer vorschnell das Mysterium bemühenden, sich ins vorgebliche Geheimnis flüchtenden Theologie. Er macht nämlich klar, dass man das Nachdenken über die Natur, über die Wirklichkeit und auch über Gott prinzipiell nicht weit genug treiben kann und fordert teils nolens volens ein solches Nachdenken heraus. Einem Naturalismus hingegen, der das Ganze der Wirklichkeit monistisch-materialistisch in sich aufzuheben beabsichtigt, wäre allerdings zu sagen, dass nur ein homogenerer Wirklichkeitsbegriff diesem philosophischen Anspruch noch genügen kann; und dass an die Stelle der kritischen Funktion des ungeklärten Naturbegriffs der noch radikalere und ungeklärtere des Wirklichkeitsbegriffs getreten ist.[39] Die Ebene der tatsächlichen Reflexion auf die Wirklichkeit an sich, die der Naturalist nicht zu verlassen fordert, haben er selbst und der von ihm Ermahnte noch gar nicht betreten.

2.4.6 Naturalistische Rekonstruktion von Religiosität

Die auf Daten der Paläoanthropologie zurückgreifende naturalistische Recherche fördert den natürlichen Menschen als einen kultürlichen zutage. Er ist, wie Gehlen und viele andere festgestellt haben, undissoziierbar von Natur ein Kulturwesen.[40] Das Kulturschaffen im weitesten Sinne, z. B. die Feuernutzung, die Herstellung von Steinwerkzeugen, die künstlerische Verfertigung von einfachen Skulpturen und Höhlenmalereien, die Durchführung von rituellen Bestattungen etc., werden als Indizien dafür benutzt, dem Primaten den Gattungsnamen Homo zuzuerkennen und vom Homo habilis, Homo erectus, Homo sapiens neanderthalensis und Homo sapiens sapiens zu sprechen. Und diese der Natur entsprießende Kultur offenbart schon im Morgengrauen der Hominisation Vorstellungen von »Übernatur«, die den drei Letztgenannten, dem Homo erectus, dem Homo sapiens neanderthalensis und erst recht dem frühen Homo sapiens sapiens offenbar hilft, einen sinnhaften Kosmos zu entwerfen, sich in ihn zu integrieren und so besser zu leben und zu überleben.

Die soziobiologisch angestrebte Zerlegung der Religion in die vier Module genannten Grundbausteine Mystik, Mythos, Ethik und Ritus greift zwar durchaus nicht unwichtige Elemente der Religion heraus, kann aber mitnichten auf eine auch nur annähernde Vollständigkeit selbst nur der wichtigsten »Bauelemente einer Religion« hoffen, geschweige denn deren Rekonstruktion leisten. Mit einem »adaptive-story-telling-Programm« wird zwar der jeweilige evolutive Mehrwert von Mystik, Mythos, Ethik und Ritus herzuleiten versucht, dabei aber selber ein die Religion angeblich erklärender Hypermythos bedient.[41]

Dieser Funktionsnachweis entlarve die »Übernatur« als Variable und als raffiniertes Konstrukt der Natur, als ein gewissermaßen parthenogenetisch hervorgebrachtes Kind von »Mutter Natur« ohne einen »Gott-Vater«, so sagen manche Vertreter des Naturalismus. Und damit glauben sie die Phänomene der Religiosität im Kern verstanden, angemessen und vollständig simuliert und als Phänomene sui generis funktionalistisch wegerklärt zu haben. Aber die Religiosität bleibt ein transzendenter Stachel im Fleisch der immanent-materialistischen Welterklärer und trübt die intellektuelle Selbstzufriedenheit. Wer die Phänomene der Religiosität umfassend naturalistisch erklären will, bewegt sich nicht im Land der unbegrenzten Möglichkeit, sondern der nahezu unbegrenzten Unmöglichkeit.

Es ist zunächst einmal und mit Sicherheit von einer Multifunktionalität der Religiosität auszugehen. Dass die eine oder andere ihrer Funktionen die sein kann, sich populationsdynamisch positiv auszuwirken, ist keineswegs zu bestreiten. Man denke etwa an ein religiös induziertes Solidarverhalten, an ein religiös motiviertes stärker zuwendungsorientiertes Partnerschafts- und Brutpflegeverhalten, an eine religiös induzierte größere Wahrheits- und Verantwortungspflicht zumindest in Bezug auf die Gruppe und ihre Mitglieder etc. All das kann populationsdynamische günstige Nebeneffekte haben, die einer naturalistischen Deutung zugänglich sind. Aber das unter einem funktionalistischen Aspekt in Grenzen berechtigte Deutungsmuster ist zugleich das unter vielen anderen Aspekten nahezu unbegrenzt unberechtigte Deutungsmuster.

Ein monokausaler funktionalistischer Reduktionismus ist ja bereits innerhalb ein und derselben Wissenschaft ein gewagtes Unternehmen, umso mehr, wenn er sich fachdisziplinübergreifend betätigt. In Analogie zur monokausal funktionalistischen Deutung von Religiosität durch die Naturalisten könnte man ebenso gut dies behaupten: Der Umstand, dass man nachweisen könne, Johann Sebastian Bach habe seine Familie durch sein Musikschaffen ernährt, erkläre mit hinreichender Genauigkeit die Brandenburgischen Konzerte und Kantaten, die Matthäus- und Johannes-Passion und die H-Moll Messe. Oder um noch eine naturalistische Ecke weitergedacht: Die Ernährung durch den Vater erkläre das Musikschaffen und die Musik von Wilhelm Friedemann oder Carl Philipp Emanuel und den anderen Bachsöhnen. Unbestritten wären die Bachsöhne ohne Ernährung nicht geworden, was sie waren, aber ebenso unbestritten erklärt die Ernährung weder ihr Komponistendasein noch erst recht ihre Kompositionen in angemessener Weise. Der über die Biologie einschließlich der genetischen Disposition hinausweisende »Rest« ist für Person und Werk gerade das Unterscheidende und Entscheidende, und nur seine Nebenfunktion ist die naturalistische, die biologisch fassbare Dimension.

Mit einem Bild aus dem Sport gesagt: Das Kulturschaffen und in seiner zentralen Mitte die Religiosität ist das Spielbein, mit dem der bipede Mensch aus dem Tierreich heraustritt, ohne das Standbein seiner naturalen Bedingtheit aus eben diesem herauszusetzen. Neben diversen anderen Kriterien ist es gerade die Religiosität, die den Menschen als Menschen im Unterschied zu den tierischen Verwandten kenntlich macht. Die Identitätskarte des naturhaften Wesens Homo trägt in der Rubrik unveränderliches Kennzeichen den kulturhaften Eintrag religiosus.[42]

Und wenn der Naturalist sagt, diese offenbar ›natürlicherweise‹ aufbrechende Religiosität sei auch eine biologisch erklärbare Verhaltensanpassung, dann ist ihm solange nicht zu widersprechen, als er damit nicht die Vollständigkeit und Ausschließlichkeit dieser Behauptung verbindet, also eine haltlose »Nichts-anderes-Alserei« betreibt.

Ja, vielleicht ist Religiosität ein mehr oder weniger gelichteter Reflex auf die innerweltlich nicht geklärte oder nicht klärbare Geheimnishaftigkeit alles dessen, was wir auch mit der raffiniertesten Naturwissenschaft nur höchst partiell erschließen und andeutungsweise erahnen. Und dabei ist es unerheblich, ob der Mensch von dem, woran er sich anpasst oder angepasst hat, bewusstseinsmäßig eine angemessene oder überhaupt eine Vorstellung entwickelt hat. Auch die Fische und die Vögel haben, soweit wir wissen, keine Vorstellung von den Gesetzen der Hydro- und der Aerodynamik. Und doch spiegelt ihr jeweiliger in unbewussten Anpassungsprozessen optimierter Körperbau die Bedingungen im Wasser und in der Luft derart genau wieder, dass die Gesetze der Hydro- und Aerodynamik aus ihnen ableitbar sind. Religiosität entzieht sich dem vollständigen naturalistischen Umklammerungs(be)griff. Sie ist eher zu verstehen als eine nicht auf pure Biologie reduzierbare kulturhafte Verhaltensanpassung an die umfassende Realität, die wir allenfalls ahnen und mit der Chiffre Gott nur vage benennen oder anrufen.[43]

2.5 Fazit

Jeder Naturwissenschaftler, erst recht jeder Naturalist beginnt mit einer lebensweltlich orientierten Sprache. In ihr wird er einer zumindest vorläufigen Fragestellung gewahr, der er wissenschaftlich nachzugehen sich anschickt. Die Reformulierung seiner Frage aus der lebensweltlichen Sprachform in eine wissenschaftliche Sprachform ist prinzipiell nicht verlustfrei möglich. Und wenn der Naturwissenschaftler der naturwissenschaftlich formulierten Frage eine ebensolche Antwort gegeben zu haben glaubt, bedarf es noch immer des Retransfers aus der naturwissenschaftlichen in die lebensweltliche Sprachform. Ausgangs-, Ziel- und bleibender Bezugspunkt aller naturwissenschaftssprachlichen Formalismen und Symbolismen ist die lebensweltliche Sprache. Wer annimmt, wie manche Naturalisten das zu tun scheinen, die Wirklichkeit sei um der Exaktheit willen aus der lebensweltlichen gänzlich in die naturwissenschaftlichen Sprachform zu transferieren, insinuiert eine Verdopplung der Welt in eine ungenaue und eine genaue. Und zugleich zeigt er sich selber nicht auf der Höhe des hermeneutischen Diskurses.

Eine Lebenswelt, die nur als experimentell zu bewahrheitende und bewahrheitete ein Existenzrecht hätte, wäre nicht nur eine verdoppelte, sondern auch nur mehr eine am Experimentallabor laborierende und eine um ihre lebensweltliche Sinndimension amputierte Welt.

Die Behauptung der Unmöglichkeit transzendenter Eingriffe in den Naturbestand, z. B. die grundsätzliche Bestreitung einer creatio continua, wie auch die strikte Ablehnung einer Konstituierung und Sanktionierung des Naturbestandes, wie ihn die creatio originalis nahe legt, markieren einen naturalistischen Alleinvertretungsanspruch, der mehr behauptet als die empirische Basis hergibt, auf die er sich gern beruft.

Der in diesem Sinne exklusivistische Naturalist mit einem umfassenden und antitheologischen Anspruch erinnert an ein trotziges Kleinkind. Es hat gerade gelernt, ich zu sagen und sagt, um dieses Ich sein zu können: Ich will aber gar keine Eltern haben. Es mag sein, dass die ihm vorstehenden Eltern wirklich nicht seine leiblichen Eltern sind, elternlos ist es durch diesen vielleicht sogar kraftvoll vorgetragenen Willensakt mitnichten. Es wird sich also nur mit Verspätung auf die Suche nach seinen wirklichen Eltern machen, oder, wenn keine auszumachen sind, zumindest implizit seine eigene Herkunft transzendentalisieren.

Die scheinbare Stärke des Naturalismus liegt darin, den Begriff Natur nicht geklärt zu haben und ihn als Joker immer dann auf den Kartentisch der Argumente zu legen, wenn es ihm an argumentativen Trumpfkarten mangelt. Naturalismus mutet mir nicht weniger zu glauben zu, sondern nur anderes. Und dies Andere scheint mir, wenn schon nicht unglaublich, so doch zumindest nicht glaubwürdiger. Der Naturalismus in seinen diversen Formen erfordert keinen geringeren, sondern nur einen anderen metaphysischen Aufwand.

Wie der Siegfried in der Deutschen Heldensage haben einige Naturalismusvarianten im Drachenblut gebadet, allerdings im Drachenblut einer naturwissenschaftlichen Allmachtsphantasie. Aber dabei fiel auch ein Lindenblatt herab und markiert den Punkt der tödlichen Verwundbarkeit auf dem gestählten Leib der Naturalisten. Dies Lindenblatt liegt eben auf dieser tödlich verwundbaren Schulter des ungeklärten Begriffs Natur. Die Absolutsetzung dieses Begriffs birgt für den antitheologisch orientierten Naturalisten »theologische Risiken«.

Oder anders formuliert: Mit dem ungeklärten und unausgeschöpften, mit dem vielleicht unklärbaren und unausschöpfbaren Naturbegriff holt sich der Naturalismus das trojanische Pferd der Metaphysik in die angeblich uneinnehmbare naturalistisch umfriedete Stadt. Aus dem Bauch dieses Pferdes können jederzeit die Gegner aussteigen, die im Blick auf die unbelebte und belebte Natur einer neuen Vestigia-dei-Lehre und im Blick auf die menschliche Natur einer neuen Imago-dei-Lehre das Stadttor öffnen.

Habermas, der gewiss unverdächtig ist, ein Defensor fidei sein zu wollen, geht in dieser Hinsicht sogar noch einen Schritt weiter, wenn er feststellt: »*Ohne anfänglich theologische Absicht überschreitet sich eine ihrer Grenzen inne werdende Vernunft auf ein Anderes hin: sei es in der mystischen Verschmelzung mit einem kosmisch umgreifenden Bewusstsein oder in der verzweifelnden Hoffnung auf das historische Ereignis einer erlösenden Botschaft oder in Gestalt einer vorandrängenden Solidarität mit den Erniedrigten und Beleidigten, die das messianische Heil beschleunigen will. Diese anonymen Götter der nachhegelschen Metaphysik (...) sind für die Theologie leichte Beute. Sie bieten sich dazu an, als Pseudonyme der Dreifaltigkeit des sich selbst mitteilenden persönlichen Gottes dechiffriert zu werden.*«[44]

Selbstverständlich kann der Naturalist mit verspätetem Laplace'schen Stolz sagen: Ich brauche die Zusatzannahme Gott nicht. Sein argumentatives Gegenüber kann aber nicht minder selbstverständlich sagen: Ich brauche die Metaphysikaliserung der Natur nicht; ich brauche eine die Natur stillschweigend divinisierende Zusatzannahme nicht. Gegen die mit der Religiosität verbundenen, naturalistisch erfassbaren Vor- oder Nachteile der Religiosität, wie sie etwa die Soziobiologie aufzuzeigen versucht, muss sich die Theologie nicht wehren, die ihr eigenes inkarnatorisches Proprium ernst nimmt. Es wäre für eine Religion wie das Christentum völlig unsinnig anzunehmen, es resultiere für eine religiös bestimmte Population aus ihr keine evolutionstheoretisch beschreibbare Prämierung oder Reprimierung. Es ist aber nicht minder unsinnig anzunehmen, sie sei nichts als das.

Zweifelsfrei kann der Theologe den atheistischen Naturalisten nicht argumentativ widerlegen, aber er kann ihn in den Zustand selbstkritischer Nachdenklichkeit versetzen. Allenfalls kann er den theistischen oder theologischen Naturalisten innertheologisch »zur Ordnung rufen« und auf seine Argumentationsoffenheit setzen.

Dass bestimmte Formen des Naturalismus die Theologie argumentativ beerben und ihr Vermögen anderen, und zwar eigenen Zwecken zuwenden möchten, ist offensichtlich. Ob es mehr ist als der Versuch der Erbschleicherei, das ist allerdings sehr fraglich. Der immanentistische Naturalismus, der sich das Phänomen Religiosität umfassend einverleiben will, wird zur stark übergewichtigen Wirklichkeitslehre mit tödlichem Infarktrisiko.

Wenn für einige Naturalismen im Radius ihrer standortbedingten Perspektive die Religiosität nicht oder als ausschließlich naturalistisch erklärbare Einflussgröße vorkommt, heißt das nicht, dass im Horizont intellektueller Redlichkeit kein Platz sei für Religiosität, sondern nur, dass der kurzsichtigkeitsbedingte Radius einer philosophischen Denkschule nicht identisch ist mit dem Horizont intellektueller Redlichkeit. Kurzum, wer intellektuell redlich zu denken und zu forschen beabsichtigt, muss nicht zum naturalistischen Parteigänger werden.

Viele Zeitgenossen werden die von Kant ganz im Sinne naturalistischer Denkvorgaben gemachte Aussage teilen, dass nicht nur das Denken allgemein, sondern auch unser theologisches Denken *»mit dem kleinst-möglichen Aufwande des Übernatürlichen«*[45] auskommen müsse. Aber dann muss man wohl auch rein diagnostisch feststellen, dass umgekehrt der Naturalismus in seinem Denken mit dem größtmöglichen Aufwand des Natürlichen nicht hinkommen könne. Und indem er das bemerkt, versucht er sich als klandestiner metaphysischer Usurpator. Die einen sollen mit möglichst wenig auskommen, die andern können mit möglichst viel nicht hinkommen. Es bleibt wohl so etwas wie eine wechselseitige Ergänzungs-, Kritik- und Korrekturbedürftigkeit zwischen Theologie und Naturalismus.

Ist theologische Bescheidenheit gegenüber dem naturalistischen Weltbild angesagt? Gewiss, gegen Bescheidenheit ist nie etwas einzuwenden, schon gar nicht bei Theologen. Wohl aber ist etwas einzuwenden gegen diese verhuschte Ängstlichkeit, die dem Naturalismus alles und sich selbst kaum etwas zutraut.

Der Mensch – nichts als Natur? – Mitnichten! Die avisierte naturalistische Entzauberung des Menschen nimmt sich eher aus wie eine anders gelagerte Wiederverzauberung. Wer nicht sagen kann, was Natur ist, noch wer oder was der Mensch ist, wie soll man dem den naturalistisch dogmatisierten Glaubenssatz glauben, der Mensch sei nichts als Natur?

Die Theologie, so scheint es, kann durchaus auf Augenhöhe mit dem Naturalismus diskutieren, wenn letzterer es sich aus Gründen intellektueller Redlichkeit versagt, für seine philosophisch-weltbildhaltigen Aussagen eine naturwissenschaftliche Gewissheit zu erschleichen. Die Theologie wird in diesem Diskurs gewiss ein Lernpensum erhalten und kann ihrerseits nicht minder gewiss ein Lehrstück geben. Der Theologie ist angesichts solcher Naturalismen, angesichts mancher sich als metaphysikfrei gerierender verkappter Metaphysiken, angesichts mancher naturalistischen Welterklärungshochstapelei mehr Vertrauen in die Kraft der eigenen Argumente und daraus resultierend eine größere, sachangemessene Verblüffungsfestigkeit im Diskurs zu wünschen.

3 Die Schöpfungserzählungen des Alten Testamentes

Natürlich kann hier keine adäquate Exegese der Urerzählung(en) geliefert werden, die in vielfacher Form, mit theologischer Gründlichkeit und großer Ausführlichkeit vorliegt. Einige kurze Hinweise sind aber auch für diesen Kontext nicht unwesentlich, dem es um die Entstehung des Menschen aus theologischer und naturwissenschaftlicher Perspektive, um das Verhältnis von theologischen und naturwissenschaftlichen Aussagen und um intellektuelle Redlichkeit im Miteinander der verschiedenen Disziplinen geht.

3.1 Zwei alternative anthropologische Deutungsfelder

Man hat die anthropologischen Theorien gelegentlich auf ihre weltanschaulichen Voraussetzungen hin durchgemustert, auf ihre Grundplausibilitäten hin befragt. Dabei war es möglich, sie zwei diametral entgegengesetzten symbolischen Deutungsfeldern zuzuordnen. Das eine symbolische Deutungsfeld ist die Vorstellung von einem harmonischen Haushalt der Natur, die Idee der oeconomia naturae. Aus dieser Weltsicht ergibt sich eine positive, an der unterstellten Weltharmonie ausgerichtete Anthropologie. Das andere symbolische Deutungsfeld ist die Vorstellung von der gefallenen Natur, die Idee der natura lapsa. Aus dieser Weltsicht folgt eine negative, an der unbestreitbaren Defizienz der Natur ausgerichtete Anthropologie.

Beide Deutungsfelder sind zwar idealtypische Rekonstruktionen, sie nähern sich aber oft erstaunlich stark den historisch fassbaren Realtypen bestimmter Epochen an. Beide symbolischen Deutungsfelder finden sich bereits im Buch Genesis und lassen sich über Genesis hinaus- und vor Genesis zurückgehend auch in der antiken Philosophie wiederfinden.[1]

Die Vorstellung der oeconomia naturae hält den Menschen zwar nicht durchweg für gut, wohl aber für des Guten fähig, traut ihm die rechte Erkenntnis und Einsicht sowie das richtige moralische Handeln zu, ja hält ihn sogar der Erkenntnis Gottes für fähig. Diese das Positive betonende Weltsicht hat ihre biblisch-alttestamentliche Quelle in Gen 1,1 – 2,4a, also in der priesterschriftlichen Schöpfungserzählung. Hier wird jedes Werk bestätigt mit »Und Gott sah, dass es gut war.« Und am Ende, beim Abschluss des Sechstagewerkes, heißt es gar: »Gott sah alles an, was er gemacht hatte: Es war sehr gut.« (Gen 1,31) Im Gefolge dieser aus der oeconomia naturae folgenden Anthropologie konnte Paulus in seinem Römerbrief die Erkennbarkeit Gottes aus seiner Schöpfung und die Unentschuldbarkeit derer folgern, die Gott nicht wahrnehmen und nicht wahrhaben wollen.

»Denn was man von Gott erkennen kann, ist ihnen offenbar; Gott hat es ihnen offenbart. Seit Erschaffung der Welt wird seine unsichtbare Wirklichkeit an den Werken der Schöpfung mit der Vernunft wahrgenommen, seine ewige Macht und Gottheit.« (Röm 1,19f.)

Das I. Vatikanum hat den Gedanken von der Erkennbarkeit Gottes aus der Natur sogar in eine dogmatische Form gegossen, die diesen Schöpfungsoptimismus festschreibt.

Damit hat Paulus den Gedanken der Natürlichen Theologie grundgelegt, die wie Platons »Timaios« und Ciceros »De natura deorum« den anthropomorphen Analogieschluss von der Schönheit und Zweckmäßigkeit der natürlichen Welt auf deren Urheber und Gestalter wagt. Die lateinischen und griechischen Kirchenväter der Antike haben diesen Gedanken fortgesetzt. Demnach lässt das großartige kosmische Bauwerk im Großen wie im Kleinen den Schluss auf die Großartigkeit seines Baumeisters zu und ermöglicht eine Art Physikotheologie. In diesem Punkt greift die christliche Theologie eindeutig auf die Gedanken der heidnischen Antike zurück.

Im selber Römerbrief hat Paulus aber auch die theologische Grundlage für den natürlichen Zugang zum göttlichen Moralgesetz aufgezeigt:

»Wenn Heiden, die das Gesetz nicht haben, von Natur aus das tun, was im Gesetz gefordert ist, so sind die, die das Gesetz nicht haben, sich selbst Gesetz. Sie zeigen damit, dass ihnen die Forderung des Gesetzes ins Herz geschrieben ist; ihr Gewissen legt Zeugnis davon ab, ihre Gedanken klagen sich gegenseitig an und verteidigen sich.« (Röm 21,14 f.)

So hat die Lehre von der oeconomia naturae ausgehend von der alttestamentlichen Priesterschrift Gen 1,1 – 2,4a und über die Paulinische Theologie des Neuen Testaments hinaus Anthropologie und Theologie in erkenntnistheoretischer wie ethischer Hinsicht nachhaltig geprägt.

Die Vorstellung von der natura lapsa hingegen sieht den Menschen kritisch. Das heißt umgekehrt wiederum nicht, dass alle Menschen durchweg nur böse sind. Aber sie sind des Guten im Erkennen, Reden und Tun nicht aus sich selbst, sondern nur durch die erlösende Gnade Gottes fähig.

Diese das Negative, Fragmentarische, Dissonante und Defiziente betonende Weltsicht hat ihre biblisch-alttestamentliche Quelle in Gen 2,4b ff., also in der Jahwistischen Schöpfungserzählung. Hier schafft Gott nicht einfach durch sein Wort, sondern wie ein töpfernder Handwerker. Die Schöpfung ist auch nicht schon im ersten Arbeitsgang perfekt, sondern der schöpferische Gott bessert nach: *»Es ist nicht gut, dass der Mensch allein bleibt. Ich will ihm eine Hilfe machen, die ihm entspricht.«* (Gen 2,18) Doch in den übrigen Geschöpfen findet sich keine für den Isch, den Menschen hilfreiche Entsprechung, die wird erst durch die Erschaffung der Ischa, der nachmals Eva genannten Frau realisiert. Aber in der Mitte des Gartens steht der Baum, von dessen Frucht der Mensch nicht essen darf und, wenn er es doch tut, nur mit Todesfolge essen kann. Damit ist aber dann zugleich die Möglichkeit des kreatürlichen und menschlichen Scheiterns eingebaut in diese Schöpfung.

Gott setzt den Menschen in eine relative Freiheit der Selbstbestimmung, und diese Freiheit ist im Prinzip gut. Aber sie ist bei missbräuchlicher Realisierung durch den Menschen auch die Bedingung der Möglichkeit dafür, die Heilsgemeinschaft mit Gott, das wirkliche menschliche Miteinander und das paradiesische Eingebundensein in seine Schöpfung zu verlieren.

Das Erliegen in der Versuchung, die Schmerzen während der Geburt, die Mühsal in der Arbeit bei Adam und Eva, die Verfluchung der Schlange, die Vertreibung aus dem Paradies, die Ermordung des Mitmenschen bei Kain und Abel etc. all das sind die Hinweise auf eine Defizienz, die aus der Möglichkeit des Geschöpfes Mensch zur Selbstverweigerung und Selbstverfehlung resultiert, oder gar Hinweise auf eine der Schöpfung schon von allem Anfang an inhärenten Defizienz und Gebrochenheit.

Diese Weltsicht ist nicht bestimmt von einem protologisch motivierten Optimismus, sondern von einem soteriologiebedürftigen Pessimismus oder Skeptizismus. Der zur Erkenntnis des Wahren, Richtigen und Guten und der zum Tun des als wahr, richtig und gut Erkannten unfähige oder nur bedingt fähige Mensch, bedarf des erbarmenden Eingreifens und des ergreifenden eingreifenden Erbarmens Gottes.

Die vor allem auf Augustinus zurückgehende Erbsündenlehre, der zu Folge die Ursünde Adams und Evas durch Zeugung weitergegeben wird, schreibt diesen Gedanken der menschlichen Unfähigkeit zur Sündelosigkeit für alle Zeiten der Menschheitsgeschichte fort. Danach sind alle Menschen als Träger der Erbsünde Kinder Adams oder Kinder Evas und als solche nicht »at the sunny side of the road«, sondern im Tal der Tränen, wie es das alte tröstliche Marienlied, das »Salve Regina« festhält:

»Sei gegrüßt, o Königin, Mutter der Barmherzigkeit; unser Leben, unsre Wonne und unsere Hoffnung, sei gegrüßt! Zu dir rufen wir, verbannte Kinder Evas; zu dir seufzen wir trauernd und weinend in diesem Tal der Tränen. Wohlan denn, unsere Fürsprecherin, wende deine barmherzigen Augen uns zu, und nach diesem Elend zeige uns Jesus, die gebenedeite Frucht deines Leibes. O gütige, o milde, o süße Jungfrau Maria!«[2]

Das Konzept von der natura lapsa verband sich im Verlauf der Geschichte vielfach mit dem aus der heidnischen Antike stammenden Konzept des mundus senescens, der vergreisenden Welt. Die einmal durch menschliche Schuld gefallene Welt war und blieb nach dieser Sicht der Dinge eine im Abstieg begriffene, gewissermaßen dekadente Welt.[3]

War der Mensch nach dem Konzept der oeconomia naturae noch als »imago dei«, als Bild Gottes, zu verstehen, so war er dies nach dem Konzept der natura lapsa nicht mehr, wenn er das Negative steigernd nicht gar als »larva satanae«, als Larve oder Verpuppung des Satans, angesehen wurde.

Groh deutet diese sich schon in Genesis zeigende anthropologische Alternative grundlegend:

»Beide Menschenbilder sind Ideologien, das positive dient der Rechtfertigung liberaler, das negative der Rechtfertigung autoritärer Herrschaftsformen. Führt das erste zur Annahme des Prinzips der Selbstregulation der Gesellschaft, so das zweite zur Annahme des Prinzips der Kontrolle der gefährlichen Wesen durch den Staat. Ideologie sind sie jedoch nicht nur ihrer Funktion nach, sondern auch ihrer Herkunft nach: näm-

lich als Totalisierung von Partikularem, als Wesensbestimmung des Menschen.«[4]

3.2 Konstatierung eines »Widerspruchs«

Der Anstoß zur theologischen Schöpfungslehre im Allgemeinen und zur Erschaffung des Menschen im Besonderen wird zumeist in der Bibel vermutet. Und genau hier sieht der »aufgeklärte« Zeitgenosse auch die Sollbruchstelle.

Denn wenn die biblische Schöpfungsgeschichte aus naturwissenschaftlichen Überlegungen unhaltbar geworden zu sein scheint, dann in dessen Konsequenz auch die theologische Schöpfungslehre und die Lehre von der Erschaffung des Menschen, die sich und soweit sie sich auf die Bibel beruft.

Aber was ist und was behauptet die biblische Schöpfungserzählung? Wenn man es genau nimmt, gibt es gar nicht die Schöpfungserzählung, sondern neben zahllosen Schöpfungsaussagen, die sich in der ganzen Bibel, insbesondere aber in den Psalmen und in der Weisheitsliteratur finden, vielmehr zwei sehr disparate Schöpfungserzählungen.

1. Die priesterschriftliche Schöpfungserzählung, das Siebentagewerk (Gen 1,1 – 2,4a), die vermutlich im 6. vorchristlichen Jahrhundert, im Umfeld des Babylonischen Exils und in Auseinandersetzung mit babylonischen Gottesvorstellungen entstand. Die Zerstörung Israels und die Verschleppung eines Großteils der israelitischen Ober- und Mittelschicht nach Babylon ereignete sich unter Nebukadnezar im Jahre 586 v. Chr.
2. Die jahwistische Schöpfungserzählung (Gen 2,4b ff.), also die Geschichte mit Adam und Eva, die etwa im 8./9. vorchristlichen Jahrhundert entstand. Lange hatte man sie für noch älter gehalten und in das 10. vorchristliche Jahrhundert datiert. Die jahwistische Überlieferung wird auch als Jerusalemer Geschichtswerk bezeichnet.

Beide Schöpfungsmythen liegen, was ihre Entstehung angeht, also etwa drei Jahrhunderte auseinander. Und auch wenn in beiden Schöpfungsgeschichten ein kosmisch-universaler Horizont aufleuchtet, so lassen sie sich doch nicht miteinander harmonisieren. Ja sie widersprechen einander sogar, wenn man sie als eine Art naturgeschichtlichen Schöpfungsreport missversteht. Sehr verkürzt, aber auch in der Kürze schon deutlich lässt sich die Unterschiedlichkeit dieser beiden Urgeschichten etwa so skizzieren:

In der priesterschriftlichen Urerzählung steht am Anfang oder als Anfang das Tohuwabohu, eine finstere Wasserwüste, das Chaos, aus dem erst der Kosmos, die planvoll geordnete Welt, geformt wird. Gott schafft durch sein bloßes Wort, also durch einen geistigen Akt, und gibt im Schaffen allem Geschaffenen einen Namen. Der Mensch wird unmittelbar in seiner Zweigeschlechtlichkeit geschaffen und steht erst am Ende der Schöpfung (6. Tag). Der Sabbat schließlich besiegelt und heiligt das ganze Schöpfungsgeschehen.

In der jahwistischen Urerzählung hingegen steht der Mensch, den Gott in Einzahl und aus Erde oder Staub vom Acker formt, schon am Anfang und zugleich im Zentrum. Auf ihn hin und um ihn herum formt Gott in der vegetationslosen Wüste ein Biotop, den Garten Eden, und setzt ihn dorthinein. Hier wirkt Gott also nach dem Vorbild des Töpfers und Gärtners. Der Mensch gibt von Gott ermächtigt gleichsam herrscherlich allem Geschaffenen den Namen. Erst am Ende entsteht, vielfach missdeutet als Hinweis auf Subalternität, aus dem Menschen und für den Menschen als seine Hilfe, die Frau. Die Zeitstruktur des Heptameron ist der jahwistischen Urgeschichte fremd.

Wer die beiden Schöpfungserzählungen jeweils naturalistisch als Schöpfungsreport verstehen will, muss zwangsläufig auf ihre Unvereinbarkeit stoßen. Außerdem wird er zu beantworten haben, wer denn der Autor dieser als Naturgeschichtsreport missverstandenen Urgeschichten sein soll; denn ein menschlicher Augenzeuge ist bei der Entstehung der Welt und des Menschen ja wohl nicht denkbar. Woher sollte der Mensch wissen, wie es zu seiner eigenen Entstehung kam? Ist ihm das geoffenbart worden, und wenn ja, durch wen und auf welche Weise? Und warum basiert die Offenbarung auf zwei Geschichten, die nicht miteinander zu harmonisieren sind?

Es bedarf also nicht erst einer modernen Kosmologie und Evolutionstheorie, um die Unhaltbarkeit eines irgendwie naturgeschichtlichen oder gar naturwissenschaftlichen Verständnisses der Urerzählungen einzusehen. Es genügt dazu etwas theologischer Sachverstand und ein redlicher Vergleich der unterschiedlichen biblischen Befunde. In Konfrontation mit modernen naturwissenschaftlichen Theorien wird das naturwissenschaftliche Missverständnis der Urgeschichten allerdings nochmals besonders deutlich.

Nun ist es nicht so, dass aus diesen Schöpfungsmythen der Glaube Israels an Gott, den Schöpfer des Himmels und der Erde, den Schöpfer des Lebens und des Menschen erst entstanden sei. Exegeten sagen vielmehr, das Exodus-Geschehen sei primär und habe den Glauben Israels begründet und geprägt; die Schöpfungsmythen der Urerzählung hingegen seien aus dem Glauben Israels entstanden, nicht der Glaube Israels aus den Schöpfungsmythen der Urerzählung. Das biblische Reden von Schöpfung setzt die Erfahrung des Exodus schon voraus. Ja man kann sogar die Erzählung von der Vertreibung der Ureltern aus dem Paradies wie eine in die Urzeit rejizierte Präfiguration der Exoduserfahrung deuten.

Vielleicht darf man auch sagen, dass sich das Volk Israel besonders in der Phase seiner Geschichte auf Gott als den Schöpfer des Himmels und der Erde besonnen hat, in der es politisch-militärisch bezwungen die zentralen Elemente seiner Identität verloren hatte, die Davidische Dynastie und den Tempel. Dazu passt der Befund, dass die weitaus meisten Aussagen über Gott als den Schöpfer aus exilischer bzw. nachexilischer Zeit stammen.

Demnach ließe sich sagen: Als Israel seinen Geschichtsgott und mit ihm seine Identität in der politisch desaströsen Situation von politischer Unterdrückung, Verschleppung und Exil zu verlieren droht, entdeckt es neu und intensiver seinen Schöpfergott und mit diesem das Tragende und Bergende seiner Existenz. Das frühere Bild des Geschichtsgottes wird ergänzt durch das spätere Bild des Schöpfergottes, und damit gelangt das Gottesbild Israels zu größerer Reife und Tiefe. Vielleicht kann man in den beiden einander scheinbar widersprechenden Schöpfungserzählungen auch so etwas wie eine Komplementarität im Blick auf eine etwas vollkommenere Deutung der Schöpfung als Ganzer und insbesondere der Besonderheiten des Geschöpfes Mensch erkennen.

3.3 Überblick über die priesterschriftliche Schöpfungserzählung (Gen 1,1 – 2,4a)

Die priesterschriftliche Schöpfungserzählung stellt die Entstehung der Welt und des Menschen als ein Sieben-Tage-Werk des schöpferischen Gottes vor. Der erste Vers der Bibel steht wie eine Überschrift über den weiteren Ausführungen. »Im Anfang schuf Gott …« oder »Am Anfang schuf Gott …« Vielleicht übersetzt man, und zwar durchaus mit Rückendeckung der Fachexegeten, am besten: »Als Anfang schuf Gott Himmel und Erde …«[5] Und damit hält dieser Text dann zugleich fest, dass auch das maßgebende Zeitraster, der Tag-Nacht-Rhythmus vom letztlich allein maßgeblichen Gott stammt.

Die Schöpfungsgeschichte ordnet sodann die acht Schöpfungswerke (1. Licht, 2. Himmelsgewölbe, 3. Meer/ Land, 4. Pflanzen, 5. Gestirne, 6. Wasser-/Lufttiere, 7. Landtiere, 8. Menschen) sechs Schöpfungstagen zu, indem das dritte und vierte Schöpfungswerk dem dritten und das siebte und achte Schöpfungswerk dem sechsten Tag zugeordnet werden. Man hat die Werke gelegentlich auch zwei Tätigkeitshorizonten zugeordnet, nämlich der Schaffung der Räume und der Ausgestaltung oder Füllung der Räume. Sprachlich besonders gekennzeichnet und damit hervorgehoben wird die Erschaffung des Menschen. Gott geht gewissermaßen mit sich selbst zu Rate, bevor er sein letztes und vielleicht wichtigstes Werk schafft (Gen 1,26 ff.):

»Lasst uns Menschen machen als unser Abbild, uns ähnlich. Sie sollen herrschen … Gott schuf also den Menschen als sein Abbild; als Abbild Gottes schuf er ihn. Als Mann und Frau schuf er sie.«

Diese sechs Schöpfungstage, die mit dem Menschen ihren Abschluss finden, fügt die Schöpfungsgeschichte in das Sieben-Tage-Schema mit dem krönenden Sabbat ein. Viele Exegeten glauben, darin auch die spätere Überarbeitung einer früheren Schöpfungsgeschichte sehen zu können.

Vorausgesetzt werden darf wohl, dass dies Heptameron nicht aus der Sachlogik der Schöpfungswerke entstanden ist. Vielmehr soll die in Israel längst eingeführte und kultisch gestützte Sieben-Tage-Rhythmik dadurch gesichert werden, dass sie als Werk des Weltenschöpfers deklariert und damit gewissermaßen sakrosankt gemacht wird.

Mit der Tagesgliederung entsteht zugleich eine strophische Gliederung. Jede Strophe beginnt mit dem Wort: »Gott sprach …« bzw.

»Dann sprach Gott …«. Und sie endet fast refrainartig mit dem Wort: »Es wurde Abend, und es wurde Morgen: erster (zweiter etc.) Tag.« Gott benennt das Geschaffene und trifft damit so etwas wie eine Wesens- und Funktionsaussage. Jedes Werk erfährt auch die ausdrückliche Billigung und Bestätigung des Geschaffenen: »Gott sah, dass es gut war.« Und am sechsten Tag heißt es das Urteil sogar noch steigernd und alles Geschaffene umfassend: »Gott sah alles an, was er gemacht hatte: Es war sehr gut.« Alles Sichtbare und Erdenkliche nur durch sein bloßes Wort erschaffen zu können, ist ein grandioser Ausdruck von Leichtigkeit und höchster Schöpfungssouveränität.

Bis heute wird das Verhältnis von Schöpfungserzählung und Evolutionstheorie von fundamentalistischen Christen als wechselseitig sich ausschließender Antagonismus interpretiert. Und etwas zu lässig, fast schon fahrlässig versuchen manche Theologen bis heute das Verhältnis von Schöpfungserzählung und Evolutionstheorie so zu harmonisieren:

»Zieht man vom Biologismus die Weltanschauung ab und nimmt die Biologie als Wissenschaft, so paßt die Vorstellung der Evolution vorzüglich zur biblischen Aussage vom stufenweisen Hervortreten der Geschöpfe an sechs Tagen, von der wechselweisen Abhängigkeit allen Lebens und von der vererbten Sterblichkeit aller Individuen.«[6] Wie ist das zu beurteilen?

Eine von Kompatibilitätsbemühungen zwischen Evolutionslehre und Schöpfungsgeschichte gezeichnete Exegese hat bis in die 2. Hälfte des 20. Jahrhunderts hinein die sechs oder sieben Tage als sechs oder sieben dann evolutionstheoretisch beschreibbare Zeiträume interpretieren wollen. In der Tat ließe sich in der Chronologie einiger Schöpfungswerke eine auch evolutionstheoretisch belegbare und beschreibbare Artenabfolge wieder entdecken, bis hin zum terminalen Auftreten des Menschen.

Aber auch hier sind unüberwindbare Unvereinbarkeiten zu konstatieren. Die Evolution ist nur bei großer Willkür in – den Schöpfungstagen entsprechend – sechs bzw. sieben oder – den Schöpfungswerken entsprechend – acht Phasen einzuteilen. Und wie sollten die am dritten Schöpfungstag entstandenen »grünen«, d. h. auf Photosynthese angewiesenen Pflanzen leben und gedeihen können, wenn die »Lichter am Himmelsgewölbe« (Sonne, Mond, Sterne) erst am vierten Tag »installiert« werden?

Es gibt viele unübersehbare, inhaltliche und textliche Parallelen zwischen ägyptischen Hymnen, sowie sumerischen, akkadischen, assyrischen und babylonischen Kosmologien und Kosmogonien einerseits und den biblischen Urtexten andererseits. Ein Verlust der biblischen Eigenständigkeit ist damit nicht gegeben. Ja man kann sogar sagen, dass biblisch-alttestamentliche Schöpfungsvorstellungen im Gegenüber zu babylonischen ihre Eigenständigkeit akzentuieren und profilieren.

Das auf die sumerische Zeit zurückgehende und von den Babyloniern nach seinen Anfangsworten benannte Epos Enuma Elisch lässt alles mit dem göttlichen Urpaar, der Göttin Tiamat, die das Salzwasser repräsentiert, und dem Gott Apsu, der für das Süßwasser steht, beginnen. In einem gewaltigen Urzeugungsakt lassen die beiden ganze Göttergenerationen entstehen, zwischen denen eine Theomachie, ein Götterkampf, ausbricht. Dabei werden die beiden Urgottheiten, Apsu und Tiamat, die zugleich als Materie, als Ort und als Person aufgefasst werden, umgebracht. Marduk, der Stadtgott von Babel, dessen Aufstieg von einem Gott minderer Bedeutung im babylonischen Pantheon zum höchsten Gott in diesem Epos auch beschrieben wird, lässt aus dem längs gespaltenen Leib der Tiamat zum Einen das Himmelsgewölbe und zum Anderen die Erde entstehen[7]. Etwas dergleichen ist den biblischen Schöpfungserzählungen völlig fremd.

Stark kontrastiv sind auch die jeweiligen Bilder vom Menschen, wie sie sich im Enuma Elisch und in der Genesis finden. Der sumerisch-babylonische Mythos sieht im Sklavendienst für die Götter, die ihrer Arbeit überdrüssig sind, die eher deprimierende Bestimmung des Menschen[8]; der biblische Mythos sieht im Menschen das Bild Gottes und das von Gott zur Herrschaft über die übrige Schöpfung und zur Fortpflanzung bestimmte Wesen. Kraus sieht die entscheidende Differenz bei der Anthropogonie und formuliert im Blick auf Priesterschrift und Jahwist:

»Biblisch hat der Mensch eine einzigartige Würde unter den Geschöpfen: Er ist (jahwistisch) vom Atem und Geist Gottes selbst belebt; er ist (priesterschriftlich) sogar das Abbild Gottes und ein sehr gutes Geschöpf. Babylonisch stammt der Mensch aus dem Blut eines bösen Gottes und ist damit vom Ursprung her ein vom Bösen bestimmtes Wesen. Ferner ist der Mensch im Biblischen (jahwistisch) die Mitte oder (priesterschriftlich) die Krone der Schöpfung mit einer Herrschaftsvollmacht über die anderen Geschöpfe. Dagegen ist der Mensch babylonisch ein Sklave im Dienst der Gottheiten.«[9]

Stark kontrastiv verhalten sich auch der biblische Monotheismus und der babylonische Polytheismus zueinander. So ist z. B. in der »Befestigung der Lichter am Himmelsgewölbe« durch den einen und einzigen Gott Israels eine Polemik gegenüber babylonischen Gottesvorstellungen zu sehen, nach denen man in Mond, Sonne und Venusstern die Götter Sin, Schamasch und Ischtar verehrte. Hier werden Gottheiten zu Leuchten oder Lampen degradiert. Auch die anderen babylonischen Gottheiten, – Anu als Gott des Himmels, Enlil als Gott des Windes, und Ea als Gott des Wassers – werden, da der Gott Israels zumindest das Himmelsgewölbe und das Wasser für seinen Kosmos funktionalisiert, erheblich depotenziert.

Das Heptameron mit dem krönenden Sabbat wurde auch als Protest Israels zur Wahrung religiöser Identität gegen die in Babylon übliche andere Arbeits- und Festzeiten-Rhythmik interpretiert.

Zu denken geben darf sicher auch, dass der 7. Tag ein Tag ohne Abend ist, zumindest wird von einem Abend nichts berichtet. Die christliche Tradition sah in diesem Tag ohne Abend, in dem Licht ohne Nacht eine Chriffre für das Leben oder Ruhen, für das Dasein in Gottes zeitloser Ewigkeit.

Die folgende tabellarische Gegenüberstellung der babylonischen und der ersten biblischen Schöpfungserzählung kann verdeutlichen, dass letztere geradezu kontrastiv und antithetisch zur ersteren ausgearbeitet ist und mit dieser theologischen Profilbildung wohl zur Identitätsfindung und Identitätswahrung des Volkes Israel beitragen sollte und konnte.

Die priesterschriftliche kennt im Unterschied zur babylonischen Schöpfungserzählung keine Theomachie, keinen blutigen Götterkampf; denn es gibt nur den konkurrenzlos einen Gott. Was in der baylonischen Erzählung zu kosmischen oder natürlichen Göttern aufgewertet ist, z. B. Himmel, Weltraum, Wind, Wasser, Mond, Sonne Venus etc., das ist im priesterschriftlichen Erzählungskontext nur ein Teil der nichtgöttlichen, geschöpflich profanen Weltwirklichkeit. Und wenn der Mensch im babylonischen Mythos zum Dienst an den Göttern bestimmt wird, so im biblisch-priesterschriflichen zur Herrschaft über die übrige Schöpfung. Größer können die Unterschiede kaum sein.

Gegenüberstellung der babylonischen und der biblischen (priesterschriftlichen) Schöpfungserzählung

babylonisch	biblisch – jüdisch
Ausgangspunkt: Wasserwüste personifiziert durch Apsu und Tiamat	Ausgangspunkt: Gott *»Als Anfang schuf Gott …«* *»Im Anfang schuf Gott … Himmel und Erde …«*
↓	↓
Schöpfung durch Zeugung neuer zahlreicher Götter	Schöpfung durch Schöpfungswort *»Gott sprach: Es werde … und es ward.«*
↓	↓
Kampf der Götter Untergang der personifizierten schöpferischen Urprinzipien	Harmonie des Geschaffenen *»Gott sah, dass es gut war.«*
↓	↓
Ergebnis des Schöpfungsvorgangs: Götterhimmel Anu – Gott des Himmels Enlil – Gott des Weltraums Und des Windes Ea – Gott des Wassers Sin – Gott des Mondes Schamasch – Gott der Sonne Ischtar – Göttin der Venus Marduk – Gott von Babel	Ergebnis des Schöpfungsvorgangs: gesamte entgöttlichte profane Weltwirklichkeit → Ermöglichung der Entmythologisierung → Ermöglichung sachgemäßer Forschung
↓	↓
Mensch/Menschheit geschaffen von Marduk aus dem Blut des Göttermassakers	Mensch geschaffen als Abbild des lebendigen Gottes *»Als Abbild Gottes schuf er ihn …«* *»Als Mann und Frau schuf er sie …«*
↓	↓
Bestimmung des Menschen: Götterdienst	Bestimmung des Menschen: Herr über die Schöpfung und Dienst vor Gott sowie Fruchtbarkeit
POLYTHEISMUS	MONOTHEISMUS

Abb. 1

Nach allem, was die Exegese der letzten Jahrzehnte erarbeitet hat, liegt in der priesterschriftlichen Schöpfungserzählung keinesfalls ein archaischer Welt- und Naturentstehungsreport vor, sondern ein großartiger Schöpfungs- und Schöpferhymnus. Und auch da, wo Elemente eines antiken Weltbildes in diesem Hymnus aufscheinen, liegt doch nirgends die Fixierung auf dieses Weltbild in der Aussageabsicht der biblischen Autoren. Der heutige Theologe kann den Weltbildhorizont, in dem der Schöpfungs- und Schöpferhymnus entstand, erkennen, ohne auf ihn als etwas Normatives festgelegt zu sein.

Die Urgeschichte ist demnach das Ergebnis einer theologischen Auseinandersetzung mit den Nachbarreligionen und ihren Kosmologien (Mesopotamien) unter Benutzung eigener und Umwidmung fremder Erzählungen im Rahmen eines antiken Weltbildes.

Als Glaubensaussagen, die unabhängig vom antiken Weltbild Gültigkeit beanspruchen, sind wohl die folgenden zu nennen:

Der eine, einzige Gott (Monotheismus) ist Schöpfer des Alls. Die Welt ist Gottes gutes Werk und selber nicht Ausdruck göttlicher oder dämonischer Mächte. Der Mensch ist ein besonderes Werk Gottes; denn er ist in seiner Zweigeschlechtlichkeit als Bild Gottes geschaffen und trägt nach dessen Vorbild herrscherliche Verantwortung für die Schöpfung. Der Sabbat soll ein Tag heiliger Ruhe sein, ein Tag der Besinnung des Menschen auf seinen Schöpfergott.

Mit diesem schöpfungstheologischen Konzept ergab sich eine Umwälzung des Welt- und Menschenbildes. Die ehedem vergöttlichte Welt wurde damit entnumisiert, entdivinisiert und als profane Wirklichkeit, als etwas von Gott verschiedenes zum möglichen Gegenstand menschlichen Forschens und Bearbeitens. Im Gefolge dieses neuen durchaus auch biblisch begründeten Weltverhältnisses konnten die modernen Naturwissenschaften entstehen.

Insofern der Mensch als Abbild Gottes gesehen und mit herrscherlichen Aufgaben über seine Mitgeschöpfe betraut wurde, konnte auch ein Gedanke wie der einer besonderen Menschenwürde entstehen.

Und auch diese Feststellung dürfte von Interesse sein: Die Priesterschrift verwendet, wenn sie vom Erschaffen durch Gott spricht, das Wort bara'. Im ganzen Alten Testament ist dieses Wort ausschließlich dem Schaffen Gottes zugeordnet, nie wird es für das menschliche Schaffen verwendet. Und wenn man die Finsternis und das Chaos des

Anfangs nicht als vorgegebenes Material, sondern als Beschreibungsversuch reiner Negativität versteht, dann darf man auch sagen: Niemals findet sich bei diesem Schaffen im Sinne von bara' irgendeine Angabe von Rohstoff oder Material, aus dem Gott schafft, das dann gewissermaßen die Voraussetzung für göttliche Schöpfungsmöglichkeit wäre. Mit dieser Wortwahl hebt die Schöpfungsgeschichte schon sprachlich das Schaffen Gottes von allem anderen denkbaren Schaffen ab. Die an das Wort bara' anknüpfende philosophisch-theologisch strengere und weitergehende Vorstellung einer Erschaffung aus dem Nichts (creatio ex nihilo) lag aber wohl noch nicht im Horizont des priesterschriftlichen Denkens, wurde aber durch dieses zumindest mit ermöglicht.

3.4 Überblick über die jahwistische Urerzählung (Gen 2, 4b ff.)

Gerade auch im Blick auf Genesis 2/3 haben Theologen (u. a. Karl Rahner) den Begriff der Ätiologie geprägt und verwendet. In diesem Begriff stecken die griechischen Worte Aitia, die Ursache bzw. der Grund, und Logos, die Lehre bzw. Darlegung. Man könnte sagen, die Ätiologie erstellt so etwas wie eine Ursachendarlegung. Es wird nach Ursachen in der Vergangenheit gesucht, die das Entstandensein der fragwürdigen Gegenwart erklären.

Ganz allgemein steckt dahinter der Gedanke, dass der Mensch seine gegenwärtige Existenz als fragwürdig oder erklärungsbedürftig empfindet und darum nach Gründen für sein Hier-, Jetzt- und So-Sein fragt. Indem er nun, und zwar ohne das Mythologische vom Geschichtlichen klar zu trennen, eine unbekannte Vergangenheit imaginativ entwirft, transponiert er Gründe für seine gegenwärtige fragwürdige Existenz in die Vergangenheit.

Demnach wäre etwa Genesis 2/3 eine erzählerische Darlegung von Gründen für die gegenwärtige und oft als fragwürdig befundene menschliche Daseinssituation. Genesis 2/ 3 gibt demnach in Form einer Geschichte Antwort auf die Grundfragen des Menschen und erläutert, wie diese menschliche Daseinssituation mit Gott zusammenhängt.

Rätselhaft oder besser geheimnisvoll ist das Leben, zumal das menschliche inmitten einer Welt des Unbelebten oder des seiner selbst nicht bewussten Belebten. Woher stammt das Leben, insbesondere das menschliche Leben in der Welt, und woraus resultiert das Verhältnis

**Zur ätiologischen Interpretation der 2.,
der jahwistischen Schöpfungserzählung**

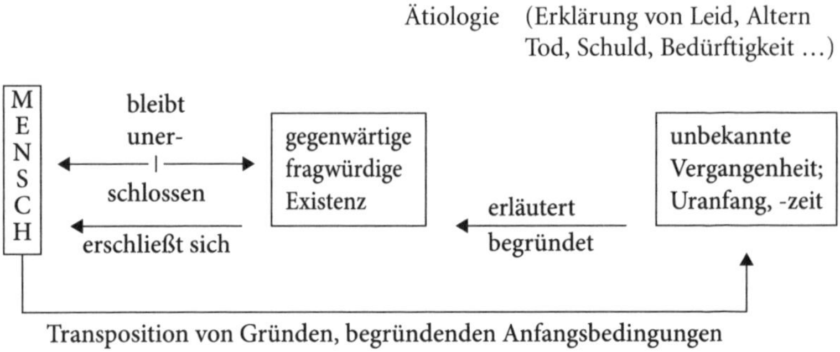

Abb. 2

von Gott und Mensch, von Mann und Frau, von Mensch und übriger Schöpfung?

Die Ätiologie von Adam und Eva erzählt, wie der Mensch in diese Welt kommt und in ihr seinen Platz findet. Der Mensch (hebräisch: Adam) stammt materialiter vom Lehm oder Staub des Ackerbodens (hebräisch: Adama), zu dem er auch zurückkehrt. Im Wort Adam steckt aber auch das hebräische Wort Dam, was Blut bedeutet. Das »blutvolle« Leben des Menschen stammt aus der Erde, der Schöpfung Gottes, und kehrt dahin auch wieder zurück. Wer des Menschen Blut vergießt, es wieder ausgießt in den Acker, der betätigt sich gewissermaßen als Antischöpfer. In diesem Wortspiel dam/ adam/ adama verdeutlicht der biblische Autor also Herkunft und Zukunft des Menschen.

Übersetzt man den Begriff adama mit Lehm, enthielte er die Vorstellung einer im Material gegebenen größeren gestalterischen Möglichkeit, und dann erinnerte er eher an den Fertigungsprozess eines Töpfers oder Künstlers. Der Begriff Staub, wenn man adama denn so übersetzt, negierte auch noch die Adhäsions- und Kohäsionskräfte, die sich beim Lehm finden, und implizierte eine größere Bedeutung des schöpferischen Wirkens Gottes. Gott kreiert aus Staub, also gewissermaßen aus dem ungeeignetsten und bedeutungslosesten Material das kunstvollste und bedeutungsvollste Geschöpf.

Dadurch, dass Gott wie ein Töpfer Hand anlegt, will der Text vielleicht auch eine besondere Nähe von Schöpfer und Geschöpf ausdrücken; das Geschöpf Mensch trägt die Spuren, gewissermaßen die Handschrift seines Schöpfers.

Erst nach der Erschaffung der Frau differenziert der biblische Text terminologisch zwischen Mann (isch) und Frau (ischa) und bringt in den ähnlich klingenden Begriffen zugleich die Unterschiedenheit, die Gleichheit und die Verbundenheit beider zur Sprache. Nicht nur die Geschöpflichkeit, sondern auch die Partnerschaftlichkeit und Gemeinschaftsfähigkeit des Menschen wird dem Begründungskontext der Urerzählung zugewiesen. Erst in der Beziehung zur Frau wird der Mensch (adam) zum Mann (isch). Erst im Anderen und durch den Anderen wird der Mensch zu dem, was er sein soll und kann.

Die Ätiologie erzählt aber auch, was dem Menschen letztlich und ursprünglich Leben gibt; nämlich der Odem Gottes. Diesem »Erdling« (Adam) haucht Gott dem Odem des Lebens ein; d. h. sowohl die Materialität als auch die Lebendigkeit des Menschen ist von Gott, beide sind Gabe Gottes. So ist die Einhauchung des Lebensodems auch als Hinweis darauf zu interpretieren, dass der Mensch mehr ist als nur die Summe der ihn bildenden materiellen Bestandteile.

Die Ätiologie erzählt auch von der schöpfungsursprünglichen, naturalen Verbundenheit zwischen Mensch und Tier und der unüberbrückbaren Differenz zwischen beiden. Sie erzählt von der verglichen mit den Tieren größeren Würde des Menschen, die ihren Ausdruck u. a. darin findet, dass er den Tieren einen Namen gibt und so gewissermaßen am herrscherlichen Schaffensakt Gottes teilhat.

Sie erzählt von der Defizienz des einzelnen Menschen und seiner existentiellen Verwiesenheit auf den auch geschlechtsspezifisch anderen Menschen, der ihm zur notwendigen Hilfe wird, weil nur zwischen ihnen ein wirkliches Entsprechungs- und Ergänzungsverhältnis entstehen kann.

Rätselhaft oder geheimnisvoll ist die Herkunft von Leid, Schuld und Tod in der Welt. Die Urgeschichte erzählt mit den Akteuren Adam und Eva, dass die Menschen der göttlichen Erkenntnis von Gut und Böse fähig werden wollten, sie erzählt vom menschlichen Sein-wollen-wie-Gott. Und dieses hybride Sein-wollen-wie-Gott ist über alle Zeiten hinweg zur Ursache für Leid, Schuld und Tod des Menschen geworden.

Rätselhaft oder geheimnisvoll ist die Herkunft des Bösen in der Welt. Die Ätiologie von Kain und Abel lässt ihrerseits deutliche Parallelen zur Adam-und-Eva-Geschichte erkennen, z. B. in der Abweisung der Verantwortung für den anderen und der Verantwortlichkeit vor Gott. »*Gott, der Herr rief Adam zu und sprach: Wo bist du? … Hast du von dem Baum gegessen, von dem zu essen ich dir verboten habe? Adam antwortete: Die Frau, die du mir beigesellt hast, sie hat mir von dem Baum gegeben, und so hab ich gegessen.*« (Gen 3,9.12) Hier macht Adam nicht nur seine Frau, sondern indirekt sogar Gott selbst verantwortlich. Und diese schiebt die ihr zugewiesene Schuld auf die Schlange. Die Parallele findet sich im folgenden 4. Kapitel.

»*Da sprach der Herr zu Kain: Wo ist dein Bruder Abel? Er entgegnete: Ich weiß es nicht. Bin ich der Hüter meines Bruders? Der Herr sprach: Was hast du getan?*« (Gen 4,9f.) Die jahwistische Schöpfungsgeschichte erzählt mit der Geschichte vom Apfel und mit der Geschichte vom Brudermord wie das Böse, das Destruktive, die Verantwortungslosigkeit in die Welt kommen. Der eine lässt den anderen in seiner Unterschiedenheit und Andersartigkeit z.B. hinsichtlich Beruf (Viehhirt versus Ackerbauer) und religiöser Praxis (Opfer Kains und Abels) nicht gelten, und versucht, von Missgunst und Zurücksetzungsängsten getrieben, sich auf Kosten des anderen durchzusetzen und zum Menschenmaßstab zu machen. Aber der Mensch fällt mit seinem Verstoß gegen die von Gott gesetzte Ordnung nicht endgültig aus der Schutz- und Heilsbeziehung heraus. Adam und Eva können ihr Leben fortsetzen, sich ernähren und durch das Gottesgeschenk der Fruchtbarkeit fortzeugen. Kain wird durch das Kainsmal nicht endgültig als Verbrecher gebrandmarkt, sondern von Gott geschützt; denn das Kainsmal ist ein Schutzzeichen und keine lebenslänglich wirksame menschliche Disqualifizierung.

Die jahwistische Urerzählung schiebt die Herkunft des Bösen nicht auf irgendwelche Götterkämpfe oder gar ein böses Prinzip, das gleichberechtigt neben dem guten Gott stünde. Sie weiß um die Verantwortlichkeit des Menschen für die Entstehung des Bösen, sie weiß von der unabweisbaren Verantwortung vor Gott und dem anderen Menschen.

Durch die als Vergangenheit erzählten Geschichten wird das Zeit übergreifend bleibende des Menschen, das auch unsere Gegenwart kennzeichnet, zur Darstellung gebracht. So kommen die Fürsorge durch Gott und die Verantwortlichkeit vor Gott und vor einander zu Sprache. So kommt die Verführbarkeit des Menschen und die schuldhafte Zerstörung der Gemeinschaft mit Gott, mit dem Lebenspartner und mit dem Familienangehörigen zur Sprache, alles das, was die conditio humana wesentlich mitbestimmt oder gar ausmacht. Und es kommt die bleibende Heilsfürsorge Gottes für den Menschen zum Ausdruck.

Von dem, was als vergangenes Geschehen in der Ätiologie erzählt wird, gilt, was schon der antike römische Politiker und Historiker Sallust (86–34 v. Chr.) formulierte: »Dies nun geschah niemals, ist aber immer.« Eine Andeutung dieses Sallust-Wortes findet sich auch am Schluss in Friedrich Schillers (1759–1805), An die Freunde:

> *»Alles wiederholt sich nur im Leben,*
> *ewig jung ist nur die Phantasie:*
> *Was sich nie und nirgends hat begeben,*
> *das allein veraltet nie.«*

»Alles wiederholt sich nur im Leben«: Die menschliche Schuld, die wahrgenommene oder geleugnete Verantwortung für den anderen Menschen, die wahrgenommene oder geleugnete Verantwortung vor Gott, das Scheitern oder Gelingen der Gemeinschaft, die Erfahrung von Endlichkeit, Leiden und Tod, die Hoffnungsstruktur menschlicher Existenz etc.

»Was sich nie und nirgends hat begeben, /das allein veraltet nie.«

Und eben das, was nie veraltet, was durch alle Zeiten hindurch von bleibender Aktualität ist, das formuliert die jahwistische Urerzählung. Der Alttestamentler Zenger fasst diese Einsichten zum Textverständnis so zusammen:

»Wenn es um grundlegende menschliche Verhaltensweisen geht, also um Wesenszüge, die jedem Menschen vor-gegeben sind, insofern er Mensch ist, wählt der altorientalische Erzähler die Form der Urzeit-Erzählungen: Sie erzählen davon, wie der Mensch zu diesem seinem Wesen gleich am Anfang seiner Geschichte und an seinem Ursprung (d. h, eben in der Urgeschichte, jenseits der erfahrbaren Geschichte) gekommen ist. Urzeit-Erzählungen erzählen nichts Einmaliges, sondern Erstmaliges als Allmaliges. Sie erzählen, ›was niemals war und immer ist‹, sie decken auf, ›was jeder weiß und doch nicht weiß‹, und sie wollen helfen, mit diesem vorgegebenen Wissen und Wesen das Leben zu bestehen. Ihre Helden und Antihelden sind keine historischen Figuren, aber sie sind durch und durch geschichtlich, weil jeder an ihnen teilhat.«[10]

Aus der Deutung der jahwistischen Urerzählung ergibt sich kein Konfliktpotential mit naturwissenschaftlichen Aussagen zur Entstehung des Menschen. Natürlich wird auch in dieser Urerzählung die Entstehung des Menschen, und zwar auch seine biologische, aber eben nicht nur seine biologische, ganz eng mit Gottes Wirken zusammengebracht. Aber Gottes Wirken wird nicht zur bloßen alternativ-biologischen Tatsachenfeststellung degradiert. Wer also in der jahwistischen Urgeschichte nach quasi-naturwissenschaftlichen Erkenntnissen über die Entstehung der Welt und des Menschen sucht, wird noch gründlicher enttäuscht als bei der Priesterschrift; wer beim Jahwisten nach dem Zeit übergreifend Wesentlichen des Menschen sucht, sitzt an einer Quelle, die reichlich strömt, und indem er schöpft, wird reich beschenkt.

3.5 Der Mensch als Herrscher Bild Gottes?

Wenn nach dem biblischen Menschenbild gefragt wird, kommt häufig, sofern die Befragten überhaupt eine Antwort geben können, der Hinweis auf das Bild-Gottes-Sein, auf die Fruchtbarkeit, das Sich-Vermehren und Beherrschen der Erde zur Sprache. Sowohl die Fruchtbarkeit, als auch das Herrschen werden, und zwar ganz im Gegensatz zu dem, was dem biblischen Autor nahe lag, negativ konnotiert, das Eine im Sinne von Massenvermehrung und Überbevölkerung und das Andere im Sinne von Willkür- und Ausbeuterherrschaft.

Wir Menschen hätten, so heißt es, eine biblisch begründete Herrschaftsberechtigung über die restliche Schöpfung. Kritische Geister sprechen gerade deswegen mit Carl Amery von den »gnadenlosen Folgen des Christentums«.[11] Und für den gerade den Christen unterstellten gnadenlosen Umgang mit der Schöpfung muss dann als Begründungs- wie Berechtigungsnachweis und damit letztlich als Verursachung die Schöpfungsgeschichte herhalten.

Meistens wird aus der ersten, d. h. jüngeren priesterlichen Schöpfungsgeschichte der Herrschaftsanspruch des Menschen abgeleitet. Was aber steht nun wirklich darüber in dieser Schöpfungsgeschichte?

»Gott schuf also den Menschen als sein Abbild, als Abbild Gottes schuf er ihn. Als Mann und Frau schuf er sie. Gott segnete sie und Gott sprach zu ihnen: Seid fruchtbar, und vermehret euch, bevölkert die Erde,

unterwerft sie euch, und herrschet über die Fische des Meeres, über die Vögel des Himmels und über alle Tiere, die sich auf dem Land regen. Dann sprach Gott: Hiermit übergebe ich euch alle Pflanzen auf der ganzen Erde, die Samen tragen und alle Bäume mit samenhaltigen Früchten. Euch sollen sie zur Nahrung dienen.« (Gen 1,27 ff.)

In diesen Bericht ist zweifellos von der auf den Menschen hin konzipierten Dienstbarkeit der übrigen Schöpfung die Rede. Die Berechtigung für eine menschliche Willkürherrschaft über die restliche Schöpfung und die Berechtigung für eine hemmungslose menschliche Massenvermehrung auf Kosten der restlichen Schöpfung wurde und wird aber aus der Perspektive eines ökologischen Krisenszenarios hineininterpretiert. Möglicherweise spiegelt sich darin die Schwierigkeit oder gar das Elend der alttestamentlichen Exegese vergangener Zeiten wider. Diese Interpretation von der biblischen Berechtigung menschlicher Willkürherrschaft und menschlicher Massenvermehrung wird heute aber von keinem ernstzunehmenden Exegeten in den Text hinein- oder aus dem Text herausgelesen.

Heute gibt es fast einen Konsens unter Exegeten: Nicht mehr die Wesensaussage über den Menschen und nicht sein Verhältnis zu Gott sind gemeint, wenn der Mensch »als Abbild Gottes« im Haus der Welt angesehen wird.

Vielmehr liegt hier eine Funktionsaussage vor, die auf die Beziehung zu den anderen Lebewesen abstellt. Das spiegelt sich auch in der heutigen Übersetzung wider: Die Menschen sind nicht nach dem Bild Gottes, sondern als Bild Gottes geschaffen.

Nicht eine wesensmäßige Gottähnlichkeit des Menschen ist also gemeint, die es dem Menschen erlaubte, nach eigenem Gutdünken und eigener Willkür mit der Schöpfung zu verfahren. Gemeint ist vielmehr ein an Gottes schöpferischem Wohlwollen orientiertes Verhalten des Menschen gegenüber der übrigen Schöpfung. Mit der Formulierung »als Abbild Gottes« ist also eine Funktionsaussage über den Menschen gemacht, insofern er das Handeln Gottes an der Schöpfung nachahmen soll und kann. Das menschliche Herrschen über die Schöpfung hat das göttliche Herrschen über seine Schöpfung zum Maßstab und zur Richtschnur. Nun mag es sein, dass wir die genannten ökologischen Probleme in der Tat haben; aber vermutlich haben wir sie nicht wegen der missverstandenen Dienstanweisungen in Genesis, sondern wegen einer biologischen Drift, über die genauer nachzudenken wäre.

In diesem Sinne sind auch die im ökologischen Kontext zumeist nicht bemühten Stellen des AT (Gen 6–9), die Geschichte von der Sintflut und der Arche Noach, zu verstehen. Sie könnten so etwas wie ein Korrektiv für das genannte Missverständnis von Gen 1,26 ff. sein, und zwar nicht zuletzt deshalb, weil sie aus demselben Entstehungskontext stammen und sich eigentlich an die mit Gen 2,4b endende priesterschriftliche Schöpfungserzählung mit Gen 5,1 anschließen. Wenn die Sintflutgeschichte aus demselben Entstehungskontext stammt wie die jüngere Schöpfungserzählung, dann müssen wohl beide Texte zusammen gelesen werden, um der biblischen Botschaft in der Priesterschrift einigermaßen gerecht zu werden.

Die Arche Noach ist demnach keine Luxusyacht nur für die Menschheit als der selbsternannten High-Society dieser Schöpfung. Noach baut die Arche auftragsgemäß auch für die Mitgeschöpfe.

Man darf das wohl auch so deuten: Er wird vom Schöpfer nicht anders gerettet, als indem er die ihm anvertraute Schöpfung mitrettet. Nicht nur der übrigen Schöpfung, sondern auch dem schöpferischen Menschen selbst steht das Wasser des menschlichen Unverstandes und der menschlichen Bosheit bis zum Halse.

Noach wird vom Schöpfer nur als Bewahrer der Mitgeschöpfe bewahrt. Auch das ist eine Jahrtausende alte biblische Tradition, aber erst die Ökologie musste heutige Theologen wieder mit der Nase darauf stoßen. Der Mensch ist von Gott her nur als Bewahrer ein Bewahrter, nur als Retter ein Geretteter. Die dem Menschen abverlangte Ehrfurcht vor dem Mitgeschöpf gründet letztlich in der Ehrfurcht vor dem Schöpfer.

Der dem Menschen erteilte Herrschaftsauftrag über die Schöpfung verlangt eine treuhänderische, liebevolle Herrschaftsausübung, die an der Herrschaftsausübung Gottes seiner Gesamtschöpfung gegenüber orientiert ist. Im Übrigen kann die Herrschaft des Menschen nur analog zur Herrschaft Gottes verstanden werden; denn er ist und bleibt bei allem Mitschöpfersein und Herrschen ein endliches, vom Schöpfer abhängiges Geschöpf.

Aber wenn die menschliche an Gott orientierte Herrschaft über die Schöpfung nicht geerdet wird, nicht auf die konkreten Lebensumstände hin operationalisiert wird, sondern nur zur Garnierung von Sonntagsreden über die menschliche Spitzenstellung herangezogen wird, ist das wohl nur eine missbräuchliche Verwendung des Genesistextes.

Nicht nur, dass der Mensch die Herrschaft im Sinne Gottes über die übrige Schöpfung ausüben soll, wird mit seinem Abbildsein begründet, sondern auch, dass des Menschen Blut nicht vergossen werden darf. »*Wer Menschenblut vergießt, dessen Blut wird durch Menschen vergossen. Denn: Als Abbild Gottes hat er den Menschen gemacht.*« (Gen 9,6). Es scheint als liege gerade im Abbildsein die besondere menschliche Würde, die Bündnisfähigkeit des Menschen mit Gott begründet. Mit diesem Menschen, der Bild oder Abbild Gottes ist, schließt Gott seinen Bund im Zeichen des Himmel und Erde verbindenden Bogens. Aber dieser Bund gilt nicht exklusiv für die Menschen gegen den Rest der lebendigen Welt, sondern inklusiv mit dem Menschen und allen Lebewesen aus Fleisch: »*Und Gott sprach zu Noach: Das ist das Zeichen des Bundes, den ich zwischen mir und allen Wesen aus Fleisch auf der Erde geschlossen habe.*«(Gen 9,17)

3.6 Der Mensch als Mann und Frau Bild Gottes

Der sicher bedeutende Evolutionsbiologe Ernst Haeckel (1834–1919) hat zu Beginn der fast ein Jahrhundert dauernden Auseinandersetzungen zwischen Schöpfungstheologie und Evolutionsbiologie mit viel Wissenschaftspathos gegen den christlichen Glauben und insbesondere gegen die katholische Kirche polemisiert. Dabei hat er auch den Gedanken von der menschlichen Ebenbildlichkeit bzw. Abbildlichkeit zu Gott als Aufhänger benutzt.

Wenn der Mensch Abbild Gottes sei, dann müsse Gott als ein gasförmiges Wirbeltier angesehen werden, gasförmig, weil unsichtbar und Wirbeltier, weil eben der Mensch ein solches sei.[12]

Auch Konrad Lorenz meint, er müsse an Gott irre werden, wenn er den Menschen als das endgültige Ebenbild Gottes ansehen sollte. Im Gedanken der Ebenbildlichkeit oder Abbildlichkeit vermag er nur menschliche Hybris zu sehen.[13] Auch er schließt vom Menschen zurück auf Gott.

Haeckel wie Lorenz bedienen sich, wenn auch mit unterschiedlichen Absichten, einer unreflektierten Rückprojektion des Menschenbildes auf Gott, kreieren damit ein absurdes Gottesbild und missverstehen den Gedanken von der Gottebenbildlichkeit bzw. Gottabbildlichkeit des Menschen gründlich.

Aber fragen darf man und befragen lassen muss man sich als Theologe: Führt hier nicht menschliche Hybris die Feder des Übersetzers, wenn wir die Genesisformulierung wiedergeben mit: »als Abbild Gottes schuf er (Gott) ihn (den Menschen)«?

Auch nach Weish 2,23 ist der Mensch Bild Gottes und erscheint nicht bloß wie ein Bild Gottes.

Wie kann der Mensch Bild des Gottes sein, der sich Jahwe nennt, übersetzt »Ich bin der Ich-bin-Da«, der »Ich-bin-der-ich-dasein-werde«. Wie kann der Mensch Bild Gottes für den Gott sein, der sein Volk in Bezug auf verbale und artefizielle Gottesbilder zu einem strengen Bilderverbot verpflichtet hat?

Der sich aller Definition entziehende Name Jahwe schließt die Möglichkeit aus, Gott in Raum, Zeit und Erfahrung einzuschließen. Der Versuch, Gott in Wort oder Bild zu repräsentieren, verfehlt den, der sich aller Definition entzieht.

Wie aber soll der zur Bildlosigkeit in Bezug auf Gott verpflichtete Mensch dann Bild Gottes sein? Der Mensch ist nicht durch bestimmte Eigenschaften oder in besonderen Situationen Bild Gottes, ihm ist keine wesensmäßige Gottähnlichkeit zuzusprechen; denn über bestimmte Situationen oder Eigenschaften ist dem Namen Gottes nicht beizukommen. Die Aussage, der Mensch sei Bild Gottes, ist eine Funktionsaussage. Sie bezeichnet seine Funktion in Bezug auf die übrigen Lebewesen und in Bezug auf die ganze übrige Schöpfung. Er ist das Wesen, das Verantwortung in dieser Schöpfung übernehmen kann und soll. Insofern kann vom Menschen als Bild Gottes geredet werden.

Das Wort vom Menschen als Bild Gottes darf also nicht so verstanden werden, dass der Mensch zur Erscheinungsform Gottes, zur Ikone Gottes auf Erden erhoben wird.

Die Formulierung, der Mensch sei Bild Gottes, hat auch noch zu anderen missverständlichen Deutungen geführt. Die Rezeptionsgeschichte von Genesis zeigt, dass die Qualifizierung des Menschen als Bild Gottes auf den Mann bezogen wurde. Die begriffliche Nähe vom Menschsein zum Mannsein kann in fast allen europäischen Sprachen mühelos nachgewiesen werden.

Aber der Genesistext widerspricht dem ganz eindeutig: *»Gott schuf also den Menschen als sein Abbild, als Abbild Gottes schuf er ihn. Als Mann und Frau schuf er sie.«* (Gen 1,28) Mann und Frau werden gleichzeitig von Gott geschaffen und daraus lässt sich nicht mehr die

Vorrangigkeit des Mannes vor der Frau ableiten, wie es eine wenig durchdachte Theologie noch hinsichtlich der jahwistischen Urgeschichte getan hatte.

Von der priesterschriftlichen Schöpfungsgeschichte her muss man also sagen: Nur als Mann und Frau ist der Mensch also Bild Gottes; die geschlechtliche Differenzierung gehört ganz ursprünglich ins Bildsein hinein. Der Mensch ist nur als Mann und Frau Bild Gottes. Die Inkommensurabilität, die Polarität, die bleibende Verwiesenheit der beiden Geschlechter aufeinander gehören zum Bild-Gottes-Sein hinzu. Dabei sind Mann und Frau aktiv und passiv in einen gemeinsamen Werdeprozess involviert. In diesem wechselseitig veranlassten, ermöglichten und geförderten Werden verwirklichen sich der Mann und die Frau als Bild Gottes.

Die Annahme des unaufhebbaren Unterschieds zwischen Mann und Frau und die wechselseitige Annahme ist zugleich die Bedingung der Möglichkeit eigener Selbstverwirklichung. Der Mensch wird erst in der geschlechtlichen Differenziertheit und Verwiesenheit auf den anderen Menschen zum Mitschöpfer Gottes auch und insbesondere durch seine Fähigkeit, sich fortpflanzen zu können. Als dieser wesenhaft Frau und Mann umfassende Mitschöpfer wiederum ist der Mensch Bild des Schöpfers.

3.7 Anthropozentrik der biblischen Urgeschichten?

Zunächst ist bei unterschiedlicher Akzentuierung in beiden Urgeschichten die überragende Bedeutung Gottes als des Schöpfers zu konstatieren. Insofern kann man von einer Theozentrik dieser Texte sprechen. Im gleichen Atemzug aber muss man auch die verglichen mit der ganzen übrigen Schöpfung überragende Bedeutung des Menschen als des Abbilds Gottes konstatieren. Insofern ist man nicht weniger berechtigt, auch von einer Anthropozentrik der Texte zu reden.

Nicht von ungefähr entstand das Wort vom Menschen als der Krone der Schöpfung, das lange völlig beanstandungsfrei von den Kanzeln verkündet wurde.

Manchen neueren Theologen scheint es, dass die Schöpfung nicht im Menschen das endgültige unüberbietbare Ziel findet, sondern über den Menschen hinaus auf die Sabbatruhe, auf den siebten Tag als ihre Krönung hinzielt. Und damit wird der Begriff Sabbat eine Chiffre für etwas über den Menschen hinaus, eine Chiffre für die Verheißung Gottes, worauf diese ganze Schöpfung unbewusst und nur im Menschen vielleicht dann und wann bewusst ausgreift.

Manchen Menschen ist der Gedanke nicht mehr fremd, dass es durch die Schuld des Menschen irgendwann ohne den Menschen weitergehen könnte mit dieser Welt. Sie lehnen anthropozentrische Vorstellungen ab, weil es ihnen absurd erscheint anzunehmen, der ganze Reigen der Evolution sei nur für den Menschen und nur auf den Menschen hin getanzt worden. Sie verweisen auf das atomare Selbstvernichtungspotential und sehen in der Sintflutgeschichte eine Art biblische Präfiguration solch katastrophaler Menschheitsperspektiven. Die Chiffre Sabbat deuten sie dann als Entlastung von anthropozentrischer Selbstüberanstrengung.

Allerdings übersehen sie, dass die ganze Schöpfung mitsamt dem Menschen auf den Sabbat ausgerichtet ist und die Schöpfungsgeschichte keinen Anhaltspunkt dafür gibt, dass sich die Heilsgeschichte unter Eliminierung des Menschen, also ohne den Menschen über den Menschen hinaus entfalten könnte. Auch die Sintflutgeschichte endet trotz aller faktischen Vernichtung mit dem gerade den Menschen geltenden verheißungsvollen Wort Gottes unter dem Heilszeichen des Regenbogens.

Wenn man aus den biblischen Texten eine deutliche Anthropozentrik herausliest, so doch gewiss keine, die die Theozentrik ersetzte oder im Gegensatz zur Theozentrik stünde. Die Frage nach dem Woher, dem Wie und dem Wohin des Menschen lässt sich nicht aus ihm selbst, sondern nur mit dem Verweis auf Gott beantworten. Der Mensch ist, was er ist, weil Gott ist.

4 Evolution als Kreation – Kreation als Evolution

Es ist ein beliebtes Motiv der christlichen Malerei und Plastik des Mittelalters den Schöpfungsakt darzustellen, insbesondere die Schöpfung des Menschen. Dabei ist klar, dass Gott der Akteur ist und nicht das Geschöpf, wenngleich die Geschöpfe durch Zeugung und Fortpflanzung in gewisser Weise zur Fortschreibung der göttlichen Schöpfung befähigt sind. Aber auch diese Fähigkeit ist eindeutig und primär ein Produkt der Schöpfung Gottes.

Auch in Mittelalter und früher Neuzeit gab es großartige zwar nicht wissenschaftlich orientierte, aber doch erfahrungsgestützte Züchtungsleistungen; man denke nur an die zahllosen für verschiedenste Zwecke gezüchteten Hunde- und Pferderassen. Doch darin wurde kein Angriff auf den göttlichen Creator und die Einzigartigkeit seiner Kreation gesehen. Seltsamerweise blieb trotz der Züchtungserfolge sogar der Gedanke einer Unveränderlichkeit der Arten unangetastet, und das, obschon die Züchtungen zu so erheblichen Rassendimorphismen führten, dass dabei phänotypische Kopulationsschranken aufgerichtet wurden.

Aber im priesterschriftlichen Schöpfungsmythos steht gleich neunmal der Passus, dass Gott »ein jegliches nach seiner Art« schuf. Damit schien die Konstanz der Arten auf eine göttliche Schöpfungsverfügung zurückzugehen und von unhinterfragbarer Gewissheit zu sein. Aber die unkritische gleichsetzende Verwendung des Begriffs »Art« krankt an der Verwechslung des biblisch-lebensweltlichen mit dem biologisch-fachterminologisch geprägten Artbegriff.

Der vorsokratische Philosoph Anaximander (611–564 v. Chr.), ein Schüler des Thales von Milet, formulierte weniger als ein Jahrhundert vor der Entstehung der Priesterschrift: *»Die Tiere sind aus dem Feuchten, das unter der Einwirkung der Sonne verdunstet, hervorgegangen (...) Die Ahnen des Menschen sind aus Fischen entstanden und vom Meer auf das Land gestiegen.«* Damit war eine Position formuliert, die von der Evolutionstheorie ca. 2300 Jahre später als im Prinzip richtig angesehen wurde.

Und mehr als zwei Jahrhunderte nach Anaximander vertrat insbesondere Aristoteles (384–322 v.Chr.) den Gedanken einer Urzeugung von Lebewesen aus unbelebter Materie. Auch er war der Ansicht, alles Leben stamme aus dem Wasser. Die ihm bereits bekannten Fossilien betrachtete Aristoteles als verunglückte Urzeugungen der formgestaltenden Schöpferkraft. Bei ihm findet sich auch bereits die Vermutung, eine Art Auslese habe die Spezialisierung der Arten bewirkt, und auch der Zufall sei in diesem Prozess konstitutiv gewesen.

»Wir können wohl annehmen, all diese Dinge hätten sich rein zufällig gebildet, genauso wie sie es getan hätten, wenn sie zu irgendeinem Zweck gezeugt worden wären: Gewisse Dinge wären erhalten geblieben, weil sie spontan eine geeignete Struktur erworben hätten, während jene, die nicht derart gebildet waren, untergingen und noch immer untergehen … aber das hieße, dem Zufall zuviel Platz einräumen.«[1]

Der Gedanke an den Zufall überzeugte Aristoteles dann letztlich doch nicht, und er wandte sich dem Konzept der Entelechie zu. Demnach wäre die Entwicklung zielgerichtet und vollzöge sich unter dem Einfluss eines formenden Prinzips, der Seele nämlich, auf die dann auch die phänotypischen Besonderheiten zurückgingen.

Diese Aristotelische Schöpfungslehre wurde von mittelalterlichen Philosophen und Theologen seit Albertus Magnus (1200–1280) und Thomas von Aquin (1225–1274) christlich neu interpretiert und im Blick auf den biblischen Befund weiterentwickelt, wobei Aristoteles, in der Scholastik weithin als »der Philosoph« tituliert, die überragende Autorität blieb.

Die Annahme, dass der Schöpfergott dem materialen Substrat des Menschen die Seele einhaucht, die dann als entelechiales Prinzip wirksam wird, verband den Glauben an Gott den Schöpfer und die ontogenetisch beobachtbare zielgerichtete Entwicklung. All das gipfelte in dem aristotelisch-scholastischen Satz von der »anima forma corporis«, der den Leib formenden Seele.

Der Begriff Evolution wurde, wo er überhaupt Verwendung fand, als Auswicklung und Entwicklung dessen verstanden, was in ursprünglicher Form durch die göttliche Kreation hineingelegt war. Das war nun wieder durchaus kompatibel mit dem aristotelischen Entelechiegedanken.

Kreation war und blieb der sachlogisch und chronologisch primäre Begriff, und der Begriff Evolution in seiner vordarwinistischen Interpretation trat dazu nicht in Konkurrenz.

4.1 Von der Kreation zur Evolution

In einem langsamen Ablösungsprozess vollzog sich wissenschaftsgeschichtlich der Übergang von einem Kreations- zu einem Evolutionsbegriff.

Der protestantische Kopenhagener Anatom und Naturforscher Nils Stensen (1638–1686), der in Florenz zum Katholizismus konvertierte und später Weihbischof von Münster wurde, hatte für eine relative Altersbestimmung von Fossilien die stratigraphische Methode entwickelt, die in der Paläontologie bis heute eine oft entscheidende Rolle spielt. Er hatte überdies wichtige Beiträge zur Herz- und Hirnforschung seiner Zeit geliefert. Die Fossilien, auf die er bei seinen Ausgrabungen stieß, ordnete er schon 150 Jahre vor Cuvier dem historisch verstandenen Sintflutgeschehen des Alten Testaments zu. Für Stensen selbst lag also der wahre Zweck aller Naturforschung in der besseren Befähigung des Menschen zur Erkenntnis und Liebe des Schöpfers. Für ihn waren die Naturphänomene vestigia dei (Spuren Gottes) und der Mensch imago dei (Bild Gottes). So formuliert er in seiner Antrittsvorlesung als königlicher Anatom in Kopenhagen im Jahre 1672:

»*Dies ist der wahre Zweck der Anatomie, die Zuschauer durch das wunderbare Kunstwerk des Körpers zur Würde der Seele und folgerichtig durch das Bewundernswerte an beiden zur Kenntnis und Liebe des Schöpfers emporzuheben.*« Und weiter stellt er fest: »*Schön ist, was wir sehen, schöner, was wir wissen, weitaus am schönsten, was wir nicht fassen.*«[2]

Der französische Physiker, Mathematiker und Philosoph Pierre Louis Mureau de Maupertuis (1698–1759, Ermittlung der Erdabplattung) versuchte zwar einerseits aus seinem »Prinzip der kleinsten Wirkung« einen Gottesbeweis abzuleiten, bemüht sich aber auch schon um eine ›gottlose‹ Theorie der Entstehung neuer Arten: »*Die Varietäten, die neue Tier- und Pflanzenarten charakterisieren können, neigen zum Erlöschen: Es sind Seitensprünge der Natur, in denen sie nur aus Kunstfertigkeit oder aus Gesetzmäßigkeit weiterfährt.*« »*Die einzigen erhalten gebliebenen Individuen sind diejenigen, bei denen sich die Ordnung der*

Angemessenheit fand, die Arten, die wir heute sehen, sind der allerkleinste Teil dessen, was ein blindes Geschick einst geschaffen hat.«[3]

Hier wird bereits ein mechanistisches Prinzip mit blindem Zufall und selektiv wirkenden Gesetzmäßigkeiten postuliert, das die Vorstellungen des 19. Jahrhunderts vorwegzunehmen scheint.

Der schwedische Naturforscher und Begründer der binären biologischen Nomenklatur Carl von Linné, (1707–1778) hatte in seinem Werk »Systema naturae« (1758) begonnen, alle damals bekannten Arten aufgrund von Baueigentümlichkeiten in ein hierarchisch gegliedertes System einzuordnen. Dabei ging er noch wie selbstverständlich von der Konstanz der Arten aus; schließlich soll Gott ja »ein jegliches nach seiner Art« geschaffen haben (Gen 1, 1 – 2, 4a). Die Identifikation eines im Entstehen begriffenen biologischen mit dem biblischen Artbegriff beweist natürlich eine hermeneutische Ahnungslosigkeit, die zumindest bei uns heutigen Zeitgenossen intolerabel erscheint.

Linné glaubte durch die im Einzelnen mit Akribie und im Ganzen auf Vollständigkeit hin angelegte Beschreibung der Arten eine biologische Systematik etablieren zu können, die Einblicke in den Schöpfungsplan Gottes zu bieten versprach. Wie man aus den Bauplänen eines großen Architekten dessen Konstruktionsprinzipien erlernen kann, so wollte Linné, Gottes Schöpfungsplan aus den Geschöpfen ermitteln. Fossilien, die er auch schon kannte, waren für ihn die Überreste der bei der Sintflut umgekommenen Lebewesen. Erst diese aus der fälschlichen Annahme einer Konstanz der Arten erwachsene Beschreibung derselben ermöglichte letztlich die Feststellung ihrer tatsächlichen Variabilität.

Auch für Georges Cuvier (1769–1832), der in Kenntnis der Stratigraphie schon systematische Ausgrabungen im Pariser Becken vornahm, waren die Fossilien kein Indiz für eine Evolution der Arten. Dass immer neue Fossilien in bestimmten Grabungshorizonten erstmals auftauchten und in anderen wieder verschwanden, deutete er als Hinweis auf mehrere Sintfluten. Im Blick auf die biblisch erzählte Sintflutgeschichte (Gen 6, 1 – 9, 29), die er also nur hinsichtlich ihrer Einmaligkeit modifizierte, entwickelte er seine Naturwissenschaft und Religion verbindende Katastrophentheorie. Die zahlreichen Ausgrabungshorizonte mit unterschiedlichen Fossilien dokumentierten für ihn keinesfalls einen Widerspruch zur Bibel.

Seine Schüler sahen im Auftauchen neuer Arten Hinweise auf

viele, sich den Katastrophen anschließende Neuschöpfungen auf höherer Ebene. Die Fossilfunde wurden Cuvier und seinen Schülern zu Belegen für eine Katastrophentheorie (1828). Das biblische Vorstellungsmodell, es wurde weithin als ein Schöpfungsreport missverstanden, wurde zwar modifiziert, vielleicht korrigiert, aber nicht grundlegend falsifiziert. Sowohl bei Linné, als auch bei Cuvier blieb das, was man auch für naturwissenschaftliche Kontexte der Bibel glaubte entnehmen zu können, von erkenntnis- und interpretationsleitender Bedeutung.

Der Gedanke eines kontinuierlichen Artenwandels kam dann insbesondere mit Jean Baptiste de Lamarck (1744–1829) und seiner »Philosopie Zoologique« (1809) auf. Er führte diesen auf einen den Lebewesen innewohnenden Vervollkommnungstrieb, den Gebrauch bzw. Nichtgebrauch von Organen und die Möglichkeit einer Vererbung erworbener Eigenschaften zurück. Der Gedanke einer Vervollkommnung schien der biblischen Botschaft nicht zu widersprechen, forderte man doch die moralische Vervollkommnung und kannte man doch körperliche Vervollkommnung durch Training und Züchtung. Ein unpersönliches und mechanistisches Prinzip, das etwa im klaren Gegensatz zum schöpferischen Gott gestanden hätte, war für diesen Artenwandel nicht anzunehmen. Dass Lamarck den Gedanken einer Konstanz der Arten aufgab, hat ihn aus kirchlicher Perspektive keinesfalls zu einer persona non grata gemacht. Gelitten hat er vor allem unter seinen naturwissenschaftlichen Fachkollegen, allen voran unter Cuvier. Es bleibt also festzuhalten, dass für die vordarwinistische Biologie und Theologie die Begriffe Kreation und Evolution keine konträren Kampfbegriffe gewesen sind.

4.2 Das Problem – die Entstehung der Arten ohne Gott

Wodurch nun konnte die Kontroverse um Kreation und Evolution entstehen, die zumindest bei amerikanischen Kreationisten und in religiös-fundamentalistischen Kreisen Europas einerseits sowie bei empiristisch-atheistisch orientierten Naturwissenschaftlern andererseits bis heute andauert und in der Frage nach dem Selbstverständnis des Menschen kulminiert?

Der Beginn der Kontroverse kann mit dem Namen Darwin verbunden werden, obwohl Charles Darwin selbst ein friedliebender und zurückgezogen wirkender Forscher war. Neben Charles Darwin, der selbst auch zunächst Theologie studiert hatte und dessen Vater ein anglikanischer Geistlicher war, spielt auch sein Großvater Erasmus Darwin eine Rolle. Im Werk des letztgenannten finden sich Überlegungen zur Artbildung mit den Elementen Wettstreit und Auslese, hohe Populationsdichte, Konkurrenz der Männchen um die Weibchen, Fertilität etc., die später im Werk seines Enkels wissenschaftlich untermauert und in ein Gesamtkonzept integriert werden.

Charles Darwin (1809–1882) war über das Werk seines Großvaters hinaus geprägt von Überlegungen, die der Geologe Charles Lyell und der Populationstheoretiker Robert Malthus veröffentlicht hatten. Bei Lyell gewann er die Vorstellung von den ungeheuer langen Zeiträumen, die für das Evolutionsgeschehen von Bedeutung waren und die deshalb auch die Zurücklegung großer anatomisch-morphologischer Wegstrecken ermöglichten. Bei Malthus fand er Gedanken zur Populationsdynamik und Nahrungsmittelverknappung, die die Selektion und den Kampf ums Dasein nahelegten.

Darwin selber trug reiches Material auf seiner Forschungsreise mit der Beagle zusammen. Wichtige Quellen sind für ihn die Tiergeographie, aber auch die vergleichende Anatomie, die Haustierforschung, die Embryologie und die Paläontologie.

Im Wesentlichen gründeten Darwins Überlegungen auf dem Gedanken der Überproduktion an Nachkommenschaft, der Variabilität der Typen unter diesen Nachkommen und der Selektion der Bestangepassten durch kritische Umweltfaktoren. Für die Entstehung der Arten wurde also ein konkretes Eingreifen Gottes nicht mehr benötigt, die innerweltlich erkennbaren Ursachen genügten.

Diese Überlegungen bezog Darwin in seinem Werk »Die Entstehung der Arten durch natürliche Zuchtwahl« (1859) zunächst nur auf nichtmenschliche Arten. Lediglich mit einem Satz deutete er an, dass von diesen Überlegungen her auch Licht auf die Frage der Entstehung des Menschen fallen werde.

Gleichzeitig mit Darwin kam auch sein Landsmann Alfred Russell Wallace (1823–1913) durch seine Studien in Südamerika und auf den Südseeinseln zu nahezu identischen Überlegungen, die er sogar noch vor Darwin veröffentlichte.

Einige Jahre bevor Charles Darwin seine Überlegungen zur Entstehung des Menschen vortrug (»Die Entstehung des Menschen« 1871), hatten in England Thomas Huxley (1825–1895) und in Deutschland bereits Ernst Haeckel (1834–1919) den Menschen in die Abstammungslehre einbezogen. Haeckel hatte das allerdings mit viel Wissenschaftspathos, sowie viel antikirchlicher und antireligiöser Polemik verbunden. Er glaubte an die Unvereinbarkeit wissenschaftlicher und religiöser Weltbetrachtung, hielt nur die Wissenschaft für tragfähig und meinte in Anspielung auf den Genesistext, ein Apfel vom Baum der Erkenntnis sei es noch immer wert, seinetwegen ein Paradies zu verlieren.

Fünfzig Jahre nach Darwins bahnbrechendem Werk, im Jahre 1909, äußerte sich die Päpstliche Bibelkommission in dem Sinne, dass an der Historizität der drei ersten Kapitel von Genesis im Wesentlichen festzuhalten sei.[4] Durch diese irrige Festlegung standen biologische Evolutionslehre und biblische Schöpfungslehre im unmittelbaren Gegensatz und Konkurrenzverhältnis zueinander, da die alten biblischen Aussagen auf derselben Ebene angesiedelt wurden, auf der eine expandierende Naturwissenschaft ständig neue Erkenntnisse zusammentrug.

Es entstand angesichts dieser Krise des Bibelverständnisses der Eindruck, man könne nicht gleichzeitig katholisch, intelligent und ehrlich sein; denn entweder sei man katholisch und ehrlich, dann sei man nicht intelligent; oder man sei katholisch und intelligent, dann sei man nicht ehrlich; oder man sei schließlich ehrlich und intelligent, dann sei man nicht katholisch.

4.3 Der Mensch als Produkt aus Zufall und Notwendigkeit?

In die einem Anthropozentrismus entgegengesetzte Richtung verweist die Annahme, der Mensch sei nicht von einem schöpferischen und guten Gott und auch nicht von einem bösen und üblen Gott gewollt, sondern sei das Ergebnis von »gottlosen« Prozessen, die im Wesentlichen vom Zufall gesteuert würden.

Legt man das Aristotelische Ursachenkonzept zugrunde, dann wird der diametrale Unterschied, der zwischen einem Anthropozentrismus und dem noch zu erläuternden Anthropischen Prinzip einerseits sowie der Annahme einer zumindest allem Leben zugrundeliegenden Genese aus Zufallsprozessen andererseits besonders deutlich.

Aristoteles kannte vier Formen der Kausalität:

1. Die causa materialis oder Materialursache, das hieße bezogen auf den Hausbau, das Baumaterial.
2. Die causa efficiens oder Antriebsursache, die beim Hausbau der Arbeitskraft entspräche.
3. Die causa formalis oder Formursache, der beim Hausbau der Architektenentwurf korrespondierte.
4. Die causa finalis oder Zweckursache, die in der Absicht eines Bauherrn, hier und so zu wohnen, gegeben wäre. Hier geht es um den alle vorherigen Ursachen nochmals begründenden Gesamtsinn.

Seneca hat im ersten christlichen Jahrhundert den vier Ursachen noch eine causa prima et generalis vorangestellt bzw. übergeordnet, die an den alles verursachenden ursprünglichen Schöpfungsakt Gottes denken lässt.

Ganz unstrittig ist, dass sich die Naturwissenschaften mit Materie und Energie beschäftigen, also eine Zuständigkeit für die causa materialis und die causa efficiens haben. Schwieriger ist für sie schon die Beantwortung der Frage, woher der Bauplan oder der Architektenentwurf für das pflanzliche, tierische und menschliche Leben stammt. Entwirft die unbelebte Materie selbst den Bauplan des Lebens, und wenn ja, wie tut sie das? Entwirft das Leben den Bauplan des Menschen, und wenn ja, wie? Warum gibt es eine Optimierung und eine Komplexitätszunahme der Baupläne? Und woher stammen diese augenfällige Zielgerichtetheit und die Fähigkeit zur Autopoiese?

4.3.1 Zufall und Notwendigkeit in der Biologie (Monod)

Der berühmte Molekulargenetiker, Direktor des Pariser Pasteur-Instituts und Nobelpreisträger Jacques Monod (1910–1976, Nobelpreis 1965) hatte 1970 sein schon kurz erwähntes Kultbuch auf den Markt gebracht: Zufall und Notwendigkeit.[5] Darin legte er ausgehend von seinem eigenen Fachgebiet dar, dass ausschließlich durch Zufall und Notwendigkeit so etwas wie eine Richtung in den evolutiven Prozess kommt.

Eine Finalität, eine Teleologie, eine Entelechie, eine vorgegebene Zielgerichtetheit, ein vielleicht sogar sinnstiftendes Woraufhin lehnt er als unwissenschaftlich ab. Um allerdings eindeutig final erscheinende

Phänomene erklären zu können, greift er auf den von Collin Pittendrigh stammenden Begriff der Teleonomie zurück, mit dem er versucht, die causa finalis letztlich auf das eine causa formalis bewirkende Zusammenspiel einer causa efficiens und einer causa materialis zu reduzieren. Das Ziel (Telos) ergibt sich damit zwangsläufig aus den naturgesetzlichen Festlegungen, dem Gesetz (Nomos). Wirkungen aus der Zukunft auf die Gegenwart werden als dem Pfeil der Zeit und dem Kausalitätsprinzip zuwiderlaufend charakterisiert und also negiert. Ein Ziel- oder Zwecksetzer oder gar ein der menschlichen Subjektivität nachempfundener personaler Gott erübrigt sich daher seines Erachtens.[6]

Ausschließlich auf dem Weg der zufälligen Mutation des Erbguts und der sich anschließenden und diese Mutation hinsichtlich ihrer Lebenstauglichkeit bewertenden notwendigen Selektion durch Umweltfaktoren kommt eine Richtung in den evolutiven Prozess.

Dabei führt die zufällige Mutation wahllos neue genetische Konstellationen ein, ist also für eine zumeist misslingende Innovation zuständig. Und die selektiv wirkende gesetzmäßige Notwendigkeit stellt das konservative Element zur Ausmerzung des Misslungenen und zur Bewahrung des Gelungenen dar.

Die Apriori-Wahrscheinlichkeit für das Auftreten des Lebens liegt, folgt man den Annahmen Monods, nahe Null. Und seines Erachtens hat sich das entscheidende Ereignis für den Schritt vom Unbelebten zum Belebten erdgeschichtlich wahrscheinlich nur ein einziges Mal zugetragen, so dass aus diesem einen und einzigen Lebensfunken das Feuerwerk des Lebendigen gezündet wurde.

Die Situation des Menschen, den seines Erachtens Zufall und Notwendigkeit hervorgebracht hatten, erschien ihm daher so hoffnungslos, dass er schrieb: »*Das Universum trug weder das Leben, noch trug die Biosphäre den Menschen in sich. Unsere ›Losnummer‹ kam beim Glücksspiel heraus. Ist es da verwunderlich, dass wir unser Dasein als sonderbar empfinden – wie jemand, der im Glückspiel eine Milliarde gewonnen hat?*« »*Wenn er diese Botschaft in ihrer vollen Bedeutung aufnimmt, dann muss der Mensch endlich aus seinem tausendjährigen Traum erwachen und seine totale Verlassenheit, seine radikale Fremdheit erkennen. Er weiß nun, dass er seinen Platz wie ein Zigeuner am Rande des Universums hat, das für seine Musik taub ist und gleichgültig gegen seine Hoffnungen, Leiden oder Verbrechen.*«[7] Und in deutlicher Anspielung auf das alttestamentliche Buch Genesis glaubt er konstatieren zu müssen:

»Der alte Bund ist zerbrochen; der Mensch weiß endlich, dass er in der teilnahmslosen Unermesslichkeit des Universums allein ist, aus dem er zufällig hervortrat. Nicht nur sein Los, auch seine Pflicht steht nirgendwo geschrieben. Es ist an ihm zwischen dem Reich und der Finsternis zu wählen.«[8]

Aus dem, was ihn seine Wissenschaft in seiner Zeit zu lehren schien, glaubte er sich zu der anthropologischen Deutung berechtigt, der auf ein Ziel hin ausgestellten menschlichen Identitätskarte Hoffnung den Stempel »endgültig abgelaufen« oder »ungültig« aufdrücken zu dürfen.

Wenn es aber richtig ist, dass wissenschaftliche Ergebnisse bloße Annäherungen an die Wirklichkeit, Modellvorstellungen von der Wirklichkeit sind, dann sind sie auch prinzipiell überholbar oder im umfassenderen Wissenschaftskontext neu zu deuten. Aus ihnen auch philosophisch endgültige Aussagen über die conditio humana ableiten zu wollen, ist daher immer ein gewagtes Unternehmen, und zwar sowohl dann, wenn man sie für, wie dann, wenn man sie gegen den biblisch so ausgezeichneten Menschen sprechen lassen möchte.

Angesichts eines mit wissenschaftlichen Gründen scheinbar endgültig ausgebooteten Schöpfergottes schienen die intellektuelle Redlichkeit sowie die Annahme einer hoffnungslosen Verlorenheit und Vereinzelung des Menschen in diesem Kosmos die zwei Seiten ein und derselben Medaille zu sein. Aber auch wenn aus heutiger Perspektive zu sagen ist, dass die Zeit auch in Bezug auf die von Monod für philosophisch grundlegend gehaltenen molekulargenetischen Kenntnisse hinweggeschritten ist, so ist doch zu vermuten, dass das durch Monod ausgelöste existentielle Schaudern über die kosmologisch-evolutionsbiologische Verlorenheit und Ausgesetztheit des Menschen in anderer Gestalt wiederkehren wird.[9]

4.3.2 Zufall und Notwendigkeit in der Literatur (Kundera)

Ist es für den Menschen unerträglicher ein Produkt des Zufalls oder unerträglicher ein Produkt der Notwendigkeit zu sein? Wo bleibt etwa der Gedanke menschlicher Freiheit, wo der Gedanke selbstverfügten

Werdenkönnens, wenn der Mensch aus puren Notwendigkeiten entstand, die vielleicht einmal naturwissenschaftlich beschreibbar sind?

Wo bleibt der Gedanke des Gewolltseins oder gar Geliebtseins, wenn der Mensch das Ergebnis puren Zufalls ist? Welche anthropologischen Deutungen ergeben sich, wenn der Mensch entweder als Variable des Zufalls oder als Variable der Notwendigkeit und als Variable von beiden interpretiert wird?

Der in Paris lebende tschechische Autor Milan Kundera erzählt in seinem Roman »Die unerträgliche Leichtigkeit des Seins« die Geschichte einer Liebesbeziehung zwischen Teresa, einer Kellnerin, und Tomas, einem Arzt und Neurochirurgen, in Zeiten des kommunistischen Regimes in der Tschechoslowakei. Beide denken über das Zustandekommen ihrer so ganz ungleichen Liebe nach und den Zufall, der dabei eine besondere Rolle spielte. Und das, was ihnen wie ein Zufall vorkommt, ja vorkommen muss, interpretieren und beurteilen beide auf höchst ungleiche Weise.

»Er wälzte sich neben der schlafenden Teresa hin und her und dachte daran, was sie ihm vor langer Zeit in einem belanglosen Gespräch gesagt hatte. Sie sprachen über seinen Freund Z., und sie verkündete: ›Wenn ich dich nicht getroffen hätte, hätte ich mich bestimmt in ihn verliebt.‹

Schon damals hatten diese Worte Tomas in eine sonderbare Melancholie versetzt. Plötzlich wurde ihm nämlich klar, daß es nur Zufall war, daß Teresa ihn liebte und nicht seinen Freund Z. Daß es neben ihrer Liebe zu Tomas, die sich verwirklicht hatte, im Reich der Möglichkeiten unendlich viele nicht verwirklichte Lieben zu anderen Männern gab.

Wir alle halten es für undenkbar, daß die Liebe unseres Lebens etwas Leichtes, etwas Gewichtsloses sein könnte; wir stellen uns vor, daß unsere Liebe ist, was sie sein muß, daß ohne sie unser Leben nicht unser Leben wäre. Wir sind überzeugt, daß der mürrische Beethoven mir seiner wirren Mähne persönlich ›Es muß sein!‹ für unsere große Liebe spielt.

Tomas erinnerte sich an Teresas Bemerkung über seinen Freund Z. und stellte fest, daß in der Liebesgeschichte seines Lebens nicht ein ›Es muß sein!‹ erklang, sondern ein ›Es könnte auch anders sein!‹.

Vor sieben Jahren trat zufällig im Krankenhaus der Stadt, wo Teresa wohnte, ein komplizierter Fall einer Gehirnkrankheit auf, und Tomas' Chefarzt wurde zu einer dringenden Konsultation gebeten. Zufällig hatte dieser Chefarzt Ischias, konnte sich nicht bewegen und schickte Tomas zur Vertretung in das Provinzkrankenhaus. In der Stadt gab es fünf Hotels, doch Tomas stieg zufällig dort ab, wo Teresa arbeitete. Zufällig hatte er vor der Abfahrt des Zuges noch etwas Zeit, und er setzte sich ins Restaurant. Teresa hatte zufällig Dienst und bediente zufällig an seinem Tisch. Es waren also sechs Zufälle nötig, um Tomas auf Teresa hinzustoßen, als hätte er selbst gar nicht zu ihr gewollt.

Er war ihretwegen nach Prag zurückgekehrt. Dieser schicksalsschwere Entschluß gründete auf einer so zufälligen Liebe, die gar nicht existierte, wenn sein Chef nicht vor sieben Jahren Ischias bekommen hätte. Und diese Frau, die Verkörperung des absoluten Zufalls, lag nun neben ihm und atmete tief im Schlaf. Es war schon spät in der Nacht. Er spürte, daß er Magenschmerzen bekam, wie so oft in Momenten seelischer Not.«[10]

Eine völlig andere Sicht der Dinge, eine völlig andere Lesart und Bewertung für denselben Vorgang ihres Zusammentreffens und Zueinanderfindens hat seine Freundin Teresa:

»Auf der Rückfahrt von Zürich nach Prag befiel Tomas ein Gefühl des Unbehagens bei dem Gedanken, daß sein Zusammentreffen mit Teresa auf sechs unwahrscheinlichen Zufällen beruhte. Wird aber ein Ereignis nicht umso bedeutungsvoller und gewichtiger, je mehr Zufälle für sein Zustandekommen notwendig sind? Nur der Zufall kann als Botschaft verstanden werden. Was aus Notwendigkeit geschieht, was absehbar ist, was sich täglich wiederholt, ist stumm. Nur der Zufall ist sprechend. Wir versuchen aus ihm zu lesen wie die Zigeunerin aus dem Muster des Kaffeesatzes auf dem Grund der Tasse.

Tomas' Auftauchen im Lokal war für Teresa eine Offenbarung des absoluten Zufalls. Er saß an seinem Tisch vor einem offenen Buch. Er hob die Augen zu Teresa auf und lächelte: ›Einen Cognac!‹

In diesem Moment erklang Musik aus dem Radio. Teresa ging zur Theke, um den Cognac zu holen, und drehte am Knopf des Apparates, um ihn noch lauter zu stellen. Sie hatte Beethoven wiedererkannt. Sie kannte ihn, seit ein Prager Quartett in ihrer Stadt ein Gastspiel gegeben hatte. Teresa (die, wie wir wissen, von ›etwas Höherem‹ träumte) war in das Konzert gegangen. Der Saal war leer. Außer ihr war nur der Apotheker mit seiner Frau gekommen. Auf dem Podium saß also ein Quartett von Musikanten und im Saal ein Trio von Zuhörern, aber die Musiker waren so freundlich, das Konzert nicht abzusagen und einen Abend lang nur für sie Beethovens drei letzte Quartette zu spielen.

Anschließend hatte der Apotheker die Musiker zum Essen eingeladen und die unbekannte Zuhörerin gebeten, sich ihnen anzuschließen.

Seitdem war Beethoven für sie das Bild der Welt ›auf der anderen Seite‹, das Bild jener Welt, von der sie träumte. Während sie den Cognac von der Theke zu Tomas' Tisch trug, bemühte sie sich, in diesem Zufall zu lesen: Wie war es möglich, daß sie gerade jetzt, wo sie dabei war, diesem Unbekannten, der ihr gefiel, einen Cognac zu servieren, Beethoven hörte?

Nicht die Notwendigkeit, sondern der Zufall ist voller Zauber. Soll die Liebe unvergeßlich sein, so müssen sich vom ersten Augenblick an Zufälle auf ihr niederlassen wie die Vögel auf den Schultern des Franz von Assisi.«[11]

Könnte es sein, dass die Romanfigur Teresa aus der Flut der Zufälle die Botschaft entnehmen möchte: Tomas und ich sind füreinander bestimmt? Dass sie deshalb von der scheinbar totalen Zufälligkeit fasziniert ist, weil sie dahinter eine undurchschaute oder undurchschaubare Planung, eine höhere schicksalhafte Fügung, die Inszenierung eines umfassenden Sinns oder einen göttlichen Willen vermutet. Dann wäre der Zufall nur die dem Menschen verborgene Notwendigkeit, Gesetzmäßigkeit oder Sinnstiftung, auf die der Mensch erst durch die auffällige Häufung der scheinbaren Zufälle stößt oder gestoßen wird. Der Mensch wäre in den Zufälligkeiten der Sucher nach einem umfassenden Sinn und nach umfassenden oder absolut grundlegenden Gesetzmäßigkeiten.

Man kann den Eindruck gewinnen, dass da, wo der blanke Zufall herrscht, ein göttlicher (Heils-) Plan, eine Vorsehung nicht mehr denkbar ist, und dass da, wo die totale Gesetzmäßigkeit obwaltet, die Freiheit des Geschöpfes Mensch geopfert werden muss; denn die kann mit einem umfassenden gesetzmäßigen Fremdverfügtsein über sich nicht vereinbart werden, auch dann nicht oder sogar insbesondere dann nicht, wenn es Gott ist, der da die umfassenden Verfügungen trifft. Es scheint so, dass der Weg zum Menschen, zumindest die letzte, die ichbewusste Phase seiner Phylogenese, und der Weg des Menschen, zumindest die selbstbewusste Phase seiner Ontogenese, nicht völlig irgendwelchen subjektlosen Prozessen überantwortet werden können.

Der Weg des Menschen und zum Menschen muss irgendwie zwischen der Szylla der totalen Zufälligkeit und der Charybdis der totalen Notwendigkeit hindurchführen, wenn denn seine mit wenigstens partieller Freiheit und Selbstverfügung verbundene Würde nicht aufs Spiel gesetzt werden soll.

5 Schöpfungstheologie – (k)ein Kontra zur Evolutionstheorie?

Im Allgemeinen wird auch heute noch – zumal in der medialen Vermittlung, die ihre eigene Bedeutsamkeit durch plakative Darstellungen eines angeblichen »clash of civilizations« zu steigern weiß – die Beziehung zwischen Schöpfungstheologie und Evolutionstheorie als Kontrastverhältnis beschrieben. Dass Schöpfungstheologie nicht, sofern sie noch auf sich hält, zur bloßen Beifalls- und Bejubelungsabteilung jedweder Evolutionstheorie werden kann, das darf, wie bereits dargelegt[1], als sicher vorausgesetzt werden. Ob aber überhaupt und wenn ja, unter welchem Aspekt und mit welcher Reichweite von einem Kontrastverhältnis zwischen beiden gesprochen werden kann, oder ob gar möglicherweise auch von einem Ergänzungsverhältnis zu sprechen wäre, das ist nun hier zu erörtern.

5.1 Skizze der gegenwärtigen Diskurslage

Wer in Schule, Hochschule oder auch Volkshochschule die Frage nach Schöpfung oder Evolution, Schöpfung und Evolution, Schöpfung als Evolution etc. thematisiert, der erlebt, dass er offenbar immer neu am Punkt Null einer Verhältnisbestimmung ansetzen muss. Zuerst werden nämlich die völlig divergenten Schöpfungserzählungen, das jüngere »Siebentagewerk« (Priesterschrift, Gen 1,1 – 2,4a) und die ältere »Adam und Eva-Erzählung« (Jahwist, Gen 2,4b ff.) zu einem seltsamen biblischen Eintopf verrührt, dann in der weltanschaulichen Speisekarte als Schöpfungstheologie deklariert und schließlich als archaische Naturkunde serviert.

So werden die biblischen Erzählungen in den selben Fragehorizont eingerückt, in dem sich naturwissenschaftliche Denkmodelle zu bewähren haben, und damit auf einen scheinbaren Konfrontationskurs zu naturwissenschaftlicher Rationalität gebracht. Aber die Bibel ist keine primitive Naturkunde darüber, wie es zum Menschen kam, sondern eine Urkunde darüber, was es mit dem Menschen auf sich hat.

Auch dass eine Schöpfungstheologie nicht identisch ist mit den durchaus divergenten Schöpfungserzählungen der Bibel, sondern unter der Voraussetzung ihrer gründlichen Kenntnis und adäquaten Deutung erst zu beginnen hat, wird nicht mehr wahrgenommen. So wird leider das Diskursniveau, das zwischen biblisch gegründeter Schöpfungstheologie und biologisch begründeter Evolutionstheorie obwalten müsste, nicht einmal ansatzweise erreicht, wohl aber der stets neu aufgelegte irrige Eindruck, Schöpfungstheologie und Evolutionstheorie seien prinzipiell unvereinbare konträre Theorien über die Welt.

Natürlich ist die Behauptung der Evolution mehr als nur eine Hypothese, zu der einschlägig interessierte Kreise sie gern zurückstufen wollen. Sie ist eine der am besten begründeten Theorien, die sich nicht nur auf biologische, sondern auch auf biochemische, physiko-chemische und physikalisch-kosmologische Argumente, Beobachtungen und Rückschlüsse stützen kann.

Hier zu einem »amerikanisierten Kreationismus« zurückrudern zu wollen, negiert eine mehr als einhundertjährige hermeneutische Diskussion, unterläuft sowohl die exegetischen Standards, wie sie das Zweite Vatikanum und zuletzt die Päpstliche Bibelkommission von 1993 vorgetragen hat[2], als auch die biologisch-naturwissenschaftlichen Standards. Ein solches Vorhaben wäre intellektuell weder erfolgversprechend noch redlich, sondern schlichtweg theologisch und biologisch unsinnig.

Nun hat der Wiener Kardinal Christoph Schönborn, im letzten Konklave immerhin als »papabile« gehandelt, sich in den USA in dezidierter und medial mit größtem Interesse bedachter Weise gegen Grundannahmen des Neodarwinismus ausgesprochen und damit, wie es scheint, ideologisch vermintes Gelände betreten.[3]

Nun annehmen zu wollen, wie es in letzter Zeit einige Biologen getan haben, irgendwelche mächtigen vatikanischen Meinungsführer oder sonstige führenden Kirchenvertreter wollten einen antievolutionstheoretischen Schulterschluss mit exegetisch unerleuchteten oder minderbelichteten Kreationisten versuchen, erscheint mir allerdings in hohem Maße grotesk. Selbst wenn ich der Meinung wäre, führende Vertreter der Kirche hätten zu wenig Ahnung von Biologie im Allgemeinen und von Evolutionstheorie im Besonderen, so kann ich doch nicht annehmen, sie seien auch bereit, die grundlegenden, ganz basalen exegetischen Erkenntnisse zur priesterschriftlichen und zur jahwistischen Schöpfungserzählung über Bord zu werfen. Für den Schulterschluss mit dem amerikanisierten Kreationismus bedürfte es also zweier intellektueller Offenbarungseide oder kognitiver Insolvenzerklärungen, des (evolutions-)biologischen und des (bibel-)theologischen.

5.2 Der problematische Begriff: Intelligent Design

Das in der neuerlichen amerikanischen Debatte um Evolution und Schöpfung als problematisch empfundene Stichwort lautet »Intelligent Design«, und genau dieses Wortes bedient sich Schönborn. Dahinter verbirgt sich, so die nicht von der Hand zu weisende Vermutung, eine Neuauflage der Evolutionismus-Kreationismus-Debatte. Der Begriff Intelligent Design wäre demnach ein sich wissenschaftlich gebendes begriffliches Evolutionsprodukt des Kreationismus, hinter dem seine biblizistische Abstammung verborgen werden soll. Im US-Bundesstaat Kansas hat der Begriff bereits den Weg in den Biologieunterricht der staatlichen Schulen geschafft.

Nirgends sonst als in den USA kommt es alle paar Jahrzehnte (1925, 1968, 1987 und 2005) bezüglich des Status dieser Theorie sogar zu gerichtlichen Klärungsversuchen, die in Europa eher mit Kopfschütteln beobachtet werden.

Neuerlich hat der Professor für Biochemie an der Lehigh University, Michael Behe, mit seinem Bestseller *Darwins Black Box* und mit seinem Schullehrbuch *Of Pandas and People* für Aufsehen gesorgt. In letzterem behauptet er, dass die verschiedenen Lebensformen abrupt mit Hilfe eines Trägers von Intelligenz entstanden seien und zwar schon mit ausgeprägten Merkmalen.[4]

Es gebe Formen von irreduzibler Komplexität, die ihren selektiv erprobten evolutiven Mehrwert erstmalig auf einem ganz erstaunlichen und außerordentlich hohen Niveau präsentierten, und deren denkbare Teilkomponenten und mögliche Vorfertigungsstufen für sich noch keinerlei evolutiven Vorteil besäßen. Dieser Vorteil könne also nicht durch zufälliges Herumprobieren kleinschrittig erwirtschaftet worden sein, sondern müsse gewissermaßen in einem genialen Entwurf begründet sein, der das evolutiv höhere Niveau sprunghaft erreicht. Wie bei einer

Mausefalle, für deren Funktionieren nicht eine einzige Komponente fehlen dürfe, wenn die von ihr erwartete Leistung erbracht werden solle, so sei es z. B. auch bei der Bakteriengeißel, für deren Bau und Funktion nicht ein einziges Protein verzichtbar sei.

Und der Mathematiker William S. Dembski rechnet vor, dass die spezifische Komplexität selbst einfacher biologischer Strukturen einen derart hohen Informationsgehalt besäße, dass die Welt- und Kosmosgeschichte um Zehnerpotenzen zu kurz sei, als dass dieser Informationsgehalt sich per Zufall hätte einstellen können. All das deute hin auf ein Design, für das ein Designer erforderlich sei; denn wo ein derart komplexes Design, da ein Designer.

Design kann im Deutschen bedeuten: Muster, Entwurf, Konstruktion; Anlage, Gestaltung; Formgebung; Plan und Absicht.[5] Die Übersetzungen changieren zwischen teleonomischen und teleologischen Konzepten. Die teleonomischen Konzepte können unter Voraussetzung des aristotelischen Ursachenkonzepts nur etwas mit der causa materialis und der causa efficiens, also der Material- und der Wirkursache anfangen. Die teleologischen Konzepte können auch etwas mit der causa formalis und der causa finalis, also der Form- und der Zweckursache anfangen. Die modernere Evolutions- und Entwicklungsbiologie hat allerdings auch ein Verständnis für die causa formalis entwickelt oder ist dabei, es zu tun. Mit einem letzten Zwecksetzer, mit einer causa finalis allerdings oder gar einer die aristotelischen Ursachen verursachenden, alles grundlegenden Urursache oder einer causa prima et generalis, wie sie z. B. Seneca kennt, tut auch die neuere und neueste Biologie sich schwer, sofern sie deren Möglichkeit nicht sogar rundweg bestreitet.

Abgesehen davon, dass man den »Zufall« natürlich nicht als »bekannte Ursache« klassifizieren kann, sieht Christian Kummer wohl richtig, wenn er feststellt:

»Zusammengefasst besteht die Strategie der Intelligent-Design-Theorie immer in folgendem Dreischritt: 1. Sign detecting: Nachweis komplexer Zweckmäßigkeit in organismischen Bildungen; 2. Argumentum ad ignorantiam: Ausschluss aller bekannten Ursachen (wie Zufall, stufenweise Entstehung usw.); 3. Analogieschluss: Weil zweckmäßiges Design immer einen Designer voraussetzt, muss es einen solchen auch in der Natur geben, selbst wenn wir nicht wissen, wie diese planende Instanz gedacht werden soll.«[6]

Beinahe spiegelbildlich zum intellektuellen Kurzschluss, aus dem Vorhandensein eines Designs sei immer auf das Vorhandensein eines Designers zu schließen, liest sich die nicht minder kurzschlüssige Position mancher Biologen und Philosophen, sogar derer vom Format eines Daniel Dennet. Dieser antwortet auf die Frage, ob der Tod Gottes eine Konsequenz aus Darwins Lehre sei: »*Eindeutig. Dass es in der Welt Design gibt, war immer das stärkste Argument für die Existenz Gottes – und Darwin hat dem den Boden entzogen.*«[7]

Man darf sich wundern über die Kühnheit, mit der da aus der durch Darwin vermittelten Kenntnis einiger Evolutionsmechanismen zwingend auf das Nichtvorhandensein eines Designers geschlossen werden soll. Mit der Kenntnis der Existenz von Mechanismen, die ein Design zur Folge haben, lässt sich der Schluss auf die generelle Nichtexistenz eines Designers keineswegs zwingend absichern. Es lässt sich allenfalls wahrscheinlicher machen, dass er nicht direkt einwirkt; ein mittelbares, z. B. auch durch die Evolutionsmechanismen vermitteltes Wirken bleibt denkbar.

Die kesse Formulierung Dennetts, »*Gott (...) passt auf keine Stellenausschreibung*«[8], ist, offenbar ohne dass ihr Autor es bemerkt hätte, recht zweischneidig. Schließlich gibt es – Zeiten hoher Arbeitslosigkeit wissen davon ein Klagelied zu singen – die Menschen, die auf keine Stellenausschreibung passen, zu Hundertausenden. Ihre Nichtexistenz ist durch die Nichtexistenz der für sie adäquaten Stellen, gottlob, nicht erwiesen. Könnte es sein, dass auch Gott sich den funktionalistischen Zuordnungs-, den empiristischen Verdinglichungsversuchen entzieht? Dann müsste man mit Bonhoeffer sagen, einen Gott, den es in diesem Sinne gibt, gibt's nicht? Könnte es sein, dass, wenn Gott auf keine Stellenausschreibung passt, einfach nur keine Stellenausschreibung auf Gott passt?

5.3 Zufall – kein Beleg für Plan- und Ziellosigkeit

Die polemische Spitze in den Ausführungen von Kardinal Schönborn lautet: »*Die Evolution im Sinne einer gemeinsamen Abstammung (aller Lebewesen) kann wahr sein, die Evolution im neodarwinistischen Sinn – ein zielloser, ungeplanter Vorgang zufälliger Veränderung und natürlicher Selektion – ist es nicht. Jedes Denksystem, das die überwältigende Evidenz für einen Plan in der Biologie leugnet oder wegzuerklären versucht, ist Ideologie, nicht Wissenschaft.*«[9]

Die deutsche Fassung der Aussagen übersetzt Design mit Plan, polemisiert gegen den Neodarwinismus und hebt deutlich ab auf einen Planer, einen Geist, einen Schöpfer. Inzwischen hat Schönborn klargestellt, dass er nicht die Absicht hatte, sich auf die Seite der Kreationisten zu schlagen und jedwede Evolutionstheorie zu verwerfen.[10]

Halten wir für das Weitere fest: Das, wogegen Schönborn sich wendet, ist nicht die Evolution an sich, sondern der behauptete Modus ihres Fortschreitens, die Annahme ihrer völligen Zufälligkeit, Ungeplantheit und Ziellosigkeit, die er offenbar mit seinem Glauben an einen personalen Schöpfergott nicht zu vereinbaren vermag.

Aber was heißt Zufälligkeit, was heißt Zufall? Darüber gibt der Text von Schönborn, der den Zufall pejorativ versteht, keinen Aufschluss. Es wird stillschweigend unterstellt, der Zufall sei das Gegenteil von Plan und Ziel, also mit beidem und mit einem planenden und auf etwas hinzielenden Gott unvereinbar. Aber die Annahme eines planenden Gottes kann doch nicht dazu berechtigen, den Zufall, wenn er denn ein empirisch fassbarer Sachverhalt ist, in seiner Existenz zu bestreiten. Die das je Andere ausschließende Alternative »Gott oder Zufall« ist dann keine Glaubensfrage mehr, wenn Zufall eine Tatsache ist. Oder aber Gott und Zufall sind im Letzten keine einander wechselseitig ausschließenden Alternativen.

Umgekehrt geben zahllose Werke der neueren Evolutionstheorie auch keine philosophisch belastbare Begriffsklärung für den Zufall, halten aber gleichwohl daran fest, dass er mit Plan und Ziel unvereinbar ist.[11] Die gelegentlich zu hörende Argumentation, dass die Evolution kein Ziel habe, erkenne man an den zahllosen abgebrochenen Ästen an ihrem Stammbaum, ist logisch substanzlos. Wenn das Bild vom Stammbaum noch irgendeine Erklärungskraft hat, wäre festzuhalten: Äste, und zwar auch die abgebrochenen, wollen, sofern sie (wollen) können, natürlich alle zum Licht, wo auch immer sie es vermuten.

Selbstverständlich kann ich das Erreichen eines Zuges am Bahnhof als Ziel gehabt haben, auch wenn ich ihn durch mein Zuspätkommen verpasst, oder durch Verlaufen auf dem Weg dahin gar nicht erst erreicht habe. Das Misslingen eines Vorhabens ist kein Beleg für seine Nichtexistenz. Zu fragen ist natürlich, wer denn im Singular oder Plural das Subjekt dieses Zielhabens sein sollte oder könnte.

Biologen belegen das spontane und ungerichtete Auftreten von Mutationen mit dem Fluktuationstest von Delbrück und Luria (1943), mit dem Spreading-Experiment von Newcombe (1952) und der Replika-Plattierungstechnik durch Lederberg (1952). Von dieser experimentellen Basis aus wird dann der Mutation Zufälligkeit attestiert.[12]

Die hot Spots bei den Mutationen, das gehäufte Auftreten bestimmter zumeist aberranter Merkmalskombinationen, erhärten doch wohl den starken Verdacht, dass zumindest nicht von einer absoluten Zufälligkeit gesprochen werden kann, sondern höchstens von einer irgendwie reglementierten, deren Reglementierungsmodus nicht durchschaut ist.

Nach Ernst Mayr resultiert der evolutionsbiologische Zufall aus folgenden Faktorenbündeln: 1. der Mutation an einem oder mehreren Genloci; 2. dem Crossing over; 3. der Chromosomenverteilung bei der Reduktionsteilung; 4. dem Schicksal der Gameten, einschließlich der Partnerkombination und der Gametenkombination; 5. dem Schicksal der Zygote.[13] Angesichts dieses Bündels von unüberschaubaren Faktoren von Zufall zu sprechen, ist nur pragmatisch gerechtfertigt. Vollmer nennt diesen Zufallsbegriff, bei dem Ursachen zwar gegeben, aber angesichts ihrer Vielfalt nicht bis ins Letzte analysierbar sind, den subjektiven Zufall.[14]

Das ist allerdings ein weicher und unscharfer, ein empirischer Begriff von Zufall, der im Letzten eher die prognostische oder rekonstruktive Unfähigkeit des menschlichen Experimentators beschreibt und nicht den in Rede stehenden Sachverhalt an sich.

Aus der Tatsache einer prognostischen und rekonstruktiven Unfähigkeit aber schließen zu wollen, alles sei geschehen und geschehe noch absolut zufällig und überdies ziellos, setzt voraus, dass ich weiß, was Zufall ist und dass das, was erreicht ist, definitiv kein Ziel oder Zwischenziel ist.

Wenn man den Zufall mittels eines mathematischen Algorithmus generiert, ist er nur das Ergebnis eines ggf. hochkomplexen Vorgangs deterministischer Art. Dann verwandelt sich der Zufall unter der Hand zur nicht oder nur noch nicht durchschauten Kausalität.

Der Position des Intelligent Design, die da sagt: *»Wir wissen nicht, wie es gegangen ist, und darum muss es eine schöpferische Intelligenz bzw. Gott gewesen sein«*[15], kommt die Position, die den subjektiven Zufall als unhintergehbar hinnimmt: »Wir wissen nicht, wie es gegangen ist, also muss es der Zufall (und kann es keine schöpferische Intelligenz und kein Gott) gewesen sein«, gefährlich nahe. Beide Positionen, die atheistisch naturalistische und die theistisch hypernaturalistische, sind zu bequeme Verbuchungsposten.

Aber nehmen wir den präziseren, den unverursachten quantenphysikalischen – und von Vollmer daher objektiver Zufall genannten – Zufallsbegriff der Physik.[16] Hier ist nicht nur aus wissenschaftspragmatischen, sondern offenbar aus grundsätzlichen Erwägungen eine physikalische Kausalitätsrecherche nicht möglich. Ist nicht sogar auch in diesem Fall denkbar, dass der Zufall der Modus einer Zielführung ist? Wenn Uran zu Blei zerfällt, ist der Modus des Zerfalls einzelner Uranatome zufallsgesteuert, die Dauer des Vorgangs, gemessen als Halbwertszeit, ist hingegen angebbar und das Ziel, nämlich Blei, ist es ebenfalls. Das Junktim von Zufälligkeit und Ziellosigkeit ist also keineswegs zwingend. Ein Subjekt, das im Vorhinein das Ziel setzt, ist dabei nicht erforderlich oder zumindest naturwissenschaftlich nicht erkennbar.

Die Feststellung, der objektive quantenphysikalische oder subjektive evolutionsbiologische Zufall, sei ein Movens des evolutiven Prozesses, führt nicht zwangsläufig zur Annahme einer Ziellosigkeit. Gen-, Chromosom- und Genomduplikationen verdoppeln das mutative Experimentierfeld, wobei der von der Mutation nicht betroffene Teil die »alten Hausaufgaben weitererledigt« und der betroffene Teil mit Neuem weiter experimentiert. So kann der biologische Zufall auch als Modus der Zielsuche interpretiert werden. Ein Ziel ist dann prinzipiell möglich, wenn auch vielleicht erst ex post konstatierbar.

Und die gegenteilige Annahme, alles habe ein Ziel, impliziert nicht zwangsläufig die Existenz eines Zielsetzers. Umgekehrt stellt auch die Annahme einer Ziellosigkeit keineswegs die Nichtexistenz eines Zielsetzers sicher; denn dieser könnte schlicht die Realisierung des Ziels verabsäumt haben.

5.4 Planlosigkeit oder vom Trend zum Plan?

Die Biologen sprechen problemlos von Plänen, z. B. vom Bauplan der Vertebraten oder vom Entwicklungsplan der Mollusken. Die Annahme einer Planlosigkeit liegt ihnen so gesehen fern. Wenn sie aber von einem präformierten Plan sprechen, etwa von dem im Erbgut, dann haben sie dafür einen Planer allerdings nicht vorgesehen. Die Differenz besteht nicht in der Annahme eines Plans, sondern in der Annahme eines präformierenden Planers. Aus dem Vorhandensein eines Plans auf einen Planer zu schließen, ist nicht zwingend. Aber angesichts eines naturwissenschaftlich beschreibbaren Plans einen naturwissenschaftlich nur noch nicht oder prinzipiell nicht greifbaren Planer auszuschließen, ist ebenso wenig zwingend. Es sei denn, man setzt voraus, die Menge der naturwissenschaftlich fassbaren und der real existenten Entitäten sei identisch, d. h. ausschließlich naturwissenschaftlich fassbare Entitäten seien real existent.

Nun gibt es Pläne, die mit ihrer Erstausfertigung nicht endgültig fertiggestellt sind, sondern in einen permanenten, rekursiven Überprüfungs- und Optimierungsprozess überführt werden. Ein solcher Plan ist erst dann fertig, wenn auch das Geplante selbst fertig ist. (So ist übrigens auch das berühmte Aachener Klinikum entstanden, von dem böse Zungen behaupten, man sehe ihm das auch an.)

Aber was kann man beim weltanschaulich unvoreingenommenen Blick auf die Evolution erkennen? Man kann, man muss wohl Trends erkennen, z. B. den von geringerer zu höherer Komplexität. Und auch, wenn nicht alle Arten, Gattungen, Familien, Ordnungen, Klassen und Stämme permanent diesen Trend zur Komplexifikation erkennen lassen, ist er, einschließlich seines vielfältigen Scheiterns aufs Ganze gesehen doch kaum von der Hand zu weisen.

Dass dieser Trend in den unendlich erscheinenden Weiten unserer Erdgeschichte nicht bekannt war, ist nicht verwunderlich; wem auch sollte er erkennbar sein? Eben dieser »trendige« Komplexifikationsprozess ist aber im flüchtigen Aufblitzen unserer Kulturgeschichte durch die Komplexifikation der Gehirne, eben diesen Gehirnbesitzern erkennbar geworden.

Wir hätten es also mit einem Plan zu tun, der dem Träger dieses Plans erst durch dessen Realisierung bewusst werden konnte, bewusst geworden ist. Oder bildlich gesprochen: Der Weg über ein tief verschneites Feld entsteht da, wo sich die mehr oder weniger zufällig gesetzten Anfangsspuren verdichten. Aus einem Trend zur Durchquerung entsteht der Weg der Durchquerung, von dem man nicht im Vorhinein, wohl aber im Nachhinein einen Plan machen, in dem man einen Plan erkennen kann. Wie der Weg durchaus kontingent beim Gehen entsteht, so der Plan des Lebens beim (Über-)Leben, und der ist ex post erkennbar.

Kein Vogel hat über die Gesetze der Aerodynamik nachgedacht, nachdenken können, als er sich via Mutation und Selektion an den Lebensraum Luft anpasste. Aber wir Menschen können die Gesetze der Aerodynamik aus seinem Körperbau und Verhalten ablesen. Kein Fisch hat über die Gesetze der Hydrodynamik nachgedacht, nachdenken können, als er sich via Mutation und Selektion an die Verhältnisse im Lebensraum Wasser anpasste. Aber wir Menschen können sie aus seinem Körperbau und Verhalten ablesen.

Ohne dass die Klassen der Fische oder Vögel es gewusst hätten oder wüssten, haben sie planvoll einen Bauplan von derartiger Präzision akkumuliert, dass aus ihm eben diese Gesetze der Aero- und der Hydrodynamik für den Menschen herleitbar sind. Ob die Vögel und Fische im Verlauf ihrer Phylogenese je die Einsicht in den mit ihnen nahezu präzis realisierten Plan gewinnen, ist zumindest fraglich.

Erkennbar ist jedenfalls, dass die Perfektionierung eines Trends zum ex post erkennbaren Plan völlig unabhängig vom Bewusstseinsstand des Lebewesens ist, das diesen Weg realisiert.

Ob die Menschen – wie sie es beim Rückblick auf ihre je eigene Ontogenese ja durchaus können – auch für ihre Phylogenese also ex post und retrognostisch auf einen Plan und ein zukünftiges Ziel hin extrapolieren können, lasse ich einmal offen. Nur einen solchen Gesamtplan mit waghalsiger Prognostik im Vorhinein zu behaupten oder auch mit einer ähnlich waghalsigen Prognostik im Vorhinein zu bestreiten, das erscheint eher vermessen als angemessen.

Man kann einerseits schließlich nicht mit der voreiligen Weihnachtsbescherung einer nassforsch behaupteten Plan- und Zielangabe der Gesamtevolution in die Adventszeit einer intellektuell redlichen Suche danach einfallen.

Man kann aber auch, wie dargelegt, andererseits aus der Einsicht in einige wenige Evolutionsmechanismen, z. B. aus dem subjektiven Zufall, keineswegs auf die Plan- und Ziellosigkeit des Gesamtunternehmens Evolution schließen. Und man kann schon ganz und gar nicht als ein armseliger Teilnehmer an dieser Gesamtevolution mit dem ungeklärten Zufallsbegriff fuchtelnd einen Planer oder Designer zwingend ausschließen.

Vielleicht erscheint sie ein wenig gewagt, gleichwohl will ich die folgende Frage nachschieben: Wie gerät der Mensch an (s)einen Gott? Ob auch die Tatsache, dass es keine menschliche Kultur auf dieser Erde gibt, die nicht durch Artefakte und Verhaltensweisen für sich die Dimension des Religiösen erschlossen hätte, ein Hinweis auf diese umfassendere Realität ist? Nur wir Menschen, blind wie die Vögel für die Aerodynamik und blind wie die Fische für die Hydrodynamik, können noch nicht wahrnehmen, was in der Evolution religiös in uns und mit uns vorgeht und uns existentiell angeht?[17] Vielleicht – sit venia verbo – zieht der liebe Gott ja den grauen Kittel an, den wir Menschen Zufall nennen, wenn er inkognito bleiben möchte.

5.5 Evolutionstheorie als unabgeschlossene Theorie – Design mit oder ohne Designer

Die Leugnung eines »Plans in der Biologie« nennt Kardinal Schönborn *»Ideologie nicht Wissenschaft«*. Und dabei hat er insbesondere den Neodarwinismus vor Augen. Die dürftigen Ausführungen Schönborns und die z. T. heftigen Reaktionen darauf vermitteln den Eindruck, dass hier wohl mit Kanonen auf Spatzen geschossen wird.[18] Ist das die Symptomatik eines gekränkten Unfehlbarkeitsanspruchs, diesmal auf Seiten der Evolutionstheorie?

Einer der Beschwerdeführer, der Theoretische Biologe Manfred Laubichler von der Arizona State University, bezeichnet den Neodarwinismus als *»ein historisch überholtes Stadium der Evolutionstheorie«*.[19] Wenn das so ist, dann hieße das, hier schießt ein in biologischer Hinsicht kurzsichtiger kirchlicher Würdenträger auf einen Pappkameraden aus der Vergangenheit, und eine durchaus nennenswerte Gruppe von Fachbiologen der Gegenwart reagiert, wie wenn es ihren besten Freund getroffen hätte.

Allein das Faktum, dass von einem Neodarwinismus oder von einer Synthetischen Theorie gesprochen wird, und nicht mehr von einem Darwinismus, dokumentiert die Novellierungs- und Präzisierungsbedürftigkeit der Evolutionstheorie, die, soweit ich sehe, in der Biologie völlig unbestritten ist. Darwin selber war in manchen seiner biologischen Positionen nachweisbar ein Lamarckist und kein Darwinist.

Es ist eine Tatsache, dass dem Darwinismus wie dem Neodarwinismus und der Synthetischen Theorie wie den soziobiologischen Einlassungen zum Thema Evolution zahlreiche Häutungen nachzuweisen sind und dass sie, wie ich behaupte, bis heute nicht im Verpuppungsstadium sind, geschweige denn die endgültige Imago erreicht haben. Dass die Evolutionstheorie definitiv unfertig ist, gut so! Ich halte das für eine Stärke und nicht für ein Manko der Evolutionstheorie. Sie könnte und sollte auf dem Weg ihrer perfekteren Ausarbeitung auf Selbstimmunisierungsversuche verzichten. Sie könnte umgekehrt die Frage stellen, ob die biologisch begründungslos vorgetragene Behauptung eines Plans und obendrein eines Planers nicht ihrerseits Ideologie und eben keine Wissenschaft ist.

Der Konstanzer Evolutionsbiologe Axel Meyer führt als Argument gegen die Vorstellung vom Intelligent Design an: »*Wissenschaftlich hat die ID-Idee keinerlei Aussage- oder Vorhersagekraft, wie es von wissenschaftlichen Theorien erwartet wird.*«[20] Die biologische Aussagekraft der kreationistischen Vertreter des Intelligent Design mag wirklich gegen Null tendieren. Der Vorwurf, keine oder eine allenfalls schwache Vorhersagekraft zu haben, trifft aber auch die Evolutionstheorie selbst.

Die Evolutionstheorie kann die Evolution nämlich nicht auf den Prüfstand wiederholter Experimente stellen. Allein durch Retrognosen kann die Evolutionstheorie die Richtigkeit ihrer Thesen belegen. D.h. sie muss in der Vergangenheit forschen und das Auftreten von Missing links mit einer bestimmten Merkmalskombination postulieren und paläontologisch oder paläoanthropologisch verifizieren. Wo ihr das gelingt, erweist sie sich als vertrauenswürdige Wissenschaft. Sie kann dann die Datenbestände aus der Vergangenheit auf die Zukunft hin extrapolieren, um zu im weiteren Zeitverlauf nach und nach vielleicht überprüfbaren Vorhersagen zu kommen.

Aus ihren retrognostischen Gewissheiten erwachsen nun beileibe keine prognostischen Gewissheiten. Aber mit der Unfähigkeit zu prognostischen Gewissheiten steht und fällt doch nicht die Evolutionstheorie mit ihrem wissenschaftlichen Anspruch. Niemand wird die Qualität und den Wert der historischen Wissenschaft davon abhängig machen, ob und mit welcher Präzision sie Prognosen über die Zukunft zu machen imstande ist.

Modellexperimente kann die Evolutionstheorie gleichwohl mit solchen Organismen durchführen, die kurze Generationszyklen aufweisen. Hier kann sie z.B. an Bakterien und in Bezug auf einen Gradienten toxischer Substanzen Evolutionsmechanismen, etwa die Entstehung von Resistenzen u. a., studieren, um Rückschlüsse auf mögliche Vorgänge in der Vergangenheit tätigen zu können.

In Abgrenzung gegen die Annahme eines Intelligent Design und eines zugehörigen Designers charakterisiert Meyer die Evolution als eine Form von *»Bastlertum – und eben nicht Ingenieurwesen.«*[21] Ich muss gestehen, dass mir die Grenzen von Bastlertum zu Ingenieurswesen fließend zu sein scheinen, da ich glaube, exzellente Ingenieure zu kennen, die als Bastler begonnen haben oder gar Bastler geblieben sind. Und ein Bastler wie ein Ingenieur bedienen beide, wenn auch in unterschiedlicher Weise, die personale Kategorie. Welchen Sinn könnte es haben, was könnte man, sofern man den Begriff noch nicht für endgültig diskreditiert hält, sinnvoller Weise meinen, wenn man von Intelligent Design redet?

Wenn wir damit meinen, dass die Bedingungen, die aus der Singularität des sogenannten Urknalls entstanden sind, also die schwache und die starke Kernkraft, die elektromagnetische und die gravitative Kraft, just so sind, dass sich Evolution ereignen und dass Leben entstehen konnte, wenn Intelligent Design also meint, dass die zur Entstehung von Leben und sogar menschlichem Leben notwendigen Bedingungen gegeben waren, dann frage ich mich, welchen Sinn all die Aufregung hat. Selbst wenn, wie manche Verfechter eines starken Anthropischen Prinzips meinen, Leben entstehen musste, wenn also mit dem Begriff Intelligent Design angenommen wird, es seien nicht nur die notwendigen, sondern auch die hinreichenden Bedingungen für Leben und menschliches Leben im Urknall realisiert worden, auch dann sehe ich kein grundsätzliches Problem, sondern nur eine dringende Beweispflicht für diese Behauptung. Ist damit all die vielleicht nur medial angeregte oder angerichtete Aufgeregtheit über Intelligent Design gegenstandslos?

Dass das aus dem Urdesign des Urknalls Hervorgegangene eine intelligible Struktur hat, ist doch überhaupt nicht zu bestreiten. Diese seine intelligible Struktur ist die Bedingung der Möglichkeit aller Wissenschaft und Erkenntnis.[22] Ohne sie wären weder intelligible Prozesse noch intelligible Lebewesen möglich.

Ob der uns durch die Plancksche Mauer verwehrte Zugriff auf das Geschehen jenseits der 10 hoch minus 43 Sekunden ein Ereignis zeigt, dass geplant oder zufällig oder zufällig geplant oder geplant zufällig ist, vermag doch niemand von hier aus zu sagen.

Aber wie kommt es zu dieser unser derzeitiges intellektuelles Fassungsvermögen offenbar weit übersteigenden intelligiblen Struktur alles dessen, was ist? Wir landen mit diesem gedanklichen Schritt bei der doch höchst ehrenwerten und intellektuell redlich zu führenden Debatte um das Anthropische Prinzip. Warum gibt es am Anfang aller Grunddaten der Physik diesen außerordentlich unwahrscheinlichen und schmalen Parameterkorridor? Er ist die unbestritten notwendige Bedingung der Möglichkeit dafür, dass es eine physiko-chemische Evolution, wie sie z. B. das Periodensystem der Elemente beschreibt, geben konnte. Er ist die unbestrittene Bedingung der Möglichkeit dafür, dass es die – nach Popper – von der Amöbe bis Einstein reichende und hoffentlich noch darüber hinausweisende biologische Evolution gibt. Er ist die Bedingung der Möglichkeit dafür, dass – wie die dritte Stufe einer Rakete – auf der Basis der chemischen und biologischen Evolution eine kulturelle Evolution starten konnte, die sich erstmals der notwendigen Bedingungen ihrer Möglichkeit bewusst wird. Einen vielleicht nur (elektronen-)mikroskopisch kleinen Beitrag dazu, dass diese dritte Evolutionsstufe ihre winzige Nutzlast in ein uns noch unbekanntes Ziel bringt, könnte ja auch das sich zur biologischen Basis hin abgrenzende und auf ihm beruhende Nachdenken über eine kulturelle Evolution leisten. Wie die chemische Evolution in der biologischen im dreifachen Hegelschen Sinn aufgehoben ist, – nämlich beendet, bewahrt und hinaufgehoben – so die biologische in der kulturellen.

Hier, und zwar jenseits der und in beiderseitiger Anerkennung der physikalisch-chemisch-biologisch erhobenen Daten zur Evolution, gibt es also unterschiedliche Überzeugungen und Deutungen, für die mit hoffentlich guten Gründen geworben werden kann.

Anzunehmen, dass die unglaublich komplexe intelligible Struktur einen wie auch immer gedachten, jedenfalls aber intelligiblen Designer voraussetzt, ist doch nicht unter Niveau. Um es mit Teilhard de Chardin zu sagen: Dieser Designer macht eine Welt, die sich macht. Und dass sie sich macht und wie sie sich macht, sagt mit aller ihr nur irgend möglichen Präzision die Evolutionstheorie. Ob es diesen Designer gibt, sagt sie uns nicht, weil dieser Designer einer sich machenden Welt sich eben nicht in empirisch fassbarer Weise ans Werk macht.

Hier wird an die »Ursache« aller Ursachen oder besser an den Verursacher aller Ursachen gedacht. Bei der Frage nach der creatio ex nihilo gibt es keine Diskrepanzen mit der Naturwissenschaft, weil die nicht das Nichts, sondern immer ein Etwas, und seien es Quantenfluktuationen, zum Gegenstand hat. Aber bei der Behauptung einer creatio continua, da wären theologischerseits noch weitere Hausaufgaben zu machen; denn da könnte es, je nachdem, wie man es gedanklich angeht, zu Kollisionen mit den Hauptsätzen der Thermodynamik oder mit evolutionstheoretischen Überlegungen kommen. Bei der verbreiteten Annahme, Gott wirke nicht unmittelbar, sondern durch Zweitursachen, ist das anstehende Problem nicht gelöst. Denn die Zweitursache, z. B. ein bestimmter Mensch oder ein physikalischer Prozess, ist seinerseits ein materielles Objekt, das nach Auskunft der Physik nur mit einer materiell zu denkenden Erstursache wechselwirken könnte, zumindest ist anderes nicht messbar.

Dass die creatio continua nicht als eine nachträgliche, die vorgängige creatio ex nihilo erst noch perfektionierende zu denken ist, scheint mir evident, wenn man das Sein und Tun des zeitlosen Gottes nicht unangemessen anthropomorph verzeitlichen will. Und dass die Schöpfertätigkeit Gottes nicht in zwei Teilinitiativen zu zerlegen ist, bei der Gott erst ein Produkt von zweifelhafter Qualität erstellt (creatio ex nihilo) und sich in Kenntnis von dessen Unzulänglichkeit zugleich noch den Wartungsvertrag für die nachträgliche Produktbetreuung (creatio continua) erteilt, erscheint mir ebenso zwingend, wenn man Gottes Schöpfertätigkeit nicht als defizitär abqualifizieren will. Man wird also die Zerlegung des schöpferischen Handelns Gottes in zwei für sich selbst defizitäre Teilinitiativen als Artefakt aus der Geschöpfesperspektive charakterisieren und sich an die gedankliche Bewältigung einer Identität von creatio ex nihilo und creatio continua heranwagen müssen.[23]

5.6 Wider die Mähr vom Widerspruch zwischen Schöpfung und Evolution

Immer wieder wurde und wird hingewiesen auf die angebliche Unvereinbarkeit von Aussagen der Evolutionstheorie mit den biblischen Urerzählungen, die als Ausgangspunkt für Schöpfungstheologie gesehen oder gar mit dieser identifiziert werden. Immer wieder wurde und wird behauptet, die Schöpfungstheologie sei das Haupthemmnis auf dem Weg der Durchsetzung einer Evolutionstheorie gewesen. Das ist sowohl hinsichtlich der Einschätzung des Schriftbefundes als auch hinsichtlich der biologischen Protagonisten für die Entstehung des Evolutionsgedankens nicht zutreffend.

Wichtige Protagonisten des Evolutionsgedankens waren teils Vertreter der Kirche, wie z. B. der Kopenhagener Anatom und Naturforscher Nils Stensen (1638–1686) mit seiner stratigraphischen Methode, der später Weihbischof in Münster wurde.

Teils verfolgten sie als an der Bibel orientierte Christen wie Carl von Linné (1707–1778) mit seinem Systema naturae (1758) ein in seinem Kern durchaus theologisch inspiriertes naturwissenschaftliches Forschungskonzept.

Teils modifizierten sie, wie z. B. Georges Cuvier (1769–1832) die Sintflutgeschichte, nur biblische Geschichten, die sie im Kern für historisch richtig hielten und als erkenntnisleitende Anregung sowie als wissenschaftliches Belegstück zu benutzen wussten.

Teils griffen sie etwa den gut zum biblischen Gedanken der intellektuellen und moralischen Vervollkommnung passenden Gedanken eines kontinuierlichen Artenwandels durch einen den Lebewesen innewohnenden Vervollkommnungstrieb auf, wie Jean Baptiste de Lamarck (1744–1829) es tat.[24]

Das Sieben-Tage-Werk liefert schließlich für naturwissenschaftlich uneinsichtige aber biblisch wortfixierte Christen und Kirchenfunktionäre übergangsweise eine allerdings nicht sehr tragfähige Brücke zum Evolutionsgedanken. Das Sieben-Tage-Werk konnte nämlich gemäß dem Psalmenwort »Vor Gott sind tausend Jahre wie ein Tag.« als schrittweises Lernprogramm in ein (Sieben-)Welt-Entwicklungs-Phasen-Modell umgedeutet werden. Dies war zumindest eine Übergangsbehausung für die hermeneutisch unbedarften Biblizisten, die durch die Stürme des Evolutionismus obdachlos geworden waren.

Nicht zuletzt konnten sich viele Bibeltheologen bei ihrer Kompatibilitätssuche zwischen der alttestamentlichen Erzählung und dem noch unscharf erfassten evolutionären Fahrplan auf die relative »Richtigkeit« der biblischen Äußerungen berufen. Schließlich reihte die Bibel die Entstehung der Pflanzen vor die der Tiere, das tierische Leben im Wasser vor dem an Land, reihte die Entstehung der Vögel vor die der Säuger und sah im Menschen das letztentstandene Geschöpf Gottes. Freilich war bei dieser Lesart die Entstehung der Sonne nach der Entstehung der photosynthetisch aktiven Pflanzen ein gravierender und nicht nur ein tolerabler Schönheitsfehler.

Die biblischen Texte, ihre mehr als zweieinhalb Jahrtausende währende Wirkungs- und Auslegungsgeschichte haben – weit davon entfernt ein bloßes Erkenntnishemmnis gewesen zu sein – über Jahrhunderte hinweg als eine Art von Propädeutikum für den Evolutionsgedanken gewirkt. Die jüdisch-christliche Religion nimmt keinen Anstoß am Gedanken eines evolutiven Artwandels, sonst hätte sie die Jahrtausende alte Züchtungspraxis verbieten müssen, wenn sie die Art, weil von Gott geschaffen, für sakrosankt gehalten hätte. Sonst hätte sie auch 50 Jahre vor Darwin Lamarck attackieren müssen.

Der Augustinermönch Gregor Mendel aus Brünn lieferte im Jahre 1860 schließlich die ersten grundlegenden Erkenntnisse einer wissenschaftlich zu nennenden Genetik. Er war mit seinen später so genannten drei Mendelschen Regeln seiner Zeit so weit voraus, dass erst 40 Jahre später Terschmak, de Vries und andere seine Versuche wiederholten und deren Bedeutung erkannten. Mendel hatte damit ein naturwissenschaftliches Modell für den durch Züchtung ermöglichten und gezielten intraspezifischen Artwandel und damit implizit auch ein Denkmodell für den transspezifischen Artwandel. All das aber markierte letztlich nicht das naturwissenschaftlich-theologische Problem.

Die christlichen Kirchen und die bürgerliche Gesellschaft nahmen vielmehr Anstoß an der als wissenschaftlich sicher und erwiesen behaupteten »gottlosen Mechanik« dieses Vorgangs, den wir Evolution nennen. Sie nahmen Anstoß an der scheinbar möglich gewordenen »Entsorgung« des Schöpfergottes. Und an dieser Stelle des intellektuellen Diskurses versagten nicht die Schöpfungserzählungen der jüdisch-christlichen Religion, sondern ihre irrige, zeitweilig vorherrschende kirchenamtlich offizielle Interpretation.

Dazu gehören auch die Aussagen der Bibelkommission von 1909[25], die symbolträchtig im hundersten Geburtsjahr Darwins und im fünfzigsten des Erscheinen seines bahnbrechenden Werks »The origin of species« platziert wurden. Die Bibelkommission glaubte, die zentralen bildlich erzählenden Elemente über die Entstehung der Geschöpfe und des Menschen aus Genesis 1–3 als im Wesentlichen historisch qualifizieren zu können oder zu sollen.

Zahlreiche herausragende Theologen und Zeitgenossen Darwins, so z. B. der von der Anglikanischen zur Katholischen Kirche konvertierte Theologe und nachmalige Kardinal John Henry Newman (1801–1890), sehen keine grundsätzlichen Probleme zwischen einer Schöpfungstheologie und einer Evolutionsbiologie Darwinscher Provenienz. Newman schreibt: »*Ich kann nicht verstehen, warum der Darwinismus mit der katholischen Lehre unvereinbar sein soll. (…) Ich meine, es ist ebenso seltsam, dass Affen den Menschen so ähnlich sein sollten, ohne dass es einen geschichtlichen Zusammenhang zwischen ihnen gibt, wie dass es keinen Geschehensablauf gebe, durch den fossile Knochen in Felsen gelangen. (…) entweder gehe ich den ganzen Weg mit Darwin, oder aber, ich halte unter Aufgabe von Zeit und Geschichte insgesamt, nicht nur die Theorie (der Erschaffung) verschiedener Arten sondern auch die Erschaffung fossilienhaltiger Felsen fest.*«[26]

Die Annahme einer Erschaffung fossilienhaltiger Felsen aber hätte Gott zu einem deus fraudulentus, einem Täuscher-Gott gemacht, der seine Geschöpfe durch das dann ja irreführende Einstreuen von Fossilien zur falschen Annahme einer Evolution verführt hätte. Einen solchen Täuscher-Gott wollten und konnten sich zahllose Theologen in der zweiten Hälfte des 19. und der ersten Hälfte des 20. Jahrhunderts nicht einreden lassen.

Der Vater der Urknalltheorie schließlich ist der katholische belgische Priester, Professor für Physik und Mathematik an der Universität Löwen, der nachmalige Ehrendomherr von Mechelen und langjährige Präsident der Päpstlichen Akademie der Wissenschaften Georges Lemaître (1894–1966). Er dechiffriert diese Welt nachdrücklich und mit physikalischen Mitteln, also schon vorbiologisch als Werdewelt. Mit seiner neuen Theorie hatte er keinen geringeren Skeptiker zu überzeugen denn den sich zunächst als vehementer Gegner gebenden Albert Einstein. Und ganz offenbar war Lemaître mit physikalischen Argumenten hinreichend überzeugend. Dass Lemaître auch den nachdrücklichen Beifall von Papst Pius XII. erhielt, sei nur am Rande erwähnt.

Sein Zeitgenosse, der französische Jesuit und Paläontologe Pierre Teilhard de Chardin (1881–1955), hat in seiner phasenweise sicher auch als Leidensgeschichte zu charakterisierenden wissenschaftlichen Lebensgeschichte eine evolutionstheoretisch ignorante neuscholastische Theologie nachdrücklich mit dem Evolutionsparadigma konfrontiert. Auch er beschränkte die Evolution nicht auf den biologischen Bereich, sondern ließ ihn mit der physikalisch-chemisch zu beschreibenden Geogenese beginnen, sich in der biologischen Biogenese bis zum Menschen hin fortsetzen und in der kulturgeschichtlich beschreibbaren Noogenese (Sphäre eines globalisierten Denkens) über den einzelnen Menschen hinaus spekulativ im sogenannten Punkt Omega kulminieren. Das kirchenamtlich verfügte Publikationsverbot über seine Schriften erwies sich, die vatikanische Intention konterkarierend, als besonders werbewirksam. Und noch während dieses Verbot in Geltung war, fanden die Gedanken von Teilhard de Chardin bereits ihren Niederschlag in den Dokumenten der Konzils- und der Nachkonzilszeit.[27] Selbst der damalige Theologieprofessor Josef Ratzinger und heutige Papst Benedikt XVI. partizipierte nachhaltig am Gedankengut Teilhard de Chardins.[28]

Insgesamt ist in dem streitbaren Jahrhundert nach Darwins bahnbrechendem Werk das Fehlen von höher- oder gar höchstrangigen offiziellen Dokumenten (Enzykliken oder gar Dogmen) gegen die Evolutionstheorie zu konstatieren. Eine Ausnahme bildet nur die Enzyklika Humani Generis von 1950, die in ihrer etwas gouvernantenhaft anmutenden Diktion gewiss kein besonderes Dokument der evolutionstheoretischen Weitsicht und souveränen theologischen Übersicht ist. Aber sie ist eben auch kein grundlegendes Verdikt gegen die Evolutionstheorie:

»Deshalb verbietet das Lehramt der Kirche nicht, daß die ›Evolutionslehre‹ (insofern sie nämlich den Ursprung des menschlichen Leibes aus schon existierender und lebender Materie erforscht – daß nämlich die Seelen unmittelbar von Gott geschaffen werden, heißt uns der katholische Glaube festzuhalten -) gemäß dem heutigen Stand der menschlichen Wissenschaften und der heiligen Theologie in Forschungen und Erörterungen von Gelehrten in beiden Feldern behandelt werde, und zwar so, daß die Gründe beider Auffassungen, nämlich der Befürworter und der Gegner, mit der nötigen Ernsthaftigkeit, Mäßigung und Besonnenheit erwogen und beurteilt werden; dabei sollen alle bereit sein, dem Urteil der Kirche zu gehorchen, der von Christus die Aufgabe übertragen wurde, die Heiligen Schriften authentisch auszulegen, als auch die Lehren des Glaubens zu schützen. Diese Freiheit der Erörterung überschreiten jedoch manche in leichtfertiger Vermessenheit, wenn sie sich so benehmen, als ob dieser Ursprung des menschlichen Leibes aus schon existierender und lebender Materie durch die bis jetzt gefundenen Hinweise und durch aus ebendiesen Hinweisen abgeleitete Vernunftschlüsse schon ganz und gar sicher bewiesen sei und es aufgrund der Quellen der göttlichen Offenbarung nichts gebe, was in dieser Sache größte Mäßigung und Vorsicht erfordert.«[29]

Es hat den Anschein, als gedächte Humani Generis den Aspekt der Evolution nicht nur auf die Evolution dem Leibe nach, sondern auch auf die Evolution des Lebendigen einzuschränken, da sie die Formulierung *»aus schon existierender und lebender Materie«* gleich doppelt verwendet. Mag es für die erstgenannte Einschränkung bestehende Dogmen geben, so ist die zweite, nur als Absicht unterstellte Einschränkung ohne Beleg. Eine etwa nur auf das schon Biologische eingeschränkte Evolution unterschlüge die noch zum Biologischen führende chemische Evolution und zugleich den Umstand, dass auch die biologische Evolution eine Fortsetzung der chemischen Evolution ist, allerdings eine mit stark erweitertem Repertoire.

Die jüdisch-christliche Religion ist selbst in ihren oft missverstandenen Schöpfungserzählungen und – wie dargelegt – nicht selten sogar gerade wegen des Missverstehens nolens volens zu einem Propädeutikum für die Entwicklung der Evolutionstheorie geworden. Die jüdisch-christliche Religion ist auch personell, insbesondere durch dezidiert christliche Naturforscher und auch durch ihre innerkirchlich manchmal ins Abseits gestellten katholischen Kirchenvertreter mitbeteiligt an der Entfaltung und Durchsetzung des Evolutionsparadigmas. Sie ist gewiss nicht in jeder ihrer einschlägigen Verlautbarungen, wohl aber aufs Ganze gesehen eher als Promotor denn als Inhibitor der Entwicklung des Evolutionsparadigmas einzustufen.

5.7 Der Mensch – dennoch geplant, gewollt, geliebt?

Ist der Mensch, die Menschheit tatsächlich geplant, gewollt und geliebt? Und wenn ja, von wem dann? Es gibt bei religiösen wie auch bei völlig areligiösen Menschen in gleicher Weise eine offene oder latente Anthropozentrik. Es gibt eine Fülle von anthropozentrischen Perspektiven auf die Kosmogenese, die Evolutionsgeschichte im umfassenderen und die Hominisation im spezielleren Sinn. Die Analyse dieser Perspektiven und ihrer fehlenden oder vorhandenen Berechtigung wäre allerdings eine andere Arbeit.

Einen sicher gewichtigen Grund für anthropozentrisch geprägte Gedankengänge führt Bernulf Kanitscheider an:

»Je mehr Information über das physikalische Universum mit seinen unendlichen lebensfeindlichen Räumen bekannt wird, umso eindring-

licher empfinden viele Menschen das, was Pascal in seinen ›Pensées‹ mit den Worten ausgedrückt hat: ›Das ewige Schweigen der unendlichen Räume lässt mich schaudern.‹ In diesem berühmten Satz von Pascal kommt das zum Ausdruck, was seit der Renaissance die Menschen angesichts des weichenden Horizontes, wie er sich durch die astronomische Forschung ergab, immer wieder empfunden haben. Anthropozentrische Gegenbewegungen in der Philosophie haben versucht, die Belastung des Menschen durch seine kosmische Bedeutungslosigkeit aufzufangen und darzutun, dass er zumindest im Erkenntnisprozess eine zentrale Position im Gesamtverband der Dinge einnimmt.«[30]

5.7.1 Anthropozentrik in der Theologie

An den einschlägigen Genesistexten, sowohl in der Priesterschrift als auch beim Jahwisten hatten wir bereits eine Anthropozentrik konstatiert, jedoch eine, die ihr Korrektiv sowie ihr Maß und Ziel in der Theozentrik fand. Was aber wird aus der Anthropozentrik, wenn ihr keinerlei theozentrischer Bezugspunkt, kein theozentrisches Korrektiv mehr korrespondiert?

Markante anthropozentrische Positionen finden sich in der gesamten Theologiegeschichte zuhauf. Unter den Autoren aus dem vergangenen Jahrhundert, die auch für den Kontext dieser Arbeit Bedeutung haben, wäre neben dem theologiegeschichtlich besonders prominenten Karl Rahner[31] zum Beispiel auch Jean Mouroux zu nennen:

»Der Sinn der nicht-geistigen Welt erfüllt sich daher nur aus ihrer Hinordnung auf die Menschheit, die zum übernatürlichen Heil berufen ist. Das ist das letzte Ziel des geschaffenen Universums und sein letzter Sinn.«[32] Und an anderer Stelle schreibt derselbe Autor:

»Die Bedeutung der kosmischen Zeit ist also nicht kosmologisch, sondern anthropologisch. Der Mensch ist der Sinn des Kosmos. So bleiben die kosmischen Strukturen zwar bestehen, dennoch aber in den Dienst des Menschen gestellt.«[33]

Es hat den Anschein, als habe sich jahrzehntelang die Plausibilität dieser und ähnlicher Behauptungen einzig aus der Quelle ihrer Beliebtheit oder, genauer und wertend, aus der Quelle einer narzisstischen Horizontverengung gespeist.

Allerdings ist eine anthropozentrische Verstiegenheit kein theologisches Vorrecht. Variationen einer überzogenen Anthropozentrik finden sich auch in theologiefreien Denkmodellen mit eindeutig evolutivem Vorzeichen.

So stellen die Biologen Volker Arzt und Immanuel Birmelin auf der Suche nach Gründen für eine solche anthropozentrische Verstiegenheit fest:

»Wahrscheinlich hängt es mit der schon erwähnten verführerischen Vereinfachung zusammen, die Evolution habe nennenswerte kognitive Leistungen nur entlang jener Entwicklungslinie hervorgebracht, die schließlich zu Menschen und Menschenaffen führt. Verführerisch ist diese Sichtweise deshalb, weil sie rückblickend suggeriert, das Leben auf der Erde habe einen jahrmilliardenlangen Anlauf genommen, um schließlich den großen, entscheidenden Sprung zum menschlichen Bewusstsein zu tun. Dabei wird übersehen, dass wir genausowenig das Endziel der Evolution sind, wie es der Neandertaler einst war.«[34]

Man wird nicht von einer speziellen oder gar ausschließlichen theologischen Gefährdung zur Anthropozentrik reden können. Vielmehr scheint es so etwas wie eine konstitutionelle menschliche Verführbarkeit zu einer unreflektierten und überzogenen Anthropozentrik zu geben, die sich nur je nach Denksystem theologischer oder biologisch-evolutionstheoretischer oder anderer wissenschaftlicher Sprachspiele bedient.

Wenn die Behauptung einer konstitutionellen menschlichen Verführbarkeit zu anthropozentrischer Weltsicht und als deren Folge anthropozentrischer Weltgestaltung richtig sein sollte, schließt das gleichwohl nicht aus, dass sich die unterschiedlichen Disziplinen wechselseitig auf eben diesen blinden Fleck ihrer wissenschaftlichen Optik aufmerksam machen könnten und sollten.

Eine theologische Anthropozentrik der Art, wie sie sich bei Mouroux andeutet, hat ganz in diesem Sinne auch innerhalb der Naturwissenschaften und speziell der Biologie Irritationen ausgelöst. Schließlich ist man dort gewohnt, den Menschen mehr aus der Perspektive seiner naturlichen als seiner übernatürlichen, mehr aus der Perspektive seiner tierischen als seiner göttlichen Herkunft zu betrachten.

Und während Theologen in einer einseitig und ausschließlich naturwissenschaftlichen Betrachtung des Menschen als eines speziellen Tieres eine Gefahr für das Menschenbild sehen, sehen ganz folgerichtig

Biologen in einer einseitig und ausschließlich theologischen Betrachtung des Menschen als eines Abbildes Gottes eine Gefährdung des Gottesbildes.

Biologen haben diese Sorge, sofern sie in theologischer Hinsicht überhaupt von Sorgen umgetrieben werden, besonders dann formuliert, wenn dieses Abbild-Gottes-Sein theologischerseits mit einem ›Anti-Evolutions-Syndrom‹ einhergeht, d. h. wenn Theologie überhaupt Evolution gelten lässt, dann nur Evolution bis zum Menschen, aber nicht Evolution des Menschen, mit dem Menschen und über den derzeitigen Menschen hinaus. In dieser Hinsicht beispielhaft ist ein Wort von Konrad Lorenz:

»Den heutigen Menschen auf einer hoffentlich rasch durchlaufenden Etappe seines Marsches durch die Zeit absolut zu setzen und für die schlechthin nicht mehr zu übertreffende Krone der Schöpfung zu erklären, erscheint dem Naturforscher als das überheblichste und gefährlichste aller haltlosen Dogmen.

Wenn ich den Menschen für das endgültige Ebenbild Gottes halten müsste, würde ich an Gott irre werden. Wenn ich mir aber vor Augen halte, dass unsere Ahnen in einer erdgeschichtlich betrachtet erst jüngst vergangenen Zeit ganz ordinäre Affen aus nächster Verwandtschaft des Schimpansen waren, vermag ich einen Hoffnungsschimmer zu sehen.

Es ist kein allzu großer Optimismus nötig, um anzunehmen, dass aus uns Menschen noch etwas Besseres und Höheres entstehen kann. Weit davon entfernt, im Menschen das unwiderruflich unübertreffliche Ebenbild Gottes zu sehen, behaupte ich bescheidener und, wie ich glaube, in größerer Ehrfurcht vor der Schöpfung und ihren unerschöpflichen Möglichkeiten: Das langgesuchte Zwischenglied zwischen dem Tier und dem wahrhaft humanen Menschen sind wir.«[35]

Inwieweit sich hier nur Lorenz' pessimistisches Menschenbild spiegelt, soll nicht erörtert werden.[36] Und ganz gewiss ließe sich auch eine berechtigte theologische Kritik an der biologischen Provenienz seiner Vorstellung von Ebenbild bzw. Abbild Gottes anführen; es scheint ja so, dass Lorenz sich zur Gewinnung seines Gottesbildes einer unreflektierten Rückprojektion seines Menschenbildes bedient. Damit könnte er recht bald bei der Haeckelschen Definition Gottes als eines »gasförmigen Wirbeltieres«[37] landen. Dass Lorenz kein Theologe ist, ist sicher nachweisbar, so nachweisbar, wie der Umstand, dass die meisten Theologen, die sich mit Schöpfungstheologie befassen keine Biologen sind und sich gleichwohl biologischer Implikationen bedienen. Nicht unwichtig ist aber dies: Lorenz klagt gegenüber der Theologie sozusagen um Gottes willen ein bleibend prozessuales Element für das Menschenbild ein.

Der Theologe wird sich wehren gegen die Vorstellung, der Mensch sei sozusagen erst in ferner evolutiver Zukunft, gewissermaßen nur auf eine vage zukünftige Hoffnung hin, deren Einlösung überdies noch dahinsteht, als Abbild Gottes akzeptabel. Er wird unter Bezugnahme auf Genesis 1,26f. dies Abbild-Gottes-Sein von allem menschlichen Anfang an und auf alle menschliche Zukunft hin behaupten. Gleichwohl bleibt festzuhalten:

Das nachweisliche Evolviertsein und das unter Berücksichtigung der kurzen Lebenszeit nur vermutbare, nach wie vor gegebene Evolvierenkönnen allerdings scheint für den Menschen derart grundlegend und existentiell bedeutsam zu sein, dass eine Theologie, die das nicht berücksichtigt, in so eklatanter Weise das Geschöpf missdeutet, das der Mensch ist und von dem sie schöpfungstheologisch ihren Ausgang nimmt und zu nehmen hat, dass sie auch in Bezug auf die Schöpfung als Vorgang und den Schöpfer als Urheber zu falschen Schlüssen kommen muss.

Wenn, was damit natürlich noch nicht sichergestellt ist, irgendeine theologische Anthropozentrik eine Berechtigung hat, dann nur eine solche, die den Anthropos dabei gedanklich als ein Werdewesen konzipiert.

Interessant ist es, dass Moltmann gerade unter Berufung auf das erste Kapitel der Genesis, das ja immer wieder als die Belegstelle für eine nicht selten auch statisch gedachte Anthropozentrik herangezogen wurde, eine Kritik an eben dieser theologischen Anthropozentrik formuliert:

»Die Menschen sollen die ›Krone der Schöpfung‹ und der Mittelpunkt der Welt sein. Alles soll um des Menschen willen geschaffen und zu seinem Nutzen da sein. Wir werden die Geschichte erst dann auf ein menschliches und ein natürliches Maß bringen können, wenn diese Anthropozentrik durch eine neue kosmologische Theozentrik abgelöst wird. (…) Die ›Krone der Geschichte‹ ist der Sabbat. Ohne die Stille des Sabbat wird Geschichte zur Selbstzerstörung der Menschheit. Durch die Ruhe des Sabbat wird Geschichte mit dem göttlichen Maß geheiligt und mit dem menschlichen Maß gesegnet.«[38]

Natürlich muss man sich darüber im Klaren sein, dass hier der Begriff Sabbat wiederum nur eine Chiffre sein kann für etwas, das einer weiteren klärenden Konkretion noch bedarf. Und man kann auch feststellen, dass eine Theozentrik um des Menschen willen nicht einfach und schlechthin als eine totale Ablösung oder, im anderen Extrem, als eine nur geringfügige Modifikation der Anthropozentrik anzusehen ist.

Mit dem gedanken- und gemütstiefen Bild vom Sabbat ist schließlich so etwas wie das Ineinander von Theozentrik und Anthropozentrik zum Ausdruck gebracht. Es könnte so etwas wie eine wechselseitige Neuqualifikation beider Begriffe geleistet werden, so dass frei von menschenfern konzipierter Theozentrik und frei von menschenüberfordernder Anthropozentrik unter der Chiffre, oder unter dem Bild vom Sabbat etwas Neues zur Sprache kommt.

Der Sabbat als der Tag nach der Erschaffung der Welt einschließlich ihres letzten Werkes, des Menschen, kann Bild und Chiffre für das von Gott verfügte oder ermöglichte Woraufhin der ganzen Schöpfung sein und damit einer schöpfungstheologischen wie evolutionstheoretischen Deutung offen stehen.

Wo immer ein Mensch über etwas oder über sich nachdenkt, tut er dies unhintergehbar als Mensch und kann in dieser Hinsicht niemals endgültig einer anthropozentrischen Gefährdung entkommen, und zwar schon insofern nicht, als er die Frage selbst formuliert, über die er nachzudenken sich bemüht.

Und auch noch bezüglich der wissenschaftlichen Betrachtung der nichtmenschlichen Natur bemerkt Irrgang ganz zu Recht: »*Das Streben der Natur, das einen Selbstzweck von Lebewesen begründen soll, ist menschliches Interpretationskonstrukt, aus der menschlichen Selbsterfahrung abgeleitet und kann der Natur daher nur um den Preis einer radikalen Naturalisierung des Menschen oder Anthropomorphisierung der Natur unterstellt werden.*«[39]

Wohl aber kann er mit dem Mittel einer anderen wissenschaftlichen Optik, die natürlich auch ihren spezifischen blinden Fleck, ihre spezifische anthropozentrische Fehlsichtigkeit aufweist, eine wechselseitige Korrektur anstreben.

Eine solche auf unterschiedlich methodisch-perspektivische Weise ausgeleuchtete Anthropozentrik ermöglicht nicht nur deren Korrektur, sondern auch das Wissen darum, dass der Mensch sowohl für seine Erkenntnisnormen, als auch für seine sittlichen Normen eine unausweichliche letzte Verantwortung trägt. Das aber befreit den Menschen aus einer blinden zu einer auf methodischem Wege wenigstens partiell geläuterten oder läuterbaren Anthropozentrik.

5.7.2 Das Anthropische Prinzip

Die Vorstellung, der jahrmilliardenlange Reigen einer kosmischen und biologischen Evolution sei einzig um des Menschen willen getanzt worden, erhielt nicht zuletzt Auftrieb durch physikalische Überlegungen, die im Begriff des Anthropischen Prinzips ihren Niederschlag fanden.

Danach sind einige grundlegende physikalische Daten, die bisher nicht aus irgendeiner physikalischen Theorie abgeleitet, sondern nur den Beobachtungsdaten entnommen werden können, die conditio sine qua non für die Entstehung von pflanzlichem, tierischem und natürlich auch menschlichem Leben. Dazu gehören z. B. die Größe der elektrischen Ladung des Elektrons, das Massenverhältnis von Proton und Elektron, aber auch ein bestimmtes Zeitsegment der kosmischen Entwicklung, das durch seinen Abkühlungszustand die Entstehung und Erhaltung fragiler Makromoleküle ermöglicht.

Der Genetiker Carsten Bresch stellt das Anthropische Prinzip in folgender Weise dar: »*Seit den 70er Jahren ist in der Physik eine neuartige Betrachtung aufgetaucht: das anthropische Prinzip. Es ist eine Physik des, ›was wäre, wenn‹. Sie sucht Antwort auf Einsteins große Frage, ob Gott Freiheiten hatte bei der Schöpfung. Sie zeigt auf, wie ungeheuer eng der mögliche Bedingungsfreiraum war, weil Evolution mit etwas veränderten Bedingungen nicht möglich gewesen wäre. Das anthropische Prinzip ist in verschiedener Stärke formuliert worden: Die schwache Version: Das Universum ist so beschaffen, dass denkende Wesen (z. B. Menschen) entstehen können oder (die starke Version) entstehen müssen. Oder gar die superstarke Version: Keine anderen Eigenschaften als die unseres Universums führen zwingend zu denkenden Wesen. (…) Dass in unserem Weltall gerade eine solche Kombination von Naturkonstanten und Gesetzen existiert, die Evolution möglich machen, ist ein Wunder. Die meisten Physiker mögen solche Betrachtungsweise nicht. Sie argumentieren, dass schließlich nur in einem Universum mit diesen Eigenschaften ein Beobachter auftreten konnte, dem das wundersame Zusammenspiel so vieler Faktoren auffallen würde. Da in den verschiedenen Domains verschiedene Naturgeset-*

ze herrschten, hätte es halt in unserer Domain zufällig für eine Evolution zusammengepaßt. Als ob ein solches Universum vieler verschiedener Domains nicht ebenso ein Wunder wäre.«[40]

Auch der Physiker Stephen Hawking wehrt sich nicht grundsätzlich gegen jedwede Form des anthropischen Prinzips[41], wohl aber gegen die starken Versionen desselben, und hält fest: »*Ferner liegt das starke anthropische Prinzip (...) quer zum Verlauf der gesamten Wissenschaftsgeschichte. Von den geozentrischen Kosmologien des Ptolemäus und seiner Vorläufer sind wir über die heliozentrische Kosmologie von Kopernikus und Galilei zum modernen Weltbild gelangt, in dem die Erde als mittelgroßer Planet eines durchschnittlichen Sterns in den Randzonen eines gewöhnlichen Spiralnebels erscheint, der seinerseits eine Galaxis unter etwa einer Billion anderen im beobachtbaren Universum ist. Dagegen würden allerdings die Vertreter des starken anthropischen Prinzips geltend machen, dass diese ganze gewaltige Konstruktion nur um unsretwillen da ist. Das ist schwer zu glauben.«*[42]

Hawkings Einwand ist natürlich ebenso wenig zwingend wie die Behauptungen des starken oder gar superstarken Anthropischen Prinzips, aber er hat doch unter Berücksichtigung der Durchschnittlichkeit und Randständigkeit unserer beobachtbaren Welt eine gewisse Plausibilität.

Diese unter dem Stichwort Anthropisches Prinzip betriebene Art von Sinnfindung für menschliche Existenz auf dem Weg der Analyse von Naturkonstanten und kosmischen Ausgangsbedingungen wird auch von Theologen aufgenommen und dem biblisch begründeten Deutungshorizont eingeordnet oder zumindest als mit diesem Deutungskontext kompatibel erachtet. Damit ergibt sich eine Fortschreibung der theologischen Anthropozentrik unter Hinzuziehung und Verwertung physikalischer Daten. In diesem Sinne schreibt Stefan Niklaus Bosshard: »*Wir können die anthropische Charakterisierung der kosmischen und terrestrischen Naturgeschichte und ihrer Eigentümlichkeit abbrechen. Auch eine Verlängerung dieser Reihe von Merkwürdigkeiten könnte nicht augenfälliger machen, dass der Versuch einer theologischen Sinngebung alles andere als eine ideologische Überformung der Wirklichkeit darstellt.*

Was früher an biblischen Zeugnissen aufgewiesen werden konnte, dass nämlich über den scheinbar zufälligen Ereignissen der Geschichte und des Lebens für den Glaubenden eine führende Hand schwebt, darf uneingeschränkt auf die Geschichte des Universums, der Erde und des Menschen übertragen werden. Im Lichte des Glaubens kann man nämlich zur Überzeugung gelangen, dass seit dem Beginn des Alls vor etwa 20 Milliarden Jahren in allen Etappen der Evolution eine göttliche Führung und Fürsorge am Werk ist, die nicht nur Bedrohungen in Chaos verwandelte, sondern diesen Weg auch schuf.

Diese Glaubenserfahrung kann weiter die Gewissheit geben, dass die Fürsorge Gottes den Menschen und das, was er beim Fortgang der Evolution in Zukunft sein wird, weiterhin behutsam leiten wird.

Freilich vermag der Mensch heute mehr denn je diesen Weg zu verlassen, ihn bis zur Unbegehbarkeit zu verwüsten, sich und seine Art in den Abgrund zu stürzen. Am Plan Gottes mit seiner Schöpfung ändert das nichts, denn auch solche Ereignisse wären bereits in diesen Plan aufgenommen, vielleicht als apokalyptische Vollendung.«[43]

Die Frage, die sich bei einem solchen Vorgehen allerdings stellt, ist grundlegend. Hat man hier nicht lediglich die biochemisch beschreibbaren Bedingungen für Leben bis zu den Naturkonstanten rephysikalisiert? Und nun glaubt man, aus dem Ensemble der für die Lebensentstehung nach irdischem Muster hochgradig spezifischen Bedingungen (Naturkonstanten und Gesetze etc.) gewissermaßen nachträglich ein ursprüngliches Gewolltsein rekonstruieren zu dürfen.

In der Tat, es gibt uns Menschen, und schon daraus resultiert die Gewissheit, dass auch die physikalischen Bedingungen der Möglichkeit für das Entstehen menschlichen Lebens erfüllt waren. So ist die Verwunderung über das wunderbare Ensemble der Leben ermöglichenden physikalischen Grunddaten letztlich und im Kern die Verwunderung darüber, dass es Leben gibt und sie ist bereits ohne diese Reduktion der Bedingungen auf ihren physikalischen Kern möglich.

Von einer anthropophilen Parameterkombination zu sprechen, ist leicht missverständlich, da das den Gedanken nahelegt, die ermittelten physikalischen Daten seien sozusagen in sich schon der Beleg, oder gar der Beweis für eine dem Menschen vorausgehende, den Menschen wollende, ja liebende und auf den Namen Gott zu taufende personale Dimension.

Der erste Wortbestandteil von anthropophil qualifiziert den zweiten eben doch in anderer Weise als das bei den naturwissenschaftlich gängigen Begriffen hydrophil oder photophob sonst üblich ist.

Es ist daher wichtig die physikalische Beschreibungs- und die ins

Philosophisch-Theologische gehende Deutungsdimension so gut als eben möglich auseinander zu halten, auch wenn man weiß, dass es keine reine und absolut deutungsfreie Beschreibung gibt.

Das Anthropische Prinzip vermittelt rein argumentativ für die Frage nach dem Gewolltsein und Geliebtsein von Leben im Allgemeinen und menschlichem Leben im Besonderen keine neuen Gewissheiten und richtet insofern nichts Neues aus.

Die Ambivalenz und Deutungsbedürftigkeit bleibt sowohl für das menschliche Leben als ganzes als auch für seine rephysikalisierende Bedingungsanalyse gleich. Dass die Bedingungsanalyse dennoch von hohem Interesse und von hohem heuristischem Wert ist, bleibt dabei völlig unbestritten.

In diesem Sinne kann man mit Kanitscheider festhalten: »*Wenn menschliche Beobachter die Kenndaten ihres Universums durchmustern, dann fungieren ihre Körper im übertragenen Sinne als ›Messgeräte‹. Diese ›menschlichen Messgeräte‹ können natürlich nur solche Eigenschaften messen, die, wenn man einmal die Kantische Terminologie verwendet, die Bedingung der Möglichkeit für die Evolution von menschlichem Leben und seiner zerbrechlichen Kohlenstoffchemie erfüllen. Die schließt selbstredend nicht aus, dass andere Lebensformen – kaltes Silizium-Leben wurde eine Zeitlang in Betracht gezogen, oder Hoylesches Leben auf einer interstellaren Gaswolke – existieren können (...)*«[44]

Es scheint so, dass es zwei konträre, von einem weltbildhaltigen Missionsinteresse geleitete Positionen zum Phänomen des Anthropischen Prinzips gibt. Die erste Position sieht ausgehend von der als nicht verwunderlich eingestuften Existenz des Menschen in dem durch das Anthropische Prinzip vermittelten Beleg dafür, dass auch die Ermöglichungsbedingungen für menschliche Existenz gegeben waren, nichts als eine Banalität oder Tautologie. Und die Vertreter dieser Position versuchen sich die anstößige Uniquität dieser von uns erlebten und belebten Welt dadurch vom Halse zu schaffen, dass sie von der vielleicht irgendwann quantenphysikalisch begründeten Möglichkeit einer schier unendlichen Vielzahl verschiedener Welten reden. Damit soll die von uns als faktisch erlebte und real belebte und nur in bescheidenen Ansätzen erforschte eine Welt durch die Annahme unzählig vieler, bisher rein fiktiver und durch keinen physikalischen Befund gestützter hypothetischer Welten derart inflationiert werden, dass sich nur ja niemand mehr über die schier unglaubliche Uniquität und Originalität dieser unserer Lebenswelt wundert. Hinter dem Versuch, die Einzigartigkeit der als faktischen erfahrenen Welt durch die Annahme einer Vielfalt bloß hypothetischer Welten zu verwässern, steckt das sich einem bestimmten Weltbild verdankende Banalisierungsinteresse, das hinreichend gut mit Morgensterns *»darum, so schloss er messerscharf, dass nicht sein kann, was nicht sein darf«* charakterisiert werden kann.

Die andere dazu genau konträre Position, die z. B. Bosshard einnimmt, der auf jeden Fall im Phänomenkomplex des Anthropischen Prinzips den einzigartigen Plan Gottes aufspüren möchte, ist nicht minder problematisch. Das mögliche selbstgemachte oder gar selbstverschuldete Ende der Menschheit auch noch in einen am Anthropischen Prinzip festgemachten göttlichen Plan einzuordnen, ist natürlich nochmals ein Schritt über das hinaus, wozu man sich durch ebendies Anthropische Prinzip, sprich durch die physikalischen Daten der Entstehungsbedingungsanalyse und deren Deutung ermutigt fühlen könnte.

Hier wird das Anthropische Prinzip sozusagen zu einer, sit venia verbo, ›transzendentalen Wundertüte‹, aus der alles, das Geplant- und Gewolltsein menschlichen Existierens ebenso gut wie das Geplantsein seines Nicht-mehr-Existierens, mühelos entnommen werden kann.

Sollte man denn aus der verglichen mit der Lebensentstehung nochmals um Größenordnung höheren Unwahrscheinlichkeit, dass Leben entsteht, welches sich selbst wieder vernichten kann und vernichtet, auch schließen, diese Selbstvernichtung müsse umso mehr gewollt sein, als ihre Unwahrscheinlichkeit größer als die ursprüngliche Unwahrscheinlichkeit der Lebensentstehung ist?

Letztlich landen wir bei dem nicht mehr widerspruchsfreien Gedanken, alles, der Vorgang oder Zustand A und sein Gegenteil A', seien gewollt, wenn sie nur hinreichend unwahrscheinlich sind, um nicht als simpler Zufall auftreten und gedeutet werden zu können. Es ist aber ein waghalsiger Gedanke, der die Unwahrscheinlichkeit eines Zustandes oder Prozesses für sein Gewolltsein ausgibt.

Vielleicht sollte man dieser hier von Bosshard vorgenommenen ›Eingemeindung‹ sogar noch der Selbstvernichtung in einen religiösen Sinnkontext ein Wort von Pascal entgegenstellen:

»Sorglos eilen wir in den Abgrund, nachdem wir etwas vor uns aufgebaut, was uns hindert, ihn zu sehen.«[45]

5.8 Fazit

Was lässt sich als Zwischenergebnis und als Empfehlung angesichts der derzeitigen Diskurslage zwischen Evolutionstheorie und Schöpfungstheologie festhalten? Gibt es einen Rückfall in alte, für überwunden gehaltene Missverständnisse und Auseinandersetzungen? Oder beginnt gar eine neue Form wechselseitiger Sprachlosigkeit des Unverständnisses?

Man kann zuächst einmal nur dringend davor warnen, weiterhin theologischer- wie biologischerseits ideologiebelastete Ladenhüter der Vergangenheit ins wissenschaftliche Schaufenster der aktuellen Aufmerksamkeit zu stellen.[46] Man darf keinem der beteiligten Dialogpartner mehr eine hermeneutische oder evolutionstheoretische Ahnungslosigkeit durchgehen lassen, wenn der Diskurs irgendeine Aussicht auf Erfolg, d. h. auf ein wechselseitiges Verstehen oder wenigstens auf einen Verständniszuwachs haben soll.

Die einen wollen auf der einen Seite zuviel, eine über die anscheinende Geplantheit belegte demonstratio ad occulos, dass es ein Ziel und einen Planer und Zielsetzer, nämlich einen Gott, geben muss. Das ist der Fehler, den auch schon der Antimodernisteneid von 1910 beging, der über die schon für sich sehr weitreichende dogmatische Konstitution Dei Filius von 1870 hinausschritt. Letztere hatte festgehalten, Gott, Ursprung und Ziel aller Dinge, könne mit dem Licht der natürlichen Vernunft durch die sichtbaren Werke der Schöpfung, und zwar sozusagen mit dem Rückschluss von der Wirkung auf die Ursache, mit Gewissheit erkannt werden. Das war eindeutig als eine Kann-Aussage zu lesen. Der Antimodernisteneid fügt dem, »er könne erkannt werden« noch ein »und bewiesen werden« hinzu und macht daraus eine Muss-Aussage.[47] Was die Position verstärken sollte, hat sie geschwächt. Sein intellektuell kümmerliches Dasein hat dieser anachronistische Eid 1967 ausgehaucht.

Die anderen, zumindest einige unter den Evolutionstheoretikern, wollen auf der anderen Seite zuviel, nämlich eine über die Stellgrößen mutativer Zufall und selektive Notwendigkeit geregelte ebenso zwingende demonstratio ad occulos, dass es kein Ziel, keinen Planer, keinen Zielsetzer, also auch keinen Gott geben könne. Gegen anderslautende Positionen, greifen sie dann auch schon mal zu polemisch angeschärften Diktionen, wie man sie von dem zweifelsohne großen Meeres- und

Evolutionsbiologen Ernst Haeckel her gewohnt war. Aber letzterer ist seit fast einhundert Jahren tot und manche seiner Positionen auch.

Was ist das Ergebnis des Disputs von Intelligent Design versus Evolution:

Es empfiehlt sich, theologischerseits nicht mehr den Begriff Intelligent Design zu verwenden, weil der mit biblizistisch-kreationistischen Missverständnissen belastet ist. Es sei denn, man nimmt ihn aus dem amerikanischen Verwendungskontext heraus und bezeichnet damit ganz ausdrücklich das Ergebnis des sogenannten Urknalls, also der Singularität des Anfangs. Dass es sich dabei um ein intelligentes Design handelt, ist unbestreitbar, wie die hier nur angedeutete Debatte um das Anthropische Prinzip zeigen kann. Der Beweis für einen gar noch personal gedachten Designer – dies sei den Theologen gesagt – ist damit nicht erbracht, die Möglichkeit seiner Existenz – dies sei den Biologen gesagt – bleibt damit allerdings prinzipiell offen. Und es ist nicht der Beleg für eine mindere Rationalität, in diesem Sinne einer creatio originalis von intelligentem Design zu reden, wohl aber der Beleg für einen der Rationalität nicht entsagenden Glauben.

Von dem beiderseits nicht bestrittenen Vorhandensein von hochkomplexen (Bau-)Plänen auf einen personal gedachten Planer zu schließen, ist demnach nicht zwangsläufig intellektuell unredlich und unstatthaft, aber eben auch keineswegs zwingend.

Ebenso wenig zwingend sind, wie dargelegt, die Schlüsse mancher Evolutionsbiologen von einem nicht einmal als objektiv sondern nur als subjektiv zu klassifizierenden Zufall auf eine prinzipielle Ziellosigkeit und die daraus angeblich folgende prinzipielle Unmöglichkeit eines Planers. Unhaltbar sind auch die Rückschlüsse einiger Theologen von der angenommenen Zielhaftigkeit auf die Unmöglichkeit von Zufall. Letzterer kann nämlich sehr wohl biologisch als Optimierungsmethodik interpretiert werden, dessen Raffinesse theologische Neugier zu wecken imstande ist. Denkbar bleibt, dass der Mensch prinzipiell die Gänze des Plans nicht durchschaut, dessen integraler Teil er ist und bleibt. Denkbar ist, dass der Mensch, obzwar mit einer vagen Ahnung ausgestattet, den Plan deshalb nicht zur Gänze durchschaut, weil er prinzipiell dessen integraler Teil bleiben muss und nicht dessen unbeteiligt außen- und gegenüberstehender Beobachter sein und werden kann.

Manchmal treten Biologen auf, die den gläubigen Menschen einschließlich ihrer Theologen erklären möchten, dass die Glaubenssysteme inhaltlich unsinnig oder nichts als soziokulturelle Produkte Darwinscher Evolutionstheorie seien. In moderaterer Form zwar, aber der Sache nach doch in diesem Sinne haben sich in neuerer Zeit Biologen wie Theo Löbsack, Franz Wuketits und Edward O. Wilson geäußert.[48] David Sloan Wilson z. B. ist in neuester Zeit als biologischer Theologenaufklärer aufgetreten.[49] Durch diese frei erfundene religiöse Scheinwelt oder Hinterwelt falle es der biologischen Art Mensch leichter, mit der wirklichen Welt klar zu kommen.

Und dann erklärt sich ein solcher Aufklärer, nachdem er erklärt hat, was Religion wirklich ist, selber stolz zum Atheisten, was auch immer das heißen mag. Das erinnert mich stark an jemanden, der in der Jahresversammlung des Schachvereins erklärt, Schachspiel das sei eine dialogisch strukturierte Übung zur Perfektionierung motorischer Fähigkeiten, und zwar der feinmotorischen beim Tisch- und der grobmotorischen beim Rasenschach. Und darin bestünde ihr vom Schachspieler nicht durchschauter Sinn und ihr biologisch beschreibbarer evolutiver Mehrwert.

Wenn dann der Aufklärer zur Unterstreichung seiner Objektivität versichert, die Regeln, deren Existenz vom Schachspieler behauptet werden, seien völlig belanglos und der Kenntnisnahme nicht bedürftig, oder gar, er, der Aufklärer, kenne sie auch gar nicht, dann mag man dieser Art von Aufklärung doch nicht die entscheidende Trenn- und Tiefenschärfe beimessen.[50] Vielleicht ist diese Meinung für den, der sie vertritt, gut genug, nachdenklichen Menschen erscheint sie schnell unzureichend. Wie wohltuend ist dagegen die Position dessen, der wie Habermas, bevor er generell den Sinn von Musik bestreitet, es immerhin für möglich hält, dass nur er selbst »religiös unmusikalisch« ist.

Dass eine in ihrem Kern also essentiell inkarnatorische Religion, wie die christliche, kein Problem mit biologischen, evolutionsbiologischen oder soziobiologischen und anderen Nebenbedeutungen der theologischen Hauptaussage von der Schöpfung und Menschwerdung Gottes haben muss, liegt schon implizit im Inkarnationsgedanken begründet. Dass Theologen sich aber von biologisch vielleicht klugen, hermeneutisch aber ahnungslosen Zeitgenossen nicht unter der Hand die Neben- zur Haupt- und die Haupt- zur Nebenbedeutung umfunktionalisieren lassen wollen, das liegt auch auf der Hand.

Zu hoffen ist, dass die Behauptung vom angeblich geschichtlich belegbaren essentiellen Widerspruch zwischen Evolutionstheorie und Schöpfungstheologie eine kleine an den historischen Fakten orientierte Glaubwürdigkeitskrise durchmacht, um als das erkennbar zu werden, was sie ist, eine um einen historischen Kern herum aus- und weitergebaute Wanderlegende.

Was es in der Tat gibt, ist eine unbestreitbar solide und höchst detail- und umfangreiche wissenschaftliche Datenbasis für eine Theorie der Evolution. Was es des Weiteren gibt, ist eine mit höchster Sorgfalt und philologischer Umsicht ausgearbeitete Exegese biblischer Schöpfungsaussagen und ihre philosophisch-theologische Explikation. Und zwischen beiden liegt nicht der kreationistisch-evolutionistische Frontverlauf mit seiner derzeit so medienwirksam inszenierten Kriegsberichterstattung. Denn so wenig wie das Eine zum Gottesbeweis reicht, ebenso wenig reicht das Andere zum Gottesverweis.

Die evolutionsbiologischen und schöpfungstheologischen Vorgaben sind aber der gemeinsame Ausgangspunkt der weiteren, dann notwendig werdenden weltanschaulichen Überlegungen. Und auf dieser Basis und nicht unter Umgehung derselben gibt es in der Tat eine unterschiedliche weltanschauliche Deutung ein und desselben naturwissenschaftlichen Befundes. Dass die, wenn sie denn das beiderseits erforderliche wissenschaftliche Format hat, strittig sein kann, sein darf oder sogar sein soll, – na und?!

6 Noch-Tier oder Schon-Mensch? Zum Rubikon der Hominisation

Wer sich im Blick auf ethologische oder paläoanthropologische Befunde die Frage stellt: Noch Tier oder schon Mensch, wer also nach dem Rubikon der Hominisation fragt, der stößt irgendwann auf das Phänomen Religion. Dann spätestens muss er sich auch mit dem theologischen Phänomen Menschwerdung auseinandersetzen.

Die hier vorzustellenden Überlegungen gehen also von empirischen Befunden aus, reflektieren im historischen Querschnitt zunächst 1. ethologische Befunde an rezenten Lebewesen, speziell an den rezenten höheren Primaten. Sodann wenden sie sich im prähistorischen Längsschnitt 2. der Phylogenese der Hominiden zu, um biologisch und theologisch interessante und relevante Kriterien für den Rubikon der Hominisation herauszuarbeiten.

6.1 Der ethologische Befund bei rezenten höheren Primaten

Diese interdisziplinäre Fragestellung ist deshalb relevant, weil zahllose Verletzungen der Menschenwürde und der Menschenrechte aus der Bestreitung oder der Abqualifizierung des Menschseins der Anderen resultier(t)en, aber auch weil hier eine gemeinsame Schnittmenge von Schöpfungstheologie und Evolutionsbiologie gegeben ist.

Niemand wird beim Besuch eines Zoos oder eines Forschungszentrums für höhere Primaten (»Herrentiere«) auch nur einen Augenblick lang in Zweifel darüber geraten, wer als Mensch und wer als Tier anzusehen ist, auch wenn die Rollenverteilung zwischen Betrachtenden und Betrachteten keineswegs so eindeutig ist, wie es uns Menschen scheint; denn wir sind als Betrachter zugleich Betrachtete.

Und dennoch ist die Geschichte durchzogen vom Problem einer Grenzziehung zwischen Tier und Mensch. Harmlos ist da noch die sprachliche Unschärfe, dass der Artbegriff Orang-Utan malaiisch Waldmensch bedeutet.

Nicht mehr harmlos war die im nationalsozialistischen Sprachgebrauch eingeführte Grenzziehung zwischen »jüdischen Untermenschen« und »arischen Herrenmenschen«.

Diesem Exzess der Unmenschlichkeit gingen schon andere voraus, die u.a. aus der zu späten Anerkennung der Indios und der Schwarzen (»Wilde«) als gleichwertige und gleichberechtigte Menschen resultierten.

Man denke an den mühsamen Weg von der Conquista, über Bartholome de Las Casas (1477–1566) und seine Verteidigung der Menschenwürde, bis zur Erklärung der Menschenrechte 1776 (USA), 1789 (Frankreich), 1948 (UN). Man denke auch an die noch heute andauernde Vernichtung der Aborigines und indigenen Völker Lateinamerikas und Afrikas. Und man darf auch heute wohl fragen, ob praktisch-faktisch Menschenrechte nicht doch nur Rechte für Weiße europäisch-nordamerikanischen Zuschnitts sind?

Die Katholische Kirche lehrt nun ausschließlich vom Menschen und nicht von den Tieren, sie hätten eine von Gott unmittelbar geschaffene, unsterbliche Seele und markiert damit einen essentiellen Unterschied zwischen Tier und Mensch.[1] Die Biologie hingegen weiß von keiner solchen unsterblichen Seele und hält sich da eher an ein evolutionär begründetes Kontinuitätspostulat zwischen Tier und Mensch, auch wenn sie zahlreiche Unterschiede zu benennen vermag. Wie aber können nun beide Disziplinen miteinander ins Gespräch kommen?

Leider fallen zuerst die abgrenzenden Sprachregelungen ins Auge: Manche Biologen unterstellen, Theologen, die von Seele sprächen, redeten von etwas, was es in der Biologie nicht oder sogar überhaupt nirgends gebe. Und manche Theologen unterstellen, Biologen seien naive Realisten, die über die Grenzen ihrer naturalistischen Perspektive nicht reflektieren könnten oder wollten.

Da diese Art Kommunikation zu nichts als Abgrenzung und wechselseitiger Verdächtigung führt, soll hier ein anderer Weg, ein interdisziplinärer Verbindungsweg nämlich, gesucht und beschritten werden.

6.1.1 Werkzeuggebrauch, Werkzeugherstellung, Informationsweitergabe etc.

Den hier knapp vorgetragenen Überlegungen sei eine zusammenfassende These vorangestellt: Die ursprünglich gesuchten trennscharfen qualitativen Unterscheidungskriterien zwischen Tier und Mensch (Werkzeuggebrauch, Werkzeugherstellung, Informationsweitergabe etc.) sind anscheinend gescheitert; es bleiben offenbar nur mehr quantitative.

Lange glaubte man den Werkzeuggebrauch als unterscheidend menschliches Kriterium ansehen zu dürfen, bis man durch Versuche zum Werkzeuggebrauch bei Primaten (Köhler, O.) eines Besseren belehrt wurde. Auch die vorgebrachten Einwände, es handle sich bei dieser Art Werkzeuggebrauch nicht um genuin tierische, sondern nur um vom Menschen abgeschaute Leistungen von Zootieren, waren kaum mehr als schwache »Rückzugsgefechte« zur Erhaltung der menschlichen Besonderheiten. Denn nicht erst durch Primaten, sondern selbst durch Darwinfinken in freier Natur, die mit Dornen nach Nahrung zu stochern verstanden, wurde man auch hier eines Besseren belehrt.

Auch die These von der angeblich nur dem Menschen möglichen Werkzeugherstellung als nächste Rückzugslinie war nicht lange haltbar. Spätestens als man u. a. bei wild lebenden Schimpansen das Zurechtbeißen von Stöcken zum gezielten Termitenangeln beobachtete (van Lawick, J. und Goodall, J.), war auch hier kein unüberschreitbarer Rubikon mehr auszumachen.

Überdies konnte durch den Transport von Steinwerkzeugen (Nussmühlen) zur Futterquelle neben dem Werkzeuggebrauch auch planerische Kompetenz bei Schimpansen nachgewiesen werden (Boesch/Boesch), da hier das Werkzeug nicht am Ort seines Einsatzes und irgendwie zufällig gefunden, sondern offenbar absichts- und planvoll mitgebracht wurde.

Auch für die über bloße Warnlaute hinausgehende Informationsweitergabe durch Sprache ließ sich ein menschlicher Alleinvertretungsanspruch nicht mehr halten, seit man sie in unterschiedlichster Art, z. B. auch bei Bienen als erstaunlich inhaltsreiche und im sogenannten Schwänzeltanz motorisch verklausulierte Sprache (von Frisch, K.) entdeckte. Erst recht wurde dieses Kriterium hinfällig durch die mit Schimpansen mögliche Mensch-Tier-Kommunikation mittels Plastiksymbolen (Premack, P.), mittels Taubstummensprache (Gardner, R. A. und B. T.) und neuerdings mittels zwischengeschalteter Computer in verschiedenen Primatenforschungszentren.

Sowohl die Plastiksymbole, als auch die Symbole auf der Computertastatur, die für bestimmte Begriffe benutzt wurden, waren völlig abstrakt und keine Bebilderung des Gegenstandes. Überdies gab es Symbole, mit denen das Tier im Experiment sich selbst bezeichnete.

Gewiss, Menschen leisten in all diesen Disziplinen mehr und haben mit ca. 1300 ccm Hirnmasse erheblich mehr ›geistigen Hubraum‹ als selbst Spitzenreiter unter den nichtmenschlichen Primaten mit ihren ca. 500 ccm. Aber gibt es über das quantitative hinaus wirklich ein trennscharfes qualitatives Exklusivkriterium für das Menschsein?

Von Konrad Lorenz stammt das bedenkenswerte und die Schwierigkeit der Aufgabe verdeutlichende Diktum: »*Nicht, dass der Mensch ›nur ein Tier‹ wäre; so manche seiner Eigenschaften erheben ihn turmhoch über alle anderen Lebewesen. Es steckt, wie schon der chinesische Weise sagt, keineswegs aller Mensch im Tier, wohl aber alles Tier im Menschen.*«[2]

6.1.2 Das Kriterium Ichbewusstsein

Auch hier sei eine These vorangesetzt: Das Kriterium Ichbewusstsein bzw. Selbstbezug als Rubikon zwischen Tier und Mensch reicht, wie ethologische Versuche zeigen, allein nicht aus, um den Menschen von seinen biologisch nächsten Art-Verwandten abzugrenzen, und bedarf daher der Ergänzung.

Der große Jesuit und Paläontologe Pierre Teilhard de Chardin (1881–1955) glaubte ein solches trennscharfes Unterscheidungs-Kriterium für den Tier-Mensch-Übergang im Ichbewusstsein festmachen zu können: »*(...) nicht mehr nur kennen, sondern sich kennen; nicht mehr nur wissen, sondern wissen, dass man weiß.*«[3] Ein Tier, so nahm er an, weiß, aber nur der Mensch weiß, dass er weiß. Dieses »Ich weiß, dass ich weiß.« einschließlich der sokratischen Variante »Ich weiß, dass ich nicht weiß.« sah er als Ausdruck eines exklusiv menschlichen Ichbewusstseins an.

Nun haben zusätzlich zu den Kommunikationsversuchen Spiegel- und Videoexperimente bei Schimpansen (Gallup, G. G.), Gorillas und neuerdings auch Orang Utans gezeigt, dass sich diese Tiere sehr wohl im Spiegel und auf dem Bildschirm erkennen, ja sogar Abbildungen einzelner Körperteile ohne den übrigen Körper als ihre eigenen identifizieren können.[4]

Man hatte z. B. auch wild gefangene Schimpansen einige Zeit mit ihrem Spiegelbild konfrontiert und ihnen im Schlafzustand oder unter Betäubung einen Fleck auf die Stirn gezeichnet. Wieder zu sich gekommen versuchten sie nicht etwa am Spiegelbild, sondern an ihrer eigenen Stirn den nur im Bild erkennbaren Fleck zu beseitigen.

In einer Verbindung des Spiegelexperiments mit dem via Zeichensprache zwischen Mensch und Tier durchgeführten Kommunikationsexperiment beantwortete der auf sein Spiegelbild blickende Schimpanse Washoe die Frage, wer das dort im Spiegel sei, mit den Worten »Ich, Washoe.«[5]

Schimpansen und Bonobos präsentierten schließlich auch Körperteile, die sie ohne Spiegel- oder Video-Experiment nicht zu Gesicht bekommen hätten (Mundinneres, Afterregion etc.) und explorierten damit sich selbst. Die Verständnisleistung für die Schimpansen beim Video-Experiment lag auch darin, dass sie im Gegensatz zum Spiegel-Experiment differenzieren mussten zwischen Aufnahmerichtung (Videokamera) und Wiedergaberichtung (Bildschirm). Diese Versuche belegen wohl, dass ein selbstbezügliches Wissen und Nichtwissen nicht nur menschen- sondern auch tiermöglich ist.

Ein auf optischem Wege feststellbares Ichbewusstsein ist also als gegeben anzunehmen. Und dieser Befund passt zu dem Ichbewusstsein, wie es sich ja auch schon aus der Interspezies-Kommunikation ergibt.

Dass es sich beim optischen Ichbewusstseins-Test um eine problematische, weil anthropozentrische Kriterienfestlegung handelt, wird deutlich, wenn man das ›Augentier‹ Mensch einem olfaktorischen Ichbewusstseinstest unterzieht. Einen zuvor selbst ›besessenen‹ Stuhl nach dem Vertauschen aus einer Reihe gleich aussehender Stühle herauszuschnuppern, ist, vielleicht von taubblind geborenen einmal abgesehen, kaum einem Menschen, wohl aber jedem Dackel möglich. Könnten Hunde den Menschen einem olfaktorischen Ichbewusstseinstest unterziehen, kämen sie zum Ergebnis, der Mensch verfüge im Gegensatz zu ihnen über kein Ichbewusstsein.

Der Paläoanthropologe Gerhard Heberer hatte vor mehr als 50 Jahren den Begriff des Tier-Mensch-Übergangsfeldes geprägt und es parallel zur Zeitfront ausschließlich dem Hominidenstammbaum zugeordnet.

Wenn nun das Ichbewusstsein als ein, aber nicht als das alleinige Schwellenmerkmal zwischen Tier und Mensch angesehen werden könnte, dann befänden sich die rezenten Menschenaffen – wie seinerzeit die Hominiden im Pliozän – in einer Art Tier-Mensch-Übergangsfeld, und dieses müsste als schräg zur Zeitfront verlaufend gedacht werden.[6]

Die höheren Primaten befänden sich also an einer Schwelle, deren Überschreiten eine nicht als rekapitulatorisch zu verstehende, neue Form von Menschwerdung bedeutete. Und diese kognitive Nähe der rezenten Primaten zu frühen Hominiden, d. h. letztlich zu den Vorläufern des rezenten Menschen, müsste wohl auch ethische Konsequenzen für den Umgang mit eben diesen Primaten haben.

6.2. Phylogenetische Betrachtung der Hominiden

Der Blick in die menschliche Phylogenese, speziell auf die Exemplare von Homo erectus, Homo sapiens neanderthalensis und erst recht Homo sapiens sapiens, die Würdigung ihrer Fossilien und Artefakte und die daraus zu ziehenden Schlüsse könnten Anhaltspunkte für ein über das Ichbewusstsein hinausgehendes zusätzliches Kriterium für Menschsein liefern, das im Verbund mit dem Ichbewusstsein möglicherweise wirklich trennscharf zwischen Tier und Mensch unterscheidet.

6.2.1 Etappen der Hominisation

Zunächst sei ein Blick auf die Beziehung zu den äffischen Vorfahren geworfen:

Die Abzweigungen der Gibbonvorfahren vom menschenäffischen und menschlichen Ast des gemeinsamen Stammbaums (Hylobatiden-Pongiden-Hominiden-Deviation) wird zwischen 10 und 15 Millionen Jahre vor unserer Zeitrechnung angesetzt. Die Abzweigung von Schimpansen- und Menschenstammbaum (Panini-Hominini-Deviation) erfolgte später und wird zwischen 8 und 5 Millionen Jahre vor unserer Zeitrechnung datiert. Aus diesem Zeitraum stammt auch der für sechs bis sieben Millionen Jahre alt gehaltene Sahelanthropus Tchadensis, bei dem sich noch stark äffisch und zugleich schon australopithecin anmutende Merkmale finden. Das könnte für eine Evolution im Mosaik sprechen.[7]

Heute wird angenommen, dass die Wiege der Menschenaffen und die der Menschen zwar in Afrika stand, sich der Zwischenschritt von den Menschenaffen zu den Großen Menschenaffen, den Hominiden, aber in Eurasien und nicht in Afrika vollzog. Dafür sprechen die ca. 16 bis 14 Millionen Jahre alten Funde des Sivapithecus in Südasien, des Dryopithecus in West- und Mitteleuropa, des Oreopithecus in Italien und des Ouranopithecus in Griechenland. Demnach wäre die Reise der vormenschlichen Evolution hin zum Menschen von Afrika nach Eurasien und zurück gegangen.[8]

Die Australopithecinen, 4,5 bis 1 Mio. Jahre vor uns, waren ca. 140 cm groß, besaßen etwa 500 ccm Hirnvolumen und waren bipede Hominiden (Fußspuren von Laetoli). Die aufrechte bipede Fortbewegung verschaffte den Australopithecinen einen größeren Überblick über ihre Umgebung, setzte die Hände frei zur Mitnahme von Nachwuchs, ermöglichte besseres Sammeln und transportieren von Nahrung, bot bei der afrikanischen Hitze eine geringe der Sonne zugewendete Körperoberfläche und war unter Verrechnung von Gewicht und Bewegungsgeschwindigkeit schlicht energetisch günstiger als die vierbeinige Fortbewegung.[9] Ihnen ein Ichbewusstsein der Art, wie es offenbar den rezenten Menschenaffen eignet, absprechen zu wollen, erschiene nicht plausibel.

Die Gattung Homo (Mensch) wird dann, grob gesehen, in die vier folgenden Chronospezies gegliedert:

1. Der Homo habilis, ca. 2,5 bis 1,2 Mio. Jahre vor uns, hinterließ die ältesten Stein- und Knochenwerkzeuge und besaß ein Gehirnvolumen von 570 bis 800 ccm. Die Herstellung vergleichbarer artefizieller Werkzeuge findet sich bei den rezenten Menschenaffen offenbar nicht.

2. Der Homo erectus, ca. 1,8 bis 0,3 Mio. Jahre vor uns, mit 750 bis 1300 ccm Gehirnvolumen war bereits ein Feuer nutzender effizienter Großwildjäger. Der von Teilhard de Chardin mitausgegrabene Homo pekinensis gehört zu dieser Gruppe. Gelegentlich stößt man beim Homo erectus auf eine besondere Behandlung und Verwendung von menschlichen Schädeln, auf die noch einzugehen sein wird. Die frühesten Vertreter dieses Menschentyps besiedelten schon vor rund 1,75 Millionen Jahren Eurasien, wie die Funde von Dmanisi südwestlich von Tiflis in Georgien belegen. Die ältesten Funde dieses Menschentyps in Ostasien sind etwa 1,1 Millionen Jahre, die ältesten in Europa ca. 0,8 Millionen Jahre alt.[10]

3. Homo sapiens neanderthalensis, ca. 350tsd. bis 30tsd. vor uns, besaß ein dem heutigen Menschen sicher vergleichbares Gehirnvolumen von 1 300 bis 1 700 ccm. Der »deutsche Neandertaler« weist besondere körperliche Kälteanpassungsmerkmale auf. Dieser Menschentyp besaß bereits ein soziales Gewissen wie die Funde in Shanidar (N-Irak) und La Chapelle (SW-Frankreich) belegen, die auf die Pflege allein nicht mehr lebenstüchtiger Individuen hindeuten. Es scheint dass der Neandertaler auch musikalisch war; denn es wurden Pfeifen aus durchbohrten Fingerknochen und Höhlenbärenknochen mit Löchern gefunden, gewissermaßen spielbare Intrumente.[11] Außerdem vollzog der Neandertaler bereits Bestattungen wie an den Funden in La Ferrassie, Le Moustier und La Chapelle nachweisbar ist.[12]

4. Homo sapiens sapiens schließlich, wie sich der Jetztmensch ›bescheidenerweise‹ selbst tituliert, trat ca. 200 000 bis 100 000 vor uns erstmals auf. Die bislang ältesten fossilen Funde stammen aus Herto im heutigen Äthiopien und sind ca. 160 000 Jahre alt.[13] Dieser moderne Homo sapiens besitzt ein Gehirnvolumen zwischen 1 000 und 2 000 ccm, im Mittel ca. 1 300 ccm. Er schuf 35 000 bis 20 000 Jahre vor unserer Zeit die Höhlenmalereien, die ersten vollplastischen Darstellungen (Venus von Willendorf) und Musikinstrumente (Knochenflöte von Isturitz), er ist Urheber der Klingenkulturen und der landwirtschaftlichen Revolution.

Die zeitlichen, räumlichen und genealogischen Zuordnungen der einzelnen Menschentypen sind nicht immer sehr eindeutig. So fanden sich auf der Insel Flores (Indonesien) ausgesprochen kleinwüchsige, im erwachsenen Zustand nur etwa einen Meter große und mit etwa der Hälfte unserer Hirnmasse ausgestattete Hominiden, die von vor ca. 95tsd. bis vor ca. 13tsd. Jahren dort gelebt haben sollen und denen man den (vorläufigen) Namen Homo floresiensis zugeordnet hat. Dabei ist es derzeit noch unklar, ob es sich um kleinwüchsige Exemplare des bis vor 25tsd. Jahren ebenfalls noch z. B. auf Java vorkommenden Homo erectus oder um kleinwüchsige Exemplare des schon vor 40tsd. Jahren in dieser Region auftauchenden Homo sapiens oder um eine eigene Menschenart und nicht um die mangel- und insellagebedingte Verzwergung einer schon bekannten Menschenart handelt.[14]

In hohem Maße strittig unter Paläoanthropologen ist auch die Beantwortung der Frage, ob der Neandertaler vor dem Auftreten oder gar durch das Auftreten des modernen Menschen ausgestorben ist, oder ob es zu Bastardierungen zwischen modernem und neandertaloidem Menschen gekommen ist, oder ob sich gar aus dem Neandertaler der moderne Menschentyp entwickelt haben könnte. Während viele eher humangenetisch orientierte Paläoanthropologen eine Bastardierung glauben ausschließen zu können, gibt es auf Seiten der eher an Fossilfunden orientierten Paläoanthropologen gute Anhaltspunkte für ein möglicherweise Jahrtausende währendes Nebeneinander von Neandertaler und modernen Menschen in Palästina und Israel (z. B. in Quafzeh). Neuerdings fand sich ein ca. 35 000 Jahre alter Unterkiefer, der Merkmale des modernen Menschen und des Neandertalers in sich vereinigt und damit für die Theorie einer genetischen Vermischung beider Menschentypen spricht.[15]

Auch etliche Vertreter der These, dass der moderne Mensch aus Afrika stammt, schließen nicht aus, dass es zu einer Bastardierung also Vermischung des Erbgutes von Neandertalern und Chromagnon-Menschen, als den ersten in Europa aufgetretenen modernen Menschen, oder auch zu einer Bastardierung von Homo erectus und modernem Homo sapiens gekommen sein könnte.[16]

6.2.2 Ichbewusstsein und Transzendenzbewusstsein

Wo endet das Tier- und wo beginnt das Menschsein? Oder und im Sinne von Lorenz besser: Wodurch wird das persistierende Tiersein auf Menschsein hin geöffnet? Was könnte als ein das Ichbewusstsein ergänzendes zusätzliches Kriterium für Menschsein angesehen werden?

Einen Hinweis für diese Suche hatte der Biologe Alister Hardy geben: »*Was auch immer Psychologen über die Ursachen der Religion sagen mögen, sie ist, ob primitiv oder hochentwickelt, genauso ein Teil der menschlichen Natur wie die Sexualität, aber einer, den wir bis jetzt noch weit weniger begreifen.*« »*Was wir das Göttliche oder in personifizierter Form Gott nennen, gehört – wie ich glaube – seit je als integrierender Teil zum System des Lebens, und zwar als ein Teil, der in Beziehung steht zu dem, was für uns ebenfalls noch ein Geheimnis ist: dem Bewusstsein.*«[17] Der Titel seines Buches, in dem er diese Ansichten äußert, sagt noch prägnanter, in welcher Richtung zu suchen wäre: »*Der Mensch – das betende Tier.*«

Aus dieser Perspektive lässt sich die folgende These formulieren:

Der Mensch ist von da an Mensch, wo zum Ichbewusstsein (Selbstbezug) eine Art Transzendenzbewusstsein (z. B. in der Konkretion eines Gottes- oder Götterbezugs oder in dessen Leugnung) hinzutritt. Dieses auch naturwissenschaftlich wahrnehmbare Transzendenzbewusstsein ist höchstwahrscheinlich weit älter als die Artefakte, die paläontologisch von ihm Zeugnis geben.

Bei den Australopithecinen und bei Homo habilis finden sich, soweit wir wissen, noch keine artefiziellen Hinweise auf Religiosität im weitesten Sinne. Gleichwohl ist es keineswegs unwahrscheinlich, dass sie eine sich am kosmischen Geschehen (Jahreskreis, Mondphasen etc.) und an Naturzyklen (Jahreszeitenwechsel, Gezeiten etc.) orientierende, präartefizielle Form von Transzendenzbewusstsein gehabt haben. Es könnte in der Erklärungsbedürftigkeit solcher zyklisch geordneter und den Hominiden selbst orientierender Vorgänge seinen Ausgangspunkt genommen haben.

6.2.2.1 Homo erectus

Erste Hinweise auf Religiosität, allerdings mit einem weiteren, noch etwas unspezifischen Spektrum von Deutungsmöglichkeiten, finden sich bei Homo erectus.

Der Begriff der Religiosität wird seitens der Paläoanthropologen nicht für alles und jedes, sondern zumeist vorsichtig dann ins Spiel gebracht, wenn ein Befund vorliegt, der über eine bloß funktionalistische Deutung hinausweisende Merkmale hat. Natürlicherweise ist ihr Begriff der Religiosität, misst man ihn mit einer philosophisch-theologischen Elle, zwar unscharf, angesichts seiner Erklärungskraft für einen bestimmten Befund aber kaum zu ersetzen oder leichthin von der Hand zu weisen. Dass er innerhalb der Paläoanthropologie zum refugium ignorantiae werden könnte, wird dort durchaus sensibel und selbstkritisch wahrgenommen und mit vorsichtiger Begriffsverwendung realisiert. An den aus der paläoanthropologischen Empirie stammenden Begriff von Religiosität wird für diesen interdisziplinären Kontext angeknüpft, ohne ihn damit für sakrosankt erklären zu wollen.

Auch wenn beim Homo erectus bisher keine rituell ausgestaltete Ganzkörperbestattung nachgewiesen werden konnte, sind viele Forscher von seiner Religiosität überzeugt: »*Aufgrund der kognitiven Leistungs-*

fähigkeit des Homo erectus ist religiöses Denken auch für ihn wahrscheinlich. Es liegen anhand von Schnittspuren auf menschlichen Skelettresten auch erste Hinweise für eine Totenbehandlung aus dieser Phase der stammesgeschichtlichen Entwicklung vor.«[18]

Schädelausgüsse belegen, dass bei Homo erectus ein Brocca- und ein Wernicke-Zentrum offenbar vorhanden und eine Sprachfähigkeit daher möglicherweise gegeben war, die für sprachliche Symbolbildungen nötig erscheint.

Bei Homo erectus-Funden vor allem in China (Zhoukoudian) stieß man auf Schädel, die im Bereich des Hinterhauptes aufgesprengt worden waren und denen man aller Wahrscheinlichkeit nach durch das erweiterte Hinterhauptsloch (Foramen magnum) das Gehirn entnommen hatte. Anschließend hatte man diese Schädel dann offenbar (vielleicht sogar zentral) aufbewahrt.[19]

Einerseits könnte es sich dabei um Endo-Kannibalismus gehandelt haben; dann aber bliebe die Aufbewahrung der Schädel erklärungsbedürftig. Eine ausschließlich funktionalistische Deutung als Schöpf- und Trinkgefässe, gewissermaßen als Vorläufer dessen, was weit mehr als zweihunderttausend Jahre später die ersten Töpferkulturen zuwege bringen, passt nicht zum Fundort und wird im Allgemeinen nicht unterstellt.

Andererseits könnte aber auch Anthropophagie vorliegen, das Verzehren von Menschenfleisch. Sie erfolgte zumeist nicht aus Not, sondern in der Absicht einer magischen Anreicherung der eigenen Kräfte durch Verzehr etwa des im Kampf getöteten Gegners. Die Patrophagie schließlich ist eine Form der Anthropophagie und meint das Verzehren von Teilen eines verstorbenen Stammesangehörigen. Im Fall von Homo erectus scheint das Gehirn als bevorzugtes Organ angesehen und gegessen worden zu sein. Das würde keineswegs eine Missachtung dieser Person bedeuten, sondern könnte gerade im Gegenteil seine Wertschätzung zum Ausdruck bringen.[20] In einem solchen rituellen Mahl nämlich geht es um die Bewahrung hervorragender Eigenschaften des Toten durch seine Angehörigen und den Übergang dieser Eigenschaften auf lebende Horden- oder Stammesmitglieder.[21]

Ein solches rituelles Mahl könnte einer Festigung der Stammesverbundenheit gedient haben und als ein Zugehörigkeits- und Identifizierungs-Ritus verstanden worden sein. Damit handelte es sich dann vielleicht um eine Wahrnehmung der Endlichkeit eigener Existenz und den Versuch ihrer Überwindung in einem quasi-religiösen Akt.

Aber auch andere Deutungen des Umgangs mit Schädeln, die nicht einen (endo-)kannibalistischen Kontext voraussetzen, sprechen von »kulturellen Bedeutungen« und »ideellen Handlungen«. Mania, der im thüringischen Bilzingsleben über mehr als 30 Jahre eine ca. 370 000 Jahre alte Siedlung des Homo erectus ausgegraben und dabei ein neun Meter umfassendes gepflastertes Rund freigelegt hat, auf dem sich fossile menschliche Schädelfragmente befanden, gibt seinen Funden folgende Deutung: »*Vielmehr könnten diese Frühmenschen auf dem Pflasterplatz an verstorbenen Gruppenmitgliedern einen postmortalen Schädelkult ausgeübt haben. Das würde bedeuten: Dieser Ort hatte eine besondere kulturelle Bedeutung und diente ideellen Handlungen. Vielleicht können wir solche Aktionen bereits als frührituell bezeichnen. Sie erfordern einen ruhigen Ort, abgesondert von den Alltagszwängen. Dergleichen Riten sind wichtig, um sozial notwendiges Wissen im Kollektiv weiterzugeben. Möglicherweise handelt es sich im beschriebenen Fall um den frühesten Nachweis von ideellen Handlungen in der menschlichen kulturellen Evolution.*«[22]

Es gibt also allein schon aus der Sichtung der paläoanthropologischen Daten und Fakten und nicht aus einer voreiligen theologischen Interessiertheit gute Gründe, bereits für den Homo erectus ein über das Ichbewusstsein hinausgehendes Transzendenzbewusstsein anzunehmen.

6.2.2.2 Homo sapiens neanderthalensis

Sichere Hinweise auf Religiosität und also ein inhaltlich möglicherweise noch sehr schlicht ausgestattetes Transzendenzbewusstsein finden sich offenbar beim Homo sapiens neanderthalensis.

Lange hatte man geglaubt, der Neandertaler habe nicht sprechen können, und diese angebliche Unfähigkeit mit dem Fehlen eines Zungenbeins (Os hyoideum) in allen seinerzeit bekannten Schädelfunden begründet. Eine derartige Sprachunfähigkeit wurde als Begründung für das Verschwinden des Neandertalers herangezogen, da dieser der Konkurrenz mit dem Jetztmenschen hinsichtlich der Informationsübermittlung nicht gewachsen gewesen sei.

Die Sprachunfähigkeit hätte möglicherweise auch Konsequenzen für die Repräsentanz religiös-symbolischer Inhalte gehabt. Der Fund eines Zungenbeins (1989) in der Kebara-Höhle bei Haifa in Israel hat diese Spekulationen allerdings widerlegt.[23]

Beim Neandertaler findet sich offenbar die Projektion von übersinnlichen Kräften auf Tiere, die als Totem-Tiere verehrt wurden. Intentionale Schädelsetzungen deuten auf Bärenkulte, die in diversen Höhlen in der Schweiz, in Süd-Deutschland und in Österreich nachweisbar und in Frankreich (Regourdou in der Dordogne) als Grabbeigabe mit einem Neandertalerskelett verbunden sind. Diese Bärenschädel werden manchmal als Primitialopfer und die Höhlen als altpaläolithische Kultstätten gedeutet.[24]

Eine rein funktionalistische Deutung der Bestattungen sieht darin nur eine Praxis der Entsorgung im Wohnbereich. Aber dann wäre zu fragen, warum die Toten nicht, was einfacher wäre, in weiterer Entfernung frei deponiert wurden, warum sie durch das Begräbnis vor Tierfraß geschützt und warum die Begräbnisse offenbar mit rituellen Elementen ausgestaltet waren. Sachgerechter und darum naheliegender als eine rein funktionalistische Deutung ist die, die in den Bestattungen auf Religiosität verweisende Kulturartefakte sieht.

»Bereits in der Altsteinzeit wurden Tote durch Ausstattung mit Beigaben aller Art (etwa Nahrung) oder Einfärben mit Roterde für das Jenseits vorbereitet und so begraben. (...) Die ältesten bekannten Gräber der Geschichte stammen aus dem späten Mittelpaläolithikum. Die Anlage von Gräbern und Friedhöfen ist wohl nur in der Auseinandersetzung mit der menschlichen Existenz und mit der Vorstellung von einem Leben nach dem Tod denkbar.«[25]

Der Bestattungsort weist gelegentlich Steinabgrenzungen auf, und die Bestattung selber erfolgte oft auf Steinbetten oder durch Erdaushub in mergeliger Erde. Auch das Bestreuen der Toten mit Rotocker, der aus gelbem Eisenoxyd im Herd gebrannt werden musste, konnte nachgewiesen werden. Vielleicht ist der Rotocker dabei als ein Symbol für Blut und Leben verstanden worden.[26]

Gespaltene und verkohlte Tierknochen über den Gräbern wurden als Reste eines Totenmahls gedeutet,[27] so dass man die bis heute übliche Einladung zum Imbiss im Anschluss an ein Begräbnis (›Leichenschmaus‹ oder ›Fell versaufen‹) durchaus als ›Erfindung‹ der Neandertaler ansehen kann.[28]

Deutliche Hinweise auf Patrophagie fanden sich auch bei Homo sapiens neanderthalensis, z. B. in Kroatien (Krapina) und in Süd-Frankreich (Grottes l'Hortus).[29]

Der Boden, mit dem der Tote überschichtet war, wurde gelegentlich einer Pollenanalyse unterzogen, bei der sich herausstellte, dass die Toten bei der Bestattung mit Malven, Traubenhyazinthen und Lichtnelken bedeckt worden waren. Auch Muschelschmuck in den Augenhöhlen der Toten wurde gefunden. Interessant ist die Deutung, die der in Shanidar von 1957 bis 1978 tätige Paläontologe Ralph Solecki seinen Funden, speziell dem Fund Shanidar 4, gibt:

»Dieser Mann starb vor ungefähr 60 000 Jahren (…) und doch bringt uns die Entdeckung, dass er mit Blumen bestattet wurde, die Neandertaler geistig näher, als wir je gedacht hätten (…) Dass die Neandertaler mit Blumen in Verbindung gebracht werden, fügt unserem Wissen um ihre Menschlichkeit eine neu Dimension hinzu. Es deutet darauf hin, dass sie eine ›Seele‹ hatten.«[30]

Auch wenn man solchen Formulierungen kein allzu großes theologisches Gewicht beimessen sollte, wird ›Seele‹ hier offenbar als ein dem Verhaltenskontext entnehmbares Phänomen angesehen. Welche Bedeutung die Beigaben letztlich für den Homo sapiens neanderthalensis hatten, etwa als dem Toten zugedachte Heilkräuter oder einfach als Ehrbezeugung, ist unklar.[31]

Der Zoologe Bernhard Rensch stellt aber im Blick auf die Bestattungsriten der Neandertaler fest:

»Daraus können wir schließen, dass bereits auf dieser kulturellen Entwicklungsstufe vor mehr als 150 000 Jahren Vorstellungen von einem Weiterleben nach dem Tode in irgendeiner Form gebildet waren.«[32]

Die Annahme eines posthumen Weiterlebens von Angehörigen, Freunden und Feinden wird den Hinterbliebenen von Homo erectus und Homo sapiens neanderthalensis auch durch die Fortdauer der Existenz der Toten als Lebende in den Träumen eindrücklich nahegelegt worden sein.

Die Bestattungsweisen beim anatomisch modernen Menschen sind noch durch zusätzliche Ausschmückungs- und vielleicht auch Deutungselemente ausgezeichnet.

So fand Otto Hauser bei seinen Ausgrabungen 1909 das ca. 35 000 Jahre alten Skelett von Combe Capelle, das in einer Hockstellung mit angewinkelten Armen und Beinen bestattet und dem neben Aurignacien-Werkzeugen auch Muschelschmuck beigegeben worden war.[33]

Bei Sungir in Russland fand sich ein ca. 28 000 Jahre alter Begräbnisort, an dem mehrere Personen in einer Kleidung bestattet worden waren, die mit tausenden von Perlen aus Mammutelfenbein verziert waren.[34]

Im Blick auf die Religiosität und für die Zeit des Homo sapiens neanderthalensis und die damit überlappende Zeit des Homo sapiens sapiens stellt der Religionshistoriker Julien Ries fest:

»Die Bestattungsriten des älteren und jüngeren Paläolithikums haben ihren Sinn. Es ist unbestreitbar und gleichzeitig bedeutsam, dass sie sich während einer Zeitspanne von 80 000 Jahren in Europa, Asien und Afrika ausbreiten und immer wieder auftreten. Es kann sich nicht um einen Zufall handeln. Die Riten, Handlungen und die Vorsorge der Lebenden beim Begräbnis ihrer Toten sind sicher ein Zeichen des Respekts und der Zuneigung. Sie zeigen aber auch den Glauben an ein Weiterleben: Die Beigabe von Nahrungsmitteln, Schmuckstücken und Gegenständen, die Muschelschalen in den Augenhöhlen deuten auf die Vorstellung einer postmortalen Kontinuität der Aktivitäten des Verstorbenen.

Mit seinen Bestattungsriten zeigt der Homo sapiens von Neandertal und der Homo sapiens sapiens aus dem Jung-Paläolithikum, dass er ein Homo religiosus ist, der sich mit dem Leben nach dem Tode befasst.«[35]

Auch die wohl dem anatomisch modernen Homo sapiens zuzuordnenden Höhlenmalereien sind nach Ansicht nahezu aller damit befassten Paläoanthropologen nicht ohne die Annahme eines transzendenten Hintergrundes zu deuten.

»In der Wandkunst manifestiert sich ein mythisch religiöses Denken und Handeln mit sehr unterschiedlichen Facetten. Vom Jagdzauber über die Initiation oder die rituelle Deponierung bis zur individuellen Suche nach Visionen lassen sich alle Möglichkeiten interpretieren. Mit Sicherheit waren die Höhlen Orte, an denen der Kontakt zum Numinosen, zu einer transzendenten Welt hergestellt wurde. Ganze Gruppen oder auch Einzelne nutzten diese Orte, um religiöses Handeln zu praktizieren. An wen sich die Rituale richteten, bleibt für immer im Dunkel«[36]

Für die interdisziplinär gestellte Frage nach dem Rubikon der Hominisation soll nach diesen Überlegungen also der folgende Antwortvorschlag eingebracht werden: Das Ichbewusstsein wird (phylogenetisch, nicht ontogenetisch!) als notwendige Bedingung für Menschsein angesehen und durch das als hinreichende Bedingung aufgefasste Transzendenzbewusstsein ergänzt. Das Auftauchen des Ichbewusstseins und seine weitere Ausdifferenzierung ist, wie sich zeigen lässt,[37] auch sachlogisch schon auf das ergänzende und überbietende Transzendenzbewusstsein ausgerichtet.

Dieses ursprüngliche Transzendenzbewusstsein sollte man keinem zu hohen Abstraktionsniveau zuordnen. Es könnte in einem sehr simplen Animismus seinen Ausdruck gefunden haben.

Demnach wäre spätestens (und wegen der Möglichkeit einer präartefiziellen Religiosität nicht frühestens!) der Hominide, dessen Artefakte einem im weitesten Sinne religiösen Kontext zuzuordnen sind, als Mensch anzusehen.

6.3 Theologische Deutung des paläoanthropologischen Befundes

Dass Theologen und Philosophen in einer langen Geschichte des Mit-, Neben- und Gegeneinanders sehr lehrreiche Überlegungen zum Begriff Seele angestellt haben, ist ein unbestrittenes Faktum. Dass sie in der Geschichte der modernen Naturwissenschaften kaum je nach einer Vermittlung ihrer eigenen zu den naturwissenschaftlichen Begriffen und Befunden gesucht haben, leider auch. Ein Versuch dieser Art, der den systematisch theologischen Befund nicht einfach ignoriert und an den evolutionsbiologischen Befund anknüpft, wird also hüben wie drüben auf Vorbehalte stoßen, die aber argumentativ hüben wie drüben keineswegs so gut untermauert sind, dass sich ein solches Unterfangen per se verbieten müsste.

Natürlich weiß ein Mensch, was Ichbewusstsein und was Transzendenzbewusstsein ist, aus seiner eigenen Introspektion und Selbstwahrnehmung. Er erhebt es nicht erst aus naturwissenschaftlichen Fakten. Aber er weiß aus dem Selbsterleben eben auch, dass ein Ich- und ein Transzendenz-bewusstsein sich ausdrücken können in primitiven oder hoch differenzierten kulturellen Artefakten. Und diese ermöglichen es ihm mit relativ großer Gewissheit, auch bei anderen, mit ihm in einer Chronospezies verbundenen Hominiden bestimmte Artefakte als Ausdruck eines Ich- oder Transzendenzbewusstseins zu identifizieren.

6.3.1 Beseelung aus paläoanthropologischer Sicht

Kann es überhaupt eine paläoanthropologische Sicht auf das Theologumenon von der Erschaffung der Seele oder von Beseelung des Menschen geben? Muss der Evolutionsbiologe bei diesem offenbar aller naturwissenschaftlichen Empirie entzogenen Stichwort nicht dankend abwinken? Er muss es dann nicht, wenn er sein Augenmerk auf die bereits dargestellten Verhaltensauffälligkeiten richtet, die sich, soweit bisher erkennbar, ausschließlich in der menschlichen Phylogenese, genauer in der Hominisation und Humanisation finden. Daran ist für das interdisziplinäre Gespräch z. B. mit der folgenden These anzuknüpfen:

Vielleicht äußert sich, was Theologen Erschaffung der Seele durch Gott genannt und als Grunddatum des Menschseins angesehen haben, ethologisch, d. h. in einer auch dem verhaltensbiologisch orientierten Naturwissenschaftler erkennbaren Weise in diesem Auftauchen eines Transzendenzbezugs oder einer Gottesrelation.

Die Paläoanthropologie wird im Blick auf die Hominisation und angesichts ihrer Fragestellungen und Methoden darauf verzichten müssen, Aussagen über den phylogenetisch einzuordnenden Beseelungszeitraum zu machen. Es mag sogar sein, dass die Frage nach der Beseelung solchen Naturwissenschaftlern zu philosophisch-spekulativ oder irrelevant oder sogar absurd erscheint.

Für Naturwissenschaftler und Theologen im Kontext des interdisziplinären Gesprächs dürfte aber vielleicht dies nachvollziehbar und konsensfähig sein: Von einer Beseelung des Menschen innerhalb der Hominiden-Phylogenese spricht der Theologe dann und nur dann, wenn ein auch paläoanthropologisch zumindest ansatzhaft erkennbarer Transzendenz- bzw. Gottesbezug gegeben ist.

Das bedeutet dann nicht, Beseelung sei genau und erst in dem Moment anzusiedeln, wo der Homo sapiens neanderthalensis etwa Bestattungsriten praktiziert. Vielmehr wird umgekehrt gesagt, diese Bestattungsriten sind der sich auch paläontologisch in Erscheinung bringende Ausdruck für das vorgängige Geschehen, das die theologische Tradition Beseelung des Menschen zu nennen gewohnt ist.

Dem theologischerseits oft geforderten Gedanken der Einheit des Menschengeschlechtes in der Schöpfungs- und Heilsgeschichte wäre wohl auch Genüge getan, wenn sich diese Einheit, legt man eine biologische Taxonomie zugrunde, lediglich im Gattungsbegriff Homo widerspiegelte. Jedenfalls ist in den Kompendien der Glaubensbekenntnisse und kirchlichen Lehrentscheidungen nichts Gegenteiliges zu finden. Damit umgriffe dann die Einheit des Menschengeschlechts alle zu Homo habilis, Homo erectus und Homo sapiens gerechneten Individuen. Die Annahme scheint nicht erforderlich, aber auch nicht störend zu sein, dass bereits der gemeinsame Vorfahre all dieser Hominiden, man könnte etwa an einen frühen Australopithecinen denken, den angenommenen Rubikon vom Tier zum Menschen (Selbst- und Transzendenzbezug) bereits überschritten hatte.

Für einen interdisziplinären Dialog bietet auch der Biologe und Theologe Caspar Söling eine in diesem Kontext interessante ›Definition‹ für den Begriff Seele: »*Der Begriff der menschlichen Seele lässt sich als personale Gottesrelation umschreiben.*«[38]

Der Begriff »personale Gottesrelation« scheint intellektuell etwas ›höher gehängt‹ und also etwas enger zu sein, als der hier verwandte und sehr elementar zu verstehende Transzendenzbegriff, weist aber wohl doch in dieselbe Richtung.

6.3.2 Seele im interdisziplinären Verständnishorizont

Der theologische Begriff einer Erschaffung der Seele, die zugleich als Aktion Gottes und als Reaktion des Menschen verstanden wird, lässt sich nach dem Modell von Wort und Antwort, die auch erst miteinander Kommunikation ergeben, zu einer Gott und Mensch beteiligenden Einheit zusammenfügen. Die Begriffe Seele und Erschaffung der Seele wären vermutlich mittels einer relationalen Ontologie philosophisch weiter zu entfalten.

Zur Verständigung darüber, was die theologische Chiffre Seele meinen kann, sei hier das Bild der Kommunikation gewählt. Und daraus ergibt sich, wie (allerdings sehr verkürzt) Erschaffung der Seele zu verstehen sein könnte.

Der Begriff Erschaffung der Seele vermittelt zunächst den Eindruck, wie wenn hier nur Gott am Werke wäre und der Mensch als Material diente, an dem etwas geschieht, gewissermaßen wie der ›Einbau von bestimmten Extras‹ in der Automobilbranche. Diese Vorstellung erscheint absurd und ist vielfach kritisiert worden. Der hier verwandte Begriff eines Transzendenzbezugs vermittelt dagegen den umgekehrten Eindruck, wie wenn hier nur der Mensch am Werke wäre und als ›Pontifex von eigenen Gnaden‹ die Brücke der Beziehung zu Gott baut.

Wird aber, wie hier vorgeschlagen, der Transzendenzbezug als Indiz für die Erschaffung der Seele verstanden, dann müssen beide Dimensionen zusammengefasst werden.

Denkbar wäre das Vorstellungsmodell von Wort und Antwort, die erst zusammen wirkliche Kommunikation konstituieren, das heißt in einen umfassenderen Gesamtsinn überführt werden.

Dem die Kommunikation eröffnenden Wort entspräche Gottes grundlegende Initiative, seine Aktion auf den Menschen hin, und der diese Kommunikation aufnehmenden oder ablehnenden Antwort entspräche die menschliche Reaktion auf Gott hin.

Ichbewusstsein und Transzendenzbewusstsein des Menschen sind die Bedingung für die Ansprechbarkeit und das persönliche Sich-angesprochen-Fühlen des Menschen und für sein Antwort-geben-Können, sein Sich-verantwortlich-Fühlen.

Der Generationismus und auch der Traduzianismus mit ihren Annahmen, die Seele werde durch die zeugenden Eltern weitergegeben, sind nur heterodoxe Variationen der Behauptung, die Antwort des Menschen sei bereits die ganze Kommunikation.

Die Ausstaffierung der menschlichen Seele mit göttlichen Attributen, etwa sie sei göttlichen Wesens, sei Teil Gottes, sei präexistent, entspricht umgekehrt der Behauptung, das ansprechende und Anspruch erhebende Wort Gottes sei bereits die gesamte Kommunikation.

Und wenn der Begriff eines Transzendenzbezugs operationalisierbar nur am Tun des Menschen ist, so meint er doch das diesem Tun des Menschen vorausliegende, für sich nicht operationalisierbare Tun Gottes ebenfalls mit.

Erschaffung der Seele meint dann das wechselseitige Kommunikationsgeschehen: Der Mensch tritt in eine Beziehung mit Gott, weil zuvor Gott in eine Menschwerdung erst ermöglichende Beziehung zur Schöpfung getreten ist und damit die Möglichkeit einer solchen wechselseitigen Beziehung eröffnet hat.

Von Nikolaus von Kues soll das diesen Gedanken schön illustrierende Wort stammen: »Und es hörte dich, Gott, die Schöpfung; und dieses ihr Hören war das Werden des Menschen.«

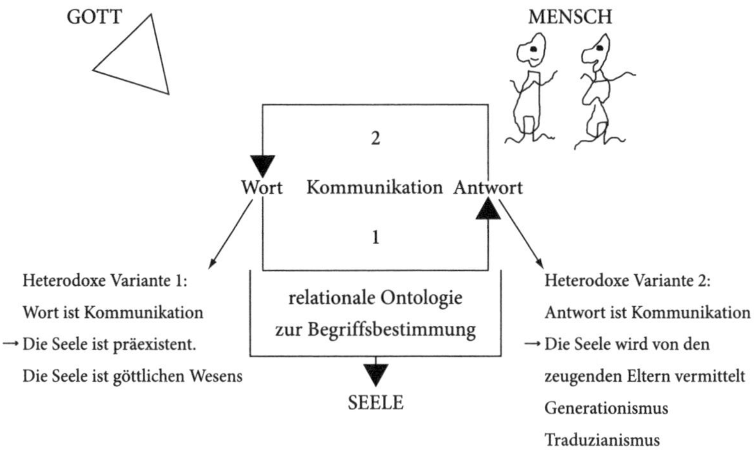

Abb. 3

Insofern hat die Seele als Beziehung einen Beginn und ist nicht präexistent; insofern haben auch die nur irgend denkbaren Ausdrucksformen des Transzendenzbezugs einen Beginn in der menschlichen Phylogenese oder Hominisation.

Wo das In-Erscheinung-Treten eines Transzendenz- oder Gottesbezugs als ein Indiz für die Erschaffung der Seele verstanden wird, ist Seele nicht präexistent und Teil oder Wesen Gottes; denn eine Beziehung beginnt, und diese Beziehung, Seele genannt, ist nur insofern unsterblich, als sie Beziehung zum unsterblichen Gott ist.

Die menschliche Seele verbindet die Endlichkeit des Menschen, insofern sie einen Anfang hat, mit der Unendlichkeit Gottes, insofern sie unsterblich ist.

Einerseits wird also hier vorgeschlagen, ein Wesen unter phylogenetischem, d.h. biologisch-paläontologischem Aspekt nur dann Mensch zu nennen, wenn über den bloßen Selbstbezug hinausgehend ein (von ursprünglich-animistisch bis hochabstrakt denkbarer) Transzendenzbezug in seinem Verhalten und den daraus resultierenden Artefakten zumindest andeutungsweise erkennbar wird.

Andererseits wird vorgeschlagen, der Theologe solle im interdisziplinären Dialog nur dann von Seele des Menschen reden, wenn dieser

Seele ein auch biologisch-paläontologisch wahrnehmbares Phänomen, nämlich der Transzendenz- bzw. Gottesbezug, entspricht.

Dieser Transzendenzbezug wird damit zum auch biologisch-paläontologisch erkennbaren Indiz dessen, was theologisch Erschaffung der Seele und der Begriff Seele in der den Menschen erst konstituierenden Leib-Seele-Einheit meinen.

Josef Ratzinger, seit 2005 als Benedikt XVI. Papst, hat sich in seiner Zeit als Theologieprofessor und später als Präfekt der römischen Glaubenskongregation zwar nicht grundlegend, sondern allenfalls nebenbei mit solchen interdisziplinären Fragestellungen befasst. Gleichwohl lassen sich diese biologisch-theologischen Überlegungen auch mit seinem eine Beziehungsfähigkeit meinenden Seele-Begriff gut verbinden:

»*Das, woran diese Beziehung im Menschen einen Anhalt findet, nennen wir ›Seele‹. Seele ist nichts anderes als die Beziehungsfähigkeit des Menschen zur Wahrheit, zur ewigen Liebe. (…) Die Wahrheit, die Liebe ist, das heißt Gott, gibt dem Menschen Ewigkeit (…)*«[39]

Die Vorstellung von dem, was Seele meint und mit dem Bild der Kommunikation angedeutet ist, wäre philosophisch, was hier in diesem Kontext nicht möglich ist, über eine relationale Ontologie weiter zu entfalten.

Sehr deutlich ist die Beziehung zu Überlegungen von Rahner; denn er versteht in seinen beeindruckenden »Meditationen über das Wort Gott« den Gottesbezug als das entscheidende Unterscheidungskriterium zwischen Tier und Mensch:

»*Bedenken wir einmal (…) Das Wort ›Gott‹ soll verschwunden sein, spurlos und ohne Rest, ohne dass noch eine übriggelassene Lücke sichtbar ist, ohne dass es durch ein anderes Wort, das uns in derselben Weise anruft, ersetzt wird, ohne dass durch dieses Wort auch nur wenigstens eine oder besser die Frage schlechthin gestellt würde, wenn man schon nicht dieses Wort als Antwort geben oder hören will. (…) Dann ist der Mensch nicht mehr vor das eine Ganze der Wirklichkeit als solcher und nicht mehr vor das eine Ganze seines Daseins als solchen gebracht. (…) Der Mensch hätte das Ganze und seinen Grund vergessen, und zugleich vergessen – wenn man das noch so sagen könnte –, dass er vergessen hat. (…) Er würde aufhören, ein Mensch zu sein. Er hätte sich zurückgekreuzt zum findigen Tier. Wir können heute nicht mehr so leicht sagen, dass dort schon Mensch ist, wo ein Lebewesen dieser Erde aufrecht geht, Feuer macht und einen Stein zum Faustkeil bearbeitet. (…) Aber eigentlich existiert der Mensch nur als Mensch, wo er wenigstens als Frage, wenigstens als verneinende und verneinte Frage ›Gott‹ sagt. Der absolute, selbst seine Vergangenheit tilgende Tod des Wortes ›Gott‹ wäre das von niemandem mehr gehörte Signal, dass der Mensch selbst gestorben ist.«*[40]

Rahner apostrophiert die Frage nach Gott nicht als ein naturwissenschaftlich fassbares Indiz für Seele. Wenn man aber die Frage nach Gott als eine mögliche, wenn auch ›hochevoluierte‹ Ausdrucksweise des Transzendenzbezugs ansieht, und wenn man in eben diesem Transzendenzbezug, wie hier vorgeschlagen, ein Indiz für das Erschaffensein von Seele auszumachen wagt, dann lässt sich sagen:

Rahners theologische Überlegungen zu den unaufgebbaren Bedingungen für Menschsein lassen sich ganz offensichtlich auch paläoanthropologisch ›erden‹. Und dieser paläoanthropologische Befund lässt sich umgekehrt erkenntnisgewinnend in einem interdisziplinären Fragekontext einbringen, dem es um etwas derart ›Hochtheologisches‹ wie den Seelebegriff geht.

Es kann nicht darum gehen, die theologischen Fragestellungen und Positionen in einer sich allumfassend gebenden Biologie als nichts denn Biologie zu rekonstruieren. Es kann nicht darum gehen, die evolutionsbiologischen Fragestellungen und Positionen in einer sich allumfassend gebenden Theologie in Quasi-Hegelscher Manier als im Durchgang durch die Materie befindliche Suche des Geistes nach sich selbst theologisch aufzuheben. Aber es ist doch eine unbestreitbare Schnittmenge zwischen theologischen und biologischen Positionen und Fragen auszumachen, die thematisiert werden muss und kann. Im Grenzgebiet von Theologie und Biologie liegt eine unübersehbar große bebauenswerte und -bedürftige Brache. Es ist weiter Raum und höchste Zeit, sie mit einem ernsthaften und lernbereiten interdisziplinären Dialog zu bestellen.

6.4 Beseelung im ontogenetischen Kontext

Im Kontext der menschlichen Phylogenese von Beseelung zu sprechen und diesen theologischen Topos für ein interdisziplinäres Gespräch über Kulturartefakte zu operationalisieren, beinhaltet die paläoanthropologisch gut belegbare Annahme, dass es innerhalb der menschlichen

Phylogenese Stadien des Noch-nicht-Menschseins und Stadien des Menschseins gibt. Und man kann sich, wie es auch oben geschehen ist, über Kriterien für den Beginn von Menschsein argumentativ verständigen. Problematischer erscheint auf den ersten Blick die Situation in der Ontogenese, also in der Individualentwicklung des Menschen, wenn es auch hier Stadien des Vormenschlichen und dann erst Stadien des Menschlichen geben sollte. Ernst Haeckel hatte das mit seiner »Biogenetischen Grundregel« gelegentlich hochstaplerisch auch »Biogenetisches Grundgesetz« genannten Behauptung zu plausibilisieren versucht, der zu Folge die Ontogenese die Rekapitulation der Phylogenese sein sollte. Demnach gäbe es auch in der menschlichen Embryonal- oder sogar Fötalentwicklung Stadien, in denen die Leibesfrucht noch nicht menschlich und Stadien in denen sie schon menschlich ist. Die bioethischen Konsequenzen liegen auf der Hand; denn je nach Festlegung des Rubikon zwischen nicht-menschlichem und menschlichem Stadium gäbe es u. U. keinerlei Probleme mit der Nutzung von Embryonen oder gar Föten zu biomedizinischen Forschungs- und pharmazeutischen Herstellungszwecken, gäbe es keinerlei Grund für ein strafbewährtes Embryonenschutz- oder ein Schwangerschaftsschutzgesetz, die die Forschung oder den Schwangerschaftsabbruch in einschränkender Weise regeln. Die biogenetische Grundregel ist allerdings schon aus evolutionsbiologischen und embryologischen Gründen in die Krise geraten. Der menschliche Embryo entwickelt sich nicht zum Menschen sondern als Mensch.

6.4.1 Beseelung und Karyogamie

Was Theologen unter der Chiffre »Erschaffung einer Seele« verstehen, kann nicht selber Gegenstand der Naturwissenschaft sein, wohl aber, wie dargelegt, die empirisch fassbaren und damit in Verbindung gebrachten biologisch-sozialen und religiös-rituellen Verhaltenseigentümlichkeiten und Artefakte. Aber in Bezug auf die menschliche Ontogenese tauchen diese einer naturwissenschaftlichen Empirie zugänglichen Verhaltenseigentümlichkeiten und Artefakte auch erst lange nach dem Schwangerschaftsbeginn oder auch erst nach der Geburt auf. Den Schutz des frühen Menschen von etwas abhängig zu machen, was sich erst später ereignet bzw. erst später beobachtbar ist, heißt auf den

Schutz gerade während der kritischen Frühphase zu verzichten und das, dessen besondere Dignität erst später erkennbar ist, bereits in seinen Anfängen aufs Spiel zu setzen.

Es ist denkbar, vielleicht sogar wahrscheinlich, dass das, was Theologen »Erschaffung der individuellen Seele« nennen, kein Ereignis innerhalb der Ontogenese, sondern deren ermöglichender Beginn oder die Bedingung der Möglichkeit für das ist, was aus biologischer Sicht Karyogamie genannt wird. Das würde dann bedeuten, dass es ontogenetisch keinen der Beseelung vorausgehenden Zustand und also auch kein Auseinanderklaffen von dann ja vormenschlichen Zuständen nur des Leibes und menschlichen Zuständen des beseelten Leibes geben könnte.

Von allem Anfang an wäre der Mensch als untrennbare Leib-Seele-Einheit ein vollständiger Mensch ohne vormenschliche, weniger oder gar nicht schützenswerte quasi-tierische Vorstufen. Denn die Bedingung der Möglichkeit dafür, dass überhaupt ein Embryo biomedizinisch erkennbar ist, wäre eben genau das, was Theologen »Erschaffung der individuellen Seele« nennen.

Eine vielleicht nur unwesentlich anders erscheinende, gleichwohl essentiell andere Position wäre die einer Annahme der Beseelung im Vorgang der Karyogamie. Die etwas gestelzt wirkende kirchlich-lehramtliche Sprachregelung zur Beseelung hatte gelautet: *»An sich selbst dagegen besteht die menschliche Seele, die, wenn sie einem hinreichend veranlagten Zugrundeliegenden eingegossen werden kann, von Gott geschaffen wird und ihrer Natur nach unzerstörbar und unsterblich ist.«*[41]

Der Vorgang der Karyogamie wäre dann die Konstituierung des »hinreichend veranlagten Zugrundliegenden« und der Auslöser für Gottes Tun im Akt der Beseelung. Damit wäre die Beseelung dann nicht die Bedingung der Möglichkeit für Karyogamie, sondern Beseelung würde sich ereignen als zeitloses schöpferisches Tun Gottes in eben dem Vorgang, der zeitseitig betrachtet als Karyogamie zu kennzeichnen ist und der von den Gameten »selbst bewerkstelligt« wird.

In beiden Fällen, bei einer Kennzeichnung der Beseelung als Bedingung der Möglichkeit von Karyogamie und bei ihrer Kennzeichnung als ein der Karyogamie synchrones Geschehen, gäbe es keinen »seelenfreien Leib pur«, keine quasi-menschlichen Vorstufen, deren Rechtsschutz dann eben auch nur quasi-menschlich oder gar unmenschlich ausfallen könnte.

Es gibt weder biologisch noch philosophisch ernstzunehmende Gründe für die auf Aristoteles zurückgehende und von Thomas übernommene Annahme einer Beseelung erst am 40. Tag nach der Konzeption für Jungen und einer erst am 90. Tag erfolgenden Beseelung bei Mädchen. Leider gibt es wissenschaftlich oder pharmazietechnisch interessierte Kreise, die sich gern auf die von wenig biologischer Sachkenntnis geprägten antiken oder mittelalterlichen oder jüdisch-alttestamentlichen oder islamischen Annahmen über den Lebensbeginn berufen, um ihr den Embryonenverbrauch einschließendes Nutzerinteresse sanktionieren zu lassen. Aber man kann sich nicht einerseits über die angebliche naturwissenschaftliche Rückständigkeit der heutigen Philosophen oder Theologen beklagen und andererseits, wo sie einem unter Rückgriff auf mittelalterliches Denken zu Pass käme, gern davon Gebrauch machen. Niemand würde es ja auch im umgekehrten Fall einem Philosophen oder Theologen gestatten, die heutigen bioethischen Fragestellungen auf der biologischen Basis von Brehms Tierleben abzuhandeln, so reizvoll dieses Werk auch bis heute ist.

Raphael Schulte stellte noch – immerhin im Lexikon für Theologie und Kirche – fest: *»Heute nehmen die meisten Theologen den Moment der Empfängnis, d. i. der Fertilisation (erfolgte Vereinigung von Samen- und Eizell-Haploiden) oder der Nidation (Einnistung des Embryos in die Gebärmutter), als den vor allem ethisch relevanten Zeitpunkt der Beseelung an.«*[42]

Zumindest, was die Annahme angeht, die Nidation könne als Beseelungsmoment in Frage kommen, sind im Blick auf die weitere biomedizinische Forschung erhebliche Zweifel angebracht.

Angesichts der Tatsache, dass man Embryonen bis weit über das Nidationsstadium in vitro halten kann, hieße das, die Verhinderung oder Verzögerung der Nidation wäre die Verhinderung oder Verzögerung der Beseelung, und es gäbe weltweit – hundertausendfach kryokonserviert – unbeseelte Embryonen. Und weiter hieße das, nicht dem Embryo selbst wäre die Dignität zuzusprechen, die die Theologie mit Beseelung umschreibt, sondern der Aufenthalt im intrauterinen Raum wäre die Bedingung der Möglichkeit oder gar die Vermittlung von Beseelung. Und weiter hieße das, künstlich hergestelltes Uterusgewebe außerhalb des mütterlichen Leibes, an dem der bis dahin in vitro gehaltene Embryo innidiert, vermittele in eben diesem Vorgang dem Embryo die Beseelung. Die Absurditäten, die sich aus diesen und ähnlichen Überlegungen ergeben, legen den Schluss nahe, dass, wer den Gedanken der Beseelung mit der Nidation zu verknüpfen und zu retten versucht, ihn genau damit opfert.

Bleibt man aber dabei, die Karyogamie als den biologisch beschreibbaren Vorgang, in dem sich theologisch gesprochen Beseelung ereignet, oder als das Indiz dafür anzusehen, dass die Bedingung der Möglichkeit für Karyogamie, nämlich die Beseelung, damit ebenfalls gegeben war, dann gibt es keine unbeseelten Zustände nur des Leibes und kein Auseinanderklaffen der Leib-Seele-Einheit am Beginn menschlichen Lebens.

Dann stößt man aber auf ein anderes Problem, dessentwegen es manche Theologen, die interdisziplinär so weit denken, verschämt vermeiden, mit Biologen über etwas derartig »Theologieinternes« wie Beseelung zu sprechen. Gleichwohl gehört das Theologumenon von der Beseelung zum gedanklich zu bewältigenden und interdisziplinär zu vermittelnden Bestand des nicht nur katholischen sondern auch christlichen Glaubensgutes. Was ist mit der Beseelung bei natürlich entstandenen eineiigen Zwillingen und anderen Mehrlingen, deren Entstehung sich ja auf dem Wege der Keimteilung erst nach der Karyogamie vollzieht? Was ist mit den möglicherweise in großer Zahl durch Embryosplitting künstlich hergestellten eineiigen Mehrlingen? Es mag sein, dass sich manche Biologen mit Fragen der Beseelung und mit dem Status der menschlichen Embryonen in vivo und in vitro nicht beschäftigen mögen; dieses Thema deswegen aber links liegen zu lassen, wäre gesamtgesellschaftlich eine unverantwortliche Fahrlässigkeit sondergleichen.

6.4.2 Zwei Seelen in einer Brust oder Sukzessivbeseelung?

Unter Hinweis auf das Phänomen der Bildung eineiiger Zwillinge wurde gelegentlich eingewandt, von einer Erschaffung der individuellen Seele könne erst zu dem Zeitpunkt gesprochen werden, in dem sich oder nach dem sich die tatsächliche Individuation vollzogen habe. Denn andernfalls müsse man ja annehmen, der zunächst eine Embryo, der sich noch zu zwei Individuen aufteilt, müsse vor der Keimteilung zwei Seelen erhalten haben, deren eine er dann dem Geschwister »abzutreten« hätte. Oder der ursprüngliche Embryo erhalte mit der Keimteilung eine zweite Seele gewissermaßen nachgeliefert.

Bei zweieiigen Zwillingen stellt sich dieses Problem nicht, da hier gewissermaßen nur zwei Geschwisterkinder gleichzeitig im Mutterleib heranwachsen, die auch genetisch in keinem engeren Verhältnis zueinander stehen als andere Geschwister auch, weil sie eben aus zwei separierten Ei- und zwei Spermazellen durch zwei distinkte Karyogamien hervorgehen.

Aber auch wenn unter etwa 500 Geburten sich nur eine von eineiigen Zwillingen ereignet und also dieses Problem mit der »Doppelbeseelung« oder der »Nachbeseelung« nur selten auftritt, bedarf es einer Klärung und kann nicht mit einer Marginalisierung abgetan werden.[43]

Ethiker, sogar auch katholische Moraltheologen wie Franz Böckle haben zumindest zeitweise die Position vertreten, dass von einem schutzwürdigen menschlichen Leben noch nicht zu reden sei, solange die Individualität des Embryos noch nicht gegeben sei. Unter Individualität verstanden sie dabei aber ganz offensichtlich die Unteilbarkeit, also den Entwicklungszustand des Embryos, der eine Aufteilung in zwei eineiige Individuen nicht mehr zulässt.

Wie ist nun die Frage der Beseelung bei eineiigen Zwillingen zu beantworten? Eine terminologische Klärung und einen Lösungsvorschlag liefert der Gynäkologe Hermann Hepp im Anschluss an Überlegungen von Bernhard Würmeling und Günter Rager: »*In philosophischer Hinsicht besagt Individualität, dass etwas nicht mehr auf kleinere Einheiten rückführbar ist, ohne dass es seine Qualität verliert. Diesen Gedanken führt Würmeling (…) konsequent fort und zeigt auf, dass biologisch die Teilung eines frühen Embryos keine Aufteilung in kleinere Einheiten, sondern eine Form der Lebensäußerung ›Vermehrung‹ darstellt. So auch Rager: ›Wenn aus einem Individuum mehrere Individuen hervorgehen können, wie das bei jeder Zellteilung der Fall ist, so folgt daraus, dass das ursprünglich eine Individuum die Möglichkeit für eine Mehrzahl von Individuen in sich trägt.‹*

Darum kann, folgt man diesem Gedanken der Verlust der biologischen orthischen Teilbarkeit, nicht dem Beginn der philosophischen Individualität und damit dem Beginn der Person unterlegt werden. Als äußeres Kriterium bleibt demnach die erstmalige Verkörperung des je besonderen Programms, das den Menschen in der Auseinandersetzung mit der jeweiligen Umwelt gestaltet.

Biologisch wird also die Individualität letztlich nicht durch die Unteilbarkeit, präziser: das Ungeteiltsein (…) des Individuums, sondern durch die Neukombination der Gene in der Reifeteilung und die Konjugation der Gameten ab dem Zeitpunkt der Genexpression konstituiert. Der Zeitpunkt des Ungeteiltseins des Embryos erweist sich danach als unzureichend zur Definition des Beginns individuellen menschlichen Lebens.«[44]

Die Teilung des frühen Embryos kann man nach diesen Überlegungen durchaus als Lebensäußerung im Sinne einer umfassender verstandenen Vermehrung sehen. Auch das Klonen eines Lebewesens durch Embryosplitting muss man ja wohl als Vermehrung, hier allerdings als Vermehrung durch künstliche hervorgerufene Teilung, ansehen.

Der Begriff der Individualität meint dann nicht die prinzipielle Unteilbarkeit, sondern das konkrete Ungeteiltsein einer organismischen Ganzheit, die erstmalige Repräsentanz eines eigenen genetischen Programms in seiner unwiederholbaren Auseinandersetzung mit einer ganz spezifischen Umwelt. Dass diese Ganzheit mit einer Teilungsfähigkeit ausgestattet ist, nimmt ihr weder den Charakter der Ganzheit noch das Spezifikum ihrer Einzigartigkeit, sondern qualifiziert diese Ganzheit als vermehrungsfähige Ganzheit.

In diesem Sinne ist die Zerstörung eines Embryos durch Abtreibung oder zu Forschungszwecken vor dem Ende seiner eigeninitiierten spontanen Teilungsfähigkeit nicht durch den Hinweis ethisch salviert, es läge deshalb keine Tötung vor, weil ja gar nicht ausgemacht sei, ob sich der Embryo nicht noch einmal zu Zwillingen teile. Und darum sei seine Individualität (missverstanden als Unteilbarkeit) nicht gegeben, die ja als die Voraussetzung des Tatbestandes der Tötung menschlichen Lebens anzusehen sei. Die Frage ist in diesem Fall aber nicht, ob überhaupt ein menschliches Wesen zerstört worden ist oder nicht, sondern, ob nur eines oder gar zwei und mehr menschliche Lebewesen in ihren Frühstadium getötet worden sind.

Individualität, verstanden als ungeteilte Ganzheit und nicht als Unteilbarkeit, ist mit der Karyogamie gegeben. Die prinzipielle Teilungsfähigkeit, und zwar die des ganzen Embryos zu Zwillingen, wo immer sie auftritt, und die in jedem Fall auftretenden mitotischen Teilungen sind der lebendige Ausdruck dieser Ganzheit.

Auch wenn das genetische Programm eineiiger Zwillinge gleich ist, auch wenn das genetische Programm zweier durch Klonung erzeugter Zwillinge gleich ist, identisch ist es nicht. Und die Umwelt, in der sie ihr gleiches genetisches Programm präsentieren, ist ganz sicher auch nicht identisch, und zwar weder intra- noch erst recht extrauterin. Das zwar gleiche, aber nicht identische genetische Programm exprimiert sich nämlich in der »Einmaligkeit der Raum-Zeit-Stelle eines Einzeldings«[45].

Zwei auch empirisch hinreichend gut beschreibbare Größen konstituieren von Anfang an die absolute Einmaligkeit, lebensgeschichtliche Unwiederholbarkeit und unverwechselbare Identität eines jeden Individuums.: 1. das genetische Programm, das in der Karyogamie neukomponiert oder in der Keimteilung bei eineiigen Zwillingen anschließend rekapituliert wird, und 2. die Etablierung dieses Programms in einer spezifischen Umwelt, d. h. an einer ganz spezifischen Raum-Zeit-Stelle.

Bei diesem Begriff von Individualität und bezogen auf die Fragestellung, ob die Beseelung in ontogenetischer Hinsicht als Bedingung der Möglichkeit von Karyogamie richtig verstanden, oder bei der Karyogamie richtig »terminiert« und »lokalisiert« ist, ergibt sich daher die folgende Antwort.

Die Annahme von »zwei Seelen in einer Brust« und die Annahme der »Abtretung« einer Seele bei der sich anschließenden eineiigen Zwillingsbildung, die gelegentlich zur Konterkarierung des frühen, mit der Karyogamie verbundenen Beseelungszeitpunktes herangezogen werden, sind ebenso unsinnig wie überflüssig. Auch die Annahme, die Seelen von eineiigen Zwillingen hätten dann wohl eine längere »Lieferzeit«, wenn die Beseelung, anders als beim einzelnen Embryo, erst nach der Teilung der Embryonalanlagen, also deutlich nach der Karyogamie, erfolgen könne, verfängt nicht. Zwei Möglichkeiten der Zuordnung von Karyogamie und Keimteilung einerseits und Beseelung andererseits ergeben sich damit:

1. Aus der Perspektive der Theologie kann ohne Widerspruch zum biologisch-medizinischen Befund festgehalten werden, dass die Beseelung die Bedingung der Möglichkeit für die sich in der Karyogamie vollziehende erstmalige Konstituierung eines neuen genetischen Programms an einer spezifischen Raum-Zeit-Stelle ist. Und ebenso kann festgehalten werden, dass die Beseelung die Bedingung der Möglichkeit für die sich bei der Keimteilung vollziehende wiederholte Konstituierung des gleichen genetischen Programms in der Einmaligkeit einer anderen Raum-Zeit-Stelle ist.

2. Aus der Perspektive der Theologie kann ebenfalls ohne Widerspruch zum biologisch-medizinischen Befund festgehalten werden, dass Beseelung sowohl im Vorgang der Karyogamie selbst, also bei der Konstituierung eines solchen einmaligen genetischen Programms in einer spezifischen Umwelt geschieht, als auch bei der in der Keimteilung wiederholten Etablierung dieses gleichen Programms in einer zur ersten differenten spezifischen Umwelt.

Zum Gegenstand einer naturwissenschaftlichen Wahrnehmung und Analyse wird der theologische Topos der Beseelung damit nicht, aber die sich aus biologisch-medizinischer Perspektive auftuenden Kuriositäten, die Annahme eines Individuums mit zwei Seelen, oder eines Individuums ohne Seele aber mit verspäteter Doppelbeseelungsmöglichkeit im Fall sich noch teilender Embryoanlagen erübrigen sich damit.

Wer nicht traditionsvergessen den theologisch-dogmatischen Befund zum Thema Seele ignorieren oder durch verschämte (respektive unverschämte) Nichtbeachtung vergessen machen möchte, der muss ihn aufnehmen und in Beziehung zu dem setzen, was uns die biomedizinischen Wissenschaften über den Leib des Menschen, seinen Werde- und Daseinsprozess zu wissen ermöglichen, um weiterhin glaubhaft und glaubwürdig von der leibseelischen Ganzheit und Einheit des Menschen reden zu können.

6.5 Beseelung – Chiffre einer Menschenwürde von Gottes Gnaden

Seele wird also einerseits phylogenetisch als kommunikatives Beziehungsgeschehen verständlich gemacht, das seinen an Artefakten auch paläontologisch erkennbaren Ausdruck spätestens im Auftauchen eines Transzendenz- oder Gottes- bzw. Götterbezugs findet. Demnach muss es phylogenetisch betrachtet im Prozess der Hominisation Stadien des noch nicht menschlich beseelten Leibes geben; denn innerhalb seiner Phylogenese hat der Hominide irgendwann den Rubikon der Hominisation und der Humanisation überschritten, theologisch gesprochen Beseelung erfahren.

Und Seele bzw. Beseelung wird andererseits ontogenetisch im Kontext von Karyogamie, respektive – bei eineiigen Zwillingen – im Kontext von Karyogamie und Keimteilung angesiedelt. Demnach gibt es ontogenetisch betrachtet keine unbeseelten Zustände nur des Leibes, die dann ja einem vormenschlichen Stadium entsprechen müssten. Es wäre in der Tat widersinnig anzunehmen, der von zwei Menschen gezeugte Embryo, erführe eine Art phylogenetischen Rückfall, werde erst ein nichtmenschlicher Primat und müsse sich erst ontogenetisch zu dem hocharbeiten, was seine Eltern bereits waren, als sie ihn zeugten. Von keinem Tier nähme man so etwas an, was soll dann dieser – einen Rückfall auf Haeckel bedeutende – Dehumanisierungstrend in der Ontogenese des Menschen? Angesichts dieses ontogenetisch so früh angesetzten Beseelungszeitpunktes kann das Zuvorkommen Gottes in diesem kommunikativen Beziehungsgeschehen verdeutlicht werden. Das ansprechende und zugleich anspruchsvolle Wort Gottes evoziert lebenslang die averbale und verbale Antwort des angesprochenen Menschen. Der Mensch ist und bleibt antwortfähig und antwortpflichtig; er ist und bleibt in des Wortes Doppelsinn von Gott beseelt.

Es ist keine Frage, dass auch nach den hier vorgelegten Überlegungen ein erheblicher Problemüberhang im Schnittbereich von Evolutionsbiologie und Hominisation einerseits und von Schöpfungstheologie und Erschaffung der menschlichen Seele andererseits bestehen bleibt. Er lässt sich kurz so skizzieren: Wie kann die Leib-Seele-Einheit des Menschen gewahrt bleiben, wenn dieser Mensch seinem Leibe nach ganz zweifelsfrei eine Evolution durchläuft, seiner Seele nach aber auf einen einmaligen Schöpfungsakt Gottes zurückgeht. Wie ist Gottes Wirken zu denken, wenn man davon ausgeht, dass die nachmaligen Eltern nicht einen Leib sondern einen Menschen zeugen? Wie können die sich zwischen ein Früher und Später aufspannende Prozessualität geschöpflich-menschlichen Daseins und die allgegenwärtige Unmittelbarkeit des schöpferisch-göttlichen Seins miteinander vermittelt werden.[46]

An dieser Stelle soll aber nun nicht der definitorische sondern der deiktische Charakter, der Hinweischarakter des Seelebegriffs in den Blick gerückt werden. Worauf verweist dieser Begriff, das anders als durch ihn nur schwerlich in den Blick zu bekommen ist?

Als die Väter und Mütter des Grundgesetzes der Bundesrepublik Deutschland den Artikel 1 des Grundgesetzes formulierten, »Die Würde des Menschen ist unantastbar«, da fügten sie ihm keine Begründung bei. Es war keineswegs so, dass sie selber keine Begründung gehabt und deshalb keine gegeben hätten, denn die meisten von ihnen hatten eine durch die Gräuel des Krieges und der Judenvernichtung hoch sensibilisierte, primär vom christlichen Menschenbild her kommende Begründung. Aber eine rein christlich formulierte Begründung für diesen Artikel 1 wäre von einem überzeugten Atheisten nicht mitzuvollziehen gewesen und hätte diesen zentralen Artikel gerade wegen seiner gegebenen religiösen Begründung außer Kraft setzen können und überdies dem sich längst andeutenden pluralistischen Denken nicht entsprochen. So steht dieser Artikel 1 zwar ganz und gar nicht grundlos, aber selber begründungslos im Grundgesetz, und ist doch grundlegend und maßgebend für alle folgenden Artikel. Die Menschenwürde ist danach weder zuerteilungsbedürftig noch zuerteilungsfähig, sie kommt jedem Menschen eo ipso zu.

Der theologische Begriff der Seele, so stark das dogmengeschichtliche Geschütz auch sein mag[47], das man dafür auffahren kann, ist zunächst nicht mehr als eine Chiffre. Aber von dieser Chiffre aus lässt sich kurz andeuten, was der Begriff der Menschenwürde letztlich intendiert, was es mit der Menschenwürde im Kern auf sich hat, woher sie ihre das biologische Wesen Mensch adelnde Dignität erhält.

Die individuelle menschliche Seele, sagt die katholische Tradition, ist von Gott geschaffen und dem beseelten Geschöpf nicht präexistent sondern essentiell und koexistent. Die Chiffre Seele ist verstehbar als Ausdruck einer unverwechselbaren Einmaligkeit und Unwiederholbarkeit, die durchaus der biomedizinisch, der individual- und sozialgeschichtlich zu beschreibenden Einmaligkeit und Unwiederholbarkeit korrespondiert, aber über diese hinaus einen empirisch nicht erfassbaren Wert beimisst.

Die Seele, insofern sie als von Gott geschaffen angesehen wird, ist als Ausdruck der Gottunmittelbarkeit eines jeden Menschen zu werten; denn sie wird nicht als etwas von den Eltern Gegebenes und also nur ihnen zu Verdankendes verstanden, wie es der Generationismus und der Traduzianismus auf etwas unterschiedliche Weise behaupten. Sie ist nicht die Bestreitung der biologischen Abkünftigkeit des Menschen, sondern deren (hin)aufhebende Bejahung.

Die mit dem Begriff Seele zum Ausdruck gebrachte Gottunmittelbarkeit eines jeden Menschen stützt den Gedanken der prinzipiellen Gleichheit aller Menschen vor Gott und trägt aus theologischen Quellen gegen alles über- und unterordnende Rassen- und Klassendenken etwas Egalitäres in das Menschenbild ein, das den Kristallisationspunkt oder die Keimzelle demokratischer Denkansätze bildet. Die Gleichheit vor Gott ist nämlich die maßgebliche Korrekturgröße gegen alle von Menschen erdachte und gemachte oder nur behauptetete Ungleichheit.

Über die Gottunmittelbarkeit hinaus ist der theologische Gedanke einer je persönlichen individuellen Beseelung auch als ein Indiz für das Gewollt- und Bejahtsein des einzelnen Menschen, für sein Erwünscht- und Angesehensein durch und vor Gott zu verstehen. Was immer der Mensch vor Menschen sein mag, er ist das, was er vor Gott ist. Was immer der Mensch vor Menschen gelten mag, er ist etwas, weil er vor Gott Geltung hat, weil Gott ihn gelten lässt.

Natürlich wird der Mensch von seinen Eltern gezeugt oder durch In-vitro-Fertilisierung und Embryotransfer auf den Weg seines individuellen Lebens gesetzt. Und die dem zugrundeliegenden natürlichen Gesetzmäßigkeiten sind zu einem Gutteil bekannt. Der Begriff Beseelung hingegen ist Chiffre für den Geschenkcharakter jeder menschlichen Existenz, für das an ihm, was sich trotz und jenseits des Machbaren, Planbaren, trotz und jenseits des diagnostisch und prognostisch Sagbaren mit dem Auftauchen des individuellen Daseins und Soseins eines jeden konkreten Menschen ereignet. Beseelung verweist auf das Geheimnis, dass ein jeder Mensch ist und bleibt und das, so kann es manchmal erscheinen, durch die sich nach und nach auftuende Kenntnis biologischer Gesetzmäßigkeiten nicht kleiner, sondern eher größer zu werden scheint.

Der Begriff Seele respektive Beseelung gehört nicht zu einem definitorischen sondern zu einem deiktischen Sprachmodus. So ist Beseelung der begriffliche Statthalter für die mahnende Erinnerung an die bleibende empirische Unauslotbarkeit eines jeden Menschen. Beseelung ist der begriffliche Rückverweis auf das menschliche Unbegriffensein und das göttliche Inbegriffensein eines jeden Menschen, der unhintergehbare und unübergehbare Rückverweis auf die gottgegebene Menschenwürde.

7 Der Mensch am Anfang – der Mensch am Ende

Am Umgang mit dem Beginn und mit dem Ende menschlichen Lebens zeigt sich die faktische und praktische Werteorientierung einer Gesellschaft. Die politischen und sozialen Sonntags- und Schönwetterreden sind nur eine Art Selbstbestätigungsbalsam, den man auf die Stellen des sozialpolitischen Gesellschaftskörpers besonders dick aufträgt, mit dem man nach Art eines Make-up die Stellen besonders dick überdeckt, die nicht mehr nur rau und wund, sondern längst offen und eitrig sind.

Bei einer Merkantilisierung aller Lebensbereiche besteht die latente und permanente Gefahr, dass genau der Mensch als Sozialballast abgeworfen wird, der wirtschaftlich noch nicht positiv oder nicht mehr positiv oder der sogar schon negativ zu Buche schlägt. Denn unter dem Diktat einer der betriebswirtschaftlichen Logik folgenden Gehirnwäsche kennen wir – einem Wort des ehemaligen Bundespräsidenten Johannes Rau folgend – zwar von allem den Preis, aber von vielem nicht mehr den Wert. Von der Würde jenseits aller Wertzumessung ist hier noch ganz zu schweigen.

Wenn und weil er keine wirtschaftliche Lobby und kein politisches Gewicht hat, wird der Mensch ganz am Anfang und der Mensch ganz am Ende auf je eigene Weise in einer auf die Kurzfristigkeit und Kurzsichtigkeit zwischen zwei Wahltagen eingespannten Politik ein Nullum; denn er ist ein Noch-Nicht-Wähler oder ein Nicht-Mehr-Wähler.

Um es drastisch zu formulieren: Die Abtreibung ist sehr viel preiswerter als die Einrichtung eines Platzes in der Kindertagesstätte; und die ärztlich assistierte Tötung eines Menschen ist sehr viel preiswerter als die Einrichtung eines Platzes auf einer Palliativstation oder in einem Sterbehospiz. Aber hier regiert die Verwechslung von Wert und preiswert.

Eine Zumessung eines Wertes, die sich darin begründet und erschöpft, dass etwas preiswert ist, ist nicht nur des Preises, sondern sogar der Erwähnung nicht wert.

7.1 Von Anfang an Mensch! – Von welchem Anfang an?

Dass der Mensch von Anfang an zu schützen sei, ist für die meisten Diskursteilnehmer noch nachvollziehbar und sogar konsensfähig, nicht aber, wann und wo dieser Anfang zu terminieren und zu lokalisieren und wie er zu beschreiben ist. Ist der Anfang des Menschen mit der Karyogamie, der Kernverschmelzung von Ovum und Spermium, anzusetzen? Ist der Anfang des Menschen an den eigenen Herzschlag oder an die Feststellbarkeit von Hirnströmen gebunden? Ist er erst zum Zeitpunkt der Präsentation aller Organanlagen anzusetzen, also zu einem Zeitpunkt, von dem aus sich im Wesentlichen nur noch Größenwachstum vollzieht? Ist er erst mit der Geburt manifestiert?

Auch wenn das Grundgesetz festhält, die Würde des Menschen sei unantastbar, so sagt es doch nicht, ab wann dieser Mensch ist, dessen Würde seine Schutzwürdigkeit ipso facto nach sich zieht. Das Würdeprädikat ist keiner Antragsstellung und keines Zueignungsaktes bedürftig, sondern kommt dem Menschen, qua Menschsein unwiderrufbar zu. Leider wird das Würdeprädikat aber nicht selten in dem Sinne missverstanden, als sei es etwas, das einer wachstumsabhängigen Vergabepraxis unterstellt und ihrer bedürftig sei. Diese Position hält den frühen Embryo für weniger schützenswürdig als den Fetus, den Nasciturus für weniger schützenswürdig als den Neonatus etc. Wer den Menschen von Anfang an für schützenswert hält, muss zugleich angeben, welchen Anfang er meint, und welche Begründung er dafür hat, gerade diesen Zustand und Zeitpunkt als Anfang des Menschen anzusehen.

Eine Inkonsistenz in der Beurteilung von Wertehierarchien scheint da vorzuliegen, wo zwar mit guten biologischen Gründen der des Beginns eines Menschenlebens mit der Karyogamie akzeptiert, aber gleichwohl seine Herstellung und Nutzung als ausschließliches Forschungsobjekt gefordert wird.

7.1.1 Kurze Skizze der Situation

Es wird seit einigen Jahren um die verbrauchende Forschung an menschlichen Embryonen eine heftige Diskussion geführt; es geht für menschliche Embryonen ums Leben, und es geht ihnen ans Leben.

Ein hochrangiger Bundespolitiker[1] hatte bereits die Parole ausgegeben, erst der sei wirklich ein Mensch, der zur Selbstachtung fähig sei. Der seinerzeitige Bundeskanzler[2] berief zusätzlich zur Enquete-Kommission des Bundestages wohlweislich einen gegenteilig orientierten »nationalen Ethikrat«, in dem auch in wohlkalkulierter Minderheitswahrung einige Vertreter der Kirchen Platz fanden, sprach gleichzeitig von einer »Diskussion ohne ideologische (sprich: ethische?) Scheuklappen« und wies auf die wirtschaftlichen Vorteile der verbrauchenden Embryonenforschung hin, die, insofern Arbeitsplätze entstünden, schließlich auch eine ethische Dimension hätte.

Nicht wenige Bundestagsabgeordnete aller Parteien sahen im nationalen Ethikrat nur ein ethisch-moralisches Feigenblatt, weil sie der Meinung waren, das Ergebnis, das dabei herauskommen sollte, habe schon vor Einberufung dieses Rates festgestanden. Es sei eine Beschäftigungs- und Stillstelltherapie für die ethischen Bedenkenträger, nur darum seien auch Vertreter von Kirchen und Lebensschutzorganisationen, Philosophen, Biologen, Mediziner, Juristen und Theologen eingeladen worden.

Und der Präsident der Deutschen Forschungsgemeinschaft, selber Mitglied im nationalen Ethikrat,[3] teilte rechtzeitig vor dessen erster Sitzung mit, dass man angesichts des internationalen Forschungsdrucks den Schutz menschlicher Embryonen im Reagenzglas lockern und – natürlich nur in engen Grenzen – die Tötung menschlichen Lebens zu Forschungszwecken erlauben solle.

Dass einflussreiche politische Kreise eine gesetzliche Regelung für die Tötung einzuführen gedachten anstatt dagegen, wurde unter Verweis auf restriktive Klauseln schon zum Akt der Menschlichkeit hinaufstilisiert. Nicht wenigen erschien das als eine blanke Perversion.

Soll dieser Ethikrat zu mehr Ethik raten oder raten, was Ethik ist, oder von Ethik abraten oder raten, wie man an der Ethik vorbeikommt, ohne sein menschliches Angesicht zu sehr zu ramponieren.

Der Ministerpräsident des bevölkerungsreichsten Bundeslandes[4] versuchte durch Kauf und Einfuhr von Embryonen aus dem Ausland, speziell aus Israel, Fakten zu schaffen, bevor die öffentliche Debatte zu einem ihm möglicherweise missbehagenden Ergebnis gekommen wäre.

Die Freie Demokratische Partei Deutschlands zeigte sich in dieser Frage zumindest, was ihre Träger von Bundestagsmandaten betraf, nahezu völlig frei von bio-ethischen Bedenken. Dass aber auch hochrangige Landes- und Bundespolitiker der Christlich Demokratischen Partei[5] den bislang für christlich gehaltenen Grundsatz des Lebensschutzes von der Befruchtung der Eizelle an zu kippen bereit waren, erschien vielen Beobachtern des Geschehens als ein erstaunlicher Ausdruck, manchen gar als Gipfel derzeitiger bio-ethischer Grundsatzlosigkeit.

Eine parteiübergreifende, aber für einen restriktiven Kurs nicht mehrheitsfähige Koalition derer, die sich um der Menschlichkeit willen ernstlich ein Gewissen machten, formierte sich aber auch.[6]

7.1.2 Durchsetzungsstrategien zur Aushebelung ethischer Ansprüche

Vor allem vier Argumentationsstränge oder Durchsetzungsstrategien werden in den letzten Jahren benutzt, um die ethischen Ansprüche auszuhebeln, die bislang menschliches Leben schützen sollten. Sie sollen im Folgenden kurz bedacht werden:

7.1.2.1 Das Argument biotechnologischer Rückständigkeit

Dies Argument lautet, die besten Forscher verließen die Bundesrepublik und diese geriete forschungstechnisch ins Hintertreffen, wenn sie nicht schleunigst rechtliche Regelungen fände, die es deutschen Forschern gestatteten, auch bei der Präimplantationsdiagnostik, der Klonung und der verbrauchenden Embryonenforschung beim Menschen mitzumachen. -

Dieses Argument vom uneinholbar werdenden forschungstechnischen Rückstand, es wirkt wie ein Totschlagsargument, war vor Jahrzehnten auch bei der Kernkraftdebatte immer wieder zu hören. Die lange Laufzeit dieses Arguments und die deshalb gute Überprüfbarkeit des Eintreffens seiner Prognosen haben aber zweifelsfrei dies Ergebnis erbracht: Die Bundesrepublik ist in Sachen Kernkraft nicht ins Hintertreffen geraten, obwohl z. B. die Brütertechnologie nicht realisiert wurde. Wohl aber ist sie in Sachen Energieeinsparung und alternative Energienutzung weiter vorangekommen als die meisten anderen Industrienationen, die diese Debatte zum Teil gar nicht erst geführt haben.

Man mag eine diesbezügliche Vergleichbarkeit dieser Technologien bestreiten. Das aber salviert das Argument keineswegs; denn es geht auf die ethische Frage nach Lebensbeginn und Lebensschutz überhaupt nicht ein, sondern antwortet mit dem panischen Argument drohender wissenschaftlicher Rückständigkeit.

Völlig unberücksichtigt bleibt bei seiner Präponderanz hinsichtlich der Forschungsspitze auch die noch wichtigere Frage, wohin denn diese Spitze gerichtet sei. Es scheint mir höchst wichtig zu sein, nicht nur in der Spitze mitzumarschieren, sondern genau zu schauen, wohin diese Spitze zeigt.

Es gibt auch unter den Fortschrittstechnokraten einen panisch-hektischen Lemmingzug, der sich zielsicher in den Abgrund ethischer Bedenkenlosigkeit stürzt. In Bezug auf diesen besteht der größte Fortschritt darin, nicht nur nicht vorn, ja nicht einmal hinten, sondern gar nicht mitzuziehen.

7.1.2.2 Das Argument aus der Perspektive des Abtreibungsrechts

Dies zweite Argument lautet: Wir sollten uns nicht so bedenkenträgerisch haben, wo wir doch in unserem Land derart freizügig abtreiben könnten. Nach medizinischer Indikation für die Mutter sei eine Abtreibung sogar bis in den letzten Schwangerschaftsmonat, also bis in die selbständige Lebensfähigkeit des Kindes hinein möglich. Man könne nicht einerseits freizügig mit dem Leben im Uterus umgehen und es zugleich im Reagenzglas in höchst restriktiver Weise schützen. –

Es trifft zu, dass die Rechtslage in unserem Land eine erhebliche Inkonsistenz aufweist, was den relativ guten Schutz des Lebens in vitro und den relativ schlechten Schutz des Lebens in utero betrifft.

Es trifft auch zu, dass wir in unserem Land nach offizieller Statistik ca. 135 000, wahrscheinlich aber 200 000 Embryonen jährlich aus fadenscheinigen, sozial genannten Gründen abtreiben lassen. Das aber berührt die Mehrheit in unserem Lande seit Jahrzehnten nicht sehr.

Und auffällig ist, dass unsere Gesellschaft nicht da, wo es um das Lebensrecht und um das Wohl der Kinder geht, sondern nur da und erst da, wo es, – wie in der Rentendebatte sichtbar, – ans eigene altgewordene Leder geht, plötzlich hellhörig und weitsichtig zu werden scheint.

Das Argument aus der Abtreibungsdebatte lautet also in Kurzform: Wenn Embryonen im Uterus nicht gut geschützt seien, müssten sie auch im Reagenzglas nicht besser geschützt werden. Es stellt gar nicht mehr die Frage, ob der Schutz menschlichen Lebens vor Abtreibung zu schlecht ist, sondern argumentiert diesen Schutz zur Norm erhebend umgekehrt, der Schutz menschlichen Lebens im Reagenzglas sei zu gut.

Damit wird stillschweigend der mindere Rechtsschutz zur Norm erhoben, um den höheren Rechtsschutz auf niederem Standard zu nivellieren. Den Verfechtern dieses Arguments sei ein Grundkurs in Logik empfohlen, der zeigen könnte: Man kann bei der Frage nach dem Schutz menschlichen Lebens nicht aus den falschen Prämissen des Abtreibungsrechts zu richtigen Ergebnissen beim Embryonenschutzgesetz kommen.

7.1.2.3 Das Argument der Nutzung internationaler Forschungsergebnisse

Dies Argument lautet: Es sei blanke Heuchelei, Klonung und verbrauchende Embryonenforschung in Deutschland zu verbieten oder zumindest stark einzuschränken, aber deren Ergebnisse zu nutzen, wenn sie im Ausland erzielt würden. -

Auch dies Argument ist keinesfalls stichhaltig. Es gibt kein Gebiet der Naturwissenschaften, das nicht mit größter Selbstverständlichkeit Forschungsergebnisse aus allen Teilen der Welt kritisch begutachtet, angemessen berücksichtigt und für eigene Forschungen benutzt.

Niemand käme auf den Gedanken, alle Ergebnisse müssten in Deutschland selbst erbracht worden sein, oder ihre Benutzung sei unstatthaft. Hier wird offenbar der Versuch gemacht, dem moralisch Fragwürdigen einer bestimmten Wissenschaftspraxis unter Benutzung eines Ethos der Wissenschaftlichkeit selbst zur Anerkennungsfähigkeit zu verhelfen.

Hier ist nun doch eine wesentliche Differenzierung erforderlich: Gesetzt den Fall, in den Labors von Menschenschindern wie Mengele wären durch blanke Missachtung jeglicher Moral medizinische Forschungsergebnisse erzielt worden, die andernorts, gerade weil man bestimmte Standards der Menschlichkeit einhielt, nicht erreicht werden konnten.

Dann bliebe immerhin festzuhalten: Die Methode der Gewinnung solcher Ergebnisse durch verbrauchende Forschung am Menschen ist und bleibt moralisch verwerflich. Die Forschungsergebnisse selbst könnten gleichwohl wissenschaftlich richtig, ja sogar wegweisend für die Verfolgung bestimmter Fragestellungen sein.

Die Richtigkeit einmal unterstellt, dürften diese Ergebnisse gleichwohl angewandt werden, um den Menschen zu helfen. Ja sie müssen sogar verwandt werden, wenn andere und bessere Kenntnisse, um einen Menschen zu therapieren, nicht zur Verfügung stehen. Es ist also dringend zu unterscheiden zwischen der u. U. ethisch-moralisch bedenklichen Gewinnung und der möglicherweise gleichwohl ethisch-moralisch unbedenklichen oder sogar gebotenen Nutzung von Forschungsergebnissen.

7.1.2.4 Das Therapieargument

Es lautet: Wer zögere, bei der verbrauchenden Embryonenforschung mitzumachen, lasse die auf Heilung hoffenden Krebs-, Alzheimer-, Parkinson- und Aids-Patienten im Stich. Und das sei doch moralisch verwerflich. -

Die geradezu paradiesischen Verheißungen, es würden durch die verbrauchende Embryonenforschung Krebs-, Alzheimer-, Parkinson- und Aids-Patienten geheilt werden, ist derzeit nichts als eine raffinierte, sich mit Ethik tarnende Plausibilisierungstrategie für die Durchsetzung massenhafter Tötungen frühen menschlichen Lebens.

Mit welchem Recht darf man das frühe menschliche Leben zum Therapeutikum für das altgewordene Leben machen? Keine einzige der sich andeutenden Therapiemöglichkeiten ist derzeit an Menschen anwendbar.

Es müsste überdies bewiesen werden, dass man nicht durch adulte Stammzellen und nicht durch Stammzellen aus dem Nabelschnurblut von Neugeborenen dieselben Therapieerfolge erzielen kann, die man durch verbrauchende Embryonenforschung zu erzielen hofft. Wer sich gegen die zerstörende Nutzung von Embryonen wendet, muss sich also nicht als therapieverweigernder Zyniker oder Moralist denunzieren lassen; er kann auf ethisch unbedenkliche Therapiemöglichkeiten hinweisen und sogar an deren Erforschung mitwirken.

Man kann bei der derzeitigen Diskussion den Eindruck gewinnen: Es geht am wenigsten um Moral und am meisten um Geld, um viel Geld bei wenig Moral, es geht um die Vermarktung von Patenten auf Genprodukte, um Nutzungsrechte an neuen Proteinen und Enzymen, um Wirkstofftests an Serien erbgleicher weil durch Embryosplitting gewonnener Embryonen.

Von besonderem auch forschungspolitischem Interesse ist im Kontext dieser vier vorgestellten Durchsetzungsstrategien der zum Jahreswechsel 2005/2006 aufgedeckte Forschungsbetrug des bis dahin als weltweit führend geltenden südkoreanischen Klonpioniers Hwang Woo-Suk aus Seoul.[7] Er forschte an embryonalen Stammzellen, und zwar in enger Zusammenarbeit mit Gerald Schatten, einem amerikanischen Stammzellforscher von der University of Pittsburgh, und Roh Sung Il., dem Chef des Mizmedi-Krankenhauses in Seoul, aber auch in enger Zusammenarbeit mit europäischen und deutschen Stammzellforschern. Seine Publikationsorgane waren u.a. *Science*, also die weltweit ersten Adressen der Wissenschaftspublizistik. Aber auch große deutsche Tages- und Wochenzeitungen sangen das Hohelied seiner Forschung[8].

Im Sog des angeblichen Erfolgs gab es erhebliche Bemühungen aus Forschungs- und Wirtschaftskreisen, die Restriktionen des Klonverbotes in den USA und in Deutschland aufzuheben. Und hier wurden forschungsstrategische, wirtschaftliche und vor allem therapeutische Argumente geltend gemacht.

Hwang Woo-Suk galt als Heilsbringer für bislang unheilbare Kranke, und die koreanische Post druckte Sonderbriefmarken von ihm, auf denen ein Gelähmter aus dem Rollstuhl springt. Im Oktober 2005 hatte er noch die Leitung des *World Stem Cell Hub* übernommen, einer Stammzellbank zu Forschungszwecken, an der eine weltweit organisierte Forschergemeinschaft unter seiner Leitung an hundert geklonten Zelllinien sollte forschen können. Hwang Woo-Suk konnte auch der internationalen Wissenschaftlergemeinschaft glaubhaft machen, dass er bereits elf solcher patientenspezifischer Zelllinien etabliert habe. All das erwies sich schließlich als ein mit zweistelligen Dollarmillionensummen garnierter Wissenschaftsbetrug.

Es funktionierte ganz offensichtlich auch die »peer review« der Wissenschaftszeitschriften nicht, zumindest aber von dem Moment an nicht mehr, als der Forscher einen großen Namen hatte.[9]

7.1.3. Kriterien für Menschsein

Es ist nun zu fragen, welche Kriterien eigentlich herangezogen werden können, um einem menschlichen Embryo auch Menschensein und Menschenwürde zu attestieren oder zu bestreiten.

Es fällt auf, dass es in dieser Diskussion auch eine Strategie der Unterschiedsverwischung und -vernebelung gibt, um das gewünschte Ziel verbrauchender Embryonenforschung nicht nur zu erreichen, sondern als moralisch zwingend auszugeben.

Der Hamburger Strafrechtler und Rechtsphilosoph Reinhard Merkel, einer der Vordenker in diesem weltanschaulichen Lager, behauptet gar, das Embryonenschutzgesetz sei verfassungsrechtlich illegitim und moralisch verwerflich.

Es sind in der heftig geführten und noch keineswegs entschiedenen öffentlichen Debatte vor allem vier Kriterien für Menschsein genannt und mit großem öffentlichen Echo von Reinhard Merkel bestritten worden. Auf ihn werde ich also wegen seiner hohen Debattenpräsenz in besonderer Weise Bezug nehmen:[10]

7.1.3.1 Die Zugehörigkeit des Embryos zur Spezies Homo sapiens

Dies Argument fordert den für alle Menschen geltenden Schutz des Tötungsverbots auch für menschliche Embryonen, weil sie wie alle Menschen der Spezies Homo sapiens angehören.

Reinhard Merkel hat versucht, dies Argument dadurch zu verunglimpfen, dass er es als naturalistischen Fehlschluss ausgab. Angeblich erfolge hier die direkte Ableitung einer ethischen Norm, nämlich das Tötungsverbot, aus einem biologischen Faktum, nämlich der Zugehörigkeit des Embryos zur Spezies Homo sapiens. Merkel irrt oder schlimmer möchte irre(n) machen.

Die Konstituierung einer Norm ist ein Akt ethisch-rechtsphilosophischer Nachdenklichkeit, die Konstatierung eines Anwendungsfalls für diese Norm kann aber sehr wohl ein Akt biologisch-medizinischer Praxis sein. Ob das Tötungsverbot auch für Reinhard Merkel und mich gilt, musste nicht eigens in einem Akt ethischer Nachdenklichkeit ad personam bewiesen werden.

Vermutlich wurde bei ihm und mir festgestellt, und das wohl

auch nur unthematisch-implizit, dass wir Menschen seien. Damit wurde aber aus biologisch-medizinischer Anschauung konstatiert, dass jeder von uns ipso facto ein Anwendungsfall der Norm sei, die sich aus ethisch-rechtsphilosophischer Nachdenklichkeit konstituiert.

Die freie vernunftgeleitete Selbstbestimmung, die Merkel, der sich hier zu Unrecht auf Kant beruft, zur Grundlage des menschlichen Würdeanspruchs erhebt, war weder ihm noch mir zu eigen, als wir das Licht der Welt erblickten.

Gleichwohl haben Menschen, die in ihm und mir mehr erblickten, als das, was Merkel erblicken zu können glaubt, ihm und mir den Schutz des Tötungsverbots zugebilligt, und zwar ohne einen auch nur annähernd sicheren Beleg für vernunftgeleitete Selbstbestimmung unsererseits.

Und noch ein weiteres Argument versucht er aus dem Feld zu schlagen. Er nennt es »Gattungssolidarität«. Dass er von Gattungs- und nicht von Speziessolidarität spricht und das alles gelegentlich noch mit Familie verwechselt, scheint darauf hinzudeuten, dass ihm diese grundlegenden biologischen Taxonomien nicht geläufig sind.

Und dann liefert er die Geschichte vom brennenden biotechnischen Labor, in dem 10 oder 100 oder gar 1 000 am Vortag hergestellte Embryonen und ein schon bewusstloser Säugling liegen. Dem Retter bleibt im letzten Moment nur noch die Möglichkeit, entweder den Säugling oder die 10 bis 1 000 Embryonen zu retten. Merkel zweifelt nicht, dass der Retter selbstverständlich den Säugling retten wird. Die dämagogische Potenz dieses Beispiels hat ihm die Prominenz einer Verwendung in Bundestags- und Landtagsreden beschert.

Es gibt biologische Gründe, z. B. das menschliche Äußere und das Fürsorge evozierende Kindchenschema, die die Rettung des Säuglings plausibel erscheinen lassen. Absolut unplausibel ist allerdings, dass Merkel statt die erforderliche wissenschaftliche Distinktion zu erbringen, ab wann menschliches und also schutzwürdiges Leben beginnt, einem populistischen Rückfall in die »prima-facie-Anschauung eines gesunden Volksempfindens« erliegt. Was der verdienstvolle Retter in höchster Not richtig oder falsch entscheidet, kann ja wohl nicht normativen oder auch nur argumentativen Rang beanspruchen.

Es bleibt festzuhalten: Merkel will oder kann offenbar nicht differenzieren zwischen der Konstituierung einer Norm und der Konstatierung eines Anwendungsfalls für diese Norm.

Er macht den Schutz menschlichen Lebens abhängig von der phänotypischen Ähnlichkeit mit adulten Menschen und erhebt damit die bloße Anschaulichkeit zum Kriterium für Menschsein.

Dass also aus der molekularen Mikrostruktur der DNS fundamentale Rechte begründet würden, ist blanker Unfug; ein naturalistischer Fehlschluss, wie Merkel glauben machen möchte, liegt aber mitnichten vor. Das Speziesargument für den Schutz von Embryonen ist keineswegs hinfällig: es gilt und ist zumindest besser als die ins Feld geführten Gegenargumente.

7.1.3.2 Die kontinuierliche Entwicklung vom embryonalen zum adulten Menschen

Dies Argument, das sich auch das Bundesverfassungsgericht 1975 und 1993 zueigen gemacht hat, stellt fest, dass die menschliche Entwicklung vom embryonalen zum adulten Menschen ein kontinuierlicher Vorgang ist. An keiner Stelle gibt es darin so etwas wie einen Rubikon zwischen noch nicht menschlichen und gerade erst menschlichen Stadien. Deshalb müsse der Schutz von Menschenleben und Menschenwürde mit dem Anfang der embryonalen Entwicklung verbunden werden.

Diesem Argument versucht Merkel in erprobter Weise wieder durch Anschaulichkeitsargumente beizukommen. Er stellt fest, ein Mann von 1,50 Meter Körperlänge sei ein kleiner Mann und ein Millimeter mehr oder weniger Körperlänge mache nicht den Unterschied von klein zu groß aus. Daher sei ein Mann von 2,50 Meter, dessen Körperlänge nur durch tausendmaliges Hinzufügen des in sich belanglosen Millimeters zustande komme, ein kleiner Mann.

Nun ist kaum zu bezweifeln, dass ein Mann von 2,50 Meter Körperlänge ein Hüne und einer von 1,50 Meter Körperlänge fast ein Zwerg ist. Der Unterschied zwischen der Ausgangs- und der Endgröße ist signifikant, die gewählte Skalenlänge von 1 Millimeter ist es nicht.

Nun geht es aber bei der Frage des Lebensschutzes nicht um eine akademische oder gar sophistische Distinktion ohne Lebensrelevanz. Denn was Merkel erklärtermaßen möchte, ist doch die Plausibilisierung einer Tötungsberechtigung für menschliche Embryonen zu therapeutischen Zwecken.

Wenn ich das auf das von ihm selbst gewählte Bild übertrage, dann muss er plausibilisieren, dass am einen Ende der Skala getötet werden darf, während am anderen geschützt werden muss. Mit anderen Worten: Wenn und weil du klein bist, darf man dich töten. Wenn und weil du groß bist, ist dein Leben zu schützen.

Bei fehlender Trennschärfe auf der Kontinuumskala ist überdies nicht erkennbar, wenn das Großsein Lebensschutz, das Kleinsein aber Lebensgefährdung bedeutet, von wann an jemand dann groß, also erstmals schutzwürdig, und bis wann er noch klein, also als Therapeutikum verwertbar ist.

Es kann kaum bestritten werden: Wer das Große schützen will, kann das nur, wenn er das Kleine ebenfalls schützt, oder er riskiert angesichts der Übergangslosigkeit des Einen zum Anderen beides. Die andere Alternative ist, dass Merkel auch biologisch begründet angibt, bis wann der Embryo noch kein Mensch und ab wann er dann endlich ein Mensch ist. Merkel klärt leider weder das eine noch das andere Problem.

Überdies ist festzustellen: Wenn das junge Leben angeblich erst in den Schutzwürdigkeitsstatus hineinwächst, dann steht zu befürchten, dass das alte Leben bereits aus eben diesem Schutzwürdigkeitsstatus hinauswächst. Indizien für dieses bedrückende Szenario sind seit langem schon nicht mehr zu übersehen.

Es bleibt festzuhalten: Merkel gibt kein Kriterium für das definitive Einsetzen des Lebensschutzes in der Ontogenese an. Gleichwohl möchte er den Säugling schützen und den Embryo unter bestimmten Umständen zu therapeutischen Nutzungszwecken töten. Beides zugleich ist leider mit Logik nicht, mit Ethik schon gar nicht zu begründen. Merkels Überlegung gegen das Kontinuumsargument ist leider nur eine Nebelkerze mehr.

7.1.3.3 Die Potentialität des menschlichen Embryos

Dies Argument zielt auf die Feststellung, dass ein Embryo zwar aktuell noch nicht solche Eigenschaften aufweist, die als typisch menschlich gelten können, dass ihm aber eben diese Eigenschaften potentiell zukommen und daher auch Menschenwürde und Lebensschutz zuzusprechen sind.

Merkel glaubt hier nun feststellen zu können, dass der Embryo kein moralisch bedeutsames Unterscheidungsmerkmal zu anderen Trägern einer menschlichen Potentialität aufweise, nämlich zum Spermium oder Ovum. Niemand aber sei bereit, schon den Keimzellen ein Lebensrecht und Menschenwürde zuzusprechen; daher sei es verwunderlich, dass man dies bei der befruchteten Eizelle tue.

Es hat den Anschein, als sei Merkel der Unterschied zwischen Verhütung und Abtreibung nicht ganz klar, oder als wolle er diesen durch die Behauptung gleichartiger Potentialität von Keimzellen und Embryonen nivellieren.

Worüber allenfalls diskutiert werden könnte, ist die Bewertung der Vorkernphase, also der Phase nach dem Eindringen des Spermium ins Ovum, aber vor der Kernverschmelzung. Zur Verwischung signifikanter Unterschiede zwischen der Potenz von Keimzellen und der Totipotenz einer frühen Embryonalzelle taugt auch das nicht. Die befruchtete Eizelle ist spätestens nach der Homologenpaarung totipotent, Sperma und Einzelle sind das mitnichten.

Merkel übersieht oder möchte übersehen machen, dass der menschliche Embryo im Gegensatz zum Spermium oder Ovum nicht mehr nur den einfachen Satz von 23 Chromosomen besitzt, sondern mit 46 Chromosomen den doppelten Chromosomensatz hat und damit genetisch gesehen einen neuen Menschen repräsentiert samt seiner genetischen Individualität und Identität.

Das heißt nun nicht, die numerisch 46 Chromosomen konstituierten ein Menschenrecht und Menschenwürde, sonst wären Tuner-Individuen (X0), Triplo-X (XXX), Klinefelter-Individuen (XXY) oder Personen mit Trisomie 21 u. a. m., also Menschen mit veränderten Chromosomenzahlen, ohne Menschenwürde und Menschenrechte.

Das heißt aber wohl, diese mit dem doppelten Chromosomensatz einschließlich der möglichen Aberrationen gegebene neue genetische Konstellation markiert einen entscheidenden Punkt: Wir konstituieren damit kein Menschenrecht, aber wir konstatieren damit einen Anwendungsfall, und zwar zum frühestmöglichen Zeitpunkt. Man könnte im Sinne des Tutiorismus auch sagen, wir konstatieren einen Anwendungsfall zu dem Zeitpunkt, der mit guten Gründen als Beginn der individuellen menschlichen Existenz angesehen werden kann, um nicht durch eine Späterdatierung die Unantastbarkeit des Menschen und seiner Würde aufs Spiel zu setzen.

Auch das Kriterium der Potentialität des Embryos erweist sich im Feuer der Anfragen als konsistent und ist überdies trennscharf.

7.1.3.4 Die bleibende genetische Identität

Dies Argument behauptet eine Identität zwischen dem Embryo, dem Neugeborenen, dem heranwachsenden und erwachsenen Menschen. Diese Identität ist zwar phänotypisch nur zwischen nahe beieinanderliegenden Entwicklungsstadien erkennbar, durch die gleichbleibende individuelle DNS-Struktur aber sicher und nachprüfbar gegeben. Im juristischen Alltag gilt der Nachweis der Identität mittels DNS-Sequenzanalyse als derart gewiss, dass man damit bei einem Sexualstraftäter sogar das Urteil lebenslänglich für hinreichend begründet hält.

Merkel bestreitet diese Identität und damit die Schutzwürdigkeit embryonalen menschlichen Lebens auf raffinierte Weise:

Er geht von einem in vitro fertilisierten vierzelligen Embryo aus, dem eine seiner totipotenten Zellen entnommen wird. Damit gibt es zwei erbgleiche Embryonen, einen einzelligen und einen dreizelligen. Der Vorgang wäre als Klonung zu bezeichnen und nach dem Embryonenschutzgesetz strafbar.

Nach kurzer Zeit wird die aus dem Zellverband entfernte Zelle wieder in diesen zurückgesetzt und bildet, der Erfolg sei einmal unterstellt, mit den drei anderen Zellen einen Menschen, eine Art Refusionierung von eineiigen Zwillingen. Damit, so Merkel, werde ein Embryo vernichtet, ohne dass es eine Leiche gäbe.

An diesem Beispiel glaubt er die Berechtigung zeigen zu können, Teile einer Blastomere, d. h. totipotenter Zellen, zu anderen Zwecken als denen des Embryotransfers verwerten zu dürfen, weil ja schon numerisch keine Identität gegeben sei. Die scheinbare Logik des Arguments liegt darin, dass durch drei Straftaten angeblich der Status ante wieder erreicht wird und alles so aussieht, als sei nichts Schlimmes geschehen.

Ich darf dem ein paralleles Beispiel zur Seite stellen, um die Inkonsistenz zwischen Beweisgang und Beweisziel deutlich zu machen.

Gesetzt den Fall, ich breche beim meinem Nachbar, während dieser im Urlaub ist, in die Wohnung ein. Ich zerschlage die Scheibe seiner Wohnungstür (erste Straftat) und entnehme seinem Wohnzimmerschrank zum Zweck der Veräußerung und Bereicherung eine wertvolle

Münzsammlung (zweite Straftat). Noch bevor er aus dem Urlaub zurück ist, bereue ich meine Tat, bringe die Münzsammlung zurück, bestelle den Handwerker, dem ich, damit er die Tür perfekt repariert, unberechtigterweise Zugang zur fremden Wohnung verschaffe (dritte Straftat). So stelle ich scheinbar den Status ante wieder her. Neben allem, was findige Juristen sonst noch finden könnten, sind doch zumindest Sachbeschädigung, Einbruchsdiebstahl und Hausfriedensbruch als ausgeführte strafbare Handlungen gegeben, auch wenn die Spuren gut verwischt wurden.

Merkel leitet nun aus der angeblichen Wiederherstellbarkeit des Status ante mittels dreier Straftaten ab, angesichts dieser Individuenvermehrung und -verminderung könne doch auch vorher keine Individuen-Identität und also kein schützenswertes Rechtsgut vorhanden gewesen sein.

Wenn ich Merkels Begründung für die fehlende Schutzwürdigkeit des Embryos auf mein Parallelbeispiel übertrage, ergibt sich folgende absurde Konsequenz:

Aus der Aneinanderreihung dreier Straftaten sei der Status ante, nämlich die Unverletztheit der Wohnung, wiederherzustellen. Diese Behauptung ist definitiv falsch; noch absurder aber ist die Ansicht, diese angebliche Wiederherstellung des Status ante sei ein Argument dafür, dass es ein Recht auf die Unversehrtheit der eigenen Wohnung nicht geben könne.

Diese Position ist weder juristisch, noch philosophisch und ethisch schon gar nicht haltbar. Die Konsequenz dieser Argumentation liegt überdies nicht darin, die Erlaubnis zu erwirken, auf raffinierte Weise den Status ante wiederherstellen zu dürfen, sondern Embryonen, und zwar auch massenhaft, bei Forschungen verbrauchen zu dürfen, also die Todesfolge legitimiert zu bekommen.

Außerdem ist die Behauptung menschlicher Identität nicht durch Klonung zu widerlegen. Wenn ich es nicht verhindern könnte, dass von einer meiner Mundschleimhautzellen durch Kerntransplantation in eine zuvor entkernte Eizelle ein genetisch identisches Individuum erzeugt würde, so nähme seine Existenz der meinen nichts von ihrer Identität und meine Existenz nähme der seinen nichts von deren Identität.

Die Möglichkeit der Klonung, in diesem Fall die Herstellung zweier erbgleicher Embryonen und ihre Refusionierbarkeit zu einem

Embryo, ist nicht Ausweis fehlender Identität sondern Ausweis vorhandener Potentialität. Das Argument der Identität steht sicherer als die dagegen angeführten sophistisch-winkeladvokatischen Unterscheidungen glauben machen möchten.

7.1.4 Fazit

Schaut man auch auf die formale Seite der Diskussion, so kann man folgendes erkennen: Schon die bloße Formulierung ethischer Bedenken wird als Fundamentalismus und ideologisches Scheuklappendenken denunziert. Wenn aber andererseits keine auch nur annähernd konsistente Begründung dafür geliefert wird, dass man Embryonen töten dürfe, dann wird offenbar die ethische Gedankenlosigkeit zum argumentativen Standard erhoben.

Damit Hand in Hand geht eine Strategie des Lächerlichmachens der Positionen, die ihre weltanschaulich-ethischen Voraussetzungen offenlegen. Da heißt es dann, verbrauchende Embryonenforschung sei zwar unter Berufung auf religiöse Überzeugungen bestreitbar, nicht aber mit Vernunftgründen. Merkel und andere reklamieren für sich die reinen Vernunftgründe und ersparen sich die Reflexion auf die ethisch-weltanschaulichen Voraussetzungen ihres eigenen Denkens.

Beobachtbar ist auch, und zwar nicht nur bei Merkel, eine Strategie der Marginalisierung dessen, was für verbrauchende Forschung freigegeben werden soll. Verräterisch sind Formulierungen wie: Der Embryo sei doch nur unter dem Mikroskop erkennbar, sei nichts als eine DNA-Mikrostrukur, ein maulbeerfeigenartiges Gebilde etc. Diese Strategie der Marginalisierung des zu verbrauchenden Embryos geht einher mit der schon erwähnten Hypertrophierung des erhofften Therapiewertes.

Bezeichnend ist auch die angebliche Unumgehbarkeit und absolute Notwendigkeit verbrauchender Embryonenforschung. Dabei hantiert Merkel mit unzutreffenden biologischen Behauptungen: Nur aus Embryonen, die durch DNA-Transfer aus der Zelle eines Spenders geklont worden seien, ließen sich Stammzellen – und aus ihnen das gewünschte Körpergewebe – gewinnen, die genetisch die ›eigenen‹ des Spenders, also für ihn optimal verträglich seien.

Das ist schon deshalb eine unzutreffende Behauptung, weil man mit adulten Stammzellen des Spenders Körpergewebe kultivieren kann, das ihm als Empfänger ebenso abstoßungsfrei implantiert werden kann, ohne fremdes menschliches Leben für das eigene zu instrumentalisieren und zu zerstören. Es bedarf also zur Therapie keiner totipotenten Zellen, es genügen pluripotente.

Nach Kant gehört es zur Würde des Menschen nie nur als Mittel, sondern immer auch als Zweck zu gelten. Hier allerdings bei der Klonung via Kerntransfer, wird ein embryonaler Mensch erzeugt, der ausschließlich als Mittel zur Therapie seines Kernspenders fungiert.

Menschenwürde und Recht auf Leben möchte Merkel dem Embryo bestreiten; dazu muss er zeigen, dass es sich bei diesem nicht um einen Menschen handelt. Aber gerade die von ihm untersuchten und bestrittenen Kriterien für Menschsein, die Spezieszugehörigkeit, die Potentialität, die Kontinuität und die Identität sind die Bedingung der Möglichkeit für die von ihm geradezu mit ethischer Emphase verlangte Therapie.

Er konterkariert also die Sophistik seiner Beweisführung damit, dass er dem zum Therapeutikum degradierten Embryo alles das zuschreibt, was er ihm bei der Frage nach seinem Menschsein abspricht.

Die einzige Möglichkeit für ihn, aus diesem Dilemma zu entkommen, wäre die Benutzung von nur mehr pluripotenten statt von totipotenten Zellen, also die Nutzung von adulten Stammzellen oder von Zellen aus spendereigenem und -fremdem Nabelschnurblut. Im Unterschied zu den totipotenten Zellen können die pluripotenten keinen ganzen Menschen mehr bilden, wohl aber menschliches Gewebe.

Als menschliches Gewebe aber bestätigen die aus den totipotenten Zellen entstandenen pluripotenten nochmals die Spezieszugehörigkeit, die Potentialität, die Kontinuität und die Identität. Merkel leistet sich damit die Ausblendung solcher Therapiemöglichkeiten, die ethisch beanstandungsfrei ohne Tötung von Embryonen möglich wären.

Auch Merkel argumentiert mit der paradiesisch ausgeschmückten Realisierung therapeutischer Heilsverheißungen. Und aus diesen Heilsverheißungen leitet er sogar eine moralische Verpflichtung zur Tötung von Embryonen zu therapeutischen Zwecken ab. Die ethische Begründung für das von ihm postulierte Verhalten liefert er nicht.

Mir scheint nach diesen Überlegungen: Es ist absurd anzunehmen, der von Menschen gezeugte Embryo sei zu irgendeinem Zeitpunkt der Ontogenese etwas anderes als menschliches Leben. Er entwickelt sich nicht zum Menschen, sondern als Mensch.

Die mit dem doppelten Chromosomensatz in einer toti-potenten Zelle gegebene Situation ist biologisch der Beginn menschlichen Lebens. Diese Aussage gilt unabhängig davon, ob dieser Mensch durch natürliche Zeugung, Klonung via Kerntransfer bzw. Embryosplitting oder durch In-vitro-Fertilisierung entstanden ist. Der Raum, in dem sich dieser menschliche Embryo gerade befindet, also in vitro oder in utero, rechtfertigt keinen Unterschied hinsichtlich des Schutzstatus.

Mit diesem durch Totipotenz und Diploidie biologisch eindeutig gegebenen Lebensbeginn des Menschen hat auch der Schutzbeginn einzusetzen, oder er ist überall zur Disposition gestellt.

7.2 Leitsätze zum Schnittbereich von Biomedizin und Theologie

Ich riskiere den Versuch der Formulierung einiger Leitsätze zum Thema Biotechnologie aus philosophisch-theologischer Perspektive. Ich bin mir dabei bewusst, dass sie nicht nur wegen des um fünfzig Prozent höheren Punktebedarfs die Eleganz der Zehn Gebote bei weitem nicht erreichen, von ihrer Dignität ganz zu schweigen. Zur Diskussion mögen sie immerhin anregen und geeignet erscheinen:

1. Man kann und muss über die moralisch-ethische Vertretbarkeit, Erlaubtheit oder gar Empfehlbarkeit biomedizinischer Techniken (Reproduktionsmedizin, Klonung, Gentechnik) diskutieren, weil Wert und Würde des Menschen durch sie gewahrt oder aufs Spiel gesetzt werden können und weil angesichts globalisierter Forschung keine Institution durch rein autoritative Weisungen Verbote aussprechen kann, es sei denn, sie brächte dazu gewichtige Argumente vor.

2. Als Mensch ist das Wesen anzusehen, das vom Menschen durch natürliche Zeugung oder In-vitro-Fertilisierung abstammt oder durch Klonung herstammt, also über ein zur Lebensfähigkeit hinreichendes menschliches Erbgut verfügt. Diese Aussage gilt unabhängig von etwaigen Behinderungen dieses Menschen. Auch wenn ein Mensch fraglos durch sein Genom biologisch als Mensch zu identifizieren ist, ist er nicht mit seinem Genom gleichzusetzen.

3. Wenn man biologisch fixieren will, was natürlicherweise den Menschen zum Menschen macht, dann muss man vom doppeltem

Chromosomensatz in einer Keimzelle, also von der befruchteten Eizelle ausgehen. Es gibt in der menschlichen Ontogenese kein eindeutigeres, sichereres und präziseres Lebensanfangsdatum als die Karyogamie. Wenn man das Leben von Anfang an schützen will, sollte man nicht auf später greifende Kriterien von geringerer Plausibilität setzen (Individuation, Nidation, Ende der Organogenese, Hirntätigkeit etc.). Sie sind nicht selten auch von Vermarktungsinteressen am Lebensanfang bestimmt.

4. Der Schutz menschlichen Lebens hat also dort zu beginnen, wo eine totipotente Zelle mit doppeltem Chromosomensatz gegeben ist, und zwar unabhängig davon, ob die Totipotenz und Diploidie durch natürliche oder künstliche Fertilisierung einer Eizelle erreicht wurde oder durch Despezialisierung des Kerns einer ausdifferenzierten somatischen Zelle bei ihrer Implantierung in eine entkernte Eizelle. Dieser Schutz muss auch für die kryokonservierten, der In-vitro-Fertilisierung entstammenden Waisen gelten. Die diploide totipotente Zelle ist der terminus a quo, von dem an menschliches Leben zu schützen ist.

5. Wie ein Mensch »produziert« wurde, kann also nicht relevant für die Anerkennung seines Rechtsstatus als Mensch sein. Gleichwohl kann nicht unterschiedslos jede »Produktionsart« als ethisch-moralisch akzeptabel oder tolerabel gelten. Schließlich nimmt auch die Zeugung eines Menschen im Akt der Vergewaltigung dem so entstandenen Menschen nichts von seiner Würde, ohne dass dadurch auch nur im Entferntesten die Vergewaltigung gerechtfertigt würde.

6. Nach dem künstlich induzierten oder natürlich ablaufenden Eindringen des Spermiums in die Eizelle folgt zunächst die mehr als zehnstündige Vorkernphase, in der väterliches und mütterliches Erbgut einander noch separiert in zwei Kernen gegenüberliegen. Die Konstituierung des individuellen diploiden Chromosomensatzes als Bedingung für das Vorhandensein schutzwürdigen menschlichen Lebens ist zu diesem Zeitpunkt noch nicht gegeben. Die in Deutschland üblicherweise eingefrorenen Vorkernstadien stehen damit nicht in derselben Weise unter Schutz wie Embryonen.

7. In Bezug auf den intrauterinen wie auch auf den extrauterinen Embryo oder Fötus ist festzuhalten: Der Embryo oder Fötus entwickelt sich nicht zum Menschen, sondern als Mensch. Der Raum, in dem er sich jeweils befindet, z. B. innerhalb des Uterus oder außerhalb desselben, rechtfertigt keinen Unterschied hinsichtlich seines Schutzstatus.

8. Die derzeitige eklatante Divergenz in der Gesetzgebung bezüglich Embryonenschutz und Schwangerschaftsabbruch ist ethisch nicht zu begründen. Soll ein in vitro entstandener Embryo, für den z. B. wegen des Todes der vorgesehenen Mutter kein Embryo-Transfer mehr möglich ist, »entsorgt« werden, so müsste man ihn nach geltendem Recht in einen Uterus implantieren, um ihn dann straffrei abtreiben zu können. Diese Absurdität wird derzeit dafür ins Feld geführt, das höhere Niveau des Embryonenschutzes gemäß Embryonenschutzgesetz auf das mindere Niveau des Abtreibungsrechts abzusenken. Die auch von den Ärzte-Verbänden angeprangerten Missstände im Abtreibungsrecht – z. B. die Abtreibung bis unmittelbar vor Einsetzen der Wehen – würden damit zur Norma normans einer Novelle des Embryonenschutzgesetzes.

9. Weder die Biologie noch die Medizin geben uns ethische Grundsätze vor. Das Wissen darum, wie etwas gemacht werden kann, sagt uns nichts darüber aus, ob es gemacht werden soll und darf oder nicht. Propagiert wird häufig die Vulgärlogik: Erlaubt ist, was gelingt; der Erfolg hat Recht und schafft Recht. Und: Durchgesetzt wird, was finanzielle Gewinne verspricht. Bereitstehende Forschungseinrichtungen und das Vorhandensein von Forschungsgeldern sind schon wegen des Phänomens der »Drittmittelprostitution« kein Beleg für die Erlaubtheit und ethische Beanstandungsfreiheit einer bestimmten Biotechnologie. Schlüsse der genannten Art sind sicher ethische Fehlschlüsse.

10. Es bedarf einer außerbiologischen und außermedizinischen Instanz, um Wert und Würde des Menschen in den Blick zu bekommen und zu begründen. Mit den Mitteln der Präimplantations- und Pränataldiagnostik allein sind Wert und Würde des Menschen prinzipiell nicht zu bestimmen. Das Grundgesetz konstituiert und konstatiert als Obernorm: Die Würde des Menschen ist unantastbar. Die Festlegung auf ein bestimmtes Begründungsmuster für diese Obernorm ist – dem weltanschaulich neutralen Staat angemessen – vom Grundgesetz nicht vorgesehen. Christliche Theologie begründet Wert und Würde des Menschen aus dem Glauben daran, dass er bei allem schöpferisch-gestaltenden Mittun doch Geschöpf und Bild Gottes ist und bleibt. Für diesen Wert und diese Würde des entstandenen Menschen ist es unerheblich, ob er aus Vergewaltigung, Klonung, In-vitro-Fertilisierung und Embryo-Transfer, oder ob er als gentechnisch verändertes Wesen entstanden ist.

11. Die Einmaligkeit eines Menschen, auch wenn er Teil einer durch Klonung bewerkstelligten »Serienauflage« ist, ist genau wie bei eineiigen Mehrlingen unabhängig von der Anzahl genetisch gleicher Individuen. Sie resultiert, theologisch gesprochen, im letzten aus seiner Einmaligkeit und Unvertretbarkeit vor Gott. Selbst zwei zeitlebens miteinander lebende eineiige Zwillinge haben eine unverwechselbar unterschiedliche Biographie. Bei aller genetischen Gleichheit leben sie doch an unterschiedenen Raum-Zeit-Stellen und damit in unterschiedlichen Welten mit unterschiedlichen Lebensgeschichten und träumen unterschiedliche Träume.

12. Es wird gelegentlich behauptet, wer die verbrauchende Forschung an und die zerstörende Nutzung von menschlichen Embryonen zur Herstellung von Stammzellen ablehne, verhindere Therapie, er sei ein moralischer Rigorist und ein therapeutischer Zyniker. Diese Behauptung ist unhaltbar. Gegen Therapien, die zur Stammzellgewinnung die Tötung von Embryonen billigend in Kauf nehmen, ist auf die Nutzung adulter Stammzellen etwa aus dem Knochenmark und auf die Stammzellgewinnung aus Nabelschnurblut, Plazentagewebe etc. hinzuweisen, die Therapien ermöglichen, ohne Embryonen zu zerstören. Auch das embryonale menschliche Leben darf nicht zum ausschließlich fremdnützigen Mittel degradiert, sondern muss als Selbstzweck respektiert werden.

13. Die Arbeit mit pluripotenten (Stamm-)Zellen, aus denen zwar bestimmte spezialisierte Gewebetypen, aber kein ganzer Mensch zu rekonstruieren ist, und die ohne Zerstörung von Embryonen gewonnen werden können, erscheint möglich. Sie sollte als Bedingung ihrer Erlaubtheit und ethischen Beanstandungsfreiheit einer therapeutischen Zielsetzung dienen und sollte einer weisungsbefugten Ethik-Kommission, die nicht nur aus Naturwissenschaftlern besteht, zur Prüfung vorgelegt werden.

14. Wie weit die gentechnische Veränderung des Menschen zu einem Hybridwesen mit natürlich vorkommenden oder künstlich erzeugten Gen-Sequenzen gehen kann, ohne den Status des Mensch-seins zu zerstören, ist nicht absehbar. Beim derzeitigen Kenntnisstand unverantwortlich erscheint ein Eingriff in Keimbahnzellen, durch den auch die Nachkommen des so veränderten Menschen verändert würden. Der gentechnische Eingriff soll sich also ausschließlich auf somatische Zellen bei strenger therapeutischer Zielsetzung beschränken.

15. Die Theologie und Philosophie muss derzeit den Weg vom faktischen Forschungsgegenstand zur Erhellung des ethisch Normativen gehen, ohne irgendeiner behaupteten Normativität des Faktischen den Segen zu erteilen (Normalisten-Normativisten-Diskussion). Dass die ethische Beurteilung sehr oft zeitlich gesehen sekundär ist, darf nicht dahingehend missverstanden werden, sie sei es auch bedeutungsmäßig. Alleinvertretungsansprüche der biomedizinisch tätigen Forschung und Industrie sind nicht gerechtfertigt, Ethikbegründungen per Mehrheitsbeschluss unzureichend, Letztbegründungen der Theologen und Philosophen vielleicht nicht möglich oder nur schwer vermittelbar. Versuche dieser Art sind aber nötig zur Konstituierung und Stabilisierung humaner Ethikstandards.

7.3 Mensch bis zum Ende! – Bis zu welchem Ende?

Es mag verwunderlich erscheinen, den bioethischen Problemen und Fragen nach dem Lebensbeginn die bioethischen Fragen und Probleme nach dem Lebensende unmittelbar folgen zu lassen, scheint doch auf den ersten Blick und bezogen auf das menschliche Leben nichts weiter voneinander entfernt zu sein als der Lebensanfang vom Lebensende. Aber die aufmerksame historische Erfahrung zeigt gleichermaßen für die jüngere Geschichte und die Gegenwart, dass der Lebensbeginn und das Lebensende fast immer nahezu synchron in die Krise durch menschliche Zugriffs- und Bemächtigungsversuche geraten und dass behindertes Leben gleich anschließend in Frage gestellt wird.

Ob und wie menschliches Leben geachtet oder missachtet wird, zeigt sich zuerst an der Achtung oder Missachtung des Lebens, das keine Lobby hat und das über die Möglichkeiten zur Selbstverteidigung noch nicht oder nicht mehr verfügt. So sind das Leben am Anfang und das Leben am Ende hochsensible Indikatoren dafür, wie eine Gesellschaft mit dem Leben überhaupt umgeht, welche Wertschätzung sie ihm zumisst.

In einer alternden, von manchen gar als überaltert bezeichneten Gesellschaft wie der unseren besteht ein hoher und noch wachsender Regelungsbedarf für die Endphase des menschlichen Lebens. Ich denke an den angesichts der in Zukunft wenigen jungen und vielen alten Leute brüchig werdenden Generationenvertrag zur Sicherung der Renten und Pensionen. Ich denke an die keineswegs nur durch die umgekehrte Alterspyramide, sondern auch durch die kostspielige High-Tech-Medizin schon jetzt immens ansteigenden Krankenkosten.

Ich möchte in meinen Ausführungen zum menschenwürdigen Sterben zugleich mit verdeutlichen, wie sehr der Lebensschutz am Anfang mit dem Lebensschutz am Ende verbunden ist. Die Menschenwürde und der daraus folgende Lebensschutz sind unteilbar. Man kann nicht nur, sondern man muss sogar fragen, ob die weit mehr als die aktenkundigen ca. 140 000 Abtreibungen pro Jahr in der Bundesrepublik bei der Frage nach dem menschenwürdigen Sterben ausgeklammert werden können. Die faktische Zahl der Abtreibungen in Deutschland liegt bei über 200 000 Embryonen und Föten. Davon werden weit mehr als 90 Prozent nach der sogenannten sozialen Indikation abortiert, es handelt sich, wenn man der Schwangerschaft ihren Lauf ließe, also um lebensfähige Kinder, die aus angeblich sozialen Gründen den Tod finden.

Sozial ist bei längerfristiger Betrachtung diese Abtreibungspraxis weder für die Frauen, die danach nicht selten am Post-Abortion-Syndrom leiden. Sozial ist diese Abtreibungspraxis auch nicht wegen der für den Staat und die Sozialsysteme immer ungünstiger werdenden Altersstrukturierung. Es ist auch sozial nicht gut verträglich für das Berufsethos des Arztes, wenn er, statt das Kranke zu heilen, das Gesunde tötet. Ganz zu schweigen davon, dass diese bei uns legalisierte Abtreibungspraxis nicht sozial ist in Hinblick auf die getöteten frühen menschlichen Lebewesen.

Kurzum, wir stehen angesichts der Frage nach dem menschenwürdigen Sterben auch vor der Frage: Darf sich die Frage nach dem menschenwürdigen Sterben nur auf die beziehen, die schon länger gelebt, nicht aber auf die, die noch fast gar nicht gelebt haben? Ist das Töten und Sterben durch Abtreibung menschenwürdig? Oder ist es nicht vielmehr für die Täter, Mütter wie Ärzte, und für die Opfer, Mütter wie Kinder, menschenunwürdig?

Leider wird diese Frage in einer angeblich so offenen und aufgeklärten Gesellschaft, die über alles sogar in den Medien auch jenseits der Peinlichkeitsschwelle im wahrsten Sinne des Wortes anstandslos palavert, weithin nachhaltig tabuisiert.

Man bedenke kurz, die Zahl der Abtreibungen hätte seit der Novellierung des § 218/219 im Jahre 1973 bei nur einem Drittel der faktischen Zahl, also bei ca. 70 Tausend gelegen. Dann wären zum Stand der 80 Millionen Menschen umfassenden derzeitigen Bevölkerung der Bundesrepublik mehr als 30 Jahre lang ca. 150 Tausend nicht abortierte Embryonen und Föten, also 4 bis 5 Millionen Mitbürger unter 30 Jahren hinzuzurechnen zuzüglich der von diesen gezeugten Kinder.

Zwar wäre auch dann noch kein Gleichstand von Sterbe- und Geburtenzahlen erreicht, aber die Frage nach der Haltbarkeit des Generationenvertrags stellte sich nicht mehr bzw. noch lange nicht und dann definitiv nicht in der heutigen Dringlichkeit. Dass der Lebensschutz am Anfang des menschlichen Lebens erst jetzt thematisiert wird, wo es uns und weil es uns ans alt gewordene Leder geht ist hinreichend peinlich. Dass dieses Thema auch einer anderen tieferen ethischen Begründung bedarf, als es populationsdynamische Erwägungen leisten können, ist ganz und gar selbstverständlich. Festzuhalten ist hier: Der Lebensschutz am Anfang und der Lebensschutz am Ende stehen, wie man leicht sehen kann, in einem weit engeren Zusammenhang als manche Zeitgenossen mit einer ideologisch bestimmten Wahrnehmungseinschränkung es gern wahrhaben möchten.

7.3.2 Skizze eines Anschauungswandels

Die Konfrontation mit dem eigenen Ende sowie die gedankliche und gefühlsmäßige Auseinandersetzung damit hat in unserer Gesellschaft keine Konjunktur. Die schwache Resonanz auf die von der Politik und auch von den Kirchen nachdrücklich empfohlene Ausfertigung eines Organspendeausweises sowie einer Patientenverfügung, einer Vorsorgevollmacht und einer Betreuungsverfügung macht deutlich, dass mehr Ängste und Unsicherheiten in der Bevölkerung vorhanden sind, als sich durch das ohnehin heikle Thema erklären ließe.

Es gibt einen Kult der Jugendlichkeit, in dem auch noch der Mittvierziger und der Mittfünfziger durch die jugendlichkeitsorientierte Kleiderwahl, die Frisurwahl, die sprachliche Ausdruckswahl etc. seinen Tribut zu entrichten hat. Zum Erhalt des Jugendlichkeitsniveaus gibt es für liquide Alternde Stützkurse und Hilfsmaßnahmen aus der Wellness- und Anti-Ageing-Industrie. Es gibt darüber hinaus, wenn bei fortschreitendem Alter mit den Attributen der Jugendlichkeit definitiv nicht mehr zu punkten ist, den stark beworbenen und propagierten Typus des aktiven, sportiven, kreativen, mobilen, liquiden Seniors.

Im jugendlichen Alter, im mittleren Alter und auch noch im höheren Alter, der sogenannten Seniorenzeit, wird werbemäßig propagiert, wenn nicht gar verordnet, dass das Leben Spaß machen, erfolgreich, gesund, spannend, genussvoll etc. sein soll. Johann Baptist Metz sprach in diesem Zusammenhang von einem »anonym verhängten Leidensverbot in unserer ›fortschrittlichen‹ Gesellschaft«[11]

Die Trauer über den Tod eines Menschen hat in der Öffentlichkeit keinen Raum mehr. Vor wenigen Jahrzehnten noch starb man in der Regel zu Hause in der kleinen familiären Öffentlichkeit. Und anschließend wurde von dieser Familie noch buchstäblich auch in der Kleiderordnung sichtbar »Trauer getragen«, sicher auch manchmal Trauer zur Schau getragen. Die Witwe legte erst ein Jahr nach dem Tod ihres Mannes die schwarze Kleidung wieder ab, ganz Ähnliches galt für den Mann. Eine Wiederverheiratung des verwitweten Partners vor der Jahresfrist des Todestages galt als höchst unschicklich.

Noch früher behielt sie, sofern sie nicht wieder heiratete, zeitlebens die Witwenkleidung an oder wenigstens ein bestimmtes Accessoire daraus, z. B. die Witwenhaube auf dem Kopf. Andere nähere Verwandte des Toten trugen zumindest sechs Wochen, also eine Quadragesima lang, die schwarze Kleidung. Bei aller Äußerlichkeit und auch Veräußerlichung, die diese Praxis auch kannte, waren der Tod und die Trauer um den Toten auch im öffentlichen Leben bildlich unübersehbar präsent.

Vielleicht geschah durch dieses gewissermaßen ritualisierte Verhalten, das natürlich auch eine averbale Form der Kommunikation war und zur verbalen Kommunikation einlud, schon ein Großteil dessen, was in der zweiten Hälfte des 20. Jahrhunderts durch Vertreter der Frankfurter Schule den merkwürdigen Namen »Trauerarbeit« erhielt und den Gedanken des Abarbeitens von etwas nahe legte.

Vielleicht ist die sich heute mehr und mehr aufdrängende Notwendigkeit von sogenannten Trauerseminaren oder Trauergruppen, die den Trauernden eine Art Selbsthilfegruppe bieten, ein erster Reflex auf die Stigmatisierung und Privatisierung der Trauer, eine Antwort auf den Verlust der öffentlichen Trauer. Und vielleicht ist die seit dem Ende der sechziger Jahre des zwanzigsten Jahrhunderts in wenigen Jahrzehnten europaweit erfolgte Ausbreitung der Hospizbewegung ein deutliches Signal gegen die Privatisierung und klinische Hospitalisierung des Sterbens.

Der Umgang mit den Themen Sterben, Tod und Trauer, mit den Themen Trauerfeier, Begräbnisritus und Totengedenken und die sich daran anschließende Praxis erfahren gegenwärtig eine epochale Umdeutung und Umgestaltung. Der innovative, expansive Bestattungsunternehmer baut nicht nur den Sarg und bahrt nicht mehr nur den Toten in der kommunalen oder kirchlichen Kapelle auf. Er übernimmt angesichts finanziell überforderter Kommunen die Aufbahrung und Aussegnung in seinen eigenen Räumen. Er stellt angesichts der offenbar nicht kostendeckend zu betreibenden kommunalen und kirchlichen Friedhöfe selber den Friedwald für die Urnenbestattung zur Verfügung. Er hat auch den bei ihm angestellten Begräbnisredner mit variabler adressatenorientierter Rede im Komplettangebot der Todesvermarktung. Er hat ggf. die Designerurne im Angebot und die derzeit in Mode kommende Möglichkeit Kohlenstoff des Verstorbenen in einem Harzblock eingießen zu lassen. Der nächste Schritt wäre, die Asche des Toten mit hohem physikalisch-chemischen Aufwand in einen Diamanten umwandeln und zum Brillanten schleifen zu lassen. So erhalten Menschen sogar noch posthum den von manchen für notwendig erachteten Schliff.

Wie ist im Blick auf die weltanschaulich indifferent oder »naturreligiös« bis betont areligiös agierenden Begräbnisredner, im Blick auf die mehr und mehr um sich greifende anonyme Urnenbestattung, die manchmal den Verdacht einer kostengünstigen Entsorgung der Toten aufkommen lässt, wie ist angesichts synkretistischer Patchworkeschatologien noch an eine von der christlichen Hoffnung auf Auferweckung geprägte »Sinngemeinschaft mit den Toten«[12] zu sprechen?

Wird bei der anonymen Bestattung auf offenem Meer, in sogenannten Friedwäldern, auf anonymen Gräberfeldern der Gedächtnisort, der Ort für die Trauerarbeit, der Ort für das Zusammentreffen der Trauernden nicht systematisch geschleift bzw. unkenntlich gemacht? Haben wir es nicht längst mit einer posthumen Spurenverwischung und Verweigerung von Trauer oder Trauerarbeit zu tun, die ungünstigenfalls auf der Couch des Psychiaters oder in Gesprächs- und Selbsthilfegruppen therapiert werden muss?

Ist nicht gerade die Rede von der christlichen Auferweckungshoffnung auch die Rede von der Gleichheit aller Menschen vor Gott, auch die Rede von der bleibenden Verantwortlichkeit eines jeden für sein Tun und Lassen in der Zeit, und zwar auch noch und gerade im Jenseits der Zeit? Ist nicht die Rede von der Auferweckung der Toten die Rede davon, dass die »Gerechtigkeit gerade nicht am Tode strandet«?[13]

7.3.3 Zur Verwischung der Lebens- und Sterbegrenzen

Die Frage, wann ein Mensch tot sei, mutet sehr simpel an, und die Beantwortung scheint einfach zu sein. Bei genauerem Nachfragen und Hinsehen offenbart sie aber ihr erhebliches Gewicht. Wann ist ein Mensch tot?

Ist die gesellschaftliche Vermittlung der Kriterien zur Todesfeststellung – Hirntod oder Herztod – gelungen? Wann ist ein Mensch tot? – Wenn er nicht mehr atmet? Aber dann kann man ihm manchmal noch mit Mund-zu-Mund-Beatmung wiederbeleben.

Ist er dann tot, wenn sein Herz nicht mehr schlägt? Aber das kann man manchmal noch mit Herzmassage wieder anspringen lassen, oder mit der Transplantation eines Spender- oder Kunstherzen ersetzen.

Ist er dann tot, wenn das Elektroenzephalogramm (EEG), das die Hirnströme im Neokortex aufzeichnet, eine Nulllinie schreibt? Aber dann kann ein Mensch, wenngleich ohne jede Hoffnung, wieder zum bewussten Leben zu erwachen, jahrelang am Leben gehalten werden. Aber was ist das für ein Leben?!

Ist er dann erst dann ganz tot, wenn seine Organe definitiv nicht mehr zu Transplantationszwecken verwendet werden können? Aber wann ist das?

Ein Mensch ist tot, wenn Leichenflecke auftreten, wenn die Leichenstarre eingetreten ist und der Verwesungsprozess einsetzt, sagt eine medizinisch-amtliche Definition.

In den USA, wo man trotz aller nach außen gekehrten Christlichkeit in diesen Dingen oft weniger Hemmungen kennt als hierzulande, hat man aus einem mehrere Stunden zuvor verstorbenen, herz- und hirntoten Mann Spermien punktiert und damit im Reagenzglas ein Kind gezeugt. Ein Toter wurde so zum Vater eines Lebenden, ein Fall von Zeugung nach dem Tod.

Die Zeugung von Kindern mit den Spermien gefallener Soldaten wurde in den USA aus bevölkerungspolitischen Gründen schon während des 2. Weltkriegs praktiziert, jedoch erfolgte die Samenspende zu Lebzeiten der Soldaten und auf deren eigenen Entschluss hin. Das möglicherweise nach seinem Tod entstandene Kind war also von ihm ausdrücklich gewollt und gewünscht.

Die derzeit möglich gewordenen Fälle einer posthumen Zeugung aber müssen den mutmaßlichen Willen des Verstorbenen erheben. Doch dieser mutmaßliche Wille, diese u. U. blanke Mutmaßung über das, was der Verstorbene wohl gewollt hätte, ist verdächtig, die bloße Projektionsfläche für den Willen der Hinterbliebenen zu sein.

In Deutschland, in Spanien, in Italien und andernorts haben hirntote Frauen lebende Kinder zur Welt gebracht. Ja, es ist sogar hier in Deutschland in einem menschenverachtenden Akt eine hirntote Frau von einem Krankenpfleger geschwängert und sieben Monate später per Kaiserschnitt zur Mutter geworden. Man muss also fragen: Ist denn jemand tot, kann denn jemand für tot gehalten werden, der ein lebendiges und noch dazu gesundes Kind zu Welt bringt?

Es ist keine Frage: Das Leben der durch so extreme und bedenkliche Zeugungsmaßnahmen entstandenen Menschen ist genauso hoch zu schätzen und von gleicher Würde wie das anderer Menschen. Nicht über die Würde des so entstandenen Menschen, wohl aber über die Art ihrer »Herstellung« und Entstehung ist ernsthaft und kritisch nachzudenken; denn hier liegt eine zwielichtige Instrumentalisierung des Menschen am Lebensanfang wie am Lebensende vor.

Angesichts der erfolgreichen Klonungsversuche an mehr als 20 Säugetierarten steht zu erwarten, dass sich Ähnliches beim Säugetier Mensch vollziehen wird. Seriöse und unseriöse Ankündigungen und sogar Versuche dieser Art gibt es bereits. So könnten unter Hinterlegung entsprechender Geldmengen, man denke an forschungsfördernde Drittmittel, somatische Zellen von Moribunden oder frisch Verstorbenen entnommen und mit einer zuvor entkernten Eizelle fusioniert werden. Mit dieser beim Klonschaf Dolly erstmals erfolgreich angewandten

Technik könnte der Verblichene genetisch gleich wiederentstehen, eine biotechnologisch ermöglichte »Auferstehung« im Hier und Jetzt. Es entstünde damit ein zeitversetzt geborener eineiiger Zwilling zum Kernspender. Dieser Mensch sähe zwar gleich aus, wäre aber mitnichten der gleiche, geschweige denn derselbe.

Es steht zu vermuten, dass über kurz oder lang auch diese Art von »Weiterleben« mit dem Signum der Humanität versehen und mit dem Stichwort »Trauerbewältigung« ethisch veredelt werden wird. Denn wer wollte einer um ihr verstorbenes Kind trauernden Mutter nicht wenigstens auf diese Weise das Kind wiedergeben, insbesondere dann, wenn sie selber keines mehr bekommen kann?

Gewiss ist das noch Zukunftsmusik, vielleicht keine besonders gut klingende, aber eine schon jetzt hörbare. Wir haben es hier also nicht mit unrealistischer science fiction zu tun. Und die beschwichtigenden Beteuerungen von Wissenschaftlern, das werde man nie können, oder, wenn man es könne, werde man das nie machen, sind wie die jüngste Vergangenheit zeigt, das Papier nicht wert, auf dem sie stehen. Das zeigen die diversen bioethischen Schwenks z. B. der Deutschen Forschungsgemeinschaft bei der verbrauchenden Embryonenforschung und der Forschungsförderung an embryonalen Stammzellen.

Wenn es nicht so etwas wie eine argumentative ethische Bevorratung gibt, steht am Ende jeweils das von Habermas in die Debatte gebrachte »schulterzuckende Zu-Spät« und das »Warum sollen wir das nicht tun, wenn wir es doch schon können?« (Dies Argument lassen wir keinem Dreizehnjährigen durchgehen, wenn es ums Autofahren geht.) Auf diesem Weg entsteht schleichend eine Normalität, die sich für Normativität hält oder zumindest damit verwechselt wird. Es bedarf einer moralisch-ethischen und einer sozial-politischen Aufmerksamkeit in dieser Sache.

Im übertragenen und weiteren Sinne darf man angesichts der beobachtbaren Verwischung von Lebens- und Sterbensgrenze noch einen Schritt weiter denken. Vielleicht ist ein Mensch schon vor dem biologischen Tod tot, wenn er keine Hoffnung mehr hat. Vielleicht ist er selbst angesichts des drohenden Todes voller Leben, wenn er eine Lebenshoffnung hat, die über den Tod hinausweist. Das jedenfalls wird an vielen Patienten in unseren Krankenhäusern und Sterbehospizen erkennbar. Genau in diesem Sinne ist wohl auch das auf der palliativmedizinischen Station des Aachener Uniklinikums zu lesende Wort zu verstehen, dass man vielleicht nicht dem Leben mehr Tage, wohl aber den Tagen mehr Leben geben könne.

Wann ist ein Mensch wirklich tot? – Vielleicht ist er – im übertragenen Sinne – schon mitten im Leben hirntot, wenn er die Auferstehungsbotschaft nicht wenigstens kritisch bedenkt und überdenkt. Vielleicht ist er hirntot, weil er nicht mehr nachdenkt, zurückdenkt und nicht mehr vordenkt und weiterdenkt über seinen eigenen Tod hinaus.

Wann ist ein Mensch wirklich tot? – Vielleicht ist er – im übertragenen Sinne – schon mitten im Leben herztot, wenn er sich die Auferstehungsbotschaft nicht zu Herzen gehen lässt und zu Herzen nimmt. Vielleicht ist er herztot, wenn er nicht mehr mitfühlt, nachfühlt, sich nicht mehr einfühlt und vorfühlt in die Auferstehungshoffnung der Christen im Blick auf Christus.

Alles, was wir Menschen mit ungeheurem und manchmal ungeheuerlichem biotechnologischen Aufwand zur Lebensverlängerung tun können, ist dürftig gegenüber dem Leben, das uns von Gott her zugesagt ist. Das ist eine andere Qualität von Leben als das Leben, das man den Sterbenden noch erringt oder abringt.

Als Christ kann man versuchen – obschon den sicheren Tod vor Augen – dennoch das Leben im Blick zu behalten, das den Tod grundlegend überwindet. Wer über den Tod hinaus das kommende Leben im Blick hat, dem erscheint schon das gegenwärtige in einem anderen hoffnungsvolleren Licht. Aber in diesem Bereich ist nichts mehr zu dekretieren, hier kann und darf man glauben.

7.3.4 Die aktive Euthanasie oder ärztlich assistierte Tötung

Die aktive Euthanasie wird derzeit medial stets im Kontext einer ärztlichen Assistenz diskutiert. Das soll ganz gewiss dem skeptischen Betrachter dieses Phänomens die administrative Unbedenklichkeit, die wissenschaftliche Solidität, die integre Humanität und die angesichts der Unmöglichkeit von Heilung zumindest Schmerz minimierende ultimative Aktivität suggerieren. Zumindest soll der ständige Hinweis auf die Anwesenheit und Begleitung des Arztes bei der Euthanasie eine sedierende Wirkung auf die aufkommende ethisch begründete Entrüstung der prospektiven Nutznießer diese »segensreichen Einrichtung« haben. Fraglich ist allerdings, ob das Image der solchermaßen ärztlich flankierten Euthanasie gehoben oder nicht vielmehr das des damit befassten Ärztestandes nachhaltig gesenkt wird.

7.3.4.1 Situations- und Begriffsklärung

In letzter Zeit wird – zumeist mit plakativen Beispielfällen sekundiert – des öfteren wieder der ärztlich assistierte Suizid gefordert. Die Bundesärztekammer hat deutlich abweisend auf diese Forderungen reagiert und dazu durch ihre diversen Präsidenten wiederholt festgestellt,[14] das sei nichts anderes als die nach § 216 des Strafgesetzbuches strafbare Tötung auf Verlangen.

Es bedarf nicht der von ausländischen Praktiken inspirierten und von finanziellen Interessen begleiteten Information darüber und Beihilfe dazu, wie man seinem Leben ein vorzeitiges Ende setzen kann. Es bedarf der Information darüber, wie man sein Leben bis zum Ende in Würde führen und bewusst gestalten kann.

Gleichwohl macht die Schweizer Sterbehilfeorganisation, die sich den Ehrennamen »Dignitas« (Würde) zugelegt hat, von sich reden. Das Vorgehen von »Dignitas« ist das Folgende:[15] Der Sterbewillige bzw. seine Angehörigen zahlen auf das Konto des Firmeninhabers Ludwig Amadeus Minelli bzw. seiner Tochter einen Betrag ab 3 000 Euro aufwärts zur Organisation des Sterbens. Minelli ist der angestellte Generalsekretär eines ehrenamtlichen Sterbehilfevereins, den er selbst gegründet hat. Die Mitglieder dieses Vereins können aber samt und sonders nur durch ihn zugelassen und auch durch ihn wieder, selbst ohne Angabe von Gründen, aus dem Verein entlassen werden. Es handelt sich um eine nach dem Schweizerischen Zivilgesetzbuch mögliche »statuarische, stimmrechtslose Mitgliedschaftskategorie.« Auch in der Schweiz ist die aktive Sterbehilfe strafbar, wenn sie von geschäftlichen, also gewinnorientierten Interessen bestimmt wird. Daher benötigt die Firma »Dignitas« im Nahbereich der angebotenen aktiven Sterbehilfe diese rechtlosen ehrenamtlichen Helfer, um den Non-Profit-Mythos dieses Vereins aufrecht erhalten zu können.

Die ehrenamtlichen Helfer geben dem Suizidanden das Gift, es handelt sich um 15 Gramm Natrium-Pentobarbital, und dann verlassen sie den Sterberaum, damit sie nicht verdächtigt werden können, es ihm eingegeben oder ihn gar zur Einnahme genötigt zu haben. Sowohl die Einnahme des Giftes als auch der Tod des Suizidanden werden von einer Kamera gefilmt, um für den Fall, dass es zu einem gerichtlichen Nachspiel kommt, die Eigenmächtigkeit seines Handeln zu dokumentieren. Der nicht schlecht verdienende Geschäftsführer und Generalsekretär dieses »ehrenamtlichen« Vereins hat mit dem Tötungsvorgang also nur mittelbar und insofern zu tun, als er die in- und ausländische Werbung für sein Sterbehilfeangebot und die Organisatorische Hintergrundarbeit zu deren Durchführung bestreitet. Er ist zugleich der Einzige, der an der Realisierung des Sterbens verdient.

Die aktive Euthanasie wird derzeit auch medial in das Gewand besonderer Humanität gekleidet und ist in einigen Nachbarländern Deutschlands bereits politisch durchgesetzt. Unter der aktiven und direkten Euthanasie versteht man die gezielte lebensbeendende Handlung durch eine andere Person als die Betroffene auf Gesuch letzterer. Anders und einfacher spricht man auch vom Töten oder Sterbenlassen eines Menschen zum Zweck der Minderung seines Leidens. Auf den hierbei leicht eingeebneten Unterschied zwischen Töten und Sterbenlassen wir an anderer Stelle noch genauer einzugehen sein. Außerdem wird zu fragen sein, ob das Töten oder Sterbenlassen prinzipiell als Minderung des Leidens angesehen werden kann und wenn ja, wessen Leiden denn da gemindert wird.

Die aktive Euthanasie ist fast immer mit einigen zu Akzeptanzgewinnungszwecken eingeführten Einschränkungen versehen. Es muss ein unerträgliches physisches oder psychisches Leiden vorliegen, das – was auch immer das heißt – alternativlos ist. Es muss die Dauerhaftigkeit des Todeswunsches festgestellt werden, außerdem die Einwilligungsfähigkeit und die Urteilskompetenz des Patienten. Es müssen Ärzte konsultiert werden, wobei der Arzt, der das Vorliegen der Bedingungen feststellt, nicht derselbe sein soll, wie der, der die aktive Euthanasie durchführt.

Man spricht dann von der freiwilligen aktiven Euthanasie, wenn der Patient den Tötungswunsch selbst äußert, von der nicht freiwilligen aktiven Euthanasie, wenn er den Tötungswunsch nicht mehr äußern kann, man aber unterstellt, er hätte ihn geäußert, wenn er gekonnt hätte, und schließlich von der unfreiwilligen aktiven Euthanasie, wenn der Patient bezüglich seiner Tötung nicht befragt und auch sein mutmaßlicher Wille nicht erhoben wird.

In dem Sinne sind die Euthanasieaktionen im Nationalsozialismus diesem letzten Handlungstypus zuzuordnen.

Was aber ist mit dem Todeswunsch eines psychisch kranken Menschen? Ist er überhaupt in der Lage, einen wirklich als freiwillig zu deklarierenden Tötungswunsch zu äußern? Ist nicht das Auftreten des Tötungswunsches gerade das Symptom etwa einer depressiven Erkrankung. Das heißt, zur Spezifität dieser Erkrankung gehört es, sich das Leben nehmen oder nehmen lassen zu wollen. Dieser Mensch wird möglicherweise alle einschränkenden Bedingungen der Berechtigung zur aktiven Euthanasie erfüllen, die Dauerhaftigkeit des Todeswunsches, die Einwilligungsfähigkeit, die Urteilskompetenz, die ärztliche Konsultation etc. Nur freiwillig ist sein Todeswunsch, immer wenn er ihn äußert, eben nicht. Hieße das, er dürfte unter keinen Umständen getötet werden, weil er, wann immer er den Tötungswunsch äußert, ihn nicht freiwillig äußern kann?

Gerade dieser Fall macht deutlich, auf welch brüchigem Eis die Urteilsfindung bezüglich der Freiwilligkeit beim Todeswunsch einherschreitet. Es ist zu fragen, ob der, der den Todeswunsch für sich äußert, nicht per se unfrei ist, ob er nicht seine Unfreiheit gerade durch den Todeswunsch dokumentiert.

In dem Moment, in dem die freiwillige aktive Euthanasie zu einer Wohltat umdefiniert wird, entfällt die Unterscheidung zur nicht freiwilligen aktiven Euthanasie, da eine Wohltat dem, der nicht mehr um sie bitten kann, ja nicht vorenthalten werden sollte oder gar nicht vorenthalten werden darf.

Es steht zu erwarten, dass dann, wenn die freiwillige Euthanasie zur Wohltat und die nicht freiwillige Euthanasie zur nur nicht explizit eingeforderten Wohltat umgedeutet wird, auch die öffentlichen Gelder zur intensivmedizinen und palliativmedizinischen Betreuung der Menschen, die sich in einer derartigen Lebenssituation befinden, von Streichung bedroht sind. Es ist dann nämlich weit kostengünstiger, zur »Wohltat der aktiven Euthanasie« zu greifen, als eine kostenträchtige medizinische Behandlung einzuleiten. Angesichts des schon jetzt hohen Kostendrucks in der modernen Medizin und angesichts der Verschärfung dieser Situation durch den schon jetzt hohen und noch weiter steigenden Altersdurchschnitt in der Bevölkerung, könnte eine Situation entstehen, in der nicht mehr ethische sondern volkswirtschaftliche

Kriterien für die Einführung der aktiven freiwilligen und der aktiven nicht freiwilligen Euthanasie maßgebend sind.

7.3.4.2 Aktives Töten oder passives Sterbenlassen

Aber sind nicht das aktive Töten und das passive Sterbenlassen in vielen Fällen ununterscheidbar?

Ein Meister der suggestiven Vernebelungskunst, wie der Hamburger Rechtsphilosoph Reinhard Merkel, möchte die Unterschiede zwischen Sterbenlassen und aktivem Töten unbedingt einebnen. Dazu konstruiert er bizarre Sonderfälle, um mit ihrer Hilfe die aktive ärztlich assistierte Tötung eines Menschen gegenüber der passiven ärztlichen Sterbehilfe ununterscheidbar erscheinen und die Tötung auf Verlangen zum Normalfall werden zu lassen.[16] Warum der »sterbe(be)hilfliche« Arzt, wenn die Leidensvermeidung einen derart entscheidenden Wert hat, dann aber nicht tätig werden soll bei dem »unsterblich verliebten« Neunzehnjährigen, der, nachdem er von seiner Angebeteten endgültig abgewiesen wurde, aus Lebens- und Liebesverzweiflung unbedingt, freiwillig und mehrfach wiederholt seine Sterbeabsicht äußert, ist nicht mehr zu erkennen. Warum der Arzt beim Bilanzsuizidanden, dem Frau und Kinder weggelaufen und die Firma derart pleite gegangen ist, dass er für den Rest seiner Tage mit exorbitanten Schulden und in Schande leben muss, nicht mit aktiver Sterbehilfe tätig werden soll, ist nicht zu begründen.

Tatsächlich kann es bei einem sterbenskranken Menschen z. B. durch die Erhöhung der Schmerzmitteldosis zu einer zumeist geringen Verkürzung des Lebens kommen. Das berechtigt aber nicht dazu, die Schmerzmitteltherapie als »tödliche Schmerzlinderung« zu diskreditieren. Nicht selten tritt nämlich auch genau das Gegenteil ein, die durch Stressreduktion via Schmerzmittel ermöglichte Lebensverlängerung. Im Allgemeinen ist die Schmerzmitteltherapie ohne positiven wie negativen Einfluss auf die Lebenszeit, ihre unbestreitbare Intention aber ist positiv, nämlich die Schmerzfreiheit des Patienten und die Verbesserung seiner Lebensqualität in der letzten Lebensphase. Die mögliche Lebensverkürzung ist nicht intendiert, sondern wird nur wie andere Nebenwirkungen von Therapeutika auch als ein zumeist unprognostizierbarer und unvermeidlicher Nebeneffekt in Kauf genommen. Die ärztlich assistierte Tötung aber intendiert definitiv nicht die möglichst lange Bewahrung und Steigerung der Lebensqualität sondern die möglichst schnelle Lebensbeendigung. Der Unterschied zwischen der Opioidspritze zur Schmerzlinderung und der Überdosis Barbiturat zur aktiven Sterbehilfe ist damit unübersehbar und die Intention des so oder so handelnden Arztes damit auch.

Wer das positive Recht für eine ärztlich assistierte Tötung öffnen möchte, übersieht dass das Recht seine letzte Legitimation aus einem grundlegenden ethischen Diskurs bezieht und lässt es zu einem beliebig modifizierbaren Problementsorgungsarrangement degenerieren. Es bedarf keiner besonders spezifizierten Geschichtskenntnisse, um festzustellen, dass die von einer grundlegenden ethischen Besinnung abgekoppelte funktionalistisch gedachte Legalität zu einer krassen Form der Amoralität werden kann und leider oft auch geworden ist.

Die sogenannte ärztlich assistierte Tötung auf Verlangen wird mit dem Argument als erstrebenswertes Gut ausgegeben, sie sei eine Verminderung des Leidens und daher gut. Streng genommen ist aber die Tötung auf Verlangen keine Leidensminderung, da Leidensminderung die Existenz eines leidenden Menschen voraussetzt. Die Tötung auf Verlangen ist jedoch die Beseitigung des Leidens durch die Beseitigung des Leidenden. Sie wahrt nicht die Existenz, sondern vernichtet sie.

Das ärztlich assistierte Töten ist also Verfügenwollen über das Unverfügbare, das Leben. Demgegenüber ist das Sterbenlassen eines Sterbenskranken die Akzeptanz des Unvermeidbaren, des Sterbens.

Der Unterschied liegt nicht zuletzt darin, dass Sterben als Phase des Lebens gesehen und als Chance zur endgültigen Lebensgestaltung begriffen wird und dass darum das Sterben nicht in einem Akt der Todesverdrängung »mitentsorgt« wird.

Die libertären Regelungen, die in einigen Nachbarländern Deutschlands, z. B. in den Niederlanden und in Belgien getroffen worden sind, erscheinen mir nach sorgfältiger Prüfung nicht als Humanisierungsfortschritt. Zugleich ist die auch im Kontext der Europäischen Union gegebene besondere Nähe zu unseren Nachbarländern kein Grund, nur wegen der grenzübergreifenden Vereinheitlichung auch für Deutschland ein niedrigeres Regelungsniveau zu akzeptieren. Niemand ist um einer abstrakten europaweit gültigen formaljuristischen Gleichheit willen davon dispensiert, eine eigene grundlegende ethische

Expertise anzustellen und sie seinem Gewissen folgend dann auch politisch umzusetzen.

Es hat sich in den Niederlanden und in Belgien auch auf anderen politischen Handlungsfeldern die angebliche Liberalisierung von Regelungen nicht als Lösung sondern als Verschleierung von Problemen erwiesen. Dafür wird ein vermutlich hoher sozialpolitischer Preis zu zahlen sein, dessen Rechnungslegung noch aussteht.

Wie aber steht es um die freiwillige aktive Euthanasie eines schwer leidenden Menschen, dem doch niemand die Pflicht zum Leben auferlegen kann? Gehört es nicht zur unveräußerbaren Patientenautonomie, seinem Leben ein Ende setzen zu können?

Die Behauptung, die aktive ärztlich assistierte Sterbehilfe oder Tötung auf Verlangen sei eine Humanisierung des Sterbeprozesses, ist gleichwohl nicht stichhaltig. Die überzogene Ausweitung der Patientenautonomie kann nicht so weit gehen, dass sie die Autonomie des Arztes beeinträchtigt. Niemand hat das Recht, jemand anderen zur Mitwirkung an der eigenen Selbsttötung zu nötigen. Eine dessen Autonomie ignorierende Instrumentalisierung des Arztes zur Realisierung des eigenen Todeswunsches ist daher indiskutabel.

Überdies ist festzustellen: Bei der ärztlich assistierten aktiven Tötung stirbt nicht nur der Patient, sondern zugleich und über diesen Sterbefall in katastrophaler Weise hinausgreifend auch noch das Vertrauensverhältnis zwischen Arzt und Patient. Wird ein in eine ernsthafte Lebenskrise geratener Patient zu dem Arzt noch Vertrauen hegen können, der mit denselben ärztlichen Möglichkeiten, die Krankheiten der einen heilt oder lindert und das Sterben der anderen beschleunigt?

Wo der Arzt nicht nur zur ärztlich assistierten Heilung sondern auch zur ärztlich assistierten aktiven Tötung approbiert ist, weiß der Patient im Letzten nicht mehr, wie er bei diesem Arzt dran ist. Das ist insbesondere dann zu befürchten, wenn die freiwillige aktive Euthanasie und die nicht freiwillige aktive Euthanasie zur Wohltat umetikettiert werden. Die sicher wenigen Ärzte, die sich in dieser Weise betätigen könnten und wollten, würden in einem nicht wiedergutzumachenden Ausmaß das Ansehen der vielen Ärzte ins Zwielicht ziehen, die solches weder mit dem Berufsethos noch mit ihrem Gewissen vereinbaren könnten.

Eine moderne Palliativmedizin ist nach eigenen Angaben heute in der Lage, nahezu 100 Prozent der Patienten durch eine hochvariable und hochspezifische Schmerztherapie schmerzfrei zu stellen, um ihnen ein leidfreies, bewusstes und selbstbestimmtes Leben in Würde bis zum Tod zu ermöglichen.

Angesichts der großen Möglichkeiten der Palliativmedizin erscheint dann die aktive Tötung zur angeblichen Leidvermeidung heute eher wie das Armutszeugnis der Medizin in Bezug auf Schmerzvermeidung. Denn die palliativmedizinisch gut versorgten Patienten äußern so gut wie nie einen Wunsch nach ärztlich assistierter Lebensverkürzung. Wo sich dieser Wunsch allerdings verstärkt äußert, ist das eine signifikante Problemanzeige und die Rückfrage nach den palliativmedizinischen Standards dringlich.

Palliativmedizin, die ihre schon derzeit gegebenen Möglichkeiten im Interesse des Patienten nutzt, die ihnen Leben bis zum Schluss in Selbstbestimmung und Würde ermöglicht, ist Lebenshilfe für Sterbende. Die ärztlich assistierte Sterbehilfe dagegen ist nicht Lebenshilfe für Sterbende sondern Sterbehilfe für Lebende.

7.3.5 Das Problem einer Emotionalisierung des bioethischen Diskurses

Die medienwirksame Inszenierung des Gegeneinanders von unsäglich leidenden Kranken einerseits und zynischen Moralrigoristen andererseits ist eine hoch emotionalisierte Enttabuisierungsstrategie, der die medial gesteuerte Öffentlichkeit leider viel zu häufig aufsitzt.

So warb eine mit europaweitem Echo im englischen Unterhaus aufgetretene chronisch kranke und moribunde Frau für die verbrauchende Forschung an Embryonen, da sie nur so geheilt werden, da ihr nur so der Schmerz genommen werden könne.

Nach später bekannt gewordenen glaubwürdigen Äußerungen einiger sie behandelnder Ärzte handelte es sich um eine palliativmedizinisch bestens eingestellte und schmerzfrei gehaltene Patientin.

Die medizinische Ratio, ob dieser Frau angesichts ihres fortgeschrittenen Leidens überhaupt geholfen werden könnte und, wenn ja, ob ihr des weiteren nur mit der Forschung an Embryonen geholfen werden könnte, spielte keinerlei Rolle mehr. Die für die Forschung einzuplanenden Embryonen waren zum Therapeutikum herabgestuft, Menschenwürde wurde nicht ihnen, sondern nur noch den Sterbenden zugebilligt.

Die sachbezogene Rationalität wurde einer personbezogenen Emotionalität geopfert, und wehe dem, der auf medizinischen oder ethischen Sachargumenten zur Entscheidungsfindung beharrte, er galt fortan zumindest als ein gefühlskalter Unmensch.

Nun ist das ehrliche und tief empfundene Mitgefühl eine glaubwürdige Motivationsquelle für die wissenschaftliche Forschung, für die kurative wie palliative Medizin und für die humane Pflege. Allerdings ist zwischen der Quelle der Motivation, dem Helfenwollen, und der Quelle für den Sachbezug, dem Helfenkönnen, zu unterscheiden. Die Instrumentalisierung einer ausschließlich personbezogenen Emotionalität, die zur Beseitigung oder Einschränkung der sachbezogenen Rationalität führt, dient letztlich auch dem leidenden Menschen nicht.

Je weniger die Sache rational klar ist, um die es letztlich geht, desto eher und leichter ist emotional zu punkten. Und dabei spielt vor allem die Anschaulichkeit eine Rolle. Die sterbenskranke Patientin in ihrem Leiden ist höchst anschaulich, der wenige Tage alte Embryo ist höchst unanschaulich. Und dann werden und wurden ethische Überlegungen nur zugunsten der Patientin, nicht aber zugunsten der Embryonen angestellt. Das Ergebnis ist, weil anschaulichkeits- und emotionalisierungsgesteuert, schon im Vorhinein klar.

Dass solche emotionale Mobilisierung auf beiden Seiten der einander widerstreitenden Parteien möglich ist, wenn auf beiden Seiten Anschaulichkeit gegeben ist, zeigt das Sterben der amerikanischen Komapatientin Terri Schiavo. Ihre Eltern und eine weltweite Gesinnungsgemeinschaft verlangten mit Argumenten der Humanität auch nach jahrelangem Koma die weitere künstliche Ernährung. Ihr Ehemann und eine wiederum weltweite Gesinnungsgemeinschaft setzte nach jahrelangem Prozess wiederum mit Argumenten der Humanität die Tötung oder das Sterbenlassen durch Nahrungsentzug gerichtlich und mit polizeilicher Unterstützung durch.

Diese mit amerikanischen Legalitätsprinzipien durchgesetzte Lösung entspricht jedenfalls nicht katholischen Moralitätsprinzipien. Eine Wachkomapatientin, ein Wachkomapatient ist nicht hirntot, also in einem irreversiblen Sterbezustand. Zahlreiche Fälle von Menschen auch in Deutschland belegen – sogar nach jahre- selbst nach jahrzehntelangem Koma – die prinzipielle Reversibilität dieses Zustandes. Hier hat man also die Tötung eines Kranken durch Nahrungsentzug ins Werk gesetzt. Die Intention dieser Handlung war das Sterben der Patientin, ob sie bei dieser Art des Sterbens gelitten hat, ist nicht zu klären.

Es ist historisch gut belegt, dass mit demselben sogenannten Humanitäts- und Mitleidsargument, das derzeit bei der freiwilligen aktiven und bei der nicht freiwilligen aktiven Euthanasie aber auch beim ärztlich assistierten Suizid immer wieder ins Feld geführt wird, auch die aktive unfreiwillige Euthanasie geistig und körperlich behinderter und alter Menschen in der NS-Herrschaft begründet wurde.

Mit dem sogenannten Humanitäts- und Mitleidsargument einerseits und mit Mitteln der Anschaulichkeit andererseits, – man zeigte etwa besonders entstellte Behinderte –, wurde die Tötung geistig, körperlich oder durch Alter behinderter Menschen für die Öffentlichkeit enttabuisiert und plausibilisiert. Es wurde damit der Gedanke suggeriert, einem derart behinderten Menschen könne man doch die weitere Qual nicht mehr zumuten. Zu fragen ist, wer hier wem und was genau nicht mehr zumuten kann?

Kann man dem Behinderten oder schwer Leidenden sein eigenes Leben nicht mehr zumuten? Und deshalb nimmt man es ihm in vorauseilend-entmündigender, patriarchalistischer oder gouvernantenhafter Fürsorglichkeit?

Kann man der Gesellschaft ein solches Leiden nicht mehr zumuten, weil es deren finanzielle Ressourcen im Gesundheitsbereich zu sehr beanspruchen würde? Und deshalb nimmt man dem Leidenden oder Behinderten das Leben? Dann aber ist das »humane« Motiv wohl eher Mitleid mit der volkswirtschaftlichen Notlage oder Mitleid mit den anderen in Bezug auf Heilung aussichtsreicheren Kranken, für die man dann zu wenig Finanzmittel besäße.

Oder kann man der pflegenden Familie dieses Leiden nicht mehr zumuten, ist also der Kranke oder Behinderte den Gesunden nicht mehr zuzumuten? Aber wäre dann nicht durch Unterstützung zuerst die Überlastungssituation für die Pflegenden zu beseitigen, statt dass man den zu Pflegenden selber beseitigt?

Oder glaubt der Kranke bzw. Behinderte selbst, sich den anderen Menschen nicht mehr zumuten zu dürfen und initiiert sein eigenes früheres Ableben aus Mitleid mit seinen pflegenden Angehörigen?

Leider kommt es immer wieder vor, dass sich der Patient, begründeter- oder unbegründetermaßen, gedrängt fühlt, den Familienmitgliedern nicht zur Last fallen, und also die am wenigsten auf Lebenserhaltung ausgerichtete Variante der Patientenverfügung (keine künstliche Ernährung, keine künstliche Beatmung etc.) wählen zu sollen.

Bei einer Freigabe der aktiven Euthanasie würde er sich dann möglicherweise gedrängt fühlen, um die Beihilfe zum Suizid oder um eine ärztlich assistierte Tötung zu bitten. Leider spielt auch der Gedanke bei manchen alten Menschen eine Rolle, sie sollten nicht die prinzipiell gegebene Erbmasse durch eine lange und teure Alterspflege im Heim verausgaben oder »verschwenden«. Gelegentlich wird berichtet, dass auch manche der im Alter auftretenden Suizidfälle nicht nur oder jedenfalls weniger als angenommen, persönlich lebensüberdrussmotiviert als vielmehr in Bezug auf die Kinder und Enkel fürsorgeorientiert sind.

Gegen all diese Tendenzen muss es möglich sein oder möglich werden, dem alten bzw. sterbenskranken Menschen in Wort und Tat die Botschaft zu übermitteln, dass er bis zum letzten Tag erwünscht ist.

Gelegentlich verbirgt sich unter dem mit Humanität um- oder verkleideten Mitleidsargument der ungebremste Zugriffswille der Nachkommen auf das zu erwartende Erbteil. Das immer wieder ins Feld geführte Mitleidsargument, etwas sei einem Menschen nicht mehr zuzumuten, ist nicht sakrosankt und über Zweifel erhaben; es muss dringend und kritisch betrachtet, vielleicht gar argwöhnisch beäugt werden; denn es verdient keineswegs unbesehen das Qualitätssigel human. Im bioethischen Diskurs sollte daher bei allem Verständnis für menschliche Betroffenheit das manchmal mühsame argumentative Überzeugen den Vorrang vor dem mediengestützten emotionalen Überwältigen behalten oder wieder zurückerhalten.

8 Freiheit des Geistes – Determination des Gehirns?

Die uralte, schon seit der griechischen Antike und seither dann durch alle philosophierenden Jahrhunderte geführte Debatte um das Leib-Seele-Problem, hat sich in verschiedenen thematischen Modifikationen z. B. als Körper-Geist-Problem zur Geltung gebracht und tut dasselbe – neuerdings auf die Daten der bildgebenden Verfahren vom Gehirn gestützt – derzeit als Gehirn-Geist-Problem.

Auch wenn die in der Debatte eingenommenen Positionen nicht trennscharf die Verfechter einer Freiheit des Geistes im Lager der Geisteswissenschaften und die Verfechter einer Determination des Gehirns im Lager der Naturwissenschaften lokalisieren und gegen einander in Front bringt, ist es doch signifikant, dass es eindeutig derartig zuzuordnende Mehrheiten und Vorlieben gibt. Wird durch die Gehirn-Geist-Debatte die ohnehin schon vorliegende Wissenschaftsspaltung in eine hermeneutische und eine szientistische Teilkultur nochmals verstärkt? Werden die Gräben, in denen sich die Verfechter dieser oder jener Position in Stellung bringen, nur nochmals vertieft? Ist ein interdisziplinärer Dialog möglich, der dieselbe Sache zum Gegenstand hat, oder redet man in Fortsetzung der altbekannten Kommunikationsprobleme nur über verschiedene Dinge und damit weiterhin aneinander vorbei?

8.1 Zur Freiheit determiniert – zur Determination befreit?

Die vor allem von einigen (keineswegs allen) Neurophysiologen und Neurobiologen vorgebrachte gleichermaßen fulminante wie totale Bestreitung jeglicher Willensfreiheit kontrastiert derzeit auf das Reizvollste mit der (nur scheinbaren oder offensichtlichen?) Freiheit, eben dieses Forschungsprogramm zum Nachweis der Unfreiheit verfolgen oder nicht verfolgen zu können.

Denn in letzter Konsequenz müsste ein solches Forschungsprogramm, wenn die Behauptung eines strengen Determinismus wirklich ernst gemeint ist, auch die Unfreiheit in der Entscheidung belegen, gerade dieses Forschungsprogramm durchzuführen oder es zu unterlassen. Es ist hier also zu prüfen, wie valide die verwendeten Begriffe und wie solide die bisher vorgebrachten Argumente für die einander widerstreitenden Positionen sind. Ist der Mensch im Denken, Fühlen und Handeln determiniert, wenn sich bestimmte Prozesse in seinem Nervensystem als deterministisch darstellen lassen? Oder liegt bei der Schlussfolgerung von deterministisch ablaufenden neurophysiologischen Prozessen im Hirn auf die Determiniertheit des »zugehörigen Hirnbesitzers« nur der mereologische Trugschluss vor, der den Teil (meros) für das Ganze nimmt und nicht realisiert, dass der Mensch als Ganzer und nicht das Auge oder das Gehirn statt seiner sieht, dass der Mensch als Ganzer und nicht das Gehirn statt seiner denkt, fühlt und handelt?[1]

8.1.1 Die Problemanzeige

Das, was hier geleistet werden kann, ist allenfalls die Zwischendiagnose eines laufenden Diskurses. Aber genau das muss auch geleistet und soll hier versucht werden. Die manchmal ermüdende Debatte über die endlosen Details der modernen Hirnforschung enthält genau an den Stellen einen geradezu existentiellen Sprengsatz, wo es um die Selbstverantwortlichkeit, um die Zurechnungsfähigkeit für und die Zurechenbarkeit von Handlungen, kurzum, wo es um die Freiheit des Menschen geht. Dabei werden die einen, es sind nicht nur, aber zumeist Vertreter der Neurobiologie, zu Verfechtern eines sich selbst nicht bewussten neurophysiologischen Determinismus und erreichen damit Schlagzeilen, Öffentlichkeit und Drittmittel. Und die anderen, es sind nicht nur, aber zumeist Juristen, Philosophen und Theologen, werden zu Verfechtern der letzten Bastionen menschlicher Selbstbestimmung, zu drittmittelun- oder -unterversorgten Widerstandskämpfern der menschlichen Freiheit.

Der forensische Psychiater Kröber bringt die merkwürdige Situation heutiger Hirnforschung so auf den Punkt: »*Wissen wir heute sehr viel mehr als vor einhundert Jahren über die Funktionsweise des Gehirns? Die Antwort ist ja. Sind wir damit der Beantwortung zentraler Fragen wesentlich näher gekommen? Die Antwort ist nein. Als solche zentralen*

Fragen muss man die folgenden bezeichnen: In welchem Verhältnis stehen Körper, materiale Strukturen einerseits, Bewusstseinsprozesse andererseits? In welchem Verhältnis stehen die materialen Strukturen und die elektrophysiologischen oder biochemischen Abläufe zu komplexen Strukturen wie Selbstbewusstsein, Wille, Motivation, moralische Wertung, Zukunftsplanung?«[2]

Damit stellt sich die Frage, ob irgendwann das quantitative Mehr-Wissen in ein die wesentlichen Fragen beantwortendes qualitatives Mehr-Wissen umschlägt, oder ob die so genannten wesentlichen Fragen auf dem Weg des quantitativen Mehr nie beantwortet werden können.

Der mit mathematisch gestützten Hirntheorien befasste Mathematiker Olivier formuliert einige zentrale Probleme, die bei der Hirnforschung auftauchen und seines Erachtens weit unterschätzt werden. Sie seien hier als Vorwarnung vorausgeschickt: »*Beobachtung greift in das Geschehen ein. Dieser quantentheoretische Grundsatz gilt ebenso unerbittlich für das Gehirn. (…) es ist klar, dass Anpassungsprozesse stattfinden und schließlich eine hochkünstliche Situation gemessen wird. Es kann bestenfalls noch eine automatisierte Zuflucht des Gehirns gefunden werden. (…) Die Experimente zielen auf zu einfache Situationen, und dafür sollen sie zu komplizierte Sachverhalte klären. (…) Jedes Gehirn hat eine abgründige und nicht auslotbare Individualität und Unvergleichbarkeit. Die Theorie müsste einen Weg finden, Allgemeinheit und Individualität nebeneinander bestehen zu lassen in ihrer engen gegenseitigen Verbindung. Objektivität und Subjektivität sind gleichwertige Eigenschaften und ›Sehweisen‹ des Gehirns. Alle Experimente, auch das über Willensfreiheit, betreffen Kurzvorgänge (…) Aber fast alle psychischen Prozesse sind langzeitig. Ein Entschluss kann Jahre brauchen zu seiner Entwicklung. Was passiert in dieser Zeit? Worin besteht sein Abschluss? Nicht nur Entscheidungen, auch Einsichten sind gehirnintern formuliert, bevor sie abgelesen werden können. (…) Sehr viele Neuronen feuern gleichzeitig, und die Abhängigkeiten sind im Allgemeinen nicht messbar. (…) Das System Gehirn hat zahlreiche Eigenschaften, die keinem anderen System zukommen. Die entsprechenden Begriffe müssten erst geschaffen werden.*«[3]

Die bei ca. 10 hoch 10 Neuronen mit oft tausenden von Synapsen pro Neuron geradezu atemberaubende Komplexität, die Selbstreferenzialität des Gehirns, der je nach Sinnesreiz unterschiedliche Zeitfaktor bei und die Lokalisation von neurophysiologischen Prozessen, die Kapazitäten und Inhalte der teils oder ganz bewusstseinszugänglichen und der prinzipiell nicht bewusstseinszugänglichen Erinnerungsspeicher, die unumgehbaren beobachtungsbedingten Eingriffe ins zu beobachtende Geschehen, die jeweils momentan gegebenen neuroendokrinen Wechselwirkungen etc. all das wäre in einer vollständigen Beschreibung von Hirnprozessen unabdingbar berücksichtigungsrelevant.

8.1.2 Die Behauptung des Determinismus bei Singer und Roth

Mit der hier darzustellenden deterministischen Position haben vor allem Wolf Singer, er ist Direktor am Max-Planck-Institut für Hirnforschung in Frankfurt, und Gerhard Roth, er ist Verhaltensphysiologe an der Universität Bremen, eine weite interdisziplinäre Diskussion entfacht, die einer Zwischendiagnose bedürftig und zugänglich ist.

Sie sind nicht die einzigen Fachvertreter, die glaubten, aus ihren Untersuchungen am Gehirn Schlussfolgerungen in Richtung eines Determinismus ziehen zu können oder gar zu müssen. Ihre Argumentationsweise erscheint aber für Vertreter dieser Denkrichtung typisch zu sein. Dass diese Folgerungen auch in ihrem eigenen Fach keineswegs unwidersprochen geblieben sind, verwundert den nicht, der es prinzipiell für problematisch hält, Weltanschauungen aus naturwissenschaftlichen Datensätzen erheben zu wollen.

8.1.2.1 Skizze der Position Singers

Wie bereits angedeutet ist eine der zentralen Fragen die, wie das Verhältnis von Neuronalem und Mentalem, von materialen Strukturen und bewussten Prozessen zu denken ist. Singer bietet die folgende für einen Hirnforscher seines Erachtens unbefriedigende Alternative an und stellt ein erstes Argument für seine Annahme von einer Determiniertheit sämtlicher Hirnprozesse vor:

»Wir neigen dazu, eine von neuronalen Prozessen unabhängige Instanz anzunehmen, die neuronalen Abläufen vorgängig ist. Dies wird in zwei Positionen artikuliert: Eine, die dualistische, postuliert für die wollende Ich-Instanz einen immateriellen Dirigenten, der das neuronale Sub-

strat nur nutzt, um sich zu informieren und seine Entscheidung in Handlungen zu verwandeln. Diese Position ist mit dem Verursachungsproblem konfrontiert und mit bekannten Naturgesetzen unvereinbar. Sie hat den Status unwiderlegbarer Überzeugungen. Die andere geht zwar davon aus, dass auch die so genannten ›freien Entscheidungen‹ vom Gehirn selbst getroffen werden, dass die zu Grunde liegenden Prozesse sich aber aus nicht näher spezifizierten Gründen über den neuronalen Determinismus erheben können. Aus neurobiologischer Sicht ist auch diese Lesart unbefriedigend. Wenn eingeräumt wird, dass das bewusste Verhandeln von Argumenten auf neuronalen Prozessen beruht, dann muss es neuronalem Determinismus in gleicher Weise unterliegen wie das unbewusste Entscheiden, für das wir dies zugestehen. Dies folgt aus der zwingenden Erkenntnis, dass neuronale Vorgänge in der Großhirnrinde nach immer gleichen Prinzipien ablaufen und dass sowohl bewusste als auch unbewusste Entscheidungen auf Prozessen in diesen Strukturen beruhen.«[4]

Singer hält es schließlich für eine »*triviale Erkenntnis*« anzunehmen, »*dass eine Person tat was sie tat, weil sie im fraglichen Augenblick nicht anders konnte – denn sonst hätte sie anders gehandelt.«*[5] Er schließt also aus dem Vollzug der Handlung auf deren zwangsläufige Notwendigkeit. Es wird weder darüber debattiert, ob die Handlung so oder anders hätte ablaufen noch, ob sie hätte unterbleiben können. Besonders kühn aber in konsequenter Fortsetzung seiner Behauptungen bemerkt Singer schließlich: »*Ob nun aus genetischen Gründen oder aus Gründen der Erziehung, die gleich mächtig in die Programmierung von Hirnfunktionen eingehen, ist unerheblich. Ein kaltblütiger Mörder hat eben das Pech, eine so niedrige Tötungsschwelle zu haben. (...) Natürlich muss die Gesellschaft reagieren: Einmal muss versucht werden, seine Hemmschwelle anzuheben etwa durch Schulungs- oder Therapieprogramme. Außerdem muss sich die Gesellschaft vor gefährlichen Mitmenschen schützen, indem sie deren Freiraum begrenzt. (...) man würde allerdings nicht mehr von ›Strafmaß‹ sprechen, sondern vom ›Verwahrungsmaß‹ oder ›Schutzmaß‹«*[6]

Singers Argumentation geht von der grundlegenden Gleichheit der neuronalen Prozesse bei bewussten und unbewussten Entscheidungen aus. Dann folgert er unter der Annahme, dass unbewusste Entscheidungen deterministisch und also unfrei ablaufen, dass dann auch die bewussten Entscheidungen deterministisch und nur scheinbar frei ablaufen müssen. Das Empfinden von Freiheit ist demnach ein Wahrnehmungsartefakt. Die Begründungsbasis für diese der allgemeinen Selbstwahrnehmung widersprechende Behauptung ist die grundlegende Gleichheit der neurophysiologischen Prozesse. Weil unbewusste Prozesse deterministisch ablaufen, müssen auch bewusste Prozesse, da sie sich derselben neurophysiologischen Basalprozesse bedienen, determiniert sein.

Über den nur scheinbar freien Willen und die Genese der Willensfreiheitsempfindung sowie der Willensfreiheitsbehauptung führt Singer mit Blick auf die frühkindliche Entwicklung folgendes aus: »*Er wird von uns als Realität erlebt, und wir handeln und urteilen so, als gäbe es ihn. Der freie Wille, oder besser, die Erfahrung einen solchen zu haben, ist somit etwas Reales, extrem Folgenreiches. Insofern, als sich die Mehrheit der Menschen zu dieser Erfahrung bekennt, ist sie also keine Illusion wie etwa eine Halluzination. Aber aus Sicht der Naturwissenschaft ergibt sich die mit der Selbstwahrnehmung unvereinbare Schlussfolgerung, dass der ›Wille‹ nicht frei sein kann. Dieser Vorgang lässt sich in der Kindesentwicklung wunderbar nachvollziehen: Am Anfang trennen die Kleinen nicht zwischen sich und draußen. Für sie ist der Wille der Mutter ihr eigenes Anliegen. Sie empfinden sich nicht als Individuum und schon gar nicht als eines, das frei entscheiden kann. Doch das Baby ist eingebettet in ein soziales Umfeld, in dem es immer wieder hört: ›Tu das nicht, sonst mache ich das.‹ Nolens volens muss das Kind daraus schließen, es habe die Freiheit Entscheidungen zu treffen. Dieser ganze Lernvorgang vollzieht sich während der ersten drei Lebensjahre. Weil sich in dieser Zeit noch kein episodisches Gedächtnis entwickelt hat, erinnern wir uns nicht mehr, wie wir zu der Annahme gekommen sind, wir seien frei.*«[7]

Zu dieser – möglicherweise nur infolge der Kürze windig anmutenden – Genese des irrigerweise als frei empfundenen aber gleichwohl unfreien Willens gibt es zahlreiche entwicklungspsychologische Einwände, auf die einzugehen eine andere Arbeit wäre. Festzuhalten aber bleibt, dass zu den limitierenden Einflussfaktoren, die nach Singer in letzter Konsequenz und gewissermaßen synergetisch die Determination des Menschen zur Folge haben, nicht nur harte entwicklungs- und neurobiologische Faktoren sondern auch weiche sozialwissenschaftlich beschreibbare Faktoren beitragen. Ist hier eine Doppelabsicherung der Determinismusbehauptung nötig?

8.1.2.2 Skizze der Position Roths

Auch Roth, Hirnforscher wie Singer, behauptet seit geraumer Zeit mit nicht minder großem Nachdruck die Determiniertheit bewusster wie unbewusster Hirnaktivitäten. Von zentraler Bedeutung bei der Frage nach dem freien Willen sind für Roth die Experimente von Benjamin Libet (1983) und deren verbesserte Überprüfung durch die Psychologen Patrick Haggard und Manfred Eimer.

Bei diesem Experiment wird der Beginn einer Reaktion an einem Elektromyogramm gemessen. Die Versuchsperson blickt auf eine Uhr, die in 2,56 Sekunden eine vollständige Rotation vollzieht. Sie muss sich auf dieser Uhr genau die Zeigerposition merken, bei der sie den Entschluss fasst, einen Finger der rechten Hand oder die ganze rechte Hand zu bewegen. In einer modifizierten zweiten Anordnung musste sie den Zeitpunkt der Empfindung der Bewegung und in einer dritten den Zeitpunkt der Empfindung des sensomotorischen Reizes bestimmen. Gemessen wurde dabei das symmetrische Bereitschaftspotential. Roth deutet das Libet-Experiment so: »*Wenn der Zeitpunkt des Entschlusses dem Beginn des Bereitschaftspotentials vorausging (natürlich ohne im EEG sichtbar zu sein!), dann war die Willensfreiheit einem empirischen Beweis nähergebracht. Fiel er mit dem Beginn des Bereitschaftspotentials zusammen, dann war nichts verloren, denn man durfte dem immateriellen freien Willen zumuten, dass er instantan, d. h. ohne jegliche Verzögerung, auf die Hirnprozesse wirkt. Folgt er aber deutlich dem Beginn des Bereitschafstpotentials, dann waren erhebliche Zweifel an der Existenz eines freien Willens als eines mentalen Verursachers, der selbst nicht materiell verursacht ist, geboten.*«[8]

Haggard und Eimer haben über das symmetrische Bereitschaftspotential hinaus auch das lateralisierte Bereitschaftspotential gemessen und im Wesentlichen Libets Ergebnisse bestätigt. Nach Roth ergibt sich aus dem Gesamtbestand der Versuche dies: »*Es kann nunmehr keinen Zweifel daran geben, dass der Entschluss, eine bestimmte vorgegebene oder frei zu wählende Bewegung auszuführen, mehrere hundert Millisekunden nach Beginn des lateralisierten Bereitschaftspotentials auftritt, und dabei eindeutig einem frühen oder späten Beginn dieses Potentials folgt. (…) Wir müssen vielmehr davon ausgehen, dass sich das Gefühl, etwas jetzt zu wollen (das fiat! der Volitionspsychologen, der Willensruck), sich erst kurze Zeit nach Beginn des lateralisierten Bereitschaftspotentials entwickelt, und dass die erste Komponente, das symmetrische Bereitschaftspotential, sich weit vor dem ›Willensentschluss‹ aufbaut. Dieser Willensakt tritt in der Tat auf, nachdem das Gehirn bereits entschieden hat, welche Bewegung es ausführen wird.« (…) Erst wenn das Bereitschaftspotential (besonders das lateralisierte) eine Mindeststärke erreicht hat und corticale Neuronen hinreichend aktiviert wurden, tritt das Bewusstsein auf, etwas zu wollen (wobei allerdings schon feststeht, dass dies passiert).«*[9]

Nach Roth ist es also eine Täuschung, wenn wir das Gefühl haben, wir hätten das gerade Getane kurz vorher gewollt und dieser Willensakt sei für die Tat ursächlich gewesen. Auf die Frage, warum wir uns, obwohl wir tatsächlich unfrei sind, dennoch frei fühlen, bietet Roth folgende Antwort: »*Vielmehr ist diese als kausal empfundene Beziehung von freiem Willensakt und Handlung einerseits das Resultat komplizierter neuronaler ›Zuschreibungsmechanismen‹ und zum anderen das Ergebnis eines erlebnismäßigen Nacheinanders und eines alltagspsychologischen Erklärungs- und Legitimierungsdranges.*«[10]

Roth geht zwar davon aus, dass es eine »*generelle Nichtkongruenz von Attributen der Beschreibung aus der Ersten-Person-Perspektive und der Dritten-Person-Perspektive*« gibt, man also nicht mit gleichem Recht sagen könne, ich glaube, fühle, empfinde etwas oder das Gehirn glaube, fühle, empfinde etwas. Gleichwohl hält er aber daran fest, dass man Bewertungen oder Entscheidungen eines Individuums unter bestimmten experimentellen Bedingungen angemessen in der Dritten-Person-Perspektive erfassen könne.

»*Sofern die Existenz oder Nichtexistenz von Willensfreiheit sich in konkreten Handlungs-weisen und nicht bloß in subjektiven Erlebniszuständen ausdrücken muss (…), stellt es keinen Kategorienfehler dar, vom Gehirn zu behaupten, es treffe Entscheidungen (vielleicht wäre es unverfänglicher zu sagen: ›es determiniert die Entscheidungen‹ oder ›es nimmt die subjektiv empfundene Entscheidung vorweg‹).*«[11]

Es bleibt also letztlich bei der Behauptung: Die Aussage, das Gehirn denke, treffe Entscheidungen etc. und das Gehirn determiniere, enthält nach Roth im Prinzip keinen Kategorienfehler.

Eine Konsequenz der Annahme eines grundsätzlich unfreien Willens ist es, dass Menschen für ein eigenes Verhalten, das sie sich bei Nichteingeständnis ihrer Determination nicht erklären können, ein nachträgliches Motiv erfinden, das ihnen hilft, ihre Freiheitsfiktion aufrecht zu erhalten.[12] Dabei fällt auf, dass Singer und Roth zum Beleg der behaupteten Inadäquatheit von Motiven und Gründen auf menschliche Selbsttäuschungen und Konfabulierungen etwa von Split-brain-Patienten verweisen. Und Wingert stellt darum wohl mit Recht fest: »*Sie sollen die generelle These stützen: Gründe sind mitlaufende, rationalisierende Kommentare eines naturhaft-deterministischen Handlungsgeschehens.*«[13]

Mit kurzem Blick auf die Kantschen Überlegungen zur Willensfreiheit (Anderskönnen, Intelligibilität und Urheberschaft) resümiert Roth seine eigenen Überlegungen schließlich wie folgt:

»*Zusammengefasst zeigen die hier vorgestellten Forschungsergebnisse, dass die beiden entscheidenden Komponenten des Phänomens ›Willensfreiheit‹, nämlich etwas frei zu wollen (zu beabsichtigen, zu planen) und etwas in einem freien Willensakt aktuell zu verursachen, eine Täuschung sind. Das erstere Gefühl tritt auf durch Zuschreibung bzw. Aneignung von unbewussten Handlungsmotiven, die aus dem limbischen System stammen, das letztere Gefühl tritt auf, nachdem das Gehirn längst entschieden hat, was es im nächsten Augenblick tun wird.*«[14]

8.1.2.3 Selbstrelativierungen der Deterministen

In den bisher letzten öffentlichkeitswirksamen Darstellungen der neuro-deterministischen Position entsteht der Eindruck eines Zurückruderns bei den bisher forsch vorgetragenen Konsequenzen. So verlautet in einem von Singer und Roth mitunterzeichneten Manifest von elf deutschen Hirnforschern,[15] es klaffe zwischen dem weitgehenden Verständnis des einzelnen Neurons und seiner synaptischen Prozesse einerseits und der groben Kartierung, wo bestimmte Prozesse ablaufen (z. B. im visuellen oder motorischen Cortex, in der Amygdala etc.) auf der entscheidenden dazwischen gelagerten Beobachtungsebene für mentale Prozesse noch eine gewaltige unüberbrückte Kluft. Damit sind die Fragen nach dem Ich, dem Bewusstsein und dem Willen vielleicht richtig gestellt, aber mitnichten beantwortet.

Ähnlich, fast schon demütig, äußert sich nun auch Singer selbst:

»*Wir haben das Instrumentarium, um auf zellulärer und molekularer Ebene die Funktionsweise von Nervenzellen vollständig aufzuklären. Es ist dies lediglich eine Frage der Zeit. Wir haben auch die Methoden, um auf der Makroebene festzustellen, welche Hirnstrukturen für bestimmte*

Leistungen zuständig sind. Aber weder mit der einen, noch mit der anderen Methode werden wir herausfinden, was der neuronale Code ist, wie aus der Kommunikation zwischen den Nervenzellen die entsprechenden Leistungen entstehen. Der neuronale Code ist in den Gesprächen verschlüsselt, die die Nervenzellen untereinander führen. An der Codierung eines bestimmten Wahrnehmungsinhaltes, an der Koordination einer bestimmten Bewegung, nehmen immer viele tausend Neuronen teil. Es muß ein ungeheuer komplexer, dynamischer Code sein, der auf der Abstraktionsebene verhandelt wird, die uns intuitiv nicht zugänglich ist.«[16]

Aber natürlich ist in dem Begriff Code seine forschungsprogrammatisch avisierte und mögliche Entschlüsselung impliziert; wie es die Decodierung etwa des genetischen Codes mit seiner Transkription und Translation in eine Proteinsequenz ja auch gezeigt hat. Die Botschaft dahinter lautet: Wir wissen es zwar noch nicht, aber wir werden es über kurz oder lang schon noch herausbekommen.

8.1.3 Kritik an der neuronalen oder neuromentalen Determinismusbehauptung

Die neurobiologisch, neurophysiologisch begründete Determinismusbehauptung hat eine die Neurowissenschaften weit überschreitende kritische Reflexion ausgelöst, die nicht allein auf die einschlägigen Fachleute begrenzt blieb, sondern durch (Wissenschafts-)Magazine und anspruchsvollere Tages- und Wochenzeitungen einer breiten Öffentlichkeit präsentiert wurde.[17]

8.1.3.1 Kritik von philosophischer Seite

Eine Kritik an der behaupteten Entscheidungsautonomie des Gehirns liefert Buchheim von philosophischer Seite, wenn er hartnäckig nachfragt, wer oder was die Integrationseinheit der als frei oder unfrei bezeichneten Handlung sein soll? Ist es das vom Ich dissoziierte Gehirn? Aber welcher Teil vom Gehirn? Das Limbische System? Nur das limbische System? Und gehört das nicht zu dem, was im Ich integriert handelt?

»Ein weiterer für die Gedankenführung wichtiger Punkt betrifft die Frage, wer oder was es ist, der oder das eine Entscheidung herbeiführt.

Singer betont durchweg, dies sei eben das Gehirn: es entscheide, setze Prioritäten, belege die verschiedenen Faktoren mit Aufmerksamkeit oder nicht. (...) Der Mensch tut das meiste von dem, was er tut, kraft seines Gehirns. Sowenig meine Hand jemanden ohrfeigt, sondern ich, so wenig entscheidet mein Gehirn, sondern ich. Das heißt freilich nicht, dass ich nicht allein mit der Hand Backenstreiche austeilen und allein mit dem Gehirn denken könnte. Dadurch, dass ich mit dem Gehirn denke, denkt aber doch nicht das Gehirn statt meiner.«[18]

Buchheim betont, dass nicht jede Festlegung einer sich aus den Motiven ergebenden Tätigkeit des Organismus eine Entscheidung ist. Zur freien Entscheidung gehören seines Erachtens das Bewusstsein und die Bejahung dessen, was da entschieden wird.

»Auch der Neurobiologe sagt wie die meisten Philosophen, das liege daran, dass die freien Tätigkeiten nicht nur bewusst (wie Singer meint), sondern bei Bewusstsein auch bejaht (zustimmend beurteilt), also absichtlich oder gewollt seien, während die anderen, wie zum Beispiel das Träumen, zwar bewusst, aber nicht bejaht oder aber, wie das Schwitzen, nicht einmal bewusst sind.«[19]

Höffe greift auf Überlegungen Kants zurück und grenzt damit verschiedene Formen der Freiheit gegeneinander ab. *»Die für Kant entscheidende Willensfreiheit, die vielzitierte Autonomie des Willens bedeutet (...) Frei ist der Wille, sofern er sich das Gesetz (nomos) selber gibt. Das ›selbst‹ auf griechisch ›autos‹ heißt, spricht Kant von Auto-nomie. (...) Die Frage der Willensfreiheit entscheidet sich jedenfalls nicht an einer ›atomaren‹ Handlung, sondern an der Art des zugrundeliegenden Gesetzes. Da sich aber weder das Libet-Experiment noch deren Verbesserung mit ihm befassen, ist ihnen (...) rein thematisch die Willensfreiheit entzogen.«*[20]

Gegenüber Singer oder Roth hätte Höffe aber gerade darzutun, dass die Willensfreiheit, wiewohl ihr die elementaren als determiniert behaupteten neuronalen Prozesse zu Grunde liegen, sich selber über diese basalen Prozesse erhebt und eine andere, völlig neue Qualität, nämlich Freiheit, realisiert. Diese neue Qualität wird zwar mit Kant behauptet, aber nicht belegt. Singer oder Roth werden die behauptete Autonomie des Willens nur als verkappte Heteronomie disqualifizieren. Im Übrigen besagt Autonomie im Verständnis von Roth das genaue Gegenteil dessen, was Kant darunter versteht. Roth behauptet ja: *»Autonomie ist mit Willensfreiheit unverträglich.«*[21]

Wingert spitzt die Kritik an Singer und Roth hinsichtlich der Freiheitsproblematik noch weiter zu: »*Frei ist man in seinem Tun, wenn man auch anders handeln könnte, gesetzt den Fall, man hätte einen Grund dafür, anders zu handeln. Da ein rechtfertigender Grund mit einem Urteil seiner Anerkennungswürdigkeit verbunden ist, bindet er nicht blind. Denn Urteile stoßen uns nicht zu, sondern werden von uns gefällt.*«[22]

Auch in sprachlicher Hinsicht hält Wingert die neurobiologischen Reformulierungsversuche nicht für den gelegentlich behaupteten Fortschritt, sondern für einen Irrtum: »*Die Unvermeidlichkeit des Rückgriffs auf ein lebensweltlich-kognitives Vokabular ist aber nicht bloß der nötige Griff nach einer Leiter, mit deren Hilfe man die neurobiologische Beschreibungsebene erreicht. Wenn das so wäre, könnte man von dieser Ebene aus dann alles Zurückliegende, die Gründe inklusive, doch unter eine neurobiologische Beschreibung bringen. Doch das stimmt nicht. (…) Die chemische Verbindung Acetylcholin hat keine semantischen Eigenschaften. Deshalb klappt die Neubeschreibung beispielsweise von Gründen im Neurojargon nicht. Es gibt keine durchweg neurophysiologischen funktionalen Äquivalente für Gründe und für die mit ihnen verbundenen Abwägungsprozesse.*«[23]

Die kognitiven Prozesse sind seines Erachtens zwar in dem Sinne von neuralen Prozessen abhängig, dass sie nicht ohne diese möglich sind, gleichwohl sind die beiden Prozesse damit noch längst nicht als identisch anzusehen.

Auch wenn jeder mentale Prozess mit einem neuronalen verbunden ist, wird nach Ansicht von Wingert auch kein noch so elaborierter Neurojargon diese Übersetzungsleistung ins Mentale vollbringen. Anders lautende Ansichten hält er für Idealismus. »*Damit würde man die Grenzen der naturwissenschaftlichen Erkenntnismittel mit unseren Erkenntnisgrenzen schlechthin gleichsetzen.*«[24]

Jürgen Habermas hat anlässlich der Verleihung des Kyoto-Preises 2004 den Hirnforschern einen Kategorienfehler vorgeworfen, wenn sie dem Menschen bei ihrem Bemühen um eine Naturalisierung des Geistes die Freiheit absprechen.[25]

Dem Libet-Experiment wirft er die Herauslösung einer einzelnen Körperbewegung aus dem Kontext von umfassenden Handlungszielen, in die die jeweilige Körperbewegung implementiert ist, und die Abkopplung von einem internen Kontext mit Gründen vor. Das Diskursgeschehen kann nur in einer mentalistischen Sprache ausgesagt werden, ansonsten wäre es ein hinter dem Rücken des Subjekts ablaufendes Naturgeschehen. Den Unterschied zwischen einer Kausalerklärung, die die hinreichende Bedingung für das Eintreten eines Ereignisses darstellt, und einer rationalen Handlungserklärung liegt seines Erachtens darin, dass »beliebige Personen unter den gleichen Antezedentien« eben nicht »zur selben Entscheidung gelangen würden. Dabei sei Handlungsfreiheit nicht nur als durch Gründe bedingte, sondern auch als naturbedingte Freiheit zu sehen.

Habermas meint: *»Die Anwälte einer reduktionistischen Forschungsstrategie unterlaufen diesen Dualismus, indem sie eine der beiden Erklärungsperspektiven beiseite schieben. (...) Der Reduktionismus zahlt allerdings in Ansehung geistiger Phänomene einen hohen Preis; er muß das bewusste Leben zum Epiphänomen erheben.«*[26]

Das biologisch so kostspielige Geistige als ein bloßes, mit dem Überleben nicht befasstes Epiphänomen ansehen zu sollen, erscheint ihm aber angesichts der, um im Sprachspiel zu bleiben, kostenbewussten evolutionären Buchführung höchst unwahrscheinlich.

Habermas ist ferner der Ansicht, dass wir die Verschränkung der beiden Sprachen, einerseits die im mentalistischen andererseits die im epistemischen Vokabular formulierte Sprache nicht ohne semantischen Rest ineinander übersetzen können. *»Erst die intersubjektive Prüfung subjektiver Evidenzen ermöglicht die fortschreitende Objektivierung der Natur. Darum können die Verständigungsprozesse selbst nicht im ganzen auf die Objektseite gebracht, also nicht vollständig als innerweltlich determiniertes Geschehen beschrieben und auf diese Weise objektivierend ›eingeholt‹ werden.«*[27]

Der Reduktionismus, der alle mentalen Prozesse auf deterministisch-kausale Einwirkungen zurückzuführen versucht, mithin dem Reich der Gründe einen Platzverweis erteilt, erscheint ihm nicht weniger dogmatisch als der Idealismus, der auch in allen Naturprozessen nichts als den Geist am Werke sieht.

Mit Tomasello zeichnet Habermas die *»sozialkognitive Fähigkeit, einen Artgenossen als intentional handelndes Wesen zu verstehen, als die evolutionäre Errungenschaft aus, die Homo sapiens von seinen nächsten Verwandten trennt und zur kulturellen Entwicklung befähigt.«*[28] In diesem Punkt glaubt er einen qualitativen Unterschied zwischen Tier und Mensch sehen zu können, der mir nur ein quantitativer zu sein scheint, und überschätzt damit den antireduktionistischen Wert dieses Arguments.

Die Plausibilisierung eines Handelns aus Gründen, die nicht die Exekution von kausal wirkenden Determinanten ist, versucht Habermas auf folgendem Weg: Es gibt eine biologisch bestimmte Struktur des Gehirns mit einer genetisch bedingten Grundverschaltung. Auf dieser Struktur aufbauend nehmen aber auch die gesellschaftlich-kulturellen Einflussgrößen einen strukturbildenden Einfluss auf das Gehirn. *»Warum sollte es dann aber nicht, gegenläufig zur Determinierung des subjektiven Geistes durch das Gehirn, auch eine ›mentale Verursachung‹ im Sinne der Programmierung des Gehirns durch den objektiven Geist geben?«*[29] Aber damit ist er genau am Zentralproblem, wie nämlich eine mentale Verursachung material-strukturbildend auf das Gehirn einwirken können soll. Sein Lösungsversuch sieht so aus:

Die Komplexität des menschlichen Gehirns erlaubt so etwas wie eine wechselseitige Perspektivenübernahme, ein Sich-in-den-anderen-Hineinversetzen und die wechselseitige Teilhabe am Symbolsystem des Anderen. Diese Leistung wird aber wie andere optische, akustische oder haptische Perzeptionen in materialen Strukturen hirnphysiologisch niedergelegt. Wenn es sich um ein stabiles, in sich kohärentes, vielleicht mit Überlebensvorteil ausgestattetes Symbolsystem handelt, wird die materiale Kodierung sozialisationsindiziert und generationenübergreifend wiederholt und vervielfältigt.

»Wohl lässt sich das ›Ich‹ als eine soziale Konstruktion verstehen, aber deshalb ist es noch keine Illusion. (…) Die reziprok austauschbaren Rollen der ersten, zweiten und dritten Person dienen auch der individuierenden Einbettung des einzelnen Organismus in den öffentlichen ›Raum der Gründe‹, worin die vergesellschafteten Individuen zu Geltungsansprüchen Stellung nehmen und als verantwortliche Autoren überlegt, also frei handeln können.«[30]

8.1.3.2 Kritik von juristischer Seite

Die Position von Roth und Singer hat natürlich erhebliche von ihnen selbst auch benannte juristische Konsequenzen. Strafe setzt eine auf zumindest relativer Freiheit beruhende Einsichts- und Schuldfähigkeit voraus, die Roth und Singer aber bestreiten. Und das tun sie eben nicht nur für Strafunmündige oder eingeschränkt Schuldfähige oder Schuldunfähige, die ja die gängige Rechtssprechung längst kennt, sondern prinzipiell für alle Menschen. Damit würde die Gruppe der Schuld- wie Einsichtsfähigen und damit Strafwürdigen nicht einfach nur eingeschränkt, sondern schlicht zu einer leeren Menge.

Herbert Helmrich argumentiert aus juristisch-praktischer Perspektive. Dabei bringt er das Beispiel eines Kaufhausdiebes, der im Regal eine Kleinigkeit entwendet und die Tat im Bruchteil einer Sekunde, wie sie für das Bereitschaftspotential zur Verfügung steht, ausführen kann. Hört er im Vollzug des Diebstahls ein Geräusch hinter sich, hebt er bei einiger Verblüffungsfestigkeit schnell die Hand mit dem Diebesgut ans Gesicht und simuliert Interesse am Kleingedruckten auf der Verpackung, stellt schließlich das Objekt der Begierde wieder ins Regal und verlässt als »tadelsfreier« Bürger das Kaufhaus. Hat er also zwei Bereitschaftspotentiale für die eine wie die gegenteilige andere Handlung aufgebaut? Kann das zweite Bereitschaftspotential das erste Bereitschafts-, ja sogar das erste Aktionspotential unterbrechen und mit einem eigenen zweiten Aktionspotential korrigieren. Und erfüllt diese Korrekturfähigkeit nicht doch schon den Tatbestand der relativen Freiwilligkeit? Helmrich bietet aus der lebenspraktischen Alltagsperspektive noch den gut nachvollziehbaren Fall der Korrektur der Korrektur einer Handlung und konstatiert, *»dass der Aufbau der Bereitschaftspotentiale, der sich in gut einer halben Sekunde vollzieht, (…) den schnellen freien Umentscheidungen jeweils folgen kann.«*[31]

Interessant ist auch die argumentative Ausweitung auf komplexere, aus zahlreichen Teilentscheidungen und Teilhandlungen resultierende Entscheidungen und Handlungen.

»Bei etwas komplizierteren Straftaten als einem Ladendiebstahl, wie etwa der Abgabe einer unrichtigen Steuererklärung, wird noch wesentlich deutlicher, daß das Bereitschaftspotential für Teilhandlungen für die freie Entscheidung, etwas Derartiges zu tun oder es freiwillig zu unterlassen, nichts aussagt. (…) Die meisten Detailhandlungen werden durch Bereitschaftspotentiale voraktiviert. Der Wille, eine falsche Steuererklärung abzugeben, überdauert eine größere Anzahl von Bereitschaftspotentialen. Er überwölbt die Detailhandlungen und verbindet sie zu einem Gesamtverhalten. Der künftige Steuersünder kann sich jederzeit frei umentscheiden, eine ehrliche Steuererklärung abzugeben. Die Existenz von unbewußten Bereitschaftspotentialen macht ihn nicht unfrei.«[32]

Singer und Roth hätten gegen diese Argumentation den Nachweis zu erbringen, dass das zum Essaytitel gewordene »Das verbiete ich mir« selber wieder nur als eine neuronal verschleierte und undurchschaute Determinante zu entlarven ist.

8.1.3.3 Kritik von moraltheologischer Seite

Hier hat sich vor allem Schockenhoff zu Wort gemeldet. Zunächst macht er aufmerksam auf den seines Erachtens von den Neurobiologen nicht hinreichend berücksichtigten Unterschied zwischen Ursachen und Gründen. Ursachen erklären demnach einen Vorgang nach Art der Erklärung eines physikalischen Geschehens: Sokrates flieht nicht aus dem Gefängnis, weil seine Knochen, Sehnen und Muskeln in Ruhestellung verharren. Gründe hingegen bestimmen menschliches Handeln, aber sie verursachen es nicht: Sokrates bleibt im Gefängnis, weil er die Gesetze Athens respektiert. Deshalb bewegt er seine alten Knochen nicht. Den entscheidenden Unterschied zwischen Ursachen und Gründen sieht Schockenhoff in der Struktur der Intentionalität. Bei Gründen liegt eine bewusste Zielauswahl unter mehreren Entscheidungsmöglichkeiten vor.

Es scheint so, dass Ursachen, wenn man die Aristotelischen Kausalitätsformen zu Grunde legt, der causa materialis und causa efficiens zuzuordnen sind. Gründe hingegen der causa finalis und vielleicht der causa formalis.

Die von Roth und Singer verfolgte gegenteilige Argumentationslinie muss nun, wenn der Determinismusgedanke aufrecht erhalten bleiben soll, behaupten, alle Gründe seien letztlich Ursachen. Denn Gründe könnten nur mittels der physikalisierbaren und als deterministisch angesehenen neuronalen Aktivitäten gefunden und ausgewählt werden. Genau das tut Roth:

»Der Eindruck schließlich, dass wir Menschen aus Gründen statt aus Ursachen handeln, hat mit der Tatsache zu tun, dass uns (...) die eigentlichen Antriebe unseres Handelns nicht zugänglich sind. Gründe sind Ursachen, die uns sinnvoll, d. h. im Einklang mit unseren Intentionen erscheinen, deren kausale Ursprünge uns aber nicht einsichtig sind und die wir uns deshalb selbst zuschreiben. Es ist diese Selbstzuschreibung, die uns das Gefühl, etwas frei zu wollen, vermittelt.«[33]

Und auch angesichts der Behauptung, Gründe seien eben doch nur Ursachen, liegt die Entgegnung des Moraltheologen auf der Hand: »*Nach allen neurowissenschaftlichen Erkenntnissen (...) sind auf der Ebene der neuronalen Netzverknüpfungen keine satzartigen Gebilde auszumachen, die mit den Gehalten unterschiedlicher Überzeugungen auch nur annäherungsweise korrespondieren. Das Unterfangen, mentale Zustände wie moralische Wertüberzeugungen und theoretische Einstellungen zu zentralen Lebensproblemen, aber auch moralische Einzelphänomene wie individuelle Entscheidungen, Gewissensregungen oder die Empfindung von Schuld und Scham auf neuronale Determinanten zurückzuführen, ist undurchführbar.*«[34]

Die Behauptung Schockenhoffs, dass ein eingefleischter Moralist, wenn er sich denn zum neuromentalen Determinismus bekehren ließe, gerade kein Beispiel für die Richtigkeit dieser Theorie sei, unterstellt aber einen konsequenteren Determinismus als Roth und Singer ihn behaupten. Ob ein durch mentale Interventionen – z. B. durch die von Singer für Straffällige geforderten Lern- und Umerziehungsprogramme – aufzuweichender neuraler Determinismus noch den Namen Determinismus verdient, mag man mit Fug und Recht bestreiten.

Schockenhoffs Generalvorwurf an Theorien wie die von Singer und Roth geht noch weiter und benennt einen seines Erachtens fundamentalen Denkfehler: »*Eine wissenschaftliche Theorie, die mentale Phänomene aus neuronalen Gegebenheiten erklären möchte, ist selbst ein mentales Phänomen, denn der Vorgang des wissenschaftlichen Erklärens spielt sich im Bewusstsein ab. Eine reduktionistische Theorie des Bewusstseins, die dessen Eigenständigkeit durch die Rückführung auf basale Vorgänge oder Ereignisse auflösen möchte, beruht auf einer petitio principii. Das zu erklärende (das menschliche Bewusstsein) wird im Vollzug des Erklärens (durch das Aufstellen einer reduktionistischen Theorie) als Bedingung seiner Möglichkeit bereits vorausgesetzt. Das Bewusstsein ist der Ausgangspunkt, nicht das Ergebnis des Erklärens; es kann daher auch nicht ›wegerklärt‹ oder auf noch ursprünglichere Phänomene zurückgeführt werden.*«[35]

8.1.3.4 Kritische Anfrage aus der Literaturwissenschaft

Der Freiburger Literaturwissenschaftler Gerhard Kaiser greift eine andere offene Frage der neurophysiologischen Determinismusbehauptung heraus: Das von Singer ins Spiel gebrachte »ästhetisch Befriedigende« einer wissenschaftlichen Theorie als Richtigkeitskriterium. Ein solches Kriterium entspricht aber den eigenen Ansprüchen aus der damit zu stützenden Theorie nicht, weil es kein naturwissenschaftliches Kriterium ist. Die ästhetische Befriedigung müsste sich, um mit argumentativer Potenz ausgestattet werden zu können, ja nochmals in ein neurophysiologisches Beschreibungsmuster fügen und umfassend gewissermaßen neuronaturalistisch simulieren lassen. Ohne diese Prozedur der Übersetzung aus einer geisteswissenschaftlichen in eine naturwissenschaftliche Kategorie fehlte ihm seine naturwissenschaftliche Akzeptabilität. Nach dieser Prozedur, wenn sie denn gelänge, wäre es aber zumindest kein ernst zu nehmendes weil systemunabhängiges Richtigkeitskriterium mehr, sondern allenfalls ein innerneurophysiologisches Resonanzphänomen, also bestenfalls ein Indiz dafür, dass ein neurophysiologisches Erregungsmuster mit dem anderen harmoniert. Über die Richtigkeit einer möglicherweise völlig unanschaulichen die externe Wirklichkeit beschreibenden Theorie vermag ein solches hirnimmanentes Resonanzphänomen nicht zu entscheiden.

Auch die von Singer angenommene Komplementarität, die von Singer zwischen Gehirn- und Geisteszuständen angenommen wird, zielt auf Inkompatibilität und nicht auf Simulierung der einen Sichtweise durch die andere. Das Experiment, dass die Korpuskularnatur des Lichtes erkennbar werden lässt, macht gerade nicht seine Wellenatur deutlich und das Experiment, das die Wellennatur verdeutlicht, lässt gerade nicht die Korpuskularnatur deutlich werden. Der von Singer gewählte Begriff der Komplementarität zur Beschreibung des Gehirn-Geist-Verhältnisses schließt gerade die Übersetzung mentaler in neuronale Zustände aus. Dieser Begriff fordert gerade das heraus, was Singer und Roth naturalistisch zu unterlaufen oder zu hintergehen trachten, nämlich die unabweisbare Notwendigkeit einer Bi- oder gar Multiperspektivität, um das Problem überhaupt auch annähernd vollständig darstellen zu können.

8.1.3.5 Kritische Anfragen von psychiatrischer und neurologischer Seite

Es fällt angesichts der intensiven Diskussion besonders auf, dass nur wenige, um nicht zu sagen nahezu niemand aus den neurobiologischen Fächern den beiden Kollegen Roth und Singer argumentative oder empirische Schützenhilfe leistet.

Lediglich Koch gibt seiner Hoffnung Ausdruck, dass man bald – wie angeblich seinerzeit durch die Strukturformel der DNA das Geheimnis der Vererbung – auch das Geheimnis des Bewusstseins mit einem Schlag enthüllen, dass man die Sinnlosigkeit der traditionellen Formulierung des Leib-Seele-Problems erkennen und dass *»eine endgültige Theorie des Bewusstseins« »nur die Neurowissenschaft ergründen«* könne.[36] Diese Hoffnung ist der argumentative Gesamtertrag seiner Ausführungen. Ansonsten hält sich die neurobiologische »Fachzunft« mit der Unterstützung von Roth und Singer weitgehend bedeckt; aber warum dieses (betretene?) Schweigen? Bedenkenträger hingegen melden sich durchaus zu Worte.

So hält Kempermann zwar fest, dass es – selbstredend – ohne Gehirn keinen freien Willen gäbe, aber umgekehrt ein freier Wille eben nicht restlos biologisch zu erfassen und zu erklären sei, weil er aus der lebenslänglichen Interaktion zwischen biologischer Disposition und Lebensgeschichte resultiert. *»In der Determinismusdebatte geht es um die Frage, wo in der Person ihr ›Ich‹ beginnt. (...) Die Natur verweigert uns die klare Antwort, denn die gesuchten Kategorien sind immer vom Menschen gesetzt. Sie konfrontiert uns mit einer unendlich komplexen Wechselwirkung, aus der wir selbst Sinn machen müssen, so gut es geht. Gerade diese Setzung ist aber die Leistung, die uns vom Diktat der Natur abhebt.«*[37]

Als Beispiel für die fehlende Freiheit wird, wie bereits dargestellt, immer wieder das Libet-Experiment herangezogen. Dessen Aussagekraft und Tragfähigkeit für die von Singer und Roth vorgebrachte Determinationsbehauptung wird aber auch auf psychiatrischer und neurologischer Seite kritisch gesehen. Als Quintessenz dieses Experiments wird behauptet, dass sich bei Probanden schon bevor sie eine bewusste Entscheidung für eine Handlung treffen und diese dann schließlich ausführen, im entsprechenden Vollzugsorgan ein Bereitschaftspotential aufbaut. Sie sind schon entschieden (worden), bevor sie überhaupt merken, dass sie entscheiden.

Der forensische Psychiater Kröber bemerkt dazu: »*Der ständige Rückgriff auf das Libet-Experiment beleuchtet bereits die Fragwürdigkeit der Argumentation. Die Versuchspersonen hatten in diesem Experiment die Aufgabe, beliebig entweder den rechten oder den linken Arm zu heben und dabei festzustellen, in welchem auf einer Uhr angezeigten Moment sie diese Entscheidung treffen. Es zeigte sich, dass das motorische Aktivierungspotential für den jeweiligen Arm früher manifest wurde als das subjektive Gefühl der Entscheidung. Das Experiment leidet darunter, dass es gar keine rationalen oder emotionalen Entscheidungsgründe für das Heben des einen oder anderen Arms gab. Menschen fungierten hier als Zufallsgenerator, und es ist gut vorstellbar, dass wir uns für die Seite entscheiden, die zuerst zuckt. Es gibt nicht die geringste Ähnlichkeit dieses Experiments und dieser Art von Entscheidung mit emotional und rational hoch aufgeladenen Entscheidungen, wie sie vielfach Gegenstand der forensischen Psychiatrie sind. Abgesehen davon ist es nur wieder ein Spiel mit den Homunculi, wenn man sagt: Du glaubst nur, du selber hättest die Entscheidung getroffen. In Wahrheit hat dein limbisches System die Entscheidung getroffen. Warum nicht ich, fragt man zurück? Weil die Entscheidung schon fiel, als sie dir noch nicht bewusst war. Aha, und diese geheimen Werkstätten, in denen die Entscheidung geschmiedet wurde, sind nicht ich? Und wenn tatsächlich eine Entscheidung stärker in meinen emotionalen Vorerfahrungen begründet sein sollte, als in rationalen Erwägungen – was besagt dies für die Willensfreiheit? Gar nichts.*«[38]

Im Kern zielt diese Kritik auf die Ichlosigkeit von Entscheidungsprozessen oder auf die fehlende Zuschreibbarkeit von Handlungen bzw. die Simulierung des Ich durch vom Ich nicht durchschaubare Prozesse im limbischen System.

Der Neurologe Weiller sowie der Kunst- und Bildwissenschaftler Clausberg formulieren weitere fachspezifische Bedenken: »*(…) Befunde der funktionellen Hirnbildgebung können darüber hinausgehenden Theoriekonstrukten keine Legitimität verleihen oder für das alltägliche Handeln relevante Konsequenzen verantworten; noch können letztere mit dieser Bildtechnologie entkräftet werden. Der Aufstieg zu interpretatorischen Metaebenen oder gar zu metaphorischen Deutungen ist mit neurobiologischen Befunden nicht begründet. (…) Eine eventuelle Determinierung ist auch mit neuesten neurowissenschaftlichen Techniken derzeit nicht annähernd begründbar.*«[39]

Clausberg und Weiller bestreiten also gerade mit Blick auf die

Befunde der funktionellen Hirnbildgebung nachdrücklich die Berechtigung der von Roth und Singer gezogenen deterministischen Folgerungen. »*Die partikulären Außenansichten der ›funktionellen Hirnbildgebung‹ können nicht bis zum eigentlichen Wesen des Bewusstseins vordringen. Ganzheitlich bildhafte Binnensichten des Selbst jedoch lassen sich nur bedingt und eingeschränkt auf funktionale Zusammenhänge zurückführen, weil uns ein echter Rückspiegel für die neuronalen Prozesse fehlt. (...) Seeing is believing, so lautet ein Wahlspruch der neuen Bildgebungsverfahren, deren faktensuggerierende Macht gerade im Licht neurowissenschaftlicher Forschung auch als Bedrohung verstanden werden muss. Sobald sachgerechte Bildgebung übergeht zur interpretierenden Metaphorik oder zu weit ausholenden Analogien, ist Vorsicht geboten.*«[40]

Wenn man es pointiert formulieren will, dann steht bei der weltbildkonstituierenden Ausdeutung der Befunde der Vorwurf einer neurophysiologischen Hochstapelei im Raum.

8.1.4 Versuch einer vorläufigen Schlussbilanz

Als erstes fällt eine argumentative Inkongruenz ins Auge. Argumentationsbasis für die kontraintuitive Behauptung der Determination auch der bewussten Prozesse war ja die neurophysiologische Gleichheit mit solchen Prozessen, die als nicht bewusst und deterministisch ablaufend angesehen wurden.

Trotz aller grundlegenden Gleichheit dieser neurophysiologischen Prozesse, zieht Singer aus der Tatsache, dass einige von ihnen prinzipiell unbewusst und andere prinzipiell bewusst erfahren werden, nicht dieselbe Konsequenz, auch das Bewusstsein selbst für ein Artefakt zu halten. Es folgt also, dass aus der angenommenen (aber letztlich noch nirgends nachgewiesenen) völligen Gleichheit der neuronalen Prozesse völlig ungleiche, nämlich sowohl bewusste als auch unbewusste Entscheidungen erwachsen können. Das aber führt zu der Frage, warum dann nicht auch freie und unfreie Entscheidungen resultieren könnten? Wenn nun das, was Singer den neuronalen Determinismus nennt, zu Bewusstem und Unbewusstem führen kann, dann lässt sich aus der Gleichheit der zu Grunde liegenden neurophysiologischen Prozesse nicht ableiten, dass zwangsläufig nur gleiche Konsequenzen daraus folgen könnten, also alles, Bewusstes wie Unbewusstes, determiniert sein müsse. Genau das und nur das aber, was als bewusste Handlung erkannt wurde, wird auch als zurechnungsfähige, also straf- oder belobigungswürdige Handlung angesehen.

Es fällt auf, dass Roth immer wieder mit der sehr weitreichenden Behauptung auftritt, an den von ihm geäußerten deterministischen Positionen könne es keinen vernünftigen Zweifel geben. Den Menschen will er allerdings nicht als neurobiologische Maschine interpretiert wissen.

»Sind wir somit aus neurobiologischer Sicht bloße Maschinen? Gewiss nicht. Zwar kann es keinen vernünftigen Zweifel daran geben, dass es auch bei den hochstufigen Prozessen in unserem Gehirn, die für die Steuerung unseres Verhaltens zuständig sind, deterministisch zugeht, dass also weder so etwas wie ein freier Wille noch quantenphysikalisch indeterministische Prozesse hierbei eine Rolle spielen. Im Übrigen sind Maschinen nicht notwendig deterministisch; man kann mithilfe des (...) ›neuronalen‹ Zufallsgenerators Maschinen bauen, die sich – weitgehend – indeterministisch verhalten. Niemand würde sie aber deshalb für willensfrei halten.«[41]

In der Tat ist eine quantenphysikalische Indeterminiertheit, anders als Pascal Jordan es noch annahm, keine hinreichende Begründung für Willens- oder Entscheidungsfreiheit. Sie mag zwar wegen der damit gegebenen Prognoseunfähigkeit gegen einen strengen Determinismus als »Freiheit von« ins Feld geführt werden. Aber Freiheit ist immer auch eine »Freiheit für«. Hingegen das Umgekehrte zu behaupten, also die quantenphysikalische Indetermination zur Stabilisierung der eigenen Determinationsbehauptung prinzipiell zu negieren, ist angesichts der nachweislichen Sensibilität des menschlichen Organismus für Quantenphänomene, weder redlich noch vertretbar.

Das unterscheidend Nichtmaschinelle am Menschen ist nach Roth allerdings das limbische System, das die Selbstbewertung und erfahrungsgeleitete Selbststeuerung leistet, seinerseits aber unreflektierbare und unkorrigierbare Entscheidungen trifft. Ein solches Modell, so scheint es, unterscheidet sich nicht essentiell von einem lernfähigen Computer, der je neu, wenn auch in einer – wie beim Menschen – unvollständigen und für ihn selbst ungelichteten Weise eine Repräsentation seines derzeitigen Programmzustands (anthropomorph gesprochen seines Innenlebens) preisgibt. Worin also bestünde, wenn das richtig ist, das »Proprium humanum«?

Nach Singer ist es, wie dargelegt, möglich, dass kulturelle und soziale Einflüsse determinierend auf das neuronale Substrat wirken. Dann aber ist mit Geyer zu fragen:

»Wenn sie als Kultur und Soziales aber gleichwohl – wie Singer nicht bestreitet – in der Lage sind, auf die rein materiell aufgefasste neuronale Verschaltung zu wirken, dann hat sich die These von der energetischen Impotenz des Geistigen auf verblüffende Weise selbst erledigt. Das legt aber auch den versöhnlich-humanen Befund nahe: Singers materialistischem Monismus gebricht es an letzter Konsequenz.«[42]

Ein weiteres Problem in den von Singer und Roth vorgelegten Determinismusbehauptungen ist der Zusammenhang von Handlung und Motiv. Bei ihnen sind Motive und Gründe für Handlungen nur noch, wie Wingert richtig sieht, mitlaufende, rationalisierende Kommentare eines naturhaft-deterministischen Handlungsgeschehens. Es ist nun nicht zu bezweifeln, dass Menschen nie gehabte Motive und Gründe erfinden können. Wohl aber darf man daran zweifeln, dass jedes handlungsbegründende Motiv auch das, was jemand tatsächlich gehabt zu haben meint, erfunden sein muss. Aber was soll dann die Erfindung eines Motivs oder Grundes sein, wenn es die Freiheit zu einer Handlung auch nicht gibt? Es läge eine dem einen Kausalnexus zuzuordnende Determination für die Handlung und die einem anderen Kausalnexus zuzuordnende Determination für die handlungsbegründende Motiverfindung vor. Wer oder was aber ordnet – und dann ja wohl auch wiederum determinativ – die Handlung einerseits und Grund oder Motiv andererseits einander zu? Es gäbe keine wirklichen begründenden Motive mehr, sondern nur noch für Bewusstes wie für Unbewusstes bewusst erfundene Motive oder Gründe. Alle Motive und Gründe wären demnach reine, nachgereichte Fiktionen. Da sie aber stets nur nachgereicht werden können, sind sie damit bestenfalls nachträgliche Entschuldigungen, für etwas, das, weil es Teil eines deterministischen Kontextes ist, keiner Entschuldigung bedarf. Und selbst der sich mit der Angabe eines angeblich vorgängigen Motivs oder Grundes nachträglich entschuldigende ist weder entschuldigungsbedürftig, noch auch nur entschuldigungsfähig.

Wichtig erscheint auch die Frage nach der Unterscheidung zwischen Gründen und Ursachen. Sind alle Gründe Ursachen? Hier behauptet Roth immerhin: *»Der Eindruck schließlich, dass wir Menschen aus Gründen statt aus Ursachen handeln, hat mit der Tatsache zu tun,* *dass uns (...) die eigentlichen Antriebe unseres Handelns nicht zugänglich sind. Gründe sind Ursachen, die uns sinnvoll, d. h. im Einklang mit unseren Intentionen erscheinen, deren kausale Ursprünge uns aber nicht einsichtig sind und die wir uns deshalb selbst zuschreiben. Es ist diese Selbstzuschreibung, die uns das Gefühl, etwas frei zu wollen, vermittelt.«*[43]

Roth begründet wie Singer diese Unzugänglichkeit auch mit der menschlichen Ontogenese, in der schon während früher Embryonalstadien und später in prägungsähnlichen Phasen der frühen Kindheit unhintergehbare neuronale Strukturen geschaffen werden.[44] Wenn es aber richtig ist, dass die Antriebe unseres Handelns uns nicht zugänglich sind, wie kann man dann die Behauptung aufstellen, Gründe seien nur Ursachen. Auf der Basis gleicher Unkenntnis wäre auch das Gegenteil zu behaupten. Woher rührt dann die kühne Gewissheit, dass das, was uns nicht einsichtig ist, die Ursache für unsere Selbstzuschreibung von Freiheit ist und das diese Freiheitserfahrung überdies ein Irrtum unsererseits ist. Aus einer Blackbox, wenn wir es denn damit zu tun haben sollten, lässt sich kein argumentativer Nektar saugen, weder für noch gegen die Behauptung von Freiheit.

Die Tatsache, dass alle bisher ansatzweise untersuchten mentalen Ereignisse auf neuralen Aktivitäten beruhen oder doch zumindest stets mit solchen korreliert sind, beschreibt deren notwendige, aber eben noch nicht deren hinreichende Bedingung. Wie soll angesichts einer prinzipiell unvollständig bleibenden Faktorenanalyse oder wie soll angesichts einer zumindest derzeit ersichtlich unvollständigen Faktorenanalyse die Behauptung einer vollständigen und kohärenten neurophysiologischen Dechiffrierung von Bewusstseinsvorgängen als determinierten Vorgängen aufrecht erhalten werden?

Ein neurophysiologisches Programm, dass alle Gründe als Ursachen und alle mentalen Inhalte als neuronale Erregungsmuster dechiffrieren möchte, aber kein einziges Beispiel für dieses Programm zu liefern imstande ist, ist gegenwärtig nur ein ungedeckter Scheck, der seine Bonität zukünftig erst noch erweisen muss.

Stingelin macht auf den 1990 erschienenen Dürrenmatt-Text »Das Hirn« aufmerksam, der das Experiment unternimmt, sich vorzustellen, das Gehirn sei ein autopoietisches Organ, das sich selber zusammen mit seiner Evolutionsgeschichte eingefallen sei. Als Krönung dieser Überlegung sieht er: *»und ganz zufällig, ein nebensächliches Detail in der Gedankenflut, ein flüchtiger Nebengedanke eines Nebengedankens,* *werde auch ich dem Hirn einfallen. (...) Doch ob das Gehirn mich denkt, Das Hirn schreibend, oder ob ich Das Hirn schreibe, das mich denkt, gehört zum Unentscheidbaren aber Denkbaren.«*[45]

Wenn das Ich aber, wie Roth sagt, ein Traum oder eine Fiktion des Gehirns ist, also keine Instanz einer letzten Verantwortlichkeit, dann kann auch das fiktionale Ich-Konstrukt des Gehirns, das sich Auschwitz oder den Archipel Gulag ausgedacht hat, nicht zur Rechenschaft gezogen werden. Aus der nur fiktiven Realität des Ich aber auf eine ebenfalls nur fiktive Realität dessen schließen zu wollen, was wie Auschwitz und der Archipel Gulag von diesem Ich seinen Ausgang nahm, ist absurd und menschenverachtend. Ereignisse dieser Art werden allerdings zu einer bloßen, schuldfreien Verkettung unglücklicher Umstände, insofern ein letzter Schuldiger, das Ich nämlich, sich in die subjektlose Anonymität neurophysiologischer Zwangsläufigkeiten zurückziehen kann.

Auffällig an Roths Überlegungen ist auch der Versuch einer Beweislastumverteilung weg von den Vertretern der Determinations- und hin zu denen einer relativen Willensfreiheitsthese:

»Für das Anderskönnen hat niemand einen plausiblen Beweis liefern können, denn hier müsste zu identischen Bedingungen etwas völlig rätselhaftes, nicht Nachweisbares hinzukommen. Auch liefe das bloße Anderskönnen auf eine Art Würfeln hinaus, das niemand ernsthaft für willensfrei hält.«[46]

Roth unterstellt hier seinen Kritikern, sie müssten etwas empirisch Nichtnachweisbares postulieren, wenn sie an Willensfreiheit festhielten. Damit versucht er sie in die Ecke des Obskurantismus zu stellen. Umgekehrt aber folgert er aus der Unmöglichkeit der Erstellung absolut gleicher Randbedingungen, also aus der Unmöglichkeit der Wiederherstellung einer identischen Tatzeit-Situation, dass ein Anderskönnen zur Tatzeit nicht möglich gewesen sei. Aber dass etwas so geschieht, wie es geschieht, bedeutet nicht, dass es nicht auch anders hätte geschehen können. Und es ist wohl sicher, dass das, was geschehen ist und das, was hätte geschehen können, in sich Zufallsmomente bergen.

Zwar hält auch Roth den präfrontalen Cortex für das zentrale kognitive Exekutivorgan und den orbitofrontalen Cortex für den Sitz der höchsten moralischen Instanz eines Individuums[47], gleichwohl fallen die Entscheidungen im limbischen System: »*Ob und in welchem Maße aber das, was diese Gedankenspiele zum Ergebnis haben, in die*

Tat umgesetzt wird, entscheidet nicht das kognitive, sondern das limbische System. Das kognitive System ist wie ein Beraterstab, der in schwierigen Situationen herangezogen wird, in denen der Routineverstand nicht mehr ausreicht. Die Entscheidungsinstanz hört sich dessen Ratschläge an, entscheidet aber eigenständig darüber, was davon in die Tat umzusetzen ist.«[48]

Offensichtlich hat im Falle dieser Theorie und ihrer Publikation das limbische System von Roth sein Plazet gegeben zum Vorschlag des kognitiven Beraterstabes »kognitives System«. Hätte es auch anders kommen können? Die Anthropomorphismen und Homunculus-Phantasien, die er anderen Positionen gern (und oft nicht zu Unrecht) ankreidet, sind auch bei Roth unübersehbar. Es gibt bei ihm eine Art Exterritorialisierung des limbischen Systems aus der integralen Einheit des Gehirns, eine Anonymisierung von Entscheidungen durch Überweisung an ichlose Prozesse, wobei aber umgekehrt ein Ich ohne dieses ichlose limbische System gar nicht existieren könnte.

»Zum ›Sich-frei-Fühlen‹ gehört, dass die unbewussten Antriebe nicht als ›fremde‹ Einflüsse erscheinen, sondern als unsere eigenen. Dies könnte man – in Anlehnung an Hegel – die ›List des limbischen Systems‹ nennen.«[49] Wir tun also nicht, was wir wollen, sondern wir wollen, was innerlich schon mit uns getan wurde. Das Freiheitsgefühl kann nach allem Gesagten nur ein irriges sein, als solches ist es dann aber wiederum auch determiniert. Somit sind wir zum irrigen Gefühl der Freiheit determiniert aber – gottlob – umgekehrt zur Erkenntnis der Determination befreit. Oder wäre es angemessener zu sagen: Wir sind zur Erkenntnis der eigenen Determination determinierte Deterministen. Wie nur konnte sich da ein Gefühl von und ein Wissen um Freiheit einschleichen? Nach Konsultation aller »Fachärzte« lautet die derzeitige Zwischendiagnose für diesen laufenden Diskurs: Die Behauptung eines Determinismus auf der Basis der bisher von Roth und Singer vorgelegten Ergebnisse ist die weitgehend philosophiefreie Erschleichung eines Weltbildes durch neurophysiologische Hochstapelei.

8.1.5 Von der Freiheit trotz und wegen der Determination

Ich gehe einmal von der Behauptung aus, alle neuronalen Prozesse seien deterministische Prozesse. Ich gehe davon aus, wir wüssten mit überraschungsfreier Sicherheit, was genau am einzelnen Neuron geschieht, und wir wüssten überdies, dass das, was am einzelnen gründlich untersuchten Neuron geschieht, in derselben Weise an allen anderen Neuronen auch so geschieht. Ich unterstelle, wir kennten alle Neurotransmitter samt ihrem chemischen Aufbau, ihrer Wirkweise und ihrer genauen Lokalisation. Ich unterstelle, wir wären zumindest grob in der Lage, hoch differenzierte Geisteszustände distinkten neuronalen Erregungsmustern zuzuordnen. Alles das, was ich hier als bekannt unterstellt habe, wäre allerdings beim derzeitigen Stand der Neurobiologie realistischer Weise noch erst als bekannt zu belegen.

Es könnte Bedeutung entstehen aus dem Zusammenspiel verschiedener aber jeweils spezifischer Neuronenpopulationen. Das einzelne Neuron bliebe dabei funktional in der vorausgesetzten Weise determiniert. Da aber nicht immer dieselben und schon gar nicht immer alle Neuronen an jedem in Frage kommenden Prozess beteiligt sind, gäbe es Unterschiede bezüglich der Anzahl der involvierten Neuronen und der Häufigkeit ihrer Beanspruchung. Dabei entsteht eine im Anfang zufällig erscheinende Vernetzung und Vergesellschaftung miteinander kollaborierender Neuronen und letztlich das Analogon einer konkreten synaptisch fixierten Lebensgeschichte im Kopf.

Es könnte eine spezifische Bedeutung entstehen durch den Ort der Verarbeitung eines afferenten Impulses im Gehirn. Z. B. im Tectum opticum entsteht immer eine optisch generierte Bedeutung, im Lobus olfactorius immer eine geruchlich generierte Bedeutung etc. Welche es näherhin ist, ergäbe sich dann aus dem konkreten Fine-Tuning der Neuronenpopulationen in diesem Bereich. Ein Überspringen dessen, was die Neurobiologen und Neurophysiologen für ein deterministisches Geschehen halten, müsste nicht einmal angenommen werden. Randscharf wäre diese Bedeutungsart, z. B. immer etwas Optisches, oder immer etwas Akustisches, Olfaktorisches, Haptisches wahrzunehmen, allerdings auch nicht; denn schließlich gibt es das Phänomen der Synästhetiker. Solche Menschen kombinieren z. B. eine Klangwahrnehmung auch mit einer Farb- oder einer Geruchswahrnehmung. Dann sieht ein Quartsextakkord eben violett aus etc.

Wäre bei diesen Grundannahmen eines deterministischen Geschehens die Frage nach der Freiheit entgütig negativ beschieden und ein für allemal vom Tisch, wie es Roth, Singer, Walkowiak und andere annehmen oder behaupten zu können (zu müssen?) glauben? Mitnichten! Es gibt ganz eindeutig erhebliche Freiheitsgrade auf der Basis deterministischer Grundaxiome.

Als Analogie möchte ich einmal das Schachspiel heranziehen. Jede Partei hat 16 Figuren in unterschiedlicher Anzahl auf 6 Funktionstypen verteilt: 8 Bauern, 2 Türme, 2 Läufer, 2 Springer, 1 Dame und 1 König. Das Bewegungsrepertoire jeder einzelnen Figur ist klar definiert, sie kann nur deterministisch vorwärts, seitwärts, rückwärts oder diagonal bzw. in einer spezifischen Kombination dieser Richtungsvorgaben bewegt werden. Und auch das ist noch festgelegt, dass immer die weiße Figurenfarbe beginnt.

Außerdem gibt es auf der Ebene oberhalb der Bewegungsmöglichkeiten der einzelnen Figuren vielfach durchprobierte Muster, der Beginn mit einer ganz bestimmten Eröffnung, die Nutzung einer ganz bestimmten Verteidigungsvariante etc. Das heißt, es gibt noch neben den die Einzelfiguren betreffenden Grunddeterminanten systemische Determinantenkomplexe.

Man könnte zu der Annahme geneigt sein, dass dieses Spiel in jedem Fall völlig unfrei abläuft.

Das Gegenteil ist der Fall; denn gerade auf der Basis der Determinanten, gewissermaßen als deren Emergenzphänomen ergibt sich ein unausgeschöpfter Freiheitsraum. Aber wenn man nicht ein bestimmtes Spiel zu Lernzwecken nachspielt, also nur kopiert, dann verläuft kein Spiel wie das andere. Es werden nach u. U. gleichem Beginn mit jedem Zug bestimmte Weichenstellungen passiert, die den weiteren Verlauf dirigieren.

Auch die übliche Gesamtintention dieses Spiels kann ich sogar unter strikter Beibehaltung aller in sich determinierten Spielzüge noch variieren. Ich kann z. B. festlegen, dass nicht der gewinnt, der den Gegner zuerst schachmatt setzt, sondern der, der es durch die Kontraintention schafft, sich als erster schachmatt setzen zu lassen. Man spielt also gewissermaßen Schach pervers. Ganz gleich, ob ich nun Schach oder Schach pervers spiele, es wird an keinem Zug irgendeiner Figur eine Regelverletzung erkennbar, außer dass die beiden Gesamtintentionen diametral entgegengesetzt sind, sich also total divergente Spiele ergeben. Die Freiheit, die sich aus und über den Determinanten des regulären Spiels ohnehin schon ergibt, wird nochmals verdoppelt.

Denkbar ist auch ein unter Beibehaltung aller die jeweils einzelnen Figuren betreffender Determinanten vergrößerter Freiheitsraum durch die Hinzunahme der dritten Raumdimension, also Schach nicht auf dem Quadrat über den Quadraten, sondern im Kubus über den Kuben. Eine dritte Raumdimension haben wir, und insofern wird der Analogiespielraum nicht verlassen, ja schließlich auch im Gehirn.

Was immer ein die einzelnen Spielzüge von außen betrachtender Beobachter wahrnehmen kann, ist die totale Determination eines jeden einzelnen Spielzuges. Und das ist die derzeitige Perspektive der an Roth und Singer orientierten Neurowissenschaftler. Was sie allerdings aus ihrer das Schachbrett aufmerksamst beäugenden Froschperspektive nicht wahrnehmen, ist die just auf der Basis all dieser Determinanten und die gerade mittels all dieser Determinanten erst ermöglichte ungeheure Freiheit des Spiels. Und gerade dieses, auf der Basis von und vermittelt durch Determinanten realisierte Emergenzphänomen Freiheit ist es, das den unvergleichlichen Reiz des Spiels ausmacht.

Ein weiterer nicht zu vernachlässigender Faktor zur Beurteilung der relativen Freiheit ist schließlich der Zeitfaktor: Wenn sich um viele Zehnerpotenzen mehr Spielvarianten ergeben, als ich Lebensmomente habe, um sie – oder wenigstens die interessantesten Spielvarianten darunter – auch nur annähernd zu realisieren, dann verfüge ich über eine riesengroße, unter Umständen astronomisch anmutende Dimension relativer Wahlfreiheit. Ist der Mensch nicht frei, zumindest relativ frei, der unter einer die Handlungsmomente seines Lebens in unvorstellbarer Weise überschreitenden Anzahl von im Einzelnen determinierten Lebensvarianten wählen kann? Die ihm vorgegebenen Determinanten wären die Bedingung der Möglichkeit für die Realisierung von individueller Freiheit.

8.2 Mehr Gehirn als Geist? Grenzen der naturalistischen Interpretation

Nach der multidisziplinären und eher kontrastiven, hier und da vielleicht auch konfrontativen Sichtung der neurobiologisch und neurophysiologisch begründeten deterministischen Weltsicht soll im Folgenden das Gehirn-Geist-Problem aus einer primär naturalistischen Perspektive erneut angegangen werden. Sind im Horizont einer naturalistischen Position angesichts dieses Problems Grenzen der Zuständigkeit, Grenzen der Kompetenz, Grenzen der Aussagekraft für die moderne Hirnforschung auszumachen? Gibt es einen für Geistes- wie Gehirnwisssenschaftler erkennbaren gemeinsamen Gesprächs- und Diskursgegenstand, wenn sie die Begriffe Geist und Gehirn verwenden? Wie groß und berechtigt ist der Tatverdacht, das mit Gehirn Gemeinte könne das mit Geist Gemeinte sachlich wie begrifflich zum Verschwinden bringen oder die himmlischen Energien und Entladungen des Geistes entstünden allesamt aus der Bodenständigkeit des Gehirns und könnten auch ebenso allesamt wieder über den Blitzableiter des Gehirns geerdet werden?

8.2.1 Genauere Kennzeichnung des Problems

Nach Ansicht vieler Zeitgenossen und unter ihnen vieler Hirnforscher sieht es so aus, als seien die Begriffe Gehirn und Geist eigentlich im Verdrängungswettbewerb befindliche Synonyme.

Wird der Begriff Geist benutzt, so assoziieren viele Zeitgenossen eine nahezu museale vornaturwissenschaftliche Provenienz mit altehrwürdig geisteswissenschaftlicher Patina.

Wird der Begriff Gehirn benutzt, so assoziieren sie eine von geisteswissenschaftlichen Aspekten nicht kontaminierte hochaktuelle Hirnforschung. Wo früher nahezu gehirnfreier Geist und später dann viel Geist und wenig Gehirn war, da ist heute viel Gehirn und wenig Geist und in einigen Jahren vielleicht nur noch geistfreies Gehirn. Wo früher der Geist etwas zu sagen oder sogar das Sagen hatte, da hat heute für viele nur noch das Gehirn etwas zu sagen oder sogar das Sagen und der Geist wird nichtssagend.

Hinter all dem steht die Frage: Kann Geist, können geistige Bewusstseinsinhalte eindeutig als distinkte neuronale Erregungsmuster dechiffriert werden? Erhält Geist ein empirisch-neurophysiologisches »Packende«?

Als Schulkinder haben wir alle Vokabelhefte geführt, in denen z. B. links der lateinische Begriff canis und rechts der deutsche Begriff Hund stand. Damit verband sich die naive Vorstellung, der eine Begriff könne gewissermaßen eins zu eins verlust- und erweiterungslos in den anderen überführt werden. Und des weiteren zielte diese Naivität dahin anzunehmen, alles, was in der einen Sprache gesagt werden kann, kann mit derselben Genauigkeit verlust- und erweiterungslos auch in der

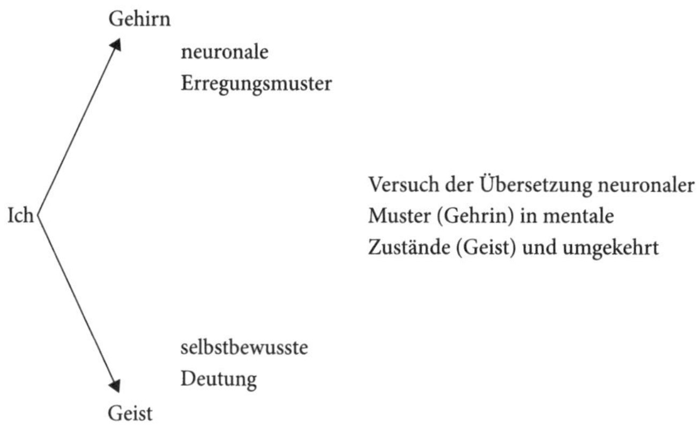

Abb. 4

anderen gesagt werden, so dass sich letztendlich, wenn alles übersetzt ist, eine Sprache als überflüssig erweist.

Aber spätestens in dem Moment, in dem wir auf der einen Seite unseres Vokabelheftes den Begriff Logos notierten, haben wir gemerkt, dass die Behauptung einer verlust- und erweiterungslosen Eins-zu-eins-Übertragung dieses Begriffs eine blanke Irreführung ist. Und wenn wir das als Schüler beim Wort Logos nicht gemerkt haben sollten, dann spätestens als Theologen, oder wir wären nicht nur keine Theologen, sondern wohl auch keine intellektuell ernstzunehmenden Menschen.

Diese am Vokabelheft orientierte Naivität bezüglich der Gehirn-Geist-Frage schreibt in die eine Spalte das geistig-bewusstseinsmäßig Erfasste und in die andere das damit angeblich eindeutig korrelierende neuronale Erregungsmuster. Und sie glaubt, dass alle geistigen Bewusstseinsinhalte letztlich in die »Sprache« neurotransmittorisch-elektrophysiologisch induzierter Erregungsmuster übertragbar seien. Diese neurophysiologische Sprache sei die eigentliche Grundlage der verbalen Sprache, und es stehe zu vermuten, dass sich alle Bewusstseinsinhalte früher oder später vollständig in der neurophysiologischen Sprache simulieren ließen. Alsdann sei sie empirisch klarer erfassbar und intersubjektiv besser vermittelbar. Philosophisch gesehen steht hinter dieser Annahme eine Identitätstheorie.

Das mit dieser Identitätstheorie verbundene Forschungspathos steht dem des 19. Jahrhunderts kaum nach und krankt an einer Ausblendung der Forschungsgeschichte, in der die heutigen Anfänge der »neurophysiologischen Sprache«, sofern man von einer solchen reden darf, von der verbalen Sprache ihren Ausgang nehmen und unhintergehbar auf sie verwiesen bleiben.

8.2.2 Das Problem der Zuordnung von neuronalen Erregungsmustern und Bewusstseinsinhalten

Auch wenn gelegentlich bestritten wird, dass es einen notwendigen Zusammenhang zwischen neuronalen Prozessen und menschlichem Bewusstsein gibt, so muss doch folgendes festgestellt werden: Wann immer man den Versuch unternimmt, Bewusstseinsinhalte und mentale Zustände neurobiologisch zu erforschen, stößt man auch auf neuronale Prozesse. Alle mentalen bzw. bewussten Prozesse vollziehen sich entweder auf der Basis von oder zumindest in Begleitung von neuronalen Prozessen. Für die Annahme von Bewusstseinsprozessen beim Menschen, die nicht in neuronalen Erregungsmustern kodiert oder zumindest von einer neuronalen Begleitmusik unterlegt sind, gibt es keine empirischen Anhaltspunkte.

Der konsequente Leugner eines solchen neurophysiologisch-bewusstseinsmäßigen Gehirn-Geist-Zusammenhangs wird denn auch festhalten, was immer sich an empirisch-neurophysiologischem zeige, werde ja auch nur mit dem Handwerkszeug des empirisch-neurophysiologischen zum Vorschein gebracht und verfehle das Geistige damit prinzipiell. Eine Verstärkung der Brille führe eben nicht zu einer Verbesserung der Hörleistung. Aber man darf vielleicht einwenden, dass Schwerhörige mit einer besseren Brille auch besser von den Lippen ablesen, und also indirekt doch ihre Hörleistung mit einer Brille verbessern können.

Die von dem Bremer Verhaltensphysiologen Roth vertretene gegenteilige Position behauptet, »dass jegliche Art von Geist-Gehirn-Dualismus und jeder Glaube an eine Autonomie des Geistes gegenüber dem Gehirn mit dem Wissensstand der Hirnforschung unvereinbar ist.« Er hält es im Gegensatz zu einer Philosophie des Geistes auch für möglich, dass es bei der »Eigenheit des Selbsterlebens von Bewusstsein (...) nichts Besonderes zu erklären gibt.«[50]

Auch wenn durch die Koinzidenz von Geistes- mit Gehirnaktivitäten nicht zwingend ein Zusammenhang erwiesen ist, liegt es doch nahe anzunehmen, dass neuronale und bewusste Prozesse nicht aus purer Zufälligkeit, sondern, allgemein gesprochen, aus konstitutiven Gründen immer miteinander gekoppelt sind. Ansonsten wäre ein interaktions- und berührungsfreier psychophysischer Parallelismus Geulinckx'scher Prägung anzunehmen, der aber seinerseits begründungsbedürftig und mit einer prästabilierten Harmonie nicht überzeugend begründet wäre.

Umgekehrt ist allerdings auch zu sagen, dass bei weitem nicht alle neuronalen Prozesse bewusstseins- oder intentionsbegleitet sind. Neuronale Prozesse könnten damit so etwas wie die notwendige, aber nicht hinreichende Bedingung für bewusste Prozesse sein, soweit diese empirisch fassbar sind.

Das Problem, neuronale Erregungsmuster bestimmten Bewusstseinsinhalten zuzuordnen, hat zahlreiche u.a. auch biologisch beschreibbare Ursachen.

a) Zunächst ist die räumliche Unschärfe der zu erfassenden Erregungsbezirke auf der Hirnrinde zu konstatieren. Die dreidimensionale Faltung der Hirnstruktur muss in eine Zweidimensionalität überführt werden, um eine flächenmäßige Zuordnung von Reizqualität und Verarbeitungsregion zu erstellen, also gewissermaßen eine Kartierung vornehmen zu können. In Bezug auf die im Tectum opticum verarbeiteten Informationen, die uns über die Augen erreichen, wäre zu fragen, welche Regionen z.B. für bestimmte hochspezifische optische Qualitäten (etwa senkrechte, oder horizontale Linien, Formen, Farbqualitäten oder Bewegungen etc.) zuständig sind und wo die Integration dieser Qualitäten zum optischen Gesamtbild erfolgt. Über diese erste Kartierung hinaus ist dann aber festzustellen, welche die mit Bewusstseinsqualität verbundenen Regionen sind. Dabei stellt sich durchaus nicht selten heraus, dass sogar das Gesamtsystem Gehirn involviert und also eine randscharfe Zuordnung unmöglich ist.

b) Sodann ist auf die zeitliche Unschärfe hinzuweisen, die zu einem zeitlichen Auseinanderfallen von neuronaler Erregung und der Repräsentation des damit korrelierten Bewusstseinsinhalts führt. Die neuronale Verarbeitung von spezifischen Reizen hat einen für die verschiedenen Sinnesorgane unterschiedlichen Zeitbedarf im Bereich von einigen Millisekunden. Das heißt der auf einen Reiz hin generierte Bewusstseinsinhalt hat eine bestimmte unhintergehbare Lieferzeit. Und dieser zum örtlichen Kartierungsproblem noch hinzutretende Zeitverzug macht es schwer, vielleicht sogar unmöglich, eindeutige Zuordnungen zu treffen.

Wenn ich beim zugegebenermaßen problematischen Bild vom Vokabelheft bleiben darf, dann wäre zu sagen: Gegenüber der neuronalseitigen Vokabel ist durch diesen Zeitverzug die bewusstseinsseitig aufzutragende Bedeutung um eine oder gar mehrere Zeilen verrutscht. (Vgl. auch Abb. 2)

c) Ein weiteres Problem ist die interpersonale Übertragbarkeit der ungefähren und angenäherten Zuordnung von neuronalen Erregungsmustern und Bewusstseinsinhalten. Natürlich werden überschwellige optische Reize über afferente Nervenbahnen zum visuellen Kortex geleitet. Aber ist bei aller Baugleichheit oder -ähnlichkeit der Gehirne verschiedener Personen davon auszugehen, dass die der Farbqualität grün entsprechenden neuronalen Erregungsmuster auf diesem visuellen Kortex bei Personen, die dem selben optischen Reiz ausgesetzt sind, auch gleich sind? Neueste Untersuchungen zur optischen Wahrnehmung bei Katzen deuten nachdrücklich darauf hin, dass bei streng standardisierten Reizen die neuronalen Erregungsmuster nach dem Grad der Verwandtschaft divergieren, also bei genetisch eng miteinander verwandten Individuen größere Ähnlichkeiten vorliegen als bei sonstigen Artgenossen. Es steht zu vermuten, dass die auf einen identischen Reiz hin hervorgebrachten neuronalen Erregungsmuster nicht einmal bei eineiigen Zwillingen völlig übereinstimmen, geschweige denn innerhalb einer ganzen Art.

d) Unberücksichtigt bleibt bei dieser Gegenüberstellung von Geist-Gehirn-Korrelaten auch, dass es gestufte Bewusstseinsgrade und -helligkeiten gibt. Damit entspräche das Bewusstsein, wenn ich es einmal mit einer elektrischen Lampe vergleichen darf, eher dem Dimmer- als dem Kippschaltermodell. Es gibt tages- und lebensphasisch stark differierende Bewusstseinshelligkeiten und nicht das Alles-oder-Nichts-Prinzip. Außerdem gibt es natürlich das selektive ganz bestimmte Objekt fokussierende und andere ausblendende Bewusstsein. Dieser »Beleuchtungskörper« Bewusstsein hat nicht nur Dimmer- sondern auch Spotfunktion, leuchtet also nicht alles gleichmäßig aus, sondern bestimmte Objekte besonders intensiv an und produziert damit auch Schlagschatten.

e) Es gibt keinerlei Hinweise dafür, ja es erscheint fast ausgeschlossen, dass irgendwo ein spezielles Bewusstseinszentrum existiert, an dem man ablesen könnte, ob es sich um eine bewusste Wahrnehmung, Denkleistung oder Handlung handelt oder nicht.

f) Schließlich gibt es noch messprozedurbedingte Zuordnungsprobleme. Zu den altbekannten Möglichkeiten, Vorgänge und Zustände im Zentralnervensystem zu dokumentieren, gehörten das Röntgenverfahren und das Ableiten von Potentialen aus der Tiefe des Gehirns. Zunächst hatte man an der Hirnrinde Elektroden angebracht, um Hirnströme zu messen (Kortikographie), die aber verändern schon durch den Messakt das zu Messende erheblich. Wie sollte da das Geist-Gehirn-Vokabelheft ordentlich geführt werden? Nicht viel günstiger war die Anbringung von Elektroden an der Dura mater (Durographie).

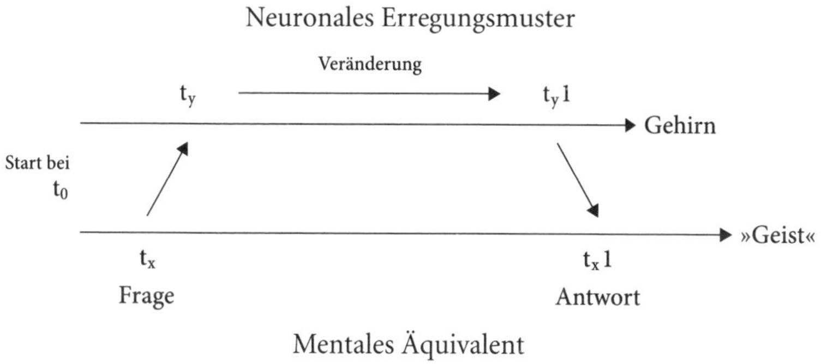

Abb. 5

g) Erst beim Elektroenzephalogramm konnten durch dessen erhebliche Verstärkungsleistung die Elektroden außen am Schädel angebracht werden und die durch die Schädeldecke bedingt nur noch schwachen Hirnströme dennoch gemessen werden. Die messprozedurbedingten Artefakte konnten so möglichst gering gehalten werden.[51] In den letzten Jahren sind neue bildgebende Verfahren, die Computertomographie (CT), das Magnetresonanzverfahren (MRI) und die Positronen-Emissions-Tomographie (PET) hinzugekommen. Damit wird in erstaunlicher Weise dokumentierbar, was sich und wo sich etwas im Gehirn tut, wenn mentale Akte ablaufen. Aber zu den Inhalten dieser Akte gibt es auf diesem Wege zumindest noch keinen, vielleicht sogar nie einen Zugang.

Und die Trennschärfe der spezifischen neuronalen Erregungsmuster im Gehirn müsste ja so weit gehen, dass ein signifikanter Unterschied aufträte, wenn mein Geist sich mit Rahners Grundkurs des Glaubens oder mit Barths Römerbrief befasste. Es genügte bei einer perfekt vorgestellten Geist-Gehirn-Korrelation ja nicht zu sagen, der Proband liest gerade etwas. Es wäre vielmehr inhaltlich zu sagen, was er denn liest.

Der Magdeburger Neurologe Heinze resümiert eingedenk solcher Überlegungen seine Position wie folgt:

»Wir können zwar lokale Relationen zwischen bewusstem Erleben und Gehirn abbilden, wir können diese Relationen in Zeit und Raum immer weiter differenzieren, aber wir werden – auf diese Weise jedenfalls – der entscheidenden Frage nicht näherkommen, nämlich: Was haben Neuronen eigentlich mit Bewusstsein zu tun? (...) Wahrscheinlich wird in Zukunft die kognitive Neurobiologie in immer plastischeren, präziseren Bildern beschreiben, wie Geist und Gehirn einander zugeordnet sind, so dass es eines Tages vielleicht sinnvoll ist, von einer Art Äquivalenz zwischen Geist und Gehirn zu sprechen, eine Äquivalenz allerdings, deren Randbedingungen wir nicht kennen. Und so eine Äquivalenz, gewissermaßen mit verschwimmenden Rändern, würde das geistige Leben eben nicht auf einen neuralen Reflex reduzieren, sie würde vielmehr die innere Struktur und Eigenständigkeit der geistigen Welt und ihre großartige Schönheit nur auf eine bestimmte Weise widerspiegeln. (...) Geist und Gehirn sind nicht zu trennen, aber auch nicht aufeinander zu reduzieren.«[52]

8.2.3 Ein neuronaler Determinismus?

Es gibt zahlreiche Neurobiologen, die mit dem naturalistischen Generalverdacht einer vollständigen Determination des Gehirns nicht nur dem Geisteswissenschaftler auf den Geist gehen. Zentrale Indizien für diese Behauptung glaubt man u. a. den Versuchen des Neurophysiologen Benjamin Libet aus den achtziger Jahren entnehmen zu können. Darin hatte er gezeigt, dass schon bevor der Proband den Entschluss fasst, eine Handlung auszuführen, bereits ein Bereitschaftspotential für diese Handlung vorliegt. Daraus wurde nicht selten hergeleitet, dass der Entschluss nicht Ursache für die Handlung sein kann, deren Bereitschaftspotential gemessen wurde, sondern gewissermaßen nur die nachträgliche Rationalisierung dazu liefert, eine mehr oder weniger gelungene Begründung für das, was ohne dieselbe genauso abliefe.

Ähnliche Schlüsse zog man aus Versuchen mit Split-brain-Patienten, Menschen also, bei denen das Corpus callosum durchtrennt worden war. Bot man der rechten sprachuntüchtigen Hirnhälfte einen Schrifttext an, der eine Frage an sie enthielt, so war sie wohl in der Lage mit ihrer linken Hand Buchstaben zu legen, die eine Antwort auf diese Frage waren. Die Frage an die sprachtüchtige linke Hirnhälfte, die aber wegen der Hirnhälftentrennung nicht mitbekommen konnte, was die linke Hand getan, warum also der Patient diese Buchstabenfolge gelegt hatte, führte zu einer frei erfundenen verbalen Begründung durch einen erkennbar verunsicherten Probanden. Daraus glaubte man auf eine neuronale Entkoppelung von vernünftiger Begründung und wirklichem Handlungsablauf schließen zu können. Die Begründung sei nur eine nachträgliche Rationalisierung dessen, was über andere Mechanismen längst entschieden worden sei. Die medial vermittelte Ergebnisauswertung dieser und ähnlicher Versuche lautete dann:

»Die Neurobiologie zeigt: Wir tun nicht, was wir wollen, sondern wir wollen, was wir tun. Erst im Nachhinein findet unser Hirn vernünftige Begründungen für Dinge, die wir längst getan haben.«[53]

Wenn aber die unbewusst und angeblich deterministisch ablaufenden neurobiologischen Prozesse erst nachträglich rationalisiert werden, dann ist doch für diese Rationalisierung wiederum ein neurobiologischer Prozess erforderlich, der doch nicht auch noch einmal unbewusst und deterministisch ablaufen dürfte. Wie könnte es andernfalls zu der Qualität kommen, die als Produkt einer Rationalisierung rational genannt werden kann. Wird aus dem Chaos neuronaler Prozesse das herausgefiltert, worauf wir uns einen rationalen Reim machen können? Aber wer filtert dann heraus, und wer macht sich einen solchen Reim darauf, der das Attribut rational verdient?

In letzter Konsequenz enthält die Behauptung einer neurophysiologischen Determination die Behauptung eines zur Annahme seiner Determination determinierten Deterministen.

Wie verträgt sich der behauptete physikalische Determinismus mit der subjektiv erlebten Freiheit und der privat wie öffentlich üblichen Zuschreibung von Verantwortlichkeit?

Kann die Verhaltenssteuerung durch rein physikalisch-deterministische Prozesse im Gehirn erfolgen und gleichwohl die Behauptung einer zumindest relativen Willens- und Entscheidungsfreiheit aufrecht erhalten werden?

Ist nicht der Laplacesche Geist eines prognosetauglichen Determinismus längst den tödlichen Erkrankungen einer indeterministischen Quantenphysik und einem prognoseuntauglichen deterministischen Chaos erlegen?

Zunächst könnte man also zur Bestreitung einer durchgängigen Determination an die quantenphysikalische Unbestimmtheit auf dem Grunde der neuronalen elektrophysiologischen Prozesse denken. Auf diesem Wege hatte schon vor fast einem halben Jahrhundert Pascual Jordan die Willens-, Entscheidungs- und Handlungsfreiheit zu begründen versucht.[54]

Ein Neurobiologe könnte vielleicht behaupten, man dürfe die quantenphysikalische Indeterminiertheit außer Acht lassen, weil man es beim Gehirn und bei den neuronalen Prozessen mit mesokosmischen Objekten zu tun habe, die eine Annäherung an deterministische Annahmen erlaubten. Selbst wenn diese Außer-Acht-Lassung, was ich bestreite, richtig wäre, so hätte es der Neurobiologe noch immer mit Phänomenen des deterministischen Chaos zu tun. Und diese Phänomene weisen trotz aller erst ex post feststellbaren also retrognostischen Determination eine derartige prognostische Indetermination auf, dass es den Verteidiger von relativer Willensfreiheit nicht sonderlich zu irritieren vermag. Ist Freiheit damit ein anderes Wort für die komplexitätsbedingte Unüberschaubarkeit?

Aber der Begriff Freiheit beinhaltet nicht einfach das Vorhandensein eines mikrophysikalischen Zufallsgenerators, zu ihm gehören auch Kontinuität und Zielgerichtetheit, also eher die Verlässlichkeit von Hirnprozessen, als deren Indiz man die physikalische Gesetzmäßigkeit ansehen könnte. Aber diese physikalischen Gesetzmäßigkeiten haben Randbedingungen, zu denen u.a. auch die m.E. nicht hinreichend dekodierbaren Verhaltensdispositionen gehören.

Wer, wie z.B. Singer oder Roth, Quine oder Churchland in Absehung von nur noch stochastischen Gewissheiten bei mikrophysikalischen Prozessen behauptet, die Willensfreiheit sei eine Illusion, weil alles durch physikalische Zustände und Prozesse determiniert sei, behauptet mehr als er auf der Basis heutiger neurophysiologischer Kenntnisse redlicherweise behaupten darf. Denn die Behauptung einer vollständigen Determination müsste natürlich eine vollständige Kenntnis der als determiniert behaupteten Prozesse zur Grundlage haben. Aber eine solche Behauptung ist Hochstapelei; denn die Hirnprozesse sind keineswegs so weitgehend verstanden, vielleicht sogar aus grundsätzlichen Erwägungen nicht so weitgehend verstehbar, dass die Behauptung völliger Determination intellektuell redlich wäre.

Eine relative, keine absolute Entscheidungs-, Handlungs- und Willensfreiheit könnte biologischerseits auch als ein Emergenzphänomen aus hochgradiger neuronaler Komplexität verstanden werden. Und es könnte sein, dass zur Konstituierung dieser Komplexität das Wechselspiel quantenphysikalisch indeterminierter und physikalisch determiniert erscheinender Prozesse essentiell ist. Freiheit wäre demnach eine aus der biologischen Betrachtung einzelner physikalisch determiniert erscheinender Prozesse nicht abzuleitende und eine durch diese Betrachtung auch nicht zu bestreitende unprognostizierbare Systemeigenschaft. Eine Neurowissenschaft, die das realisiert, ist demnach einem schönen Diktum Breitbachs folgend, »nicht notwendig seelenlos, sie ist – zunächst einmal – seelenblind.«[55]

Wenn unser Gehirn so einfach wäre, dass wir es umfassend verstehen und als deterministisch entlarven könnten, dann wären wir so einfach, dass wir eben das nicht mehr könnten.

Der Bio-Physiker Alfred Gierer formuliert dieselben grundsätzlichen Bedenken so:

»Das Bewusstsein kann sich nicht selbst vollständig erfassen, auch nicht auf dem scheinbar so klugen Umweg über eine objektive Analyse seiner physikalischen Voraussetzungen im menschlichen Gehirn. Die Grenzen der Dekodierung, die dem im Wege stehen, beruhen vermutlich auf der Problematik selbstbezogener Prozesse im Gehirn, also der Anwendung seines analytischen Apparates auf seinen eigenen Inhalt. Dabei erkennen wir eine verborgene Gemeinsamkeit mit Heisenbergs Unbestimmtheitsrelation in der Physik. Gödels Theoreme in der Mathematischen Entscheidungstheorie zeigen: Die Reflektion der Grundlagen der Wissenschaft mit ihren eigenen Mitteln zeigt schließlich prinzipielle Grenzen des möglichen Wissens auf. Eine Theorie des Leib-Seele-Zusammenhanges läuft auf das Bewusstsein von Bewusstsein hinaus und ist damit von dem gleichen gedanklichen Typus der Selbstanalyse.«[56]

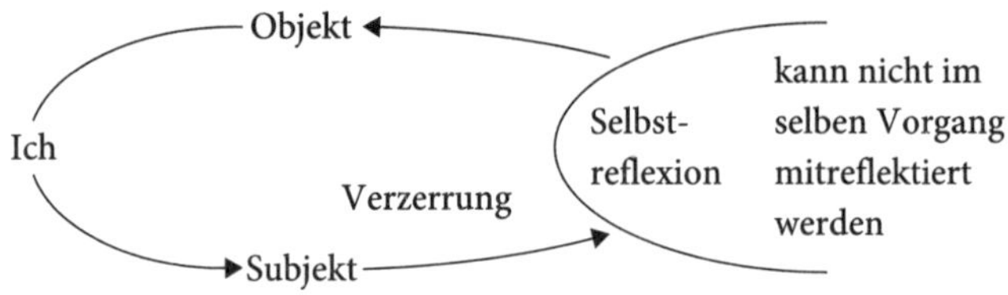

Abb. 6

Höchst interessant ist dann allerdings die bei bestimmten Neurophysiologen zu beobachtende Diskrepanz zwischen der naturwissenschaftlichen Determinationsbehauptung hirnphysiologischer Vorgänge einerseits und der lebenspraktischen Anerkenntnis personaler und moralischer Zurechenbarkeit und Zurechnungsfähigkeit andererseits. Gerhard Roth hält die subjektive Freiheit für eine Illusion und zugleich die Handlungsautonomie des ganzen Menschen für gegeben. Er will den Gedanken von Schuld und Sühne aufgeben und an seine Stelle den von Prävention und Umerziehung setzen. Wenn aber Handlungsautonomie gegeben ist, zieht die nicht notwendig den Gedanken, wenn schon nicht in jedem Fall der Sühne, so doch gewiss den der Schuld nach sich? Die Diskrepanz mit anderen Worten beschrieben: Auch der eine durchgehende Determination behauptende Neurophysiologe erzieht seine Kinder so, wie wenn sowohl er als auch seine Kinder zumindest in verantwortlichkeitsrelevantem Umfang frei wären.[57] Aber die pädagogischen Maßnahmen müssten doch ihn treffen, der in unverantwortlicher Weise die angemessene Programmierung seines Nachwuchses vernachlässigt hat.

8.2.4 Erste- und Dritte-Person-Perspektive oder Ich- und Es-Perspektive

Die Begriffe Ich- und Es-Perspektive bitte ich nicht im Sinne der Psychologie Sigmund Freuds miss zu verstehen, sie sind nur die verbale Kurzausgabe von Erste-Person-Perspektive und Dritte-Person-Perspektive.

Stehen im Vokabelheft der Geist-Gehirn-Debatte auf der einen Seite die neurophysiologische Es-Perspektive und auf der anderen die bewußtseinsmäßige Ich-Perspektive?

Kann die Ich- oder Erste-Person-Perspektive in die neurophysiologische Es- oder Dritte-Person-Perspektive transformiert werden?

Genügt es, wenn schon nicht zur Lösung, so doch zum zufriedenstellenden Umgang mit dem Geist-Gehirn-Problem, einfach verschiedene inkommensurable Sprachspiele und damit einen Sprachspieldualismus zu konstatieren?

Es ist immer ein Ich, dass die Subjektivität eines anderen Ich in die Objektivität eines Es überführen möchte. Insofern ist zumindest das Ich des »Täters« unhintergehbar. Aber ist auch das Ich des »Opfers« für den Täter gänzlich unhintergehbar? Oder gibt es so etwas wie die Hintergehbarkeit wenn schon nicht des Ich, so doch bestimmter Schichten des Ich, gewissermaßen die Hintergehbarkeit der »Iche« des Opfers durch den oder die Täter?

Gibt es eine Metasprache, eine die Ich- und die Es-Perspektive übergreifende oder umgreifende Sprache, wie der Neurologe Wolf Singer und die Neurophilosophin Patricia Churchland sie für möglich halten?[58]

Und wer sollte dann diese Metasprache sprechen? Spricht dann einzig der die Es-Perspektiven-Befunde – und zwar die seines eigenen Hirns betrachtende – und zugleich ich-perspektivefähige Neurobiologe die geforderte Metasprache, weil nur er für sich und in sich die Perspektiven korrelieren kann? Oder ist er auch nur der Dolmetscher, der für sich das Eine ins Andere übersetzen kann, ohne anderen mitteilen zu können; denn wie sich das »innerlich anfühlt«, was da Ich genannt wird, ist ja zumindest nicht präzis kommunizierbar. Wenn es also eine Ich- und Es-Perspektive umgreifende Metasprache gäbe, wäre das keine erlernbare interpersonal kommunikable, sondern nur eine intrapersonale Metasprache zur internen monologischen Selbstvergewisserung, im strengen Sinne also gar keine Sprache.

Der Embryologe und Neurobiologe Rager hält eine solche Metasprache für unmöglich und meint:

»Die Rede vom neuronalen Selbst hält sich in der Perspektive der dritten Person auf. Sie versucht objektive Tatbestände und Verhältnisse aufzuzeigen. Auch der Aufweis der Konstitution des Ich im gesellschaftlichen und kulturellen Kontext verbleibt in dieser Perspektive. Diese Perspektive allein eignet sich jedoch nicht für die Rede vom Bewusstsein und vom bewussten Ich. Bewusstsein und bewusstes Ich sind nicht Objekte der Neurowissenschaften, sondern Voraussetzungen derselben.«[59]

Wenn die Ich- auch nicht in die Es-Perspektive und die Es- nicht in die Ich-Perspektive verlust- und erweiterungslos übersetzt werden kann, so können doch relevante Inhalte aus der einen in die andere Perspektive transponiert und dort instrumentalisiert werden. Aus der Es-Perspektive zu erfahren, das eigene Gehirn weise ein Aneurysma oder einen Tumor auf, verändert die Ich-Perspektive in essentieller Weise. Und umgekehrt aus der Ich-Perspektive die autosuggestive Botschaft zu vernehmen »Aber ich werde diese Krankheit überleben« verändert nach Ansicht auch der stursten Empiriker nicht selten die neurophysiologische Es-Perspektive in medizinisch unerklärter und unbestreitbarer Weise. Von der Ich- in die Es-Perspektive und vice versa wird also transponiert und instrumentalisiert. Und nicht nur das deutet auf die Einheit, mindestens auf die Kohärenz und Interdependenz der Phänomene.

Wer die grundsätzliche Position vertritt, es gebe in Bezug auf den Geist eine prinzipielle Resistenz gegen den Naturalismus, behauptet der nicht implizit die Präsenz oder Präponderanz eines Idealismus oder Dualismus? Er weicht vielleicht doch der Scylla des Naturalismus so weit aus, dass er in der Charybdis des Idealismus landet.

Roth behauptet hingegen: »Das Gehirn generiert mit der Ausbildung eines Ich einen ›virtuellen Akteur‹, dem ein Körperschema und ein Ort im Raum zugeschrieben wird und der zum scheinbaren Träger der Willkürhandlungen wird.«[60] Damit postuliert er implizit einen prinzipiellen Alleinvertretungsanspruch der Neurowissenschaften zur Erklärung des Ich. Er weicht der Charybdis des Idealismus derart weit aus, dass er an der Scylla des Naturalismus scheitert.

Vielleicht müssen wir uns noch eine Weile mit dem Bild von Wolke und Nebel trösten. Die Ich-Perspektive sitzt drin und nennt das Phänomen Nebel; die Es-Perspektive sitzt draußen und nennt das Phänomen Wolke. Und weder von der einen, noch von der anderen Perspektive aus ist die jeweils andere angemessen und umfassend zu erschließen. Aber angesichts der im einen Menschen vereinigten Doppelperspektive bleibt die Option, dass Nebel und Wolke nur die Aspekte ein und desselben Phänomens Wasserdampf sind, das man weder aus der Erste- noch aus der Dritte-Person-Perspektive allein angemessen kennen kann. Und aller Aneignungswille, jeder Alleinvertretungsanspruch, ob von Seiten der Neurophysiologie und ihrer geisteswissenschaftlichen Hilfstruppe Neurophilosophie, oder von Seiten einer um ihr geistiges Territorium besorgten Philosophie des Geistes erscheint mir obsolet. Sie alle wissen zu wenig, um derart viel zu behaupten. Die Machtförmigkeit des wissenschaftlichen Zugriffs und der Wille zur Deutungshoheit sollten im Friedensvertrag eines wechselseitigen Lehr- und Lernprozesses enden.

8.2.5 Bildliche Darstellung der Problemlage

Die bildliche Darstellung der Problemlage ist natürlicherweise nur in einer groben Annäherung möglich. Es hat derzeit den Anschein, als hätten die dem materialistischen Monismus zuzurechnenden Positionen die – vermutlich sogar große – Mehrheit der einschlägig Forschenden auf ihrer Seite. In diese Kategorie gehören sicher auch die repräsentationalen Theorien des Bewusstseins, die davon ausgehen, dass die mentalen Zustände ebenfalls repräsentationale Zustände allerdings einer höheren Klasse darstellen. Als solche besitzen sie einen doppelten Gehalt, von denen der eine die Repräsentation des Objekts im repräsentierenden System und der andere die Repräsentation des Eigenzustandes des repräsentierenden Systems ist. So entspräche es dem Arbeitsspeicher eines Rechners, in dem die Ergebnisse paralleler Rechenprozesse repräsentiert werden, aber nicht zugleich die Zentralrepräsentation dieser Repräsentationen abrufbar ist, wie es auch Abbildung 3 zu zeigen versucht.[61]

Vielleicht möchte sich auch Karl Rahner nicht so gern und so eindeutig einem spiritualistischen Monismus zugeordnet wissen, wenngleich die dies Paradigma kennzeichnenden Formulierungen der Materie als »geronnener« oder »gefrorener Geist«, die sogar Physiker wie Hans-Peter Dürr und Carl Friedrich von Weizsäcker zu unterschreiben bereit wären, aus seiner Feder stammen.[62] Beide Monismen haben einen exklusiven, der materialistische Monismus in Geschichte und Gegenwart nicht selten sogar einen apodiktisch-exklusivistischen Zug an sich. Geist ist dann »nichts anderes als ein neuronales Komplexitäts-Phänomen«, eine Deklaration oder Deklamation, die sich freilich schnell und nicht nur zu Unrecht den Reduktionismusvorwurf einhandelt.

Unter bestimmten Umständen ist es denkbar, auch einen Emer-

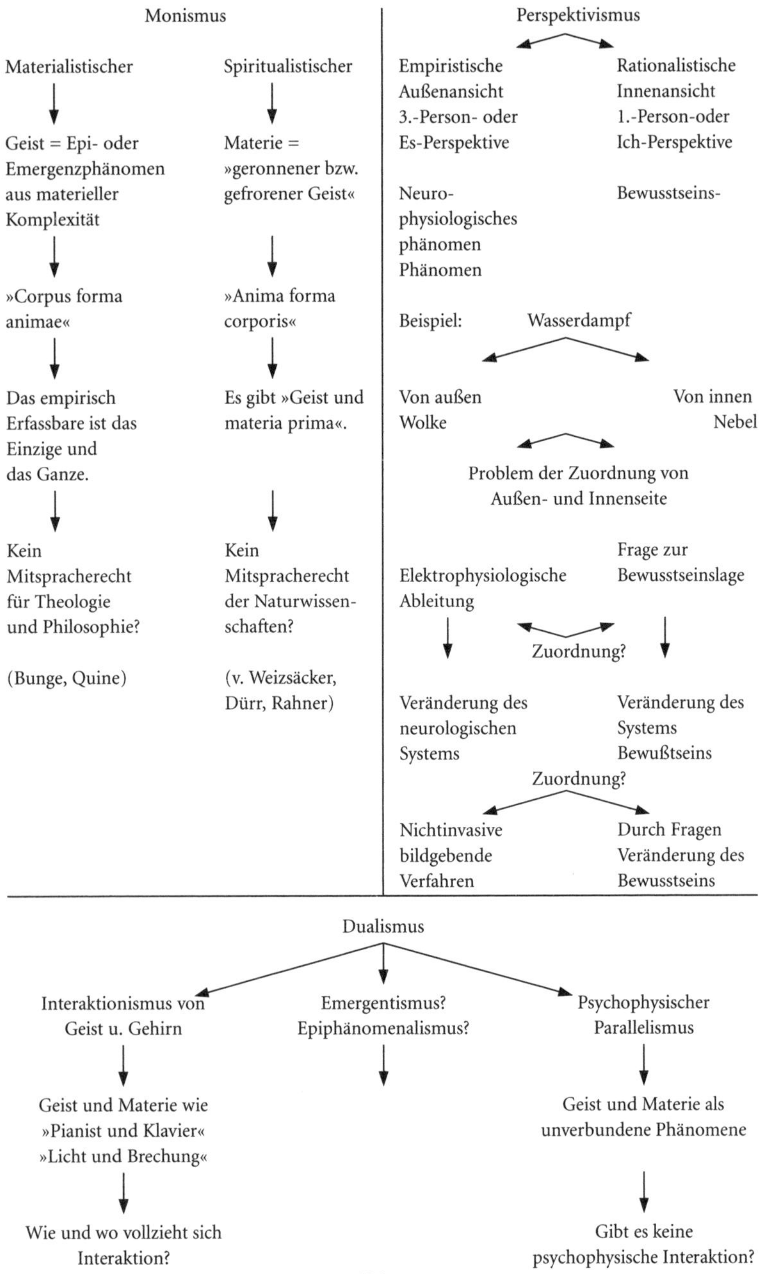
Monismus
Materialistischer
Geist = Epi- oder Emergenzphänomen aus materieller Komplexität
»Corpus forma animae«
Das empirisch Erfassbare ist das Einzige und das Ganze.
Kein Mitspracherecht für Theologie und Philosophie?
(Bunge, Quine)
Spiritualistischer
Materie = »geronnener bzw. gefrorener Geist«
»Anima forma corporis«
Es gibt »Geist und materia prima«.
Kein Mitspracherecht der Naturwissen-schaften?
(v. Weizsäcker, Dürr, Rahner)
Perspektivismus
Empiristische Außenansicht 3.-Person- oder Es-Perspektive
Rationalistische Innenansicht 1.-Person-oder Ich-Perspektive
Neuro-physiologisches phänomen Phänomen
Bewusstseins-
Beispiel:
Wasserdampf
Von außen Wolke
Von innen Nebel
Problem der Zuordnung von Außen- und Innenseite
Elektrophysiologische Ableitung
Frage zur Bewusstseinslage
Zuordnung?
Veränderung des neurologischen Systems
Veränderung des Systems Bewußtseins
Zuordnung?
Nichtinvasive bildgebende Verfahren
Durch Fragen Veränderung des Bewusstseins
Dualismus
Interaktionismus von Geist u. Gehirn
Geist und Materie wie »Pianist und Klavier« »Licht und Brechung«
Wie und wo vollzieht sich Interaktion?
(Popper, Eccles v. Difurth)
Emergentismus? Epiphänomenalismus?
Psychophysischer Parallelismus
Geist und Materie als unverbundene Phänomene
Gibt es keine psychophysische Interaktion?

Abb. 8

gentismus oder Epiphänomenalismus unter das dualistische Denkmodell zu subsumieren. Das allerdings hängt davon ab, was man überhaupt unter Emergenz versteht und welchen Status an Eigenständigkeit man dem dann offenbar aus materiellen Voraussetzungen emergierenden Etwas zuzubilligen bereit ist. »Rezente« Vertreter eines kommissurlos-unverbundenen psychophysischen Parallelismus scheint es derzeit nicht mehr zu geben, oder sie deklarieren sich nicht mehr öffentlich als solche. Ihre neurophysiologische wie auch philosophische Begründungslast wäre wohl auch nur schwer zu schultern. Wohl aber gibt es sogar unter Hirnforschern und nicht nur unter Philosophen, Theologen und Psychologen eine kleine aber hartnäckige Dualistenfraktion, von der behauptet wird, sie sei schon biologisch-biographisch bedingt auf dem Rückzug, also der typische Fall eines aussterbenden Denk-Paradigmas. Die hier zu stellende Gretchenfrage ist die nach dem Wie und Wo der behaupteten Interaktion von Geist und Materie. Die in diesem Kontext erwähnten Karl Popper und John Eccles müssten plausibel machen, dass bei ihrem sich auf quantenmechanischer Ebene vollziehenden Geist-Gehirn-Interaktionismus der Energieerhaltungssatz nicht tangiert und zugleich die Fortpflanzung dieser geistigen Intervention auf die komplexere Ebene verhaltensrelevanter Hirnzustände möglich ist.[63]

Der Perspektivismus lässt die Frage einer letzten Identität oder Dualität dessen offen, was sich unabweisbar als empiristische Außen- oder rationalistische Innenansicht, als Dritte-Person- oder Es-Perspektive bzw. als Erste-Person- oder Ich-Perspektive darstellt. Er macht in der am Bild des Vokabelheftes dargelegten Weise auf die ungelösten Probleme einer eindeutigen Zuordnung oder gar der Eliminierung einer Sprache aufmerksam, ist insofern vorsichtiger oder weniger waghalsig, als er kein Endergebnis vorwegnimmt und damit angesichts des derzeitigen Wissensstandes wohl auch intellektuell redlicher.

8.2.6 Die sogenannte Neuro-Theologie

Vor einigen Jahren arbeiteten Neurologen den klassischen Fall des Phineas Gage wieder auf, der durch einen Unfall, bei dem der ventrale und mediale Teil des Stirnlappens durch eine Eisenstange zerstört worden waren, erhebliche Veränderungen seiner Persönlichkeitsstruktur erfahren hatte. Sein Planungs- und Entscheidungsverhalten, seine Fähigkeit nicht mehr vorhandene Objekte im Bewusstsein zu behalten und seine Emotionsverarbeitung waren erheblich gestört. Mit der defizitären Emotionsverarbeitung ging auch ein Verlust ethischer Kompetenz und ethischer Berechenbarkeit einher, die den ehedem sensiblen, besonnenen und empathischen Mann unberechenbar werden ließen.[64] Hatte man durch die Lokalisierung dieser Hirnläsion, die sich auch bei vielen anderen Patienten findet, den cerebralen Ort für Gefühle und ethische Entscheidungen gefunden?

»*Nur weil wir verstehen, dass bei einer Entscheidung Gefühle beteiligt sind, sind wir der ethischen Frage, was eine Handlung gut oder schlecht macht, keinen Millimeter näher gekommen. Es ist eine alte Weisheit der Ethik, dass aus einem Sein kein Sollen folgt.*« hält Metzinger zu Recht fest.[65]

Ein seit einiger Zeit auch in der Presse stark beachtetes Spezialproblem[66] verbindet sogar die religiöse Erfahrung mit bestimmten Hirnregionen und angeblich spezifischen neuronalen Erregungsmustern. Einige wenige Neurophysiologen, Kognitionsforscher, Radiologen, Neurobiologen, Psychologen etc. tun das ganz offenbar in der Hoffnung auf einen ultimativen Gottesbeweis, die Mehrzahl in der eher entgegengesetzten Hoffnung auf eine vollständige Naturalisierung, auf die entnumisierende, neurophysiologische Entzauberung des Gottesgedankens. Es dürfte sicher sein, dass weder die eine noch die andere Option aus dieser Forschungsblüte entscheidenden Nektar saugen kann.

Gleichwohl rückt man dazu meditierenden buddhistischen Mönchen, betenden Franziskanernonnen oder sonst wie in actu religiös praktizierenden Menschen mit Elektroenzephalogrammen, Kernspintomographen, Infusionen radioaktiver Substanzen (SPECT, die Single photon emission computed tomography), die das im Gebet aktive Hirnareal markieren und mit elektrischer Reizung bestimmter Hirnareale zu Leibe, um das religiöse Erlebnis kartieren und qualifizieren zu können.

Einige dieser sogenannten Neurotheologen seien bei intensiven Selbsterfahrungen mit der Meditation vom naturwissenschaftlichen Saulus zum mystischen Paulus bekehrt worden. Möglicherweise hat sich hier nur die Präponderanz der neurophysiologischen Es-Perspektive in eine Präponderanz des bewusstseinsorientierten Ich-Perspektive gewandelt.

Viele Zeitgenossen werden die von Kant ganz im Sinne naturalistischer Denkvorgaben gemachte Aussage teilen, dass nicht nur das Denken allgemein, sondern auch unser theologisches Denken »*mit dem kleinst-möglichen Aufwande des Übernatürlichen*«[67] auskommen müsse. Aber dann muss man wohl auch rein diagnostisch feststellen, dass umgekehrt der hochtrabend Neuro-Theologie genannte neurophysiologische Naturalismus in seinem Denken mit dem größtmöglichen Aufwand des Natürlichen nicht hinkommen könne. Die einen sollen mit möglichst wenig auskommen, die andern können mit möglichst viel nicht hinkommen. Es bleibt wohl so etwas wie eine wechselseitige Ergänzungs-, Kritik- und Korrekturbedürftigkeit zwischen Theologie und einem neurophysiologischen Naturalismus.

8.2.7 Fazit

Fast scheint es als hätten wir es beim Geist-Gehirn-Problem mit zwei widerstreitenden Glaubensgemeinschaften zu tun, die beiderseits eine eigene Philosophie etabliert haben. Diejenigen, die sich die unbestreitbare unmittelbare Evidenz von Ich, Bewusstsein und Freiheit nicht ausreden lassen wollen und die mit guten Gründen von der Inkommensurabilität neuronaler und mentaler Zustände sprechen. Sie formulieren als Antwort auf die Frage nach der neuronalen Übersetzbarkeit mentaler Zustände mit Nachdruck das seit seiner Formulierung im Jahre 1872 umstrittene »Ignorabimus« des DuBois-Reymond. Und zur Bekräftigung setzen sie noch ein »Numquam« hinter das »Ignorabimus«. »Niemals werden wir wissen …« Ihre Glaubenskrise, sofern sie sich eine solche überhaupt gestatten, entsteht aus der zweifellos immer präziser werdenden Kartierung und Terminierung von Geist- und Gehirnfunktionen in rationaler, emotionaler und funktionaler Hinsicht.

Die andere Glaubensgemeinschaft meint, dass alles in der Welt mit natürlichen Dingen zugehe, ja nur mit solchen zugehen dürfe, die im Ubrigen früher oder später allesamt und vollständig der naturwissenschaftlichen Analyse anheim fielen. Die Vertreter dieser Glaubensgemeinschaft kommen zwar nicht umhin das »Ignoramus« einzugestehen, setzen aber flugs ein »Nondum« hinzu. »Wir wissen nur noch nicht …« Sie wuchern mit dem Pfund einer expansionistischen Neurowissenschaft und stellen Erklärungsschecks mit höchstem Nennwert aus.

Soviel scheint mir sicher: Beim Menschen ist das durchgehend geistlose Gehirn so wenig dingfest zu machen wie der gehirnlose Geist. Der Geist geht uns nicht aus dem Gehirn und das Gehirn offenbar nicht auf den Geist. Aber es gibt ja Menschen, die beim stummen Lesen der Partitur in sich schon annäherungsweise die Symphonie hören, die vielleicht sogar noch nie erklungen ist. Und vielleicht gibt es in Zukunft auch Menschen, die, wenn man ihnen das Lesen der stummen neurophysiologischen Partitur des Gehirns ermöglicht, die dahinterliegende bewusstseinsmäßige Symphonie des Geistes annäherungsweise zum Klingen bringen können. Die Grundannahme dafür ist allerdings, dass das Eine, nämlich das Gehirn, mit dem Anderen, nämlich dem Geist, verbunden ist wie die Partitur mit der Symphonie.

Denkbar wäre ja – zunächst rein theoretisch –, dass man die Symphonie beim gleichzeitigen Lesen der Partitur erklingen lässt. Das heißt mit anderen Worten, dass man ein zukünftiges artefaktarmes bildgebendes Verfahren (also die zu lesende Partitur) in Beziehung setzt zu einem vorher definierten sich gerade vollziehenden mentalen Akt (also der gleichzeitig erklingenden Symphonie). Aber selbst wenn das auch nur annäherungsweise gelänge, hätten wir es noch immer zu tun mit einer, dem Experimentator zuzuordnenden und also von außen kommenden Es-Perspektive. Und für ihn selbst, für den Experimentator, der dies Verfahren auf sich selbst anzuwenden, also Täter und Opfer zugleich zu sein versuchte, müsste weiterhin gelten, dass kein System der Informationsverarbeitung eine auf den neuesten Stand gebrachte Repräsentation seiner selbst einschließlich dieser Repräsentation zu leisten imstande ist. Denn das Ich, das den Scheinwerferstrahl der eigenen Aufmerksamkeit lenkt, kann nicht in seinem eigenen Strahl erkannt werden. Das Ich bliebe so etwas wie die von Metzinger vermutete Letztrepräsentanz für Rezeption und Produktion des jeweiligen Selbstmodells.

Ob wir uns nun in die Glaubensgemeinschaft derer verfügen, die ihr »Ignorabimus!« mit einem »Numquam!« verstärken oder auf die Seite derer, die ihr »Ignoramus« mit einem »Nondum« abschwächen. Ich wünsche Ihnen und mir eine für dies langwierige Experiment begutachtungsrelevante und bewußtseinsbegleitete Lebensdauer.

8.3 Neuro-Theologie – Gott und Religion als Kopfgeburt?

Die sogenannte Neuro-Theologie ist nicht nur, wie der Name nahe legen könnte, ein Kind der Neurobiologie sondern auch der Soziobiologie. Beide, Neurobiologie und Soziobiologie, haben ihrerseits ein gemeinsames Elternteil; denn sie sind legitime Kinder der Evolutionsbiologie. Die Kombination dieser drei Einsichten veranlasst manche Biologen zu der Annahme, sie seien nach deren vermutetem Ableben die einzig wirklich Erbberechtigten der Theologie. Was also leistet die Neuro-Theologie für oder gegen die Theologie, und kann, soll oder muss sich die Theologie eine Neuro-Theologie leisten?

8.3.1 Klärung des Begriffs Neuro-Theologie

Mit ganz erheblicher, sogar internationaler Aufmerksamkeit in den Medien wurde einer erstaunten Öffentlichkeit unter dem Begriff der Neuro-Theologie eine durch die neuen bildgebenden Verfahren der Hirnforschung induzierte Befassung mit Religion und religiösen Praktiken präsentiert. Dabei nimmt die Neurobiologie nur den Staffelstab an, den die Soziobiologie ihrerseits von der Evolutionsbiologie aufgenommen und nun bis zur Hirnforschung weitergetragen hat. Aber was ist eigentlich Neuro-Theologie?

Theologie bezeichnet eigentlich die wissenschaftliche Beschäftigung mit der Frage nach Gott und den Konsequenzen, die sich aus dem Glauben an, das Bestreiten von und das Nachdenken über Gott ergeben. Dabei kommt sie natürlich nicht umhin, auch und hoffentlich heftig ihre Neuronen zu bemühen. Das allein macht sie aber nicht zur Neuro-Theologie, ansonsten wäre alle Theologie Neuro-Theologie. Die herkömmliche Theologie konstituiert, analysiert und diskutiert – ausgehend von der Frage nach Gott – letztlich ein rationales Denksystem oder mehrere in Konkurrenz zu einander stehende rationale Denksysteme mit kognitiv-theologischen Inhalten.

Gerade das tut die sogenannte Neuro-Theologie in all ihren derzeitigen Varianten nicht. Ihr geht es vielmehr um die Erhellung der hintergründigen neuronalen Prozesse, die mit den religiösen Vorstellungen und den Praktiken des Glaubensvollzugs, wie z. B. Gebet, Meditation, Gottesdienst etc. einhergehen. Der Neuro-Theologe ist also strenggenommen kein Theologe. Namentlich zu nennende Neuro-Theologen wären John Austin (Neurobiologe), Eleanor Rosch (Prof. für Kognitionsforschung an der University of California in Berkeley), Andrew Newberg (Radiologe von der University of Pennsylvania) Vilayanur Ramachandran (Neurologe an der University of California in San Diego), Michael A. Persinger (Neuropsychologe an der Laurentian University Kanada). Diese hier genannten Neuro-Theologen sind allesamt keine Theologen. Insofern ist auch die Neuro-Theologie weit eher als eine Neurobiologie bzw. Neurophysiologie oder auch als eine Neuropathologie von religiös-praktischen Glaubensvollzügen zu bestimmen, allenfalls noch als eine Theoneurologie.[68]

Die Klärung der theologischen Frage nach Gott und die damit verbundenen Konsequenzen sind zumindest nicht ihr primäres Interesse. Insofern ist der Begriff Neuro-Theologie nur eine weitere auf Breitenwirkung zielende, aber sachlich unangemessene Wortschöpfung, die angeblich auf den evangelikalen Glaubensapologeten James B. Ashbrook und das Jahr 1984 zurückgeht, aber natürlich für schlagzeilenorientierte Journalisten ein gefundenes Fressen ist.[69]

8.3.2 Der neurobiologisch-experimentelle Hintergrund

Erforscht werden soll in diesen Experimenten der Zusammenhang zwischen religiöser, spiritueller, transzendenter bzw. mystischer Erfahrung einerseits und der durch bildgebende Verfahren erfassten Funktion ganz bestimmter Hirnregionen andererseits. Der auf klare Begriffsabgrenzung bedachte Theologe oder Philosoph wird bei dieser synonymen Verwendung der Begriffe religiös, spirituell, transzendent und mystisch sofort hellhörig oder gar misstrauisch. Die experimentelle Anordnung zeigt dann aber etwas genauer, um welche Art von Erfahrung es geht. Ersatz für eine adäquate Begriffsbildung ist das allerdings nicht.

8.3.2.1 Meditation und Gebet in neurobiologischer Perspektive

Ein in Sachen Meditation erfahrener buddhistischer Proband meditiert allein in einem abgeschlossenen Raum. Vor der Meditation hat man bei ihm einen Venenzugang gelegt. Zu einem ganz bestimmten Zeitpunkt, nämlich dann, wenn »sich sein meditativer Zustand seinem transzendenten Höhepunkt nähert« bzw. »in jenem Augenblick intensivster Spiritualität«[70], zieht der Proband an einem Signalfaden. Der Experimentator im Nebenraum gibt nun, ohne dass die Meditation abgebrochen wird, ein radioaktiv markiertes Kontrastmittel in die Vene. Er wartet bis zum Ende der Meditation und untersucht dann das Gehirn computertomographisch, also mit der SPECT-Kamera (Single Photon Emission Computed Tomography). Die Probanden kennzeichnen die inneren Erfahrungen am häufigsten als »*Gefühle des Einsseins mit der Welt und der Auflösung des Selbst sowie intensive emotionale Reaktionen, wie sie normalerweise mit absolut tiefer Ruhe einhergehen.*«[71] Letztlich geht es also um die Zuordnung der so beschriebenen Erfahrungen zu bestimmten neurologisch darstellbaren Aktivitätsorten und Erregungsmustern.

Die verstärkte Durchblutung in einer bestimmten Region, die sich in erhöhter Radioaktivität an diesem Ort niederschlägt, wird dabei zum Indiz für eine erhöhte Aktivität eben dieser Hirnregion. Leider ist es so, dass Synapsen exzitatorisch oder inhibitorisch, also erregend oder hemmend wirken können. In beiden Fällen wäre die Aktivität einer bestimmten Hirnregion durch verstärkte Stoffwechselaktivität gekennzeichnet, aber es wäre völlig unklar, ob hier Vorgänge initiiert oder blockiert werden.

Im angegebenen Versuch zeigte sich eine ungewöhnlich verringerte Aktivität am Lobus parietalis superior, also am oberen Scheitellappen. Diese Region wird von Newberg und D'Aquili vereinfachend Orientierungsfeld genannt. Sie dient der räumlichen Orientierung und Abgrenzung des eigenen Selbst vom Rest der Welt. Eine Verringerung der Aktivität an diesem Ort lässt vermuten, dass die Grenzen des eigenen Selbst nicht mehr klar abgesteckt werden, dass es in gewisser Weise endlos und identisch mit allem wird. Manche Probanden zeigten aber keine Reduktion der Aktivität im sogenannten Orientierungsfeld, also am Lobus parietalis superior, sondern eine Erhöhung der Aktivität im Stirnlappen, also im Lobus frontalis, dem von Newberg und D'Aquili vereinfacht Aufmerksamkeitsfeld genannten Bereich. Das hieße dann, auch eine Erhöhung der Aufmerksamkeit, also die Fokussierung eines bestimmten Objekts, etwa eines Meditationsbildes, könnte demnach die Reduzierung der Orientierungsfunktionen bewirken.[72]

Mit derselben Versuchsanordnung wurden auch katholische Ordensfrauen, in diesem Fall Franziskanerinnen, untersucht. Sie beschreiben Gefühle der Nähe zu Gott, ja der Vereinigung mit ihm und Gefühle tiefen Friedens. Die Autoren Newberg und D'Aquili kommen zu dem Ergebnis, dass es sich bei den mystischen Erfahrungen nicht um emotionale Irrtümer oder um Wunschdenken, sondern um klar erkennbare neurologische Prozesse handelt, dass also *»mystische Erfahrung* [...] *biologisch real und naturwissenschaftlich wahrnehmbar«*[73] ist. Bei aller Vagheit der Begriffe zur Beschreibung der gemachten Erfahrung und bei aller Unsicherheit in der Deutung der neurologischen Befunde zeigen diese Versuche offenbar doch am Beispiel von Religion eine interessante Korrelation zwischen Mentalem und Neuronalem. Das Problem ist allerdings, dass diese Versuche nur sehr punktuelle Momentaufnahmen und keine Prozesse wiedergeben können. Die Erfassung eines prozessualen Geschehens wäre für solche Untersuchungen ein dringendes Desiderat. Die Autoren behaupten trotz bisher noch geringer Probandenzahlen nicht weniger als dies, *»dass wir den Beweis für einen neurologischen Prozess erbracht hatten, der es uns Menschen ermöglicht, die materielle Existenz zu transzendieren und mit einem tieferen, geistigeren Teil von uns selbst in Verbindung zu treten, der als absolute, universelle Realität wahrgenommen wird, die uns mit allem Seienden vereint.«*[74]

8.3.2.2 Gehirnareale der religiös-mystischen Erfahrungen

Die mystisch oder religiös genannte Erfahrung geht einher mit einer veränderten Raum-Zeit-, Selbst- und Ich-Wahrnehmung. Im Wesentlichen werden vier Felder zu Sprache gebracht, die diese Erfahrung ermöglichen:

a) Das visuelle Assoziationsfeld, das angeregt wird mit Mandalas, Kerzen, Andachts- oder Heiligenbildern etc.
b) Das Orientierungsfeld (Lobus parietalis superior oder der hintere Teil des Scheitellappens) ermöglicht dem Körper die Orientierung im Raum und vermittelt ihm ein dreidimensionales Körpergefühl. Das linke Orientierungsfeld soll dabei der inneren Wahrnehmung des eigenen Selbst und das rechte der Erfassung der äußeren physikalischen Koordinaten dienen.
c) Das Aufmerksamkeitsfeld (Lobus frontalis oder Präfrontalcortex), das erhöhte Aktivität bei religiösen, spirituellen, mystischen Erfahrungen aufweist und Sitz des Willens ist.

d) Das sprachlich-begriffliche Assoziationsfeld, das im Schnittpunkt von Schläfen-, Scheitel- und Hinterhauptslappen liegt.

Joseph Rhawn, Michael Persinger und andere schreiben dem Limbischen System, das offenbar komplexe emotionale Zustände erzeugt, eine besondere Funktion für religiöse Erfahrungen zu. Als wichtigste Strukturen des Limbischen Systems werden der Hypothalamus, die Amygdala und der Hippokampus angesehen. Sowohl die elektrische Reizung des Limbischen Systems als auch die Unterbindung von neuronalen Informationen ans Limbische System sollen zu traumhaften Halluzinationen, Körperlosigkeitsgefühlen und Sinnestäuschungen führen.

Im sprachlich-begrifflichen Assoziationsfeld zeigen Untersuchungen von Vilayanur Ramachandran (Neurologe an der University of California in San Diego) einen offenbar engeren Zusammenhang zwischen Schläfenlappenepilepsien und der gesteigerten Reaktion auf religiöse Begriffe und Symbole.[75] Ramachandran vermutet ein »Gott-Modul im Schläfenlappen« und steht nicht an, auch einen Genlocus, vermutlich den Gottesgenlocus, dafür zu postulieren. Er ordnet bestimmte religiöse Erfahrungen allerdings in den Formkreis einer Schläfenlappenepilepsie, die er posthum und ferndiagnostisch auch Personen wie Moses, Mohammed, Paulus, Van Gogh, Dostojewski, Jeanne d'Arc, Theresa von Avila und Emanuel Swedenborg zuschreibt. Nun müssen nicht alle genannten Personen jederzeit und in jeder Hinsicht gesund gewesen sein, durchgängig geisteskrank waren sie aber wohl auch nicht.[76] Das Problem, das sich jenseits aller ferndiagnostischen Hochstapelei hier stellt, ist dies: Entweder entsprechen das »Gott-Modul im Schläfenlappen« und der dies Modul kodierende Genlocus der normalen menschlichen Ausstattung, dann verwundert es, warum ihre Expression Krankheitsqualität haben soll. Oder aber der Gottesgedanke ist per se Ausdruck einer Krankheit, dann fragt sich gerade unter Voraussetzung des evolutionstheoretischen Gedankens der Fitnessmaximierung, warum diese Krankheit offenbar ubiquitär ist und ihr eigens ein genetisch kodiertes »Gott-Modul im Schläfenlappen« dediziert wird.

Michael Persinger wollte durch künstliche Erregung religiösen Empfindens zeigen, dass der Gottesglaube nur das Ergebnis einer pathologischen Überempfindlichkeit sei. Dazu ließ er einen mit Magnetspulen bestückten »Religionsempfangshelm« konstruieren. Einige Probanden, die ihr Gehirn unter dieser Magnetwellenhaube traktieren ließen, sprachen nachher von erschütternden Begegnungen mit übersinnlichen Mächten.[77] Daraus allerdings das bloß Illusorische oder gar Halluzinatorische religiöser Erfahrungen ableiten zu wollen, ist intellektuell zu kurz gesprungen. Mit derselben Logik könnte man, wenn es gelänge, das Gehirn eines Probanden so zu stimulieren, dass er glaubt, Apfelkuchen zu essen, auf die faktische Irrealität von Apfelkuchen schließen.

Ramachandran, Persinger und andere rücken die religiösen Erfahrungen in einen pathologischen Kontext, in den z. B. die American Psychiatric Association bis 1994 ohnehin und offiziell einen starken religiösen Glauben einsortierte.[78] Damit wird aber lediglich eine weltbildhaltige intellektuelle Vorentscheidung der Experimentatoren dokumentiert, die an der Ergebnisoffenheit und Objektivität ihrer Untersuchungen zweifeln lässt.

8.3.3 Der evolutionsbiologische und soziobiologische Hintergrund

Die Soziobiologie unternimmt derzeit den Versuch, Religionen über die Zerlegung in und die Rekonstruktion aus sogenannten Universalien einer biologischen Betrachtung zugänglich zu machen. Diese Universalien, die sich – wie behauptet – in allen Religionen finden oder alle Religionen konstituieren, sind demnach:

a) Mystik, die eine eigene innere Erfahrung mit Gott bezeichnet.
b) Ethik bzw. Moral, die ausgehend von einem bestimmten Menschen- und Weltverständnis auf eine bestimmte soziale Praxis und eine bestimmte Nutzen-Kosten-Repräsentation der Sozialbeziehungen abzielt.
c) Mythen, die z. B. als Ursprungs- oder anthropologische Mythen vorkommen und eine Welterklärungs- und Legitimationsfunktion für die konkrete Religion haben.
d) Rituale, die als symbolische Aufladungen von Handlungen oder Gegenständen zu verstehen sind. Sie sollen das Böse abweisen (apotropäische Riten), das Volk reinigen (kathartische Riten) oder Lebensphasen interpretierend begleiten (Passage-Riten).[79]

Diese vier Universalien der Religion werden auch als »Module« (Fodor 1983), als »Instinkte« (Pinker 1997), als »Evolutionäre Algorithmen«

(Cosmides/Tooby 1992) oder auch Domänen bezeichnet. Die terminologischen und argumentativen Unklarheiten sind, wie man leicht zeigen kann, noch groß. Es wird angenommen, dass diese Universalien sich im Laufe der Evolution herausgebildet haben und durch eine natürliche Selektion geformt, optimiert und genetisch fixiert wurden. Sie sollen einen evolutiven Mehrwert im Sinne einer Fitnessmaximierung für eine konkrete Gruppe bewirken, deren Nutzen kurzgefasst in Folgendem bestehen soll: »*In unserer Sicht ist Religiosität durch vier Domänen gekennzeichnet, die jeweils ihre eigene Selektionsgeschichte durchlaufen haben (…) Mystik beruht auf intuitiven Ontologien und dient der Kontingenzbewältigung und Entscheidungsfindung in einer fluktuierenden und unsichern Umwelt. Ethik erhöht die Sozialkompetenz und ermöglicht Kooperationsgewinne. Mythen dienen als Identität stiftende soziale Bindemittel der in-group/ out-group Differenzierung und Rituale schließlich exekutieren das Handicap-Prinzip zur Etablierung verlässlicher moralischer Standards innerhalb der Gruppe. Damit lässt sich Religiosität als ein biologisch funktionales Phänomen darstellen.*«[80] Diese einzelnen evolutiv entstandenen Domänen, Module, Instinkte, Evolutiven Algorithmen oder Universalien, wie immer man sie nennen mag, sollen dann im Zuge einer kognitiven Vernetzung zum Gesamtphänomen Religion miteinander verbunden worden sein. Religion als neue übergeordnete Ganzheit übernimmt damit deren Aufgaben und erfüllt alle genannten Teilfunktionen. Eine Aussage über die Existenz Gottes wird mit diesem Versuch einer biologischen Rekonstruktion von Religiosität zumeist nicht verbunden.

Damit leistet die Soziobiologie zweierlei: Sie setzt auch bei der Behandlung von Religiosität das evolutionstheoretische Paradigma von Mutation und Selektion mit ihren Mitteln fort und behauptet über diese biologische Rekonstruktion Religion als selektionsprämiertes Verhalten klassifizieren zu können. Dann aber verschiebt sie die endgültige Lösung des Problems ins Aufgabenfeld der Neurobiologie; denn die müsste schließlich die neurobiologischen Korrelate der behaupteten Domänen, Module, Algorithmen oder Universalien dingfest machen und der Theorie ein empirisches Fundament schaffen. Und in der Tat versucht die Neuro-Theologie zumindest mit drei der vier sogenannten Module, nämlich mit Mythos, Ritual und Mystik weiterzuarbeiten.

8.3.4 Neurophysiologische Evaluation soziobiologischer Annahmen

Die Neuro-Theologie als Teildisziplin der Neurophysiologie soll nun gewissermaßen wie Belegstücke das jeweilige neurophysiologische Korrelat für die soziobiologische Annahme der vier, angeblich das Phänomen Religiosität konstituierenden Module (Mystik, Ethik, Mythos, Ritus) aufweisen. Ein wenig mutet diese Aufgabe an wie der psychoanalytische Auftrag an die Neurophysiologie, die biologischen Korrelate für das Freudsche Es, Ich und Über-Ich dingfest zu machen.[81]

8.3.4.1 Mythenbildung, Ritualbildung

Dass Mythen essentiell sind für die meisten Religionen, ist keineswegs eine neue Erkenntnis, die erst durch die Soziobiologie oder Neuro-Theologie ins Blickfeld gerückt worden wäre. Auch der im Unterschied zu Dogmen, Lehrsätzen, wissenschaftlichen Aussagen besondere Status von Mythen ist nicht neu, so wenig wie deren Funktionszuschreibungen. Mythen verweisen auf universelle Symbole und Themen, sie erzählen, was es heißt, ein Mensch zu sein. Sie thematisieren existentielle Nöte und Hoffnungen, deuten die menschliche Existenz als Ganze und mit ihr Leben und Tod.

Wie die religiös relevanten Mythen entstanden sein können, imaginiert und erzählt die Neuro-Theologie dann unter Einbeziehung der Kenntnis bestimmter Funktionen des Limbischen Systems. Dabei wird der Amygdala, sie wird als das wachsame Auge bezeichnet, die Regulierung und Vermittlung höherer emotionaler Funktionen und die Aufmerksamkeitssteuerung zugeschrieben. Der Hypothalamus, er wird als Oberaufseher vorgestellt, lässt einfache Gefühle wie Wut, Schrecken, Freude etc. entstehen und verbindet wie eine Brücke Neokortex und vegetatives System miteinander. Der Hippokampus schließlich, er wird als Diplomat eingeführt, reguliert Beruhigungs- und Erregungszustände und kann die Übermittlung von Sinnesdaten unterbinden. Kognitive Operatoren, das sind u. U. sehr große Ensembles von Neuronen aus ganz verschiedenen Hirnstrukturen, integrieren nun diese diversen Hirnfunktionen zur Realisierung überlebenswichtiger Verhaltensweisen.

Dabei kommt z. B. folgendes heraus: Der steinzeitliche Jäger im Wald hört ein Geräusch, mutmaßt die Anwesenheit eines Leoparden, wähnt, dass es um Leben und Tod geht und flieht. Dass er entkommt, schreibt er der rettenden Tat eines Gottes zu, der mittels innerer Stimme ihn zu fliehen geheißen hat. Der am Lagerfeuer sitzende und um den Tod eines Stammesangehörigen trauernde Häuptling sieht den Rauch von Feuer aufsteigen und erfindet durch diese Anschauung den Mythos vom Aufsteigen der Seele im Tod und findet darin für sich und seinen Stamm Trost. Was damit allerdings geleistet wird, ist die fragwürdige Fortsetzung des auch sonst aus der Evolutionsbiologie bekannten adaptiv-story-telling zur Plausibilisierung eines evolutiven Vorteils, in diesem Fall der Mythen. Das Problem dieser Art von Argumentation ist allerdings, dass zur eigentlich benötigten wissenschaftlichen Erklärung der Entstehung von Religionsmythen leider nur neue, bestenfalls gut nachempfundene Wissenschaftlermythen als Erklärung herangezogen werden.[82] Ein Erkenntnisgewinn, der wissenschaftlich zu nennen wäre, ist durch die Erklärung des einen Mythos mit einem anderen Mythos nicht verbunden.

Ähnlich problematisch ist die Behandlung des Rituals in der Neuro-Theologie. Ritualisiertes Verhalten gibt es in der Tat bei zahllosen Tierarten, und tierisch anmutende oder von tierischem Verhalten direkt ableitbare Rituale finden sich zweifellos beim Menschen.[83] Unzweifelhaft erscheinen auch evolutive Vorteile rituellen Verhaltens bei Tier und Mensch, wie Sicherheit durch Regeln, Verbesserung der Kommunikation und Kooperation etc. Unzweifelhaft ist auch, dass die bekannten Religionen ein deutlich erkennbares rituelles Verhalten produzieren. Wenn aber die Paarung des silbergefleckten Perlmuttfalters, ein gregorianischer Gesang, ein polynesischer Fruchtbarkeitstanz und noch viele Dinge mehr als Ritual vorgestellt werden, wird unklar, worin denn nun das essentielle Modul, oder der Evolutionäre Algorithmus, die Domäne oder Universalie für menschliche Religiosität besteht. Tierische und menschliche Alltagsrituale können sehr simpel sein. Das Verständnis religiöser Rituale erfordert aber zumeist eine hohe Symbolkompetenz. Es fehlt ersichtlich an der Spezifität in der Analyse von religiösen Ritualen.

Die Verbindung von Ritual und Mythos stellt sich bei Newberg und D'Aquili so dar: »*In einem gewissen Sinne verwandelt also jedes Ritual eine bedeutungsvolle Idee in eine sinnlich fassbare Erfahrung. Und die Ideen, die das religiöse Ritual beseelen, sind im Mythos und in der Legende verwurzelt.*«[84] Das Ritual ist aber auch die Verbindung von kulturellen Inhalten, die sich in den Mythen finden, und der neurologischen Resonanz im Gehirn. Das Durchspielen des Mythos führt zum Ritual, oder das Ritual ist der durchgespielte Mythos.

Im Wesentlichen werden sowohl bei der Frage nach dem Ritual als auch bei der nach dem Mythos zwei Denklinien verfolgt: Erstens die der Neurobiologie und Neurophysiologie und zweitens die der Evolutionstheorie. Beide Denklinien sind ausgerichtet auf Probleme religionswissenschaftlichen Inhalts. Das evolutionstheoretische Dogma, dass (fast) alles, was da an biologischen Formen ist, einen adaptiven Mehrwert haben müsse, wird zur Auffüllung der neurobiologischen Kenntnislücken herangezogen und umgekehrt.

Es geht um die schwierige biologisch-argumentative Refinanzierung einer erheblichen religionswissenschaftlichen Hypothek, und zwar von zwei biologischen Konten, dem evolutionstheoretischen und dem neurobiologischen. Beide Konten sind im Soll, weisen also zur intellektuellen Finanzierung der religionswissenschaftlichen Fragestellung keine Deckung auf. Nun aber soll durch trickreiche Umbuchungen zwischen den Konten die Finanzierung realisiert werden. Das jeweils betrachtete Konto wird – durch erhöhte Belastung des gerade nicht betrachteten Kontos – vom Soll ins Haben gebracht. Mit anderen Worten: Die Konsistenz der neurobiologischen Argumente in Sachen Religion wird gesteigert durch eine erhöhte Anleihe bei der diesbezüglich selber noch immer um Konsistenz ringenden Evolutionsbiologie und umgekehrt.

8.3.4.2 Mystische Erfahrung

Im Anschluss an soziobiologische Vorüberlegungen stellen die Neuro-Theologen fest, dass sich mystische Praktiken in vermutlich allen Religionen finden. Sie sind der Versuch des Menschen, eine Verbindung mit dem Absoluten oder mit Gott oder dem Göttlichen herzustellen. Die oftmals damit einhergehende Diskreditierung der Mystiker als Psychotiker, mindestens als Neurotiker ist nichts anderes als der Versuch, sich unter Berufung auf die eigene Aufgeklärtheit ein ungeklärtes und ungeliebtes Phänomen vom Halse zu halten.

Demgegenüber ist es einigen unter den Neuro-Theologen wichtig, die Mystik aus dem Pathologieverdacht zu befreien. Die Mystik in der Ecke von Schizophrenien, Schläfenlappenepilepsien, Halluzinationen und anderen geistigen Aberrationen zu platzieren, ist ihres Erachtens eine von freudschen Vorgaben gespeiste Fehldiagnose. So sind etwa Newberg und D'Aquili der Meinung »*dass die Berichte von Mystikern kein Indiz eines verwirrten Geistes (…) sondern das einwandfreie, erwartbare neurologische Resultat eines klaren, gefestigten Geistes, der nach einer höheren spirituellen Ebene strebt*«[85] sind. Oder: »*Egal wie unglaublich oder unergründlich die Schilderungen der Mystiker auch klingen mögen, sie beruhen nicht auf Wahnvorstellungen, sondern auf Erfahrungen, die neurologisch vollkommen real sind.*«[86] Ja, sie behaupten sogar: »*Menschen sind eigentlich von Natur aus Mystiker, Wesen mit einer angeborenen Gabe zur mühelosen Selbsttranszendenz*«.[87]

Wie schon bei der Darstellung des experimentellen Hintergrundes kurz erläutert, werden die mystischen Erlebnisse von den Probanden – allerdings mit einer großen Variationsbreite – als Selbstentgrenzungs- und als umfassende Einheitserfahrung beschrieben. Ihre neurologische Ursache wurde in einer Blockade des Orientierungsfeldes vermutet. Methodisch können zwei Richtungen eingeschlagen werden, um mystische Erfahrungen zu machen, nämlich die passive Methode, die den Geist von allen bewussten Denkvorgängen befreit, und die aktive Methode, die den Geist vollkommen auf ein Wort, ein Objekt, ein Symbol fokussiert.

Wenn man aber voraussetzt, dass die beiden Richtungen zum selben Ergebnis, nämlich zu der beschriebenen Selbstentgrenzungs- und Einheitserfahrung führen, dann haben wir es nur mit unterschiedlichen Wegen zum selben Ziel zu tun. »*Neurologisch und philosophisch kann es nicht zwei verschiedene Varianten dieses Absoluten Einsseins geben. (…) Im Zustand des Absoluten Einsseins selbst ist gar keine subjektive Wahrnehmung möglich; einerseits besteht kein subjektives Selbst, das diese machen könnte, und andererseits gibt es nichts Bestimmtes wahrzunehmen. Der Beobachter und das Beobachtete sind ein und dasselbe, es gibt keinen Unterschied, kein ›dies‹ und kein ›das‹, wie der Mystiker sagen würde. Es besteht nur eine absolute Einheit, und es kann nicht zwei Formen einer Einheit geben, die absolut ist.*«[88] Lediglich die religions- und kulturgeschichtlich bedingten Interpretationsmuster, bei der katholischen Ordensfrau die Vereinigung mit Gott oder mit Christus und beim Buddhisten die Erfahrung des Nichts, variieren je nach kulturell-religiösem Hintergrund.

Insgesamt herrscht die Vorstellung einer Art Konvertibilität zwischen Mystik, Ritual und Mythos. Das Ritual kann zu mystischen Erfahrungen hinführen. Das Ritual ist aber auch die ausagierte Mythologie. Die mystische Erfahrung führt auf dem Wege des Versprachlichungs- und Mitteilungsbedürfnisses zu Mythologien, die wieder rituellen Ausdruck finden können etc.

8.3.5 Der evolutionsbiologische Vorteil mystisch-religiöser Vorstellungen

Der Evolutionstheoretiker, der Soziobiologe und der Neuro-Theologe fragen natürlich nach dem evolutiven Vorteil, den es haben oder gehabt haben soll, mystische Erfahrungen zu machen oder, allgemeiner gesprochen, religiös zu sein. Noch umfassender wäre zu fragen, warum die Menschen aller angeblichen Aufklärung und Säkularisierung zum Trotz seit den Anfängen ihrer Geschichte in fast gleich bleibend hohem Maße gläubig und religiös sind. Wenn ein religiöser Glaube keinen Vorteil besäße, wäre er längst den Selektionsmechanismen der Evolution zum Opfer gefallen. Denkbar wäre, dass es sich bei mystisch-religiösen Vorstellungen um evolutiv tolerable, also als selektionsneutral zu wertende Vorstellungen handelt, oder aber, dass sie sogar selektionsprämiert sind, also einen Überlebensvorteil vermitteln.[89]

8.3.5.1 Mystisch-religiöse Erfahrung und Sexualität

In evolutionstheoretischer Hinsicht wird die mystische Erfahrung als eine weiterentwickelte Erfahrung angesehen, die sich aus grundlegenderen Überlebenserfordernissen abgeleitet haben soll. Schließlich erscheint es den Neuro-Theologen offenbar zu schwierig oder zu spekulativ, eine Adaptationsgeschichte zu erfinden, die den evolutiven Vorteil mystischer Erfahrung plausibilisiert. Daher wird hier eine andere Erklärungsbrücke vorgestellt und benutzt, die Sexualität. Schon die sprachlichen Bezeichnungen für die Entgrenzungs- und Einheitserfahrungen, wie Freude, Ekstase, Glückseligkeit, Vereinigung etc., deuten nach Meinung einiger Neuro-Theologen darauf hin, dass eine Verbindung zu sexuellen Erfahrungen vorliegt. Auch die Beteiligung des Limbischen Systems und die Ähnlichkeit neuronaler Bahnen sowohl an sexuellen als auch an mystischen Erfahrungen weisen darauf hin, dass zwischen beiden Erfahrungstypen, ohne sie deshalb miteinander zu identifizieren, ein evolutiver Zusammenhang bestehen könnte. Weiterhin werden die rhythmische Stimulation, die bei rituellen Handlungen durch Trommeln, Gesänge oder Tänze herbeigeführt wird, und die rhythmische Stimulation, die bei der Sexualität eine Rolle spielt, als Indiz für die Nähe beider Lebensdimensionen angesehen.

Demnach wäre das Auftreten der Möglichkeit mystischer Erfahrungen ein zufälliges Nebenprodukt der Evolution der Sexualität und partizipierte in ihrer evolutiven Bedeutsamkeit an der Bedeutsamkeit und Notwendigkeit der Sexualität. Und auch wenn die kognitiven Zusammenhänge und die Symbolkompetenz bei der Religion ungleich komplexer sein müssen als beim Sex, wäre etwas flapsig formuliert festzuhalten: Die Mystik ist ein evolutiver Trittbrettfahrer des Sex. Der adaptive Mehrwert, der ihre Beibehaltung sichert, stammte demnach aus dem Bereich der Sexualität.

8.3.5.2 Überlebensvorteil von mystisch-religiösen Erfahrungen

Einige Neuro-Theologen wie Andrew Newberg, Eugene D'Aquili, aber auch soziobiologisch orientierte Biologen und Anthropologen wie Volker Sommer oder Richard Dawkins[90] behaupten: Zahlreiche neue Studien hätten gezeigt, dass Männer und Frauen, die eine der gängigen Formen des Glaubens praktizierten, länger lebten, seltener von Schlaganfällen und Herzinfarkten heimgesucht würden, über ein besseres Immunsystem verfügten und einen niedrigeren Blutdruck sowie weniger Magengeschwüre etc. als der Durchschnitt der Bevölkerung hätten. Harold Koenig vom Duke University Medical Center, der Hunderte von Studien über den Einfluss der Religion auf die Gesundheit kritisch analysiert hat, behauptet sogar: *»Ein Mangel an religiösem Engagement wirkt sich auf die Sterblichkeit genauso aus, wie wenn man vierzig Jahre lang täglich eine Schachtel Zigaretten raucht.«*[91] Soziologen und Psychologen sekundieren mit der Feststellung, Drogenkonsum, Alkoholismus, Depressionen, Scheidungen und Selbstmord sei bei religiösen Menschen seltener und das Selbstwertgefühl deutlich besser. Kurzum, die oben genannten Forscher glauben feststellen zu können: Bei religiösen Menschen stehe es um die geistige, seelische und körperliche Gesundheit signifikant besser als beim Rest der Bevölkerung. Und die Gründe lägen darin, dass Religion und Glaube ein menschliches Wertesystem, solidarisches Verhalten und ein umfassendes Sinnangebot vermittelten, und sich überdies positiv auf die neuroendokrinen Prozesse im Körper auswirkten.

Das Göttliche oder Mystische wird, wenn man die neurophysiologischen Daten als hinreichendes Indiz nimmt, nicht erfunden, sondern erfahren, und darin Heilung auch nicht erdacht, sondern erlebt, nicht erfunden, sondern gefunden. Meditierende und Beter denken sich nicht etwas aus, was sie nicht erfahren, sondern denken sich in etwas ein, das sie erfahren. Sie erfinden kein Placebo, um sich damit selbst zu heilen, sondern sie finden eine Heilung, die von außen manchmal als Placebo denunziert wird. Bei dieser Sicht der Dinge wäre die mystisch-religiöse Erfahrungsdimension hinsichtlich ihres biologischen Überlebensvorteils kein Trittbrettfahrer der Sexualität, sondern ein evolutiver Selbstläufer, denn sie wäre in hohem Maße selektionsprämiert. Auch und erst recht, wenn dem Menschen am Ende alles heillos, leblos und tödlich erscheint, sagt ihm der Glaube: Wir dürfen in der Leblosigkeit des Todes die Todlosigkeit des Lebens und im scheinbar heillosen Tod das jetzt noch unscheinbare todlose Heil erwarten.

8.3.6 Die Wirklichkeit der mystisch-religiösen Erfahrung

In diesem Kontext stellt sich die Frage, ob die mystisch-religiöse Erfahrung eine ausschließlich neurologisch artefizielle, also eine rein hirnimmanente Selbstbeschäftigung oder eine auf etwas extramentales Bezug nehmende Wirklichkeitserfahrung ist. Die Wirklichkeit des neurologischen Befundes selber ist unbeschadet der noch ausstehenden genaueren Lokalisierung, Terminierung und sonstigen Spezifizierung völlig unstrittig. Die Frage lautet mit anderen Worten: Ist das neurologische Korrelat mystisch-religiöser Erfahrung nichts als ein Eigenkonstrukt und eine immanente Selbstbeschäftigung des Gehirns? Oder ist das neuronale Korrelat mystisch-religiöser Erfahrung das Ergebnis einer Korrespondenz zum transzendenten oder absoluten Sein? Mit welcher Art von Realität korreliert der neurologische Befund? Durch welche Art von Realität entsteht das unbestreitbare und jedenfalls zum Teil beobachtbare neurologische Erregungsmuster?

Zu unterscheiden wäre zwischen einer rein subjektiven Realität und einer subjektiv-objektiven Realität. Auch Träume sind neurologisch lokalisierbar und spezifizierbar, haben also eine messbare Dimension und werden als Realität erfahren, ebenso in etwas anderer Weise auch Tagträume. Gleichwohl sind sie nach Auskunft aller Probanden verglichen mit der Realitätserfahrung im Wachbewusstsein von ungleich geringerer Realitätshaltigkeit. Mit anderen Worten: Der Proband selber hat eine relativ gute Vorstellung davon, von welcher Art seine Realitätserfahrung ist. Der mystischen Erfahrung wird aber durchweg von den Probanden eine dichtere Realitätshaltigkeit zugeordnet als irgendwelchen Halluzinationen, Träumen oder Tagträumen. Nicht selten wird der mystischen Erfahrung eine solche Realitätsbedeutung zugemessen, dass der ganze bisherige Lebensentwurf korrigiert wird.

Wir stehen zunächst vor der Alternative: a) alles an mystisch-religiösen Erfahrungen ist Autosuggestion, oder b) es gibt eine extramentale von außen wirkende Realität, von der das Gehirn unter bestimmten Umständen affiziert werden kann. Einige Neuro-Theologen wie Newberg und D'Aquili sehen sich dabei ganz im Sinne der zweiten Alternative zu der Schlussfolgerung genötigt, *»dass die Transzendenzmaschinerie des Geistes vielleicht tatsächlich ein Fenster ist, durch das wir, wenn auch nur flüchtig, die absolute Wirklichkeit von etwas wahrhaft Göttlichem ausmachen können.«*[92] Es könnte allerdings sein, dass die bloße Alternative: entweder nur ein autosuggestives Innen ohne Referenz nach außen oder nur eine absolute Innen-Außen-Diastase falsch bzw. zu wenig ist. Stattdessen wäre als dritte Variante die Möglichkeit einer inneren Wirkung der absoluten oder göttlichen Realität in die Überlegungen mit einzubeziehen. Dabei wäre dann zu schauen, ob man bei einem Pantheismus oder bei einem Panentheismus landet. Goethe, dem Pantheismus nahestehend, hat diese innere Wirkung Gottes in der Natur oder als Natur – er dachte dabei wohl auch an die Natur des Menschen – einmal so bedichtet:

»Was wär ein Gott, der nur von außen stieße,
im Kreis das All am Finger laufen ließe!
Ihm ziemt's, die Welt im Innern zu bewegen,
Natur in Sich, Sich in Natur zu hegen.
So dass, was in ihm lebt und webt und ist,
Nie seine Kraft, nie seinen Geist vermisst.«[93]

Das Neugeborene hat Geist und die Tendenz, ein Selbst auszuprägen, aber dieses sein Selbst bedarf der Entwicklung. Angenommen, der menschliche Geist ist nicht identisch mit dem Selbst des Menschen, dann könnte die Deafferenzierung (Blockierung) des Orientierungsfeldes, die die Selbstwahrnehmung phasenweise aufhebt, eine andere, ggf. tieferen Schicht des Geistes freilegen. Der selbst-lose Zustand des Meditierenden oder Betenden wäre kein geist-loser oder weniger geist-voller Zustand. Ein hintergründigeres oder untergründigeres, ein tieferes Bewusstsein wäre jedenfalls denkbar.

Darüber hinaus nehmen Newberg und D'Aquili sogar noch eine Koinzidenz von Geist und Materie an: »*Nach der Erfahrung der Mystiker – der die Neurologie in keiner Weise widerspricht – liegt unter der Wahrnehmung von Gedanken, Gefühlen, Gegenständen und Erinnerungen, unterhalb des subjektiven Bewusstseins, das wir als Selbst ansehen, ein tieferer Zustand reinen Bewusstseins, der über die Grenzen von Subjekt und Objekt hinwegblickt und in einem Universum ruht, in dem alles eins ist.* […] *Die Weisheit der Mystiker, so scheint es, hat bereits vor Jahrhunderten vorausgesagt, was die Neurologie inzwischen als wahr bestätigt: Im Absoluten Einssein verschmilzt das Selbst mit dem Anderen; Geist und Materie sind ein und dasselbe.*«[94] Hinter dieser Vorstellung steckt die Option für eine die subjektive und die objektive Realität umfassende tiefere Realität.

Obwohl man im allgemeinen Naturwissenschaftlern die ausdrückliche und exklusive Beschränkung auf die messbare objektive Realität und eher einen eliminativen Materialismus unterstellt, finden Newberg und D'Aquili gerade mit Einstein, Schrödinger und Chargaff Kronzeugen aus dem Bereich der Naturwissenschaften für diesen umfassenden Realitätsbegriff. Solchermaßen in ihren eigenen Untersuchungen bestärkt, stellen die beiden Neuro-Theologen die Hypothese auf, »*dass sich die von den Mystikern geschilderte spirituelle Vereinigung in Form des Absoluten Einsseins, auf mindestens ebenso fundierte und wörtliche Weise real anfühlt wie jede andere Erfahrung von Realität. Die neurologischen und philosophischen Korrelate dieser Überzeugung machen klar, dass das Absolute Einssein ein Zustand höchster Vereinigung und vollkommen undifferenzierter Einheit ist, eine Seinsebene, auf der sich alle Unterschiede auflösen und alle Vergleiche unmöglich werden. Im Absoluten Einssein wird nichts anderes als die reine und vollkommene Einheit des Allganzen beziehungsweise des Nichts erfahren.*«[95] Und weiter: »*Wir können im Moment zwar nicht beweisen, dass das Absolute Einssein tatsächlich primär sei und sich die subjektive und die Objektive Realität davon ableiten, doch aufgrund unserer phänomenologischen Analyse der verschiedenen Realitätszustände erscheint dies plausibel. Die Existenz einer allumfassenden, schöpferischen und transzendenten Wirklichkeit würde auch leicht die Probleme lösen, die mit den Begriffen der objektiven und der subjektiven Realität nicht zu ergründen sind.* [...] *Der Begriff des Absoluten Einsseins als absolute ungeteilte Einheit würde sämtliche existentiellen Fragen klären und das Dilemma der Gegensätze* [...] *auflösen* [...].«[96]

Als Indiz für die Richtigkeit der Annahme eines Absoluten Einsseins, das alle Realitätszustände integriert, wird auch die religionsübergreifende Konvergenz der mystischen Erfahrungen herangezogen. Jüdische, christliche und muslimische Mystiker, die eher von einem personalen Gott als von einem höchsten Wirkprinzip ausgehen, und fernöstliche Mystiker, denen eine personale Gottesvorstellung, manchmal sogar überhaupt eine Gottesvorstellung fremd ist, machen eine nahezu gleich zu beschreibende Erfahrung.

Mit dem aus mystischen Erfahrungen gewonnenen Begriff des Absoluten Einsseins glauben Newberg und D'Aquili nicht nur die Gegensätze zwischen den Naturwissenschaften und der Religion, sondern auch die zwischen den Religionen überwinden zu können. Jede Annahme einer Exklusivität der eigenen Religion wird für sie daher zu einem Indiz für eine defizitäre mystische Erfahrung, für eine unvollständige Transzendenzerfahrung. Die Erfahrung des Absoluten Einsseins ist insofern die Quelle und das Absolute Einssein selbst das Ziel aller Religionen. Und schon jetzt ist die religiös-mystische Erfahrung des Absoluten Einsseins die Basis aller konfessions- und religionsübergreifenden Ökumene und die Brücke über den garstig breiten Abgrund zwischen naturwissenschaftlichem Wissen und religiösem Glauben.

8.3.7 Einwände gegen die Neuro-Theologie

Manche der sogenannten Neuro-Theologen betrachten religiöse Menschen als therapiebedürftiges »Krankenmaterial«. Die Auseinandersetzung mit dieser neurotheologischen Fraktion bedarf eines anderen als des hier geführten Diskurses.

Auffällig in allen neurotheologischen Fraktionen, ganz gleich, ob sie Religiosität in einen neuro-pathologischen Formenkreis oder als ein im Prinzip normales Phänomen einstufen, ist die erhebliche Unschärfe hinsichtlich philosophisch-theologischer Begriffe. Es wird nahezu gar nicht unterschieden zwischen mystisch, transzendental, spirituell, religiös etc. Stattdessen wird alles synonym verwendet. Da verwundert es nicht, dass sich aus dieser umfassend unklaren Begriffswahl so umfassende nicht nur konfessions- sondern auch religionsübergreifende Ökumenekonsequenzen ziehen lassen. Auch die derzeit übliche Konstituierung der Religion aus den vier inhaltlich unscharf definierten Grundmodulen – Mystik, Ethik, Mythos und Ritus – und die Konvertierbarkeit des Einen in das Andere wirkt willkürlich und höchst begründungsbedürftig.

Die neurophysiologisch-experimentelle Basis ist ausgesprochen dünn, sowohl hinsichtlich der Zahl der untersuchten Probanden, als auch hinsichtlich der erfassten Hirnareale. Damit reduziert sich die Aussagekraft neurotheologischer Behauptungen aber ganz erheblich.

Das zu Grunde liegende Verstehensparadigma ist durchgehend evolutionsbiologisch bzw. soziobiologisch konstituiert. Damit geraten der Sinn und die Bedeutung von Religion und Religiosität notwendig in den ausschließlichen Verständniskontext einer Fitnessmaximierung oder -minimierung, in das Bewertungsraster von Selektionsprämierung oder Selektionsreprimierung. Natürlich hat Religion auch benennbare und benennenswerte evolutionsbiologische Implikationen. Höchst fraglich aber ist, ob sich ihr genuiner Sinn daraus erschließen lässt. Ebenso gut könnte man das Schachspiel einzig unter dem Gesichtspunkt der Körperertüchtigung beurteilen. Aber dann stünde die Bedeutung dieses Spiels wohl in direkter Korrelation zur Figurengröße. Für das Schachspiel wäre dieser Gesichtspunkt genau so wenig sinnerschließend wie das Kriterium des Selektionsvorteils für die rezenten Religionen.

Der unbestreitbare Fortschritt in Hinsicht auf die Untersuchungsmethoden des Gehirns mit radioaktiven Markern und Bild gebenden Verfahren hat den seit ca. einhundert Jahren gegebenen erkenntnistheoretischen Status an der Schnittstelle von neuronalen Erregungsmustern und mentalen Bedeutungsgehalten wohl in quantitativer, nicht aber in qualitativer Hinsicht entscheidend verändert.[97]

Es kann weder aus der evolutions- oder soziobiologischen Rekonstruierung der Religion etwas über den Sinn rezenter Religionen gesagt, noch kann aus dem mit den modernsten Mitteln erhobenen neurobiologischen Befund in positiver oder in negativer Hinsicht ein entscheidendes Argument für die Existenz oder Nichtexistenz Gottes konstruiert oder konstituiert werden. Bei diesem Stand der Dinge kann der Theologie noch nicht zu einer neuen Tochterdisziplin gratuliert und dem Projekt einer durch Neuro-Theologie gestützten Naturalisierung von Religion noch kein durchschlagender Erfolg bescheinigt, sondern allenfalls zum Weiterüben geraten werden.

9 Nachdenken nach dem Denken oder dem Denken nachdenken

Bei Thomas von Aquin lesen wir quasi als eine Definition des Menschen: »*Homo est animal rationale.*«[1] Der Mensch ist ein denkendes Tier. Er formuliert damit einen Gedanken, der sich ähnlich schon bei Aristoteles findet. Fast nimmt sich diese Definition wie der biologische Artbegriff in der von Linné eingeführten binären Nomenklatur aus, der zu Folge der Gattungsbegriff durch einen Zusatz spezifiziert wird. Und dann klingt Animal rationale schon strukturell aber auch inhaltlich sehr ähnlich wie Homo sapiens. Eine umfassendere biologische, eine tierische Entität wird durch einen Verweis auf etwas Geistiges (sapiens bzw. rationale) genauer und offenbar so genau beschrieben, dass ein präziser Artbegriff dabei entsteht.

Von ähnlicher Struktur, aber noch weitergehend, weil nicht nur die biologische Art Mensch, sondern die Würde des Menschen hiermit begründet werden soll, ist eine Formulierung von Blaise Pascal »*Nur ein Schilfrohr, das Zerbrechlichste in der Welt, ist der Mensch, aber ein Schilfrohr, das denkt. (...) Aber, wenn das All ihn vernichten würde, so wäre der Mensch doch edler als das, was ihn zerstört, denn er weiß, daß er stirbt, und er kennt die Übermacht des Weltalls über ihn; das Weltall aber weiß nichts davon. Unsere ganze Würde besteht also im Denken, an ihm müssen wir uns aufrichten und nicht am Raum und an der Zeit, die wir doch nie ausschöpfen werden.*«[2]

Ist das Denken, dass doch kein menschliches Alleinstellungsmerkmal ist, weil wir es – wie dargelegt[3] – zumindest in seinen Ansätzen mit den höheren Primaten teilen, von derartiger Bedeutung? Was an unserm Denken, welche Art von Denken ist ein Spezifikum humanum?

Wenn in diesem abschließenden Kapitel einige literarische Zeugnisse zu Worte kommen, so sind sie vor allem als Belegstücke für einen bestimmten Denktyp und weniger als Argumentationshilfe gedacht. Als glaubwürdige Belegstücke für einen bestimmen Denktyp sind sie auch insofern zu werten, als ihre Autoren – eines »kirchenväterlichen Paktierens« mit religiösen Denkformen völlig unverdächtig – dennoch nolens volens Wegweiser zu eben solchen religiösen Denkformen sind.

9.1 Die Unabgrenzbarkeit und Unvollständigkeit des Denkens

Landläufig und volkstümlich geht der nicht speziell vorgebildete oder interessierte Zeitgenosse davon aus, das Denken sei etwas Klares, Eindeutiges, vergleichsweise Sicheres, nahezu umfassend Mitteilbares etc.

Und wie man im Oberstübchen z. B. ein Eckchen fürs Sehen und eines fürs Hören habe, so habe man auch eines fürs Denken und Wissen, eines fürs Glauben und Meinen, eines fürs Fühlen und Empfinden, sofern man letzteres, das früher direkt im Herzen angesiedelt war, nicht neuerdings – ein wenig anrüchig – ohnehin im Bauch ansiedelt.

Ganz gewiss aber seien Denken und Wissen, Glauben und Meinen, Fühlen und Empfinden wie in Apothekerschubladen voneinander abgrenzbare Größen. Oder aber sie seien einander wechselseitig ergänzende Größen, etwa in dem Sinne: Wer wenig weiß und denkt, muss eben viel glauben und meinen. Dabei wird das Glauben zu einer Art Schwundstufe des Denkens, zu einem minderwertigen Denken oder zu einer kompensatorischen Ersatzveranstaltung für den, der des Denkens nicht so fähig oder willens ist. Wer viel glaubt, muss wenig denken. Und wer immer nur glaubt, muss am Ende dran glauben.

Leider oder gottlob geht es nach Ausweis der neueren Hirnforschung nicht so simpel geordnet in unserem Gehirn zu, sondern in einer Weise komplex, dass es einem zu eher buchhalterischer Ordnungsliebe neigenden Betrachter geradezu chaotisch vorkommt. Es gibt hirnphysiologisch leider kein reines Denken und Wissen, das von allen Kontaminationen eines angeblich nur minderwertigen Glaubens und Meinens, oder Fühlens und Empfindens gesäubert wäre.

Die Symphonie des Denkens wird von einem hirnphysiologischen Orchester aufgeführt, das, wie dargelegt, mit nicht weniger als zehn Milliarden vielleicht sogar einhundert Milliarden Musikern (sprich Neuronen) bestückt ist, von denen jeder mit cirka zehntausend Orchesterkollegen (im Klartext über Synapsenschaltungen) kommunizieren, musizieren, interagieren kann. Leider sagen die Zahlen der Orchestermusiker und ihrer Kombinationsmöglichkeiten, d. h. die diversen neuronalen Erregungsmuster, noch nichts oder fast nichts über die aufgeführte Symphonie, also über die mentalen Inhalte.[4]

Und das Vorhandensein eines Dirigenten, also einer alles bestimmenden Kommandozentrale, wird beim gegenwärtigen Kenntnisstand von nahezu allen Neurowissenschaftlern bestritten. Nun kennt man aber nicht nur bei Kammermusikensembles, sondern nicht selten auch bei großen Orchestern das Fehlen eines Dirigenten am Pult, das zumeist durch den ersten Geiger oder den solistisch wirkenden Virtuosen mit Violine, Cello, Klavier etc. kompensiert wird. Er scheint nur ein Teil des Orchesters zu sein und liefert vielleicht doch – kaum oder gar nicht erkennbar – ein für gute Ensembles ausreichendes Minimaldirigat. Vielleicht liefert der mediale präfrontale Cortex für das Selbstkonzept so etwas wie das Minimaldirigat.[5]

Ein Geist-Gehirn-Dualist würde hier sagen: Wenn man einem Orchester nur mit akustischen und nicht auch mit optischen Aufnahmegeräten zu Leibe rückt, wird man immer behaupten, es gebe keinen Dirigenten, solange der nicht selbst an einem Instrument sitzt oder den Taktstock als akustisches Schlagzeug benutzt. Er wäre demnach – dies als Vorwurf an die Geist-Gehirn-Monisten – zwar nicht hörbar, wohl aber sichtbar, und zwar in einer das Hörbare hörbar verändernden Sichtbarkeit anwesend. Und wer nur auf das Hörbare abstellt, weil er dies für das Einzige hält, wird das Sichtbare, das das Hörbare modifiziert, nie zu Gesicht bekommen und also auch nicht heraushören, sondern nur überhören können. Kurzum: Um den nur optisch auszumachenden Dirigenten zu erkennen, brauche es andere als die akustischen, sprich die allein das Materielle betreffenden Wahrnehmungsmöglichkeiten. Wie die leitende Mitwirkung des Dirigenten nicht durch die bloße Tonaufnahme zu belegen sei, so der Geist nicht durch die Ableitung von elektrischen Bereitschafts- und Aktionspotentialen.

Auf keinem einzelnen Notenpult scheint die Gesamtpartitur zu liegen, so dass man dies für das Dirigentenpult halten und durch dortige Einsichtnahme zumindest eine Ahnung vom Gesamtklang erhalten könnte. Und allem Anschein nach hat keiner der Musiker an seinem Orchesterplatz die Vorstellung vom Gesamtklang, an dessen Zustandekommen er allerdings dennoch beteiligt ist.

Könnte man die Partiturauszüge der jeweils beteiligten Einzelstimmen sammeln und zu einer Gesamtpartitur ergänzen, sprich die neurophysiologischen Einzelzustände systemisch zu einem neurophysiologischen Gesamtzustand ergänzen? Könnte man einen solchen neurophysiologischen Gesamtstatus mit dem ihm zugehörigen und entsprechenden mentalen Gesamtstatus korrelieren? All das erscheint aus den verschiedensten bereits dargelegten Gründen zumindest derzeit, vermutlich aber grundsätzlich illusorisch.

Könnte denn die ergänzende Fremdwahrnehmung, also die Dritte-Person-Perspektive, die unvollständige Selbstwahrnehmung, also die Erste-Person-Perspektive, bis zur Totalität der Wahrnehmung komplettieren? Auch das scheint nicht nur angesichts des derzeitigen Standes neurobiologischer Forschung, sondern prinzipiell illusorisch zu sein. Denn weder die extrospektive Vollständigkeit der Aufzeichnung neurophysiologischer Prozesse, noch die introspektive Vollständigkeit der Aufzeichnung subjektiver Befindlichkeit bzw. mentaler Zustände sind möglich, da beide Aufzeichnungen, und zwar unumgänglich, indem sie und in dem Maße als sie getätigt werden, das verändern müssen, was sie aufzeichnen wollen.

Außerdem wäre, besäße man sie denn vollständig, die Entsprechung extrospektiv und introspektiv gewonnener Aufzeichnungen, also letztlich die Zuordnung von neurophysiologisch objektivierbaren Erregungsmustern und mental-subjektiven Befindlichkeiten noch zu leisten. Aber wie sollte das geschehen und durch wen?[6]

Auch wenn man der Meinung ist, man könne das Denken prinzipiell gar nicht weit genug treiben, bleibt festzustellen: Völlige Gewissheit, sofern es um den Horizont existentieller Selbst- und Weltdeutung und völlige Gewissheit da, wo es nur um den sich zwangsläufig selbst hinsichtlich seiner Gewissheitsgrade und seiner Aussagereichweite definitorisch eingrenzenden naturwissenschaftlichen Verwendungskontext geht, sind Artefakte der Wahrnehmung.

Das allgemeine Volksempfinden tendiert zur Annahme einer negative Korrelation bei Erkenntnis- und Denkprozessen und orientiert sich am Modell der Buchlektüre: Je mehr gelesen worden ist, desto weniger bleibt noch ungelesen; je mehr bekannt ist, desto weniger bleibt noch unbekannt. Dahinter steckt der irrige Glaube an die salamitaktische Beseitigung der Fraglichkeit.

Zur Unabgrenzbarkeit des Denkens gehört aber gerade die kontraintuitive positive Korrelation: Je mehr Fragen gestellt und beantwortet worden sind, desto mehr Fragen erweisen sich als unbeantwortet ja sogar als ungestellt. Der denkende Mensch begibt sich beim Denken keineswegs in eine mehr und mehr gesicherte Fraglosigkeit, sondern nur in einen, umfassenderen und vorher nicht prognostizierbaren neuen Fragehorizont.

Der zum Selbstbezug befähigte und mit dem Selbstbezug befasste Mensch nimmt zwar immer neue Aspekte seiner selbst wahr, nie aber sich selbst in Totalität, das heißt auch unter Einschluss dieser auf sich selbst gerichteten Nachdenklichkeit. Der Mensch stößt, auch unter Zuhilfenahme von extrospektiver Fremdwahrnehmung und von introspektiver Selbstwahrnehmung, und zwar je intensiver er nachdenkt, umso unweigerlicher, stets auf die Erfahrung seiner eigenen Unfasslichkeit, auf die an sich selbst gewonnene Erfahrung von Unendlichkeit. In diesem Sinne kann man sagen: Nichts ist selbstverständlich, außer dass man sich selbst nicht verständlich ist.

9.2 Die Unabsicherbarkeit des Denkens

Man hat im Verlauf der Philosophiegeschichte immer wieder gefordert, das philosophische Denken solle – zur Immunisierung gegen falsche Voraussetzungen – selber voraussetzungslos beginnen. Aber ist die Rede von der Voraussetzungslosigkeit der Philosophie nicht doch nur eine nassforsche tatsachenwidrige Behauptung wider besseres Wissen?

Eigentlich sprengt schon die Wahl der Sprache, in der man philosophiert, die angezielte oder nur behauptete Voraussetzungslosigkeit. Z. B. kann man feststellen, dass es in der zum Philosophieren gewählten Sprache, etwa im Englischen, einen bestimmten philosophischen Begriff, der im Deutschen gängig ist, gar nicht gibt.

Aber indem man sich diese Grenzen und Bedingungen der Sprache bewusst macht, etwa indem man feststellt, dass es in der gewählten

Sprache den bestimmten philosophischen Begriff gar nicht gibt, und indem man sich darüber Rechenschaft gibt, wie man ihn einführen oder umschreiben kann, sprengt man bis auf Weiteres die Enge der Voraussetzungen, unter denen man philosophiert. Aber die Voraussetzungslosigkeit des Denkens, die dem simplen Denker noch als ein Faktum erschien, mutiert für den weniger simplen Denker zum bloßen Postulat. Die geforderte Voraussetzungslosigkeit ist nur zu haben im Modus des unabschließbaren Hinterfragens und des Hinterfragens des Hinterfragens.

Der Nullpunkt der Voraussetzungslosigkeit ist nicht der Startpunkt, sondern allenfalls das erhoffte Ziel für die schier unabschließbaren Prolegomena des Philosophierens.[7] Aber genau dieses Ziel weicht wie der sehnlich erstrebte Horizont in eine unerreichbare Ferne, und zwar umso öfter, je öfter man, wie raffiniert auch immer, den Versuch unternimmt, es zu erreichen.

Aus der grundsätzlichen Fragwürdigkeit und Problematisierbarkeit jeglicher Voraussetzungen ergibt sich dann aber eine indefinite Diskussion. Damit ist keine *»leere Bestimmungslosigkeit«* und keine *»zeitliche Endlosigkeit«* des Diskutierens gemeint. Indefinit ist die Diskussion insofern, als kein Diskussionsrahmen, kein Frageobjekt und keine Methode als selbstverständlich und damit als unhinterfragbar angenommen wird.[8]

9.2.1 Die Suche nach Vergewisserungskriterien des Denkens

Der Versuch einer letzten Selbstvergewisserung steht als zentrales Projekt am Beginn der Neuzeit. Es ist Descartes: »Cogito, ergo sum.« Ich denke, also bin ich. Und dazu entsprechend auch dessen Umkehrung oder Erweiterung: »Dubito, ergo sum.« Ich zweifle, also bin ich. Oder sogar »Decipior, ergo sum.« Ich werde getäuscht, also bin ich. In jedem Satz steckt ein Ego, das denken, zweifeln, irren etc. kann. Die Existenz des Erkennenden, Irrenden, Getäuschten erschien ihm damit als zweifelsfrei gewiss. Das letzte, anscheinend unhintergehbare Gewisse bei Descartes ist das Ich. Und genau das ist schon mit der Psychologie und Psychotherapie und nicht erst mit der modernen Hirnforschung in die Krise gekommen.

Einer genaueren neurophysiologischen Suche nach dem letzten

Vergewisserungspunkt, dem cartesischen Ich, zeigen sich aber nur ständig wechselnde und höchst komplexe neurophysiologische Erregungsmuster, die sich nicht einmal einer streng gleichbleibenden Lokalisation unterwerfen und jede klare und eindeutige Ich-Kennung vermissen lassen.

Vor einigen Jahren hatte nun die Evolutionäre Erkenntnistheorie fußend auf Überlegungen der Philosophen Karl Popper[9] und Gerhard Vollmer[10] sowie der Biologen Konrad Lorenz[11] und Ruppert Riedl[12] eine evolutionsbiologische Rekonstruktion unseres Erkenntnis- und Denkvermögens versucht. Sie wollten über die Erkenntnis der evolutiv verfassten Natur die Natur der uns evolutiv verpassten Erkenntnis- und Denkstrukturen belichten. Sie wollten gewissermaßen, um es in Anlehnung an einen Titel von Konrad Lorenz zu sagen, »die Rückseite des Spiegels« zu Gesicht bringen, der uns befähigt, die uns umgebende Welt erkenntnismäßig widerzuspiegeln.

Karl Friedrich von Weizsäcker konterte mit dem Argument: Die Rückseite des Spiegels haben wir auch nur gespiegelt. Es ist nicht zu bestreiten, dass die Evolutionäre Erkenntnistheorie dennoch wichtige Wahrnehmungs-, Erkenntnis- und Denkdefizite über den Versuch einer evolutionären Rekonstruktion zu Tage gefördert hat, nicht aber einen neuen archimedischen Punkt für unser Denken. Man wird wohl feststellen müssen: Der allererste Sonnenaufgang des Denkens verliert sich ohnehin in den undurchdringlichen Morgennebeln der Evolution. Ganz sicher aber fand er auch in der Phylogenese der Hominiden lange vor dem Überschreiten des Rubikons der Hominisation statt, jenseits dessen heutige Taxonomen dem aufrecht gehenden Primaten die würdevolle Gattungsbezeichnung »Homo« zuerkennen.[13] Kurzum: Gedacht wurde auch schon vor dem evolutiven Niveau des Menschen. Gedacht wird – hoffentlich mit ihm – auch noch über sein jetziges Niveau hinaus.

Bei aller Sympathie für und allem Festhalten an einer nachmetaphysischen philosophischen Enthaltsamkeit stellt Habermas aber doch fest:

»Die auf ihren tiefsten Grund reflektierende Vernunft entdeckt ihren Ursprung aus einem Anderen; und dessen schicksalhafte Macht muss sie anerkennen, wenn sie nicht in der Sackgasse hybrider Selbstbemächtigung ihre vernünftige Orientierung verlieren soll.«[14]

Das könnte eine ernsthafte Problemanzeige für die angebliche Allzuständigkeit der reflektierenden Vernunft sein.

9.2.2 Die Praxis als letztentscheidendes Gewissheitskriterium

Kann die evolutiv-natürliche und die geschichtlich-kulturelle Konfrontation mit der Praxis ein Kriterium für die Richtigkeit unseres Denkens sein? Könnte diese so umfassend gedachte Praxis das unser Denken auf Richtigkeit hin selektierende Milieu sein? Von dem Evolutionsbiologen Simpson stammt die bildhaft anschauliche Formulierung, die das Gemeinte verdeutlichen kann: »*Der Affe, der keine realistische Wahrnehmung von dem Ast hatte, nach dem er sprang, war bald ein toter Affe – und gehört daher nicht zu unseren Urahnen.*«[15] Ist also die Praxis, genauer der Erfolg in der Praxis das letzte Gewissheitskriterium? Ist der Überlebenserfolg ein Gewissheitsgarant? Aber schon die bereits erwähnte Evolutionäre Erkenntnistheorie hat in diesem Punkt klargestellt, dass diese Probe nur das Gütesiegel »überlebensadäquat« nicht aber das Gütesiegel »wahrheitsadäquat« verdient.

Man könnte auch die gerade im dialektischen Materialismus unternommene Sisyphos-Arbeit über den Primat der Praxis und die Wechselbeziehungen zwischen Theorie und Praxis wieder aufnehmen. Man könnte fragen, ob es überhaupt eine Praxis ohne Theorie und eine Theorie ohne Praxis geben könne.

Ob überhaupt und wenn ja, wie die Praxis das Gewissheitskriterium für menschliches Denken sein kann, das hat Bertold Brecht in seinem Gedicht *Der Zweifler* sehr schön zum Ausdruck gebracht[16]:

Der Zweifler

Immer wenn uns
Die Antwort auf eine Frage gefunden schien
Löste einer von uns an der Wand die Schnur der alten
Aufgerollten chinesischen Leinwand, so daß sie herabfiel und
Sichtbar wurde der Mann auf der Bank, der
So sehr zweifelte.

Ich, sagte er uns
Bin der Zweifler, ich zweifle, ob
Die Arbeit gelungen ist, die eure Tage verschlungen hat.
Ob was ihr gesagt, auch schlechter gesagt, noch für einige Wert hätte.
Ob ihr es aber gut gesagt und euch nicht etwa
Auf die Wahrheit verlassen habt dessen, was ihr gesagt habt.
Ob es nicht vieldeutig ist, für jeden möglichen Irrtum
Tragt ihr die Schuld. Es kann auch eindeutig sein
Und den Widerspruch aus den Dingen entfernen; ist es zu eindeutig?
Dann ist es unbrauchbar, was ihr sagt. Euer Ding ist dann leblos
Seid ihr wirklich im Fluß des Geschehens? Einverstanden mit
Allem, was wird? Werdet ihr noch? Wer seid ihr? Zu wem
Sprecht ihr? Wem nützt es, was ihr da sagt? Und nebenbei:
Läßt es auch nüchtern? Ist es am Morgen zu lesen?
Ist es auch angeknüpft an vorhandenes? Sind die Sätze, die
Vor euch gesagt sind, benutzt, wenigstens widerlegt? Ist alles belegbar?
Durch Erfahrung? Durch welche? Aber vor allem
Immer wieder vor allem anderen: Wie handelt man
Wenn man euch glaubt, was ihr sagt? Vor allem: Wie handelt man?

Nachdenklich betrachteten wir mit Neugier den zweifelnden
Blauen Mann auf der Leinwand, sahen uns an und
Begannen von vorne.

Die Praxis bzw. die Auswirkungen auf die Praxis werden hier für den denkenden Menschen zum experimentum crucis, zum criterium stantis et cadentis. Und dennoch oder gerade deswegen gibt es einen unendlichen Rekurs. Ein praktikables oder gar letztentscheidendes Wahrheitskriterium liefert die Praxis eben auch nicht; denn auch sie ist eine ständiger Wandlung unterworfene Kategorie. Angesichts des für fast alles menschliche Denken gegebenen Entscheidungsdrucks in einer vorgegebenen Zeit und letztlich angesichts unbestreitbar endlicher Lebenszeit kann der hier vorgestellte unendliche Rekurs nicht letztlich maßgebend fürs Denken sein.

Schließlich kann man auch gar nicht anders, als mit den Mitteln einer Theorie auf die Praxis Bezug zu nehmen, denn immer muss eine Theorie sagen, was als Praxis vorgestellt werden und maßgebende Geltung beanspruchen und was als kognitiver Extrakt aus der Praxis gewonnen werden soll. Aber sich selber und sein Denken einer Kritisierbarkeit auszusetzen, die aus der – wenn auch theoretisch vermittelten – Praxisperspektive erwächst, ist vielleicht doch schon ein Optimierungsprozess für das Denken.

9.2.3 Das Trilemma der Erkenntnis

Wer dem Denken nachdenkt, kann auch in den Begründungsabgründen des Denkens landen, beim so genannten Münchhausen-Trilemma. Dieser Begriff geht auf Hans Albert zurück, den deutschen Hauptvertreter des kritischen Rationalismus oder auch des Kritizismus. Albert prägte diesen Begriff zur Charakterisierung der Begründungsproblematik im philosophischen, theologischen und sozialwissenschaftlichen Kontext. Ganz bewusst spielt er damit auf die Geschichte vom Lügenbaron von Münchhausen an, der sich und sein im Sumpf versinkendes Pferd nach eigenem Bekunden auf die Weise rettete, dass er seine Beine um den Leib des Pferdes schlang, sich selbst am Schopf fasste und so Ross und Reiter mit eigenem Arm herauszog. Der Begriff Münchhausen-Trilemma deutet also bereits Alberts These von der Unmöglichkeit konsistenter Begründungen und der Unglaubwürdigkeit aller diesbezüglichen Behauptungen an. Ein Trilemma liegt vor, weil man beim Versuch vollständiger Begründung seines Erachtens drei gleichermaßen problematische Konsequenzen zu gewärtigen hat: »*Man hat hier offenbar nämlich nur die Wahl zwischen:*

1. einem infiniten Regreß, der durch die Notwendigkeit gegeben erscheint, in der Suche nach Gründen immer weiter zurück zu gehen, der aber praktisch nicht durchzuführen ist und daher keine sichere Grundlage liefert;

2. einem logischen Zirkel in der Deduktion, der dadurch entsteht, daß man im Begründungsverfahren auf Aussagen zurückgreift, die vorher schon als begründungsbedürftig aufgetreten waren, und der ebenfalls zu keiner sicheren Grundlage führt, und schließlich:

3. einem Abbruch des Verfahrens an einem bestimmten Punkt, der zwar prinzipiell durchführbar erscheint, aber eine willkürliche Suspendierung des Prinzips der zureichenden Begründung invol- vieren würde.«[17]

Da nun der infinite Regress praktisch undurchführbar und der logische Zirkel unhaltbar sind, bleibt nur mehr die dritte Lösung, der Abbruch des Begründungsverfahrens an irgendeiner Stelle. Und eben darin sieht Albert das zentrale Problem aller sich um Begründung mühenden philosophischen, theologischen und sonstigen Theorien. Er bemerkt dazu: »*Das Verfahren ist ganz analog zur Suspendierung des Kausalprinzips durch Einführung einer causa sui. Nennt man aber eine Überzeugung oder Aussage, die selbst nicht zu begründen ist, aber dabei mitwirken soll, alles andere zu begründen, und die als sicher hingestellt wird, obwohl man eigentlich alles – und also auch sie – grundsätzlich bezweifeln kann, eine Behauptung, deren Wahrheit gewiß und die daher nicht der Begründung bedürftig ist: ein Dogma, dann zeigt sich unsere dritte Möglichkeit als das, was man bei einer Lösung des Begründungsproblems am wenigsten erwarten sollte: als Begründung durch Rekurs auf ein Dogma. Die Suche nach dem archimedischen Punkt der Erkenntnis scheint im Dogmatismus enden zu müssen.*«[18]

Bildlich dargestellt nimmt sich die Überlegung von Albert etwa so aus (siehe S. 284).

Wo dieses »Trilemma der Erkenntnis« (infiniter Regress, logischer Zirkel oder dogmatischer Verfahrensabbruch) in intellektueller Redlichkeit wahrgenommen wird, verbietet es sich selbstverständlich die vorschnelle Annahme einer Identität der darin erfahrenen Unendlichkeit und Unerkennbarkeit mit der Unendlichkeit und Unerkennbarkeit Gottes. Ebenso verbietet es sich gegen anderslautende Selbsteinschätzungen der kritischen Rationalisten auch, den Gottesgedanken nur sozusagen als ›geistiges Krankheitsbild‹ am anderen wahrzunehmen und dort ›aufklärerisch therapieren‹ zu können.

Es verbietet sich nämlich die naive Annahme, im Endlichen und Erkennbaren nur durch die Vernunft endgültige Gewissheit über die Vernunft und über den Menschen zu erhalten. Und es verbietet sich sogar, – weil man das Trilemma der Erkenntnis ja auch gegen sich selber in Anschlag bringen muss, – die Annahme des Trilemmas könnte Gewissheit für sich beanspruchen. Ja man müsste annehmen: Wenn das Trilemma der Erkenntnis inhaltlich richtig sein sollte, dann ist es seiner eigenen Logik zufolge unbegründet; und wenn es inhaltlich falsch sein

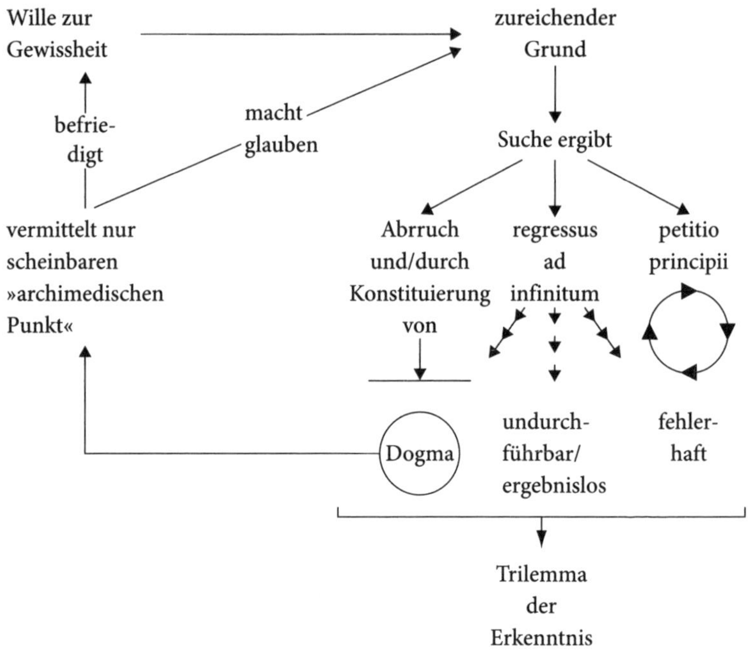

Abb. 7

sollte, bestätigt es eben damit seine eigene Unbegründbarkeitsbehauptung. Verkürzt gesagt: Wenn es falsch ist, ist es richtig; wenn es richtig ist, ist es falsch.[19]

An welcher Stelle nun wird das Trojanische Pferd der Metaphysik in die sich als uneinnehmbar ausgebende Festung des kritischen Rationalismus gezogen? Auf die letztendliche Behauptung einer Wahrheit oder einer Wahrheitsähnlichkeit zumindest der Wahrheit als einer regulativen Idee kann auch der kritische Rationalismus Albertscher Prägung nicht verzichten. Er gibt trotz seines konsequenten Fallibilismus den Wahrheitsbegriff selber nicht auf, obwohl er von ihm keine adäquate Definition geben zu können glaubt.[20] Damit wäre der vom kritischen Rationalismus nicht bestrittene Wahrheitsbegriff, wie auch immer er zu füllen wäre, etwas, das von der Methodologie des kritischen Rationalismus her keiner adäquaten Prüfsituation ausgesetzt werden kann. Die kritischen Rationalisten suchen also nach einer Wahrheit, die sie sich – gottlob – durch keine voreilige Gewissheit, auch durch keine voreilige theologische Gewissheit, abkaufen lassen wollen. Das Festhalten an der Wahrheitsidee bei gleichzeitigem Festhalten am Fehlen letzter Gewissheit, mit anderen Worten das ständige Noch-Ausstehen der Wahrheitserkenntnis wird für den kritischen Rationalismus zu einem motivationalen Element im Erkenntnisprozess.

Leider hat Albert nicht realisiert, wie gut Theologen seit Jahrhunderten unter Wahrung der Wahrheitsidee mit der offen eingestandenen fehlenden Letztgewissheit umzugehen gewohnt sind. Nicht von ungefähr nimmt Thomas dies zum Ausgangspunkt aller theologischen Bemühungen: »*De deo scire non possumus, quid sit, sed quid non sit.*«[21] Und nicht von ungefähr formulierte das IV. Laterankonzil im Jahre 1215: »*quia inter creatorem et creaturam non potest tanta similitudo notari, quin inter eos maior sit dissimilitudo notanda.*«[22]

Wenn nun gesagt wird – und eine solche Formulierung ist nicht von vornherein als mit dem christlichen Glauben unvereinbar zu deklarieren –: »*Gott ist Wahrheit*«[23], dann fielen der Wahrheitsbegriff, den der kritische Rationalist Albert weder definiert, noch bestreitet und den er einer adäquaten Prüfsituation nicht aussetzen zu können und zu müssen glaubt einerseits und der von ihm heftig attackierte Gottesbegriff, den er in eben diese Prüfsituation zwingen will, um ihn ad absurdum zu führen, andererseits zusammen. Wenn gesagt werden darf: »*Gott ist Wahrheit.*«, dann müsste Albert entweder zugeben, dass auch der Wahrheitsbegriff so zu formulieren sei, dass er einer Prüfsituation aussetzbar und also prinzipiell falsifizierbar würde. Oder Albert hätte auch dem Gottesbegriff zuzubilligen, dass er sich – wie der Wahrheitsbegriff – nicht unter eine künstlich ersonnene Falsifikationstortur zu beugen habe, um von einem kritischen Bewusstsein überhaupt in Anspruch genommen werden zu können. Und wenn Albert an dieser Stelle den Wahrheitsbegriff ›ungeschoren und unbehelligt durch seine rationalistisch enggeführte Prüfmethodologie‹ passieren lässt, bleibt ihm nichts anderes übrig, als ebendies auch dem Gottesbegriff zuzubilligen.

Und da wird der jeglichen Gottesbegriff bestreitende kritische Rationalist nolens volens zum Hohepriester einer Wahrheitsmetaphysik, die mit dem christlichen Glauben nicht unvereinbar wäre.

Da wo die Vernunft auch des kritischen Rationalisten sich selber ernst nimmt und sich in Redlichkeit treu bleibt, ›scheitert‹ sie in eine wie auch immer geartete Form von Glauben hinein. Für den sich seines

»gesunden« Atheismus oder Agnostizismus rühmenden kritischen Rationalisten kann die Wahrheitsfrage damit zu einer hochgradigen Infektionsquelle des Theismus werden. Manche fühlen sich noch »gesund«, die Inkubationszeit hat aber schon begonnen.

9.3 Die Implementierung des Denkens in einen umfassenderen Denkhorizont

Trotz und wegen der Unabgrenzbarkeit, Unvollständigkeit und Unabsicherbarkeit des Denkens gibt es so etwas wie einen lebensweltlichen Selbst- und Weltdeutungsdruck, eine Art Selbst- und Welterklärungsnötigung.

Es gibt eine permanente Verwiesenheit auf den je größeren, das jeweilige Denken umfassenden Deutungshorizont, mit dem das Denken sich nochmals befassen kann und muss, aber doch nur so, dass es sich wiederum einem umfassenderen und selber nicht umfassten Deutungshorizont implementiert.

Ist nicht auch die Vergewisserung des Denkens innerhalb seines evolutiven Werdeprozesses nicht doch nur die Implementierung in einen umfassenderen Deutungshorizont, allerdings einen angeblich nichtmetaphysischen, dessen Dogmen zufällige Mutation und reproduktive Selektion sind? Ist die Auffindung evolutiver Prozesse nicht ein Anlass und Startpunkt für die Erfindung eines evolutiven Großmythos, der weit über die biologischen Befunde hinaus ins Weltbildhaltige extrapoliert? Wird damit nicht das evolutive Denken, sobald es den Rahmen einer biologisch begründeten Theorie überschreitet, metaphysiziert, also als eine naturwissenschaftliche Theorie, sit venia verbo, im Grunde »metafüsiliert«?

Wie zur Frage nach der Vergewisserung des Denkens in der als maßgebend angesehenen Praxis, mögen auch hier unter dem Gesichtspunkt der Implementierung in einen umfassenderen Denk- und Deutungshorizont einige höchst unterschiedliche literarische Zeugnisse beispielgebend sein, die doch dasselbe Thema umkreisen. Zunächst das Gedicht von Günter Grass (*1927) *Im Ei*[24]:

Im Ei

Wir leben im Ei.
Die Innenseite der Schale
haben wir mit unanständigen Zeichnungen
und den Vornamen unserer Feinde bekritzelt.
Wir werden gebrütet.

Wer uns auch brütet,
unseren Bleistift brütet er mit.
Ausgeschlüpft eines Tages,
werden wir uns sofort
ein Bildnis des Brütenden machen.

Wir nehmen an, dass wir gebrütet werden.
Wir stellen uns ein gutmütiges Geflügel vor
und schreiben Schulaufsätze
über Farbe und Rasse
der uns brütenden Henne.

Wann schlüpfen wir aus?
Unsere Propheten im Ei
streiten sich für mittelmäßige Bezahlung
über die Dauer der Brutzeit.
Sie nehmen einen Tag X an.

Aus Langeweile und echtem Bedürfnis
haben wir Brutkästen erfunden.
Wir sorgen uns sehr um unseren Nachwuchs im Ei.
Gerne würden wir jener, die über uns wacht
unser Patent empfehlen.

Wir aber haben ein Dach überm Kopf.
Senile Küken,
Embryos mit Sprachkenntnissen
reden den ganzen Tag
und besprechen noch ihre Träume.

Und wenn wir nun nicht gebrütet werden?
Wenn diese Schale niemals ein Loch bekommt?
Wenn unser Horizont nur der Horizont
unser Kritzeleien ist und auch bleiben wird?
Wir hoffen, dass wir gebrütet werden.

Wenn wir auch nur noch vom Brüten reden,
bleibt doch zu befürchten, dass jemand,
außerhalb unserer Schale, Hunger verspürt,
uns in die Pfanne haut und mit Salz bestreut.-
Was machen wir dann, ihr Brüder im Ei?

Nach diesem Bild ist all unser Denken, sind all unsere kulturellen Bemühungen wie Kritzeleien auf der Innenseite der Eierschale unserer Diesseitigkeit. Sie sind wahrscheinlich völlig belanglos, wenn wir gebrütet werden und einmal die Schale sprengen und wie Küken in ein neues Leben entlassen werden sollten. Sie sind belanglos, wenn dieses Ei unserer Diesseitigkeit faul ist und nie einen Bruterfolg zeitigt, sondern allenfalls mit üblem Gestank platzt. Sie sind belanglos, wenn ein Deus malignus sein Geschöpf Mensch in einer übellaunigen apokalyptischen Anwandlung vernichtend in die Pfanne haut. Und doch geben wir uns nicht mit der Innenseite der Eierschale unserer Diesseitigkeit zufrieden, sondern sinnieren permanent über die Rand- und Rahmenbedingungen unseres Daseins und Soseins. Und dabei entwerfen wir katastrophal verdunkelte, oder desaströse oder soteriologisch aufgehellte Szenarien. Indem der sich selbst für ungläubig erklärende Zeitgenosse sein Denken in einen umfassenderen Denkhorizont implementiert, glaubt er nicht weniger, sondern nur anderes als der für gläubig gehaltene Zeitgenosse. Kurzum: Man glaubt nicht, wie viel man glauben muss, um ungläubig zu sein.

Ein anderes, wiederum literarisch vorgestelltes Modell einer Implementierung des Denkens in einen umfassenderen Denkhorizont liefert Arthur Koestler (1905–1983), der ungarisch-österreichische Autor mit jüdischem Lebenshintergrund. Arthur Koestler, in jungen Jahren ein überzeugter kommunistischer Kämpfer, dann ein nicht minder überzeugter Dissident und Antikommunist, der diese politische Biographie in eindrucksvoller Weise literarisch aufgearbeitet hat und sich selber als Agnostiker bezeichnete, formulierte dann doch das *Credo eines Agnostikers* und postulierte darin eine umfassende sinngebende dritte Ordnung der Realität:

»Während des Spanischen Bürgerkrieges saß ich 1937 einige Monate als angeblicher Spion im Gefängnis der Franko-Leute in Sevilla, und mir drohte die Todesstrafe. Damals hatte ich, in der Einzelhaft, Erlebnisse und Empfindungen, die mir dem ›ozeanischen Gefühl‹ der Mystiker zu gleichen schien (…). Ich nannte jene Erlebnisse ›die Stunden am Fenster‹. ›Die Stunden am Fenster‹ (…) hatten mich mit der unmittelbaren Gewissheit erfüllt, daß es eine höhere Ordnung der Realität gibt und daß diese höhere Ordnung allein dem Sein seinen Sinn verleiht. Später nannte ich das ›die Realität der dritten Ordnung‹. Die enge Welt der Sinneswahrnehmung bildete die erste Ordnung; diese Welt war von einer begrifflichen umgeben, welche die nicht direkt wahrnehmbaren Phänomene umfasst, wie Schwerkraft, elektromagnetische Felder und den gekrümmten Raum. Diese zweite Ordnung der Realität füllte die Lücken der ersten aus und gab der fragmentarischen Welt der Sinne erst ihre Bedeutung.

Auf analoge Art hüllte die dritte Ordnung der Realität die zweite ein, durchdrang sie und verlieh ihr Sinn. Sie enthielt okkulte Phänomene, die man weder auf der sinnlichen noch auf der begrifflichen Ebene verstehen oder erklären konnte – Meteore, die den gewölbten Himmel der Primitiven durchkreuzen.

So wie die begriffliche Ordnung die Illusionen und Entstellungen der Sinne bloßlegte, so zeigte die ›dritte Ordnung‹, daß Zeit, Raum und Kausalität, die scheinbare Isolierung, Abgeschlossenheit und raumzeitliche Begrenzungen des Ichs von der nächst höheren Schicht her gesehen nur optische Täuschungen waren.

Wenn man die Illusionen der ersten Art als wahr unterstellte, dann ertrank die Sonne jede Nacht im Meer, und ein Splitter im Auge war größer als der Mond, und betrachtete man die begriffliche Welt fälschlicherweise als die letzte Realität, wurde die Welt zu einer ebenso absurden, von einem Idioten oder von idiotischen Elektronen erzählten Geschichte, in der kleine Kinder von Autos überfahren und kleine andalusische Bauern durch Herz, Mund oder Augen geschlossen wurden, Geschichten ohne Sinn und Verstand.

Aber wie man die Anziehungskraft eines Magneten nicht mit der Haut spüren konnte, so konnte man auch nicht hoffen, in begrifflicher Form die Natur der letzten Realität zu erfassen. Es war ein mit Geheimtinte geschriebener Text, und obwohl man ihn nicht lesen konnte, war das

Wissen um die Existenz eines solchen Textes hinreichend, um die Daseinsform eines Menschen zu ändern und ihm den Willen beizubringen, seine Handlungen dem neuen Text anzupassen. Es macht mir Spaß, diese Parabel weiter auszuspinnen.

Der Kapitän eines Schiffes begibt sich auf die Fahrt mit einer versiegelten Order in der Tasche, die er erst auf hoher See öffnen darf. Er wartet geduldig auf diesen Augenblick, der aller Ungewissheit ein Ende machen wird; als er so weit ist und er den Umschlag aufreißt, findet er nur die unsichtbare Geheimschrift, die allen Versuchen einer chemischen Behandlung widersteht.

Hier und da wird ein Wort sichtbar, oder eine Zahl, die einen Meridian bezeichnet; dann verschwindet alles wieder.

Er wird den genauen Wortlaut des Befehls nie erfahren, auch nicht, ob er ihn ausgeführt hat oder bei seiner Aufgabe versagte. Aber sein Wissen um den Befehl in seiner Tasche, auch wenn er nicht entziffert werden kann, läßt ihn anders denken und handeln, als der Kapitän eines Vergnügungsdampfers oder eines Piratenschiffs handelt.«[25]

Koestler ist ganz offenbar irritiert von etwas, das sinnlich und begrifflich nicht hinreichend präzis fassbar aber gleichwohl wirklich ist, und nun auf einer anderen Wahrnehmungsebene als von einer geradezu existenzbestimmenden Dringlichkeit erlebt wird.

Wenn es neben der sinnlichen und der rationalen Dimension diese dritte Ordnung der Realität gibt, dann gibt es sie aber auch unabhängig von der Erfahrung der Todesnähe. Dann kann die Todesnähe allenfalls die Region einer besonderen Aufmerksamkeit oder Sensibilität für diese dritte Ordnung sein. Halten wir doch diesen Vorschlag des angeblichen Agnostikers Koestlers von den drei Ebenen des Erkennens und Denkens (sinnliche, begriffliche und dritte Ordnung) fest; wir werden darauf mit den um mehr als 300 Jahre älteren Überlegungen des erklärten Theisten Nikolaus von Kues zurückkommen.

9.4 Cogito, ergo credo

Aus dem vergleichsweise schmalen Werk des Anselm von Canterbury stammen etliche Theologumena, die eine schier unglaubliche philosophie- und theologiegeschichtliche Karriere durchlaufen haben. Eines davon ist das »Credo, ut intelligam.« Ich glaube, damit ich verstehe.

Dahinter steht die auch schon bei Augustinus beschriebene Erfahrung, dass der Mensch weder sich selbst noch die ihn umgebende Welt auch nur annähernd denkend und vernünftig ausloten kann. Und damit ist er schließlich, und zwar gerade in Verfolgung seiner intellegiblen Interessen, ob ihm das bewusst ist oder nicht, auf irgendeine Form theistischer, atheistischer oder agnostischer, jedenfalls also ›gläubiger‹ Selbst- und Weltinterpretation verwiesen. Die Fähigkeit zur Selbstbezogenheit ist die Bedingung der Möglichkeit, die eigene Selbstentzogenheit als bleibende und zum Glauben nötigende und ermutigende überhaupt erst wahrzunehmen und in einem notwendigen Glaubensakt verantwortlich zu übernehmen.

Die Erfahrungen von Selbstbezogenheit und Selbstentzogenheit könnten dabei wie die Wendepunkte in einem jeweils erneut auf das Andere verweisenden Kreisprozess und damit als in einer Ebene liegend, oder wie die Wendepunkte in einem nach Art einer Spirale gedachten, das Niveau wechselnden Intensivierungsprozess gedacht werden.

Aber nicht nur an sich selbst scheitert der um Vollständigkeit und Vollkommenheit des Verstehens bemühte Mensch, sondern, sofern er nur genau und aufrichtig genug wahrnimmt, letztlich überall, so dass das jeweils Begriffene nur mangels genügender Tiefenschärfe vollständig begriffen erscheint. Mit Blaise Pascal könnte man festhalten: Der letzte Schritt der Vernunft ist anzuerkennen, dass unendlich viel über sie hinausgeht.

Auch diese »Gefahr« einer theologischen, sogar christlich-theologischen Annektierung der Ergebnisse einer sich selbst entgrenzenden Vernunft sieht Habermas, allerdings ohne ihr selber folgen zu wollen.

»Ohne anfängliche theologische Absicht überschreitet sich eine ihrer Grenzen inne werdende Vernunft auf ein Anderes hin: sei es in der mystischen Verschmelzung mit einem kosmisch umgreifenden Bewusstsein oder in der verzweifelnden Hoffnung auf das historische Ereignis einer erlösenden Botschaft oder in Gestalt einer vorandringenden Solidarität mit den Erniedrigten und Beleidigten, die das messianische Heil beschleunigen will. Diese anonymen Götter der nachhegelschen Metaphysik – das umgreifende Bewusstsein, das unvordenkliche Ereignis, die nicht-entfremdete Gesellschaft – sind für die Theologie leichte Beute. Sie bieten sich dazu an, als Pseudonyme der Dreifaltigkeit des sich selbst mitteilenden persönlichen Gottes dechiffriert zu werden.«[26]

Etwas verhaltener agiert Karl Rahner (1904–1984), der nicht gleich trinitarische Konsequenzen zieht, wenn er in Auslotung des Denkens vom »anonymen und unthematischen Wissen von Gott« spricht und dazu feststellt:

»Das Geheimnis in seiner Unumgreifbarkeit ist das Selbstverständliche. (...) Alles Begriffene aber wird doch nur dadurch verständlich, aber nicht eigentlich selbstverständlich, daß es auf anderes zurückgeführt wird, aufgelöst wird: einerseits in Axiome und andererseits in elementare Daten der sinnlichen Erfahrung. Dadurch aber wird es zurückerklärt und verständlich gemacht (...) Das verständlich Gemachte gründet in der einzigen Selbstverständlichkeit des Geheimnisses. (...) Natürlich kann ein Mensch, wenn er will, in seiner konkreten Lebensentscheidung immer die unendliche Frage nur als Stachel seiner erkennenden und erobernden Wissenschaft wollen und annehmen und sich weigern, mit der absoluten Frage als solcher etwas zu tun zu haben außer dadurch, daß diese Frage ihn immer weiter zu einzelnen Fragen und einzelnen Antworten treibt. Und nur dort, wo man sich der Frage nach dem Fragen, dem Denken des Denkens, dem Raum der Erkenntnis und nicht nur den Gegenständen der Erkenntnis, der Transzendenz und nicht nur dem in dieser Transzendenz kategorial raumzeitlich Erfaßten zuwendet, ist man eben am Beginn ein homo religiosus zu werden.«[27]

Nun ließe sich gegen Rahner und die hier vorliegende Übernahme seines Gedankengangs einwenden: Da, wo man die Vernunft zu ihrem eigenen vernünftig zu bedenkenden Gegenstand macht, fällt einem die Gottesfrage natürlich nicht als erstes in den Schoß; aber sie ist angesichts dieser Lage unseres Denkens auch alles andere als abwegig.

Eine, vom literarischen Genus völlig andersartige, zur Position von Karl Rahner aber genau gegenteilige, eine ungläubig-gläubige Selbst- und Weltdeutung liefert z. B. Bertold Brecht[28]:

Der Nachgeborene

Ich gestehe es
Ich habe keine Hoffnung
Die Blinden reden von einem Ausweg, ich
Sehe
Wenn die Irrtümer verbraucht sind,

Sitzt uns als letzter Gesellschafter
Das Nichts gegenüber

Hier haben wir wieder den zu Rahner konträr stehenden und meines Erachtens irrigen Glauben an die salamitaktische Beseitigung der Fraglichkeit durch das Abarbeiten konkreter Fragen. Der Erkenntnisprozess wird hier zu einem Verbrauch der Irrtümer, die nur zeitweise und teilweise das umfassende Nichts verstellen und zustellen, die irrtümlich ein Etwas vor dem Nichts vorgaukeln. Am Grunde und Ende des Etwas ist das Nichts, steht der Mensch vor dem Nichts, wird er selbst zum Nichts. Der Geschichts- und der Erkenntnisprozess sind nichts als eine Revelation, eine Apokalypse, eine Apotheose des Nichts. Das ist Metaphysik, wenn auch keine erfreuliche, in Reinform und nicht ihr Gegenteil.

Nun mag man ja fragen, ob das Brechtsche Nichts und das Rahnersche Geheimnis in Anbetracht ihrer jeweils konzedierten schieren Unbeschreiblichkeit denn wirklich so weit auseinander liegen. Und da wird man sagen müssen, dass das Geheimnis im Grund der Welt, von dem Rahner redet, einen personalen Interpreten und Exegeten im inkarnierten Logos hat, aber das ist Glaubenssache, für den Christen Glaubenstatsache.

Für Brecht wie Rahner gilt: Der Denkende wird zum Imaginator oder Konstrukteur eines umfassenden Sinns oder eines umfassenden Unsinns und als solcher ist er ein Glaubender, ein homo religiosus, dem allerdings viele »Spielarten« von Gläubigkeit offen stehen. Ganz gleich, ob er ein »pius veram Christi doctrinam sequens« oder ein »impius, a vera Christi doctrina alienus« zu werden bemüht ist, ein Glaubender bleibt er. Nicht, ob etwas geglaubt wird, sondern nur, was in etwa geglaubt wird, steht dann noch zur Debatte. Und wenn man schon etwas glauben muss, dann sollte man vielleicht das je glaubwürdigste glauben. Das aber unterliegt wieder einer gedanklich-rationalen Kontrolle und involviert den Menschen als denkenden.

Nikolaus von Kues (1401–1464) hatte ein dreistufiges Erkenntniskonzept entworfen. Grundlegend waren für ihn die Sinne (sensus), die sich von den Daten der extramentalen Welt affizieren lassen. Der Verstand (ratio) beschäftigt sich darauf aufbauend mit dem Separieren, Terminieren, Diskriminieren, Nummerieren, Definieren etc. Er präpariert seine Objekte gewissermaßen interessen- und bedarfsorientiert aus dem Ganzen der Welt heraus. Hier liegt auch das primäre Tätigkeitsfeld der naturwissenschaftlich-technischen Rationalität, die sich als solche keine Rechenschaft über den sie umfassenden Denkhorizont gibt. Diese analytisch diskursive Tätigkeit naturwissenschaftlich-technischer Rationalität hat aber unthematisch das Wissen um das Eine bzw. um die Einheit als unhintergehbare Voraussetzung. Und es wäre eine intellektuelle Fahrlässigkeit, diese Voraussetzung einfach unberücksichtigt zu lassen. So postuliert Nikolaus von Kues noch eine dritte Ebene der Erkenntnis, die Vernunft (intellectus), die an die von Koestler ahnungsvoll erfahrene und umfassend sinnstiftende »dritte Ordnung« erinnern könnte.

Denn was ist, wenn ich – auf dem Weg der Analyse – im unendlich Kleinen an kein alles grundlegendes und Erstgewissheit stiftendes Ende komme, wenn ich Endlicher dort im Kleinen auf Unendlichkeit gestellt bin? Das unendlich Kleine kann durch kein Überschreitendes und kein Überschrittenes definiert werden, da dies endliche und das Unendliche verendlichende Größen wären.

Und was ist, wenn ich – auf dem Weg der Synthese – im unendlich Großen an kein alles umfassendes und Letztgewissheit stiftendes Ende komme, wenn ich Endlicher dort im Großen auf Unendlichkeit gestellt bin? Auch das unendlich Große kann durch kein Überschreitendes und kein Überschrittenes definiert werden, da dies endliche und das Unendliche verendlichende Größen wären.

Wenn ich erkenne, dass der »sensus« nur zum Affizieren hinreicht, dass die »ratio« nur zum Separieren, Terminieren, Diskriminieren, Nummerieren, Definieren etc. hinreicht, bin ich dann nicht, wie Nikolaus von Kues, genötigt, eine darüber hinausgehende Erkenntnisleistung anzunehmen oder wahrzunehmen? Muss ich dann nicht eine umfassendere Erkenntnisleistung zumindest der Möglichkeit nach postulieren oder sogar der Wirklichkeit nach konstatieren?

»Scilicet quia omne, quod scitur, melius perfectiusque sciri potest, nihil, uti scibile est, scitur.«[29] *Da alles, was gewusst wird, besser und vollkommener gewusst werden kann, wird nichts so gewusst, wie es wissbar ist.*

Nikolaus von Kues spricht darum von der Vernunft, intellectus. Hier ereignet sich die Implementierung des Denkens in den umfassenderen Horizont. Jenseits des Verstandes (ratio) liegt noch die Vernunft (intellectus), und sie ist, obschon jenseits der Ratio doch nicht irrational. Diese transrationale Vernunft erkennt in der Gerade, die doch ganz und gar kein Winkel ist, die Koinzidenz von kleinstem (O) und größtem (180) Winkel. Diese transrationale Vernunft erkennt im Kreis das genaue Gegenteil eines Kreises, nämlich die Gerade, insofern diesem Kreis ein unendlicher Radius zugesprochen wird.

Jenseits der Leistung des zur Analyse befähigten Verstandes vermag die zur Synthese befähigte Vernunft einen Zusammenfall der Gegensätze, die coincidentia oppositorum, zu postulieren und in einem zwar logisch konsistenten aber, wie Nikolaus von Kues es nennt, nichtergreifenden Erkennen und nichtbenennenden Benennen ahnungsweise zu konstatieren.[30]

»So wird die coincidentia oppositorum zum Erkenntnisprinzip der schauenden Vernunft, die auf eine Wirklichkeit gerichtet ist, welche nie definierbares Objekt sein kann, die unbegrenzter Ursprung, letzte, selbst nicht mehr bedingte Bedingung ist. So gesehen ist die coincidentia oppositorum das Fundament der Logik der schauenden Vernunft.«[31]

Und ich Endlicher, der im Kleinen wie im Großen unabweisbar auf Unendlichkeit verwiesen wird, der sowohl vom unendlich Großen wie vom unendlich Kleinen ausschließlich negative Aussagen machen kann, ich bin schließlich genötigt, mindestens ahnungsweise diesem Unendlichen die Koinzidenz von unendlich Großem und unendlich Kleinem zuzusprechen. Bei Nikolaus von Kues findet die Annahme einer solchen Koinzidenz folgende Begründung:

»Da das schlechthin und absolut Größte, dem gegenüber es kein Größeres geben kann, zu groß ist, als dass es von uns begriffen werden könnte – ist es doch die unendliche Wahrheit – so erreichen wir es nur auf dem Wege des Nichtergreifens. Da es nämlich nicht zu den Dingen gehört, die ein Mehr oder Weniger zulassen, steht es über allem, was durch uns begriffen werden kann. (…) Infolgedessen ist das absolut Größte ganz uns gar aktuell, da es all das ist, was es sein kann. Wie es nicht größer sein kann, so kann es aus demselben Grunde nicht kleiner sein, ist es doch alles, was es sein kann. Das Kleinste aber ist das, dem gegenüber ein Kleineres nicht möglich ist. Da nun das Größte von der oben geschilderten Art ist, so ist einsichtig, dass das Kleinste mit dem Größten zusammenfällt. (…) Das Größte ist ja ebenso ein Superlativ, wie das Kleinste ein Superlativ ist. Die absolute Quantität ist folglich nicht in stärkerem Grad die größte Quantität als sie die kleinste ist, da in ihr das Kleinste koinzidierend das Größte ist. Gegensätzliche Bestimmungen kommen nur den Gegenständen zu, die ein Mehr oder Weniger zulassen (…) Über allem diskursiven Vermögen des Verstandes schauen wir demnach in einer nicht ergreifenden Weise die

Unendlichkeit der absoluten Größe, die keinen Gegensatz kennt und mit der das Kleinste koinzidiert«[32]

Der menschliche Verstand (ratio) denkt stets im Horizont des Mehr oder Weniger, des zu vermeidenden Widerspruchs und in den Kategorien der einander ausschließenden Gegensätze. Im Zusammenfall der Gegensätze (coincidentia oppositorum), der sich nur der Vernunft (intellectus) erschließt, ereignet sich aber für Nikolaus von Kues erst die entscheidende Gotteserfahrung:

»In ihm ist alles eins, unterschiedslos, ohne Andersheit, aber der Grund aller möglichen Unterscheidungen; namenlos und unsagbar, aber der Grund aller Worte; weder seiend noch nichtseiend, aber der Grund allen Seins und Nichtseins.«[33]

Das Anselmsche »credo, ut intelligam« – ich glaube, damit ich verstehe – und die Formulierung »Cogito, ergo credo« – ich denke, also glaube ich – leuchten das zwischen Glauben und Denken bestehende Beziehungs- und Bedingungsverhältnis nur aus unterschiedlichen Perspektiven aus. Wer auch immer denkt und wann auch immer jemand denkt, stets macht er gedanken- und bedenkenlos Anleihen beim Unbedachten. Soweit man die Grenzen verstandesmäßigen Denkens, also der ratio des Cusanus, auch hinausschiebt, es behält die Funktion eines Subsystems in einem als Glauben zu bezeichnenden umfassenderen Ganzen, das sich der eher meditierenden Vernunft, also dem intellectus des Cusanus, ahnungsweise erschließt.

Ich glaube, wenn ich so denke, an die grundsätzliche Erkennbarkeit der Welt, auch wenn von ihr bisher nur ein verschwindender Teil und das auch nur mit zweifelhaften Mitteln erkannt ist. Anders als glaubend könnte ich nicht weiterdenken. Aber anders als in kritischer Korrelation mit dem Denken wäre das Glauben auch unverantwortlich.

Ich glaube, wenn ich so denke, an einen Sinn der Weltgeschichte im Ganzen und meiner selbst im Einzelnen, auch wenn ich weder das Eine noch das Andere unabweisbar faktengerecht beschreiben und konsistent begründen kann. Anders als an die Möglichkeit eines Gesamtsinnes glaubend könnte ich keine tragfähigen Sinnstiftungen vornehmen.

Ich glaube, wenn ich so denke, an Menschlichkeit und Güte, auch wenn es für das genaue Gegenteil davon in geradezu teuflischer Vielfalt reichlich Belegstellen und Belegstücke gibt. Anders als glaubend, ist mir eine Antizipation einer humanen oder wenigstens einer humaneren Welt als der gegenwärtigen nicht möglich.

Christlich gesprochen ließe sich alles das subsumieren unter: Ich glaube an die Möglichkeit eines umfassenden Heils. Dieser Glaube ist, obschon rational kritisierbar, doch rational nicht hinreichend begründbar oder abschließend widerlegbar. Jenseits aller Begründbarkeit und Widerlegbarkeit ist der Glaube an die Möglichkeit eines umfassenden Heils zumindest für die lebenspraktische Balance noch vor Anbruch des endgültig erhofften Heils heilsam und heilend, sogar schon im Diesseits.

Vielleicht kommt die Erfahrung der Unvollständigkeit und Unmöglichkeit einer Letztbegründung des Denkens als Erstbegründung des Glaubens in Betracht oder einer Erstbegründung des Glaubens wenigstens nahe. Der je umfassendere Glaube seinerseits wäre die Bedingung der Möglichkeit rationaler Denkoperationen und die rationalen Denkoperationen lieferten die Kriterien seiner Glaubwürdigkeit. Aber diese Erstbegründung des Glaubens, die man in der Unmöglichkeit einer eigenständigen Letztbegründung des Denkens sehen kann, steht nicht unangefochten für sich, sondern muss sich letztlich vor dem Tribunal des Denkens und den von dort herbeigezogenen Kriterien rechtfertigen.

Die Unendlichkeit starrt uns ins Gesicht, wann immer wir uns redlich mit der sachangemessenen Gründlichkeit unserer eigenen Identität oder irgendeinem x-beliebigen Objekt unserer Erkenntnis widmen. Vielleicht ist gerade das eine Form der Gnade, im Letzten und Ersten, im Kleinsten und Größten, im Naheliegenden und Entlegenen von der Unendlichkeit nicht loszukommen. Denn der Unendlichkeitsgedanke nötigt uns, vom nur verstandesorientierten Definitorischen, also vom Eingrenzenden, Abgrenzenden und Umgrenzenden, im Bedenken der Welt abzusehen und das vernunftorientierte Deiktische, also das Hinweisende und Verweisende, das über alles Endliche Hinausweisende intellektuell redlich und existentiell ernsthaft in Betracht zu ziehen.

10 Nachspiel – Mensch von Gottes Gnaden

Auf dem unabsehbar weiten Feld der Anthropologie haben wir nur einige wenige Parzellen bearbeitet, vorzugsweise solche, von denen man hoffen durfte, sie mit dem biologischen und philosophisch-theologischen Arbeitsgerät bestellen zu können. Über diverse Versuche einer naturalistischen Entzauberung und die bezaubernden biblischen Schöpfungserzählungen haben wir nachgedacht, über Evolution und Kreation, über die Phylogenese und Ontogenese, über Krankheit und Heilung, über Anfang und Ende des Menschen, über Geist und Gehirn, über Freiheit und Determination des Menschen. Und vieles ist in des Wortes Doppelsinn unbedacht und ungesagt und wohl auch unbesagt gedacht und unbedacht gesagt geblieben.

Was nun hier als Nachspiel betitelt das Ende bildet, könnte eigentlich als Vorspiel betitelt auch den Anfang bilden für ein nicht weniger wichtiges Kapitel, das sich der Anthropologie anschließt oder eine vollständigere als die hier gebotene Anthropologie abschließt. Christen verbinden nämlich – auf eine mit keiner anderen Religion vergleichbare Weise – ihre Anthropologie mit ihrer Theologie, genauer mit der Christologie. »*Et incarnatus est de Spiritu Sancto ex Maria virgine; et homo factus est*«, so formuliert es das Glaubensbekenntnis der Christen. Sie behaupten damit nicht weniger als die Ungeheuerlichkeit: Gott wird Mensch, Gott ist Mensch. Und sie beziehen diese Behauptung auf den historischen Jesus, den sie den Messias oder Christus, also den Gesalbten oder Gesandten Gottes, nennen. Die Jahrhunderte währende Beantwortung der damit verbundenen theologischen Spezialfragen wie die nach Wesen, Natur, Person, Herkunft, Bedeutung Jesu Christi beiseite lassend, ist dennoch kurz anzufragen: Gott wird oder ist Mensch, wer soll das glauben?

Ist eine solche Aussage nicht der blanke menschliche Größenwahn? Ist das nicht eine anthropomorphe Miniaturisierung Gottes, Gott fürs Setzkästchen? Sollten wir nicht bescheidener sagen: Jesus Christus war ein Prophet, vielleicht ein besonders wichtiger. Darauf könnten sich die Christen dann in einem vielleicht sogar dem Religionsfrieden dienlichen Akt mit den Juden und Muslimen einigen. Aber wäre nicht genau das eine Verkürzung der christlichen Theologie einerseits in Tateinheit mit einer Verkürzung der christlichen Anthropologie andererseits?

Hören müssen die Christen aber dennoch auf die durchaus nachvollziehbaren Einwände der Nichtchristen gegen den christlichen Glauben: »Ihr Christen sagt doch, Gott sei der Schöpfer des gewaltigen Universums. Und das ist ca. 15 Milliarden Jahre alt. Glaubt ihr im Ernst, der Schöpfer des Alls sollte sich mit 30 lächerlichen Jährchen Menschenleben zufrieden geben? Glaubt ihr, der hätte gerade ein völlig abseitiges 500 Millionstel der Kosmoszeit als seine Lebenszeit gewählt? Gott ist der Schöpfer des Universums. Und das hat eine noch unvermessene, nur noch in Milliarden von Lichtjahren zu beziffernde Ausdehnung. Glaubt ihr im Ernst, der Schöpfer des Alls habe sich dieses Nichts von Erde in irgendeiner abgelegenen Galaxie als Lebensraum gewählt?« Die nur schwer bestreitbare kosmische Abseitigkeit von Ort und Zeit des Lebens Jesu wird hier zum Argument gegen die Annahme, Gott sei in dieser historischen Gestalt Mensch geworden.

Und auch ohne die kosmischen Dimensionen ist das Leben dieses palästinensischen Juden Jesus doch so unspektakulär wie nur irgendwas. Bethlehem, Kapernaum, Nazareth hatten doch nicht einmal zusammen ein nur annähernd weltstädtisch zu nennendes Flair. Sie waren für Rom, das damalige Zentrum der Macht, etwa so wichtig wie Oberdunstheim, Niederdollendorf und Appelhülsen für New York, das heutige Zentrum der Macht. Und auch das ungefähre Geburtsjahr Jesu, 753 nach der legendären Gründung Roms, trug keinen antiken Jubiläumsglanz an sich.

Die politisch Großen – damals Rom und heute USA oder China oder Russland – bestimmen weithin was Recht ist: Recht ist das, was uns, den politischen Herren der Welt, recht ist. Den Herrgott benutzen sie, wenn überhaupt, nur zur Garnierung von politisch-militärischer Okkupation und Geschäftemacherei, gewissermaßen als »Gutmenschen-Dressing über dem Salat der Welt«. Die Kleinen im politischen Welttheater, damals das Herkunftsland Jesu, Israel, mussten und müssen klein beigeben und sich mit oft sprachlosen Statistenrollen zufriedengeben. All diese geographischen, politischen und historischen Umstände und Randbedingungen des Lebens Jesu, so das skeptische

Argument des Nichtchristen auch hier, taugten nicht zu einer nur annähernd angemessenen geopolitischen, welt- und geistesgeschichtlichen Platzierung Gottes. Zu fragen wäre natürlich, welche impliziten und unreflektierten, zumindest aber unausgesprochenen Vorentscheidungen hier getroffen wurden bezüglich der Qualitäten eines als glaubwürdig anzusehenden Platzes Gottes in seiner Schöpfung.

Ein Christ wird und muss aber, solange er Christ ist, bei dieser zugleich Theologie und Anthropologie involvierenden Behauptung bleiben: Gott wird genau da, wo wir sind, genau das, was wir sind: Ein Mensch dieser Erde.

Gott wird Mensch heißt, er wird genau das, was heute im Genscanning und Ultraschall bestimmten Wünschbarkeitskriterien unterworfen und selektiert wird; er wird genau das, was heute – kaum gezeugt – zu Stammzellen zerlegt und zum Therapeutikum verarbeitet werden kann; er wird genau das, was heute in Pisa-Studien und IQ-Tests intellektuell klassifiziert wird; er wird genau das, was heute von Fanatikern zu Kindersoldaten und lebenden Bomben umdressiert und zum Kanonenfutter degradiert wird; er wird genau das, was heute in unserer Wellness- und Klamottenwelt nach Schönheits- und Markenstandards katalogisiert wird; er wird genau das, was nach Gehalts-, Einkommens- und Steuerklassen rubriziert wird; er wird genau das, was heute im Zuge der Globalisierung durch das Massenelend selektiert und exekutiert wird.

Gott wird Mensch heißt biographisch auf Jesus hin gewendet: Er erträgt an den gesellschaftlichen Rand gedrängt die Arme-Leute-Geburt zur Unzeit und wird bis zur Ununterscheidbarkeit ein Wickelkind und ein Kind seiner Zeit; er wird bis zur Ununterscheidbarkeit ein jüdisch-gläubiger Zeitgenosse im damaligen Palästina und dann ein aus religiös-weltanschaulichen Gründen Verfolgter; er wird bis zur Ununterscheidbarkeit das übel zugerichtete Opfer einer katastrophalen Lynchjustiz am Ende und zugleich der Anfang einer neuen Bewegung nach seinem Tod.

Eine mit der Theologie und Christologie verbundene, also im eigentlichen Sinne christliche Anthropologie hat festzuhalten, dass und wie Gott von zwei Seiten auf den Menschen zukommt und dem Menschen zukommt, nämlich als Schöpfer und Erlöser, auf dem Weg der Genesis und dem Weg der Kenosis, bzw. auf dem Weg der Kreation und dem Weg der Inkarnation.

Der Schöpfer-Gott ist der dem Menschen-Geschöpf zuvorkommende und bleibend gegenwärtige Gott. Gott ist, wie bereits bei der Erhellung des biblischen Befundes in Genesis dargelegt[1], sein Schöpfer, der ihn auf den biologisch zu erforschenden, auf den phylogenetisch und ontogenetisch zu beschreibenden Lebensweg setzt: »*Im Anfang schuf Gott Himmel und Erde … Dann sprach Gott: Lasst uns den Menschen machen als unser Abbild, uns ähnlich … Gott schuf also den Menschen als sein Abbild; als Abbild Gottes schuf er ihn. Als Mann und Frau schuf er sie …« (Gen 1, 1. 26f.).*

Und wenn man genau hinschaut, dann schuf Gott auf den mühsam erhellten Wegen der Evolution mit jedem Menschen etwas so Großartiges, etwas selbst in Milliardenzahl so Einmaliges, dass das Staunen darüber selbst den Atheisten und Agnostiker in die Vorhallen der Religion führen könnte. Mit dem unter Milliarden Menschen absolut einmaligen Fingerabdruck befingern, befühlen und begreifen Menschen diese geheimnisvolle Welt. Mit der gigantischen Zahl von zehn bis hundert Milliarden Neuronen unter dem Schädeldach und der Verknüpfung jedes Neurons mit zehntausend anderen Neuronen und mit einer absolut unwiederholbaren Geschichte bedenken und besprechen die Menschen Gott, sich selbst und die Welt. Nein, bedeutungslos ist der Mensch, wenn man Parameter der Komplexität zugrunde legt, ganz offenbar doch nicht. Was sich an Atomen, Molekülen, Zellen, Geweben und Organen im Menschen zu einer hierarchisch strukturierten Komplexität in systemischer Ganzheit organisiert, bewegt sich in der numerischen Größenordnung der Galaxien. Jeder Mensch ist ein einmaliger Kosmos im Kosmos und die Evolution aus diesem – zugegebenermaßen pointiert anthropozentrisch gewählten – Blickwinkel ist ein Jahrmilliarden langer Weg zum Leben und zum Menschen und vielleicht darüber hinaus. Der Mensch ist und bleibt Geheimnis und verweist mit der geschöpflichen Unauslotbarkeit seiner Existenz auf die unerschöpfliche Unauslotbarkeit der Existenz Gottes. Der Mensch ist aus dieser an Genesis orientierten schöpfungstheologischen Perspektive ein Geschöpf von Gottes Gnaden.

Und der zweite Weg Gottes zum Menschen ist der Weg der Inkarnation, der Menschwerdung, der Weg der Kenosis, der Selbstentäußerung: Gott ist der dem Menschen entgegenkommende und bleibend gegenwärtige Gott. Gott ist des Menschen mitlebender und mitleidender, des Menschen mitgehender und entgegengehender Erlöser. Gott ist von einer derartigen Größe, dass er sich eine solche Niedrigkeit und Erniedrigung leisten kann. Gerade indem Gott Mensch wird, bestätigt Gott den Menschen von Neuem als Abbild Gottes. Der Evangelist Johannes knüpft kühn an die Schöpfungserzählungen am Beginn des Alten Testaments an und lässt sein Evangelium mit denselben kosmischen Dimensionen wie in der priesterschriftlichen Schöpfungserzählung beginnen: *»Im Anfang war das Wort, und das Wort war bei Gott, und das Wort war Gott. … Alles ist durch das Wort geworden, und ohne das Wort wurde nichts, was geworden ist. … Und das Wort ist Fleisch geworden und hat unter uns gewohnt, und wir haben seine Herrlichkeit gesehen, die Herrlichkeit des einzigen Sohnes vom Vater … Niemand hat Gott je gesehen. Der Einzige, der Gott ist und am Herzen des Vaters ruht, er hat Kunde gebracht.« (Jo 1,1.3.14.18)*

Damit greift Johannes die schöpfungstheologische Dimension auf, leitet zur soteriologischen Dimension über, ja verbindet beide zu einer einzigen über- und umgreifenden Ganzheit.

Gott wird Mensch, das heißt: Er bestätigt die im schöpfungstheologischen Kontext als zuvorkommend ausgesagte Gottesabbildlichkeit des Menschen durch die im soteriologischen Kontext als entgegenkommend ausgesagte Menschlichkeit Gottes. Weil Gott Mensch wurde, können Menschen, indem sie menschlich werden und menschlich bleiben nach Gottes Vorbild, Gottes Abbild in der Welt sein.

Gott wird Mensch, das heißt: Der Mächtigste begibt sich in die menschliche Ohnmacht, wird greifbar und angreifbar. Und so trägt er in die menschliche Rechtlosigkeit das göttliche Recht, trägt er in die menschliche Erbarmungslosigkeit und Erbärmlichkeit das göttliche Erbarmen, durchdringt er des Menschen Zeit mit der Ewigkeit Gottes. Andreas Gryphius (1616–1684) hat das in seinem *Über die Geburt Jesu* so bedichtet:

»Der Zeit und Nächte schuf, ist diese Nacht ankommen
Und hat das Recht der Zeit und Fleisch an sich genommen
Und unser Fleisch und Zeit der Ewigkeit vermacht.«[2]

Ein Gott, der fast bis zur Ununterscheidbarkeit Mensch wird, läuft Gefahr unterschieds- und unterscheidungslos übersehen zu werden. Die Bedingung seiner anthropologischen Verstehbarkeit, nämlich die Menschwerdung, ist die Ermöglichung seiner theologischen Übersehbarkeit. Manche halten den Weg Jesu vom Krippen- zum Kreuzesholz daher für einen durchgehenden Holzweg; aber dann ist der eigene Weg von der Wiege bis zur Bahre und zum Sarg sicher auch ein Holzweg. Wer aber ahnt, was es heißt, in Jesus Christus wird Gott Mensch, dem wird das Brett vorm Kopf und der Balken aus dem Auge entfernt, aus denen man nichts als Wiegen, Bahren und Särge macht. Der ahnt auch, dass dem Menschen mit der Menschwerdung Gottes ein Lebensweg durch das Leben und ein Lebensweg durch das Sterben eröffnet wird, der im Gott des Lebens sein endgültiges und vollendendes Ziel hat.

Bei dem menschlich unerreichbaren und dem unerreichbar menschlichen Gott dürfen und können die Vor-, Ur-, Früh-, Alt- und Jetztmenschen nicht nur den Weg der Hominisation sondern auch den der Humanisation beschreiten und wirklich Mensch werden, Mensch sein, Mensch bleiben, also zu dem zum Schöpfer kommunikations- oder korrespondenzfähigen Teil der Schöpfung werden. Der menschlich sichtbare und sehende Gott gibt dem Menschen Ansehen. Der menschlich sprechende Gott macht seinen Anspruch an den Menschen gelten, redet ihm ins Gewissen, macht ihn ansprechbar, ja ansprechend. Der menschlich hörbare und hörende Gott gewährt dem Menschen lebenslänglich Audienz und nicht selten auf unerhörte Weise nicht nur Anhörung sondern Erhörung. Der Mensch ist auch aus dieser am Evangelium orientierten soteriologischen Perspektive ein Geschöpf von Gottes Gnaden; denn Gott nimmt den Menschen an und nimmt sich des Menschen an, indem er dessen Menschsein annimmt.

Was in Genesis und Kenosis oder in Kreation und Inkarnation, die sich wie zwei divergente Initiativen Gottes in Bezug auf seine Schöpfung und sein Geschöpf Mensch ausnehmen könnten, dennoch das untrennbar Verbindende ist, lässt sich mit den Worten Rahners als Selbstmitteilung Gottes bezeichnen. Und diese Selbstmitteilung Gottes findet sich koextensiv zur ganzen Schöpfung in den allgegenwärtigen Spuren Gottes (vestigia dei) in der Natur und in der einen besonderen Spur Gottes in der Natur, im Abbild Gottes (imago dei), dem Geschöpf Mensch. Man darf darin also die eine und einzige umfassende Heilsinitiative Gottes sehen.

Theologisch-christlich gesprochen bedeutet die biologische Rekonstruktion von Evolution und Hominisation die Spuren sichernde Verfolgung der vestigia dei bis zur imago dei. Und diese erhellende Arbeit der Biologie ist die von der Theologie allein nicht zu erbringende Freilegung eines wichtigen Aspekts dessen, was Selbstmitteilung Gottes meint, der sich vor, mit und nach der geschichtlich gewordenen Selbstmitteilung in Christus schon immer in seiner Schöpfung selbst mitteilt. Beim Versuch einer Antwort auf die Gottesfrage hat darum die Naturwissenschaft ein Mitspracherecht bei der Theologie und hat umgekehrt die Theologie, wo sie sich bislang allein zuständig wähnte, eine Konsultationspflicht bei der Naturwissenschaft.

Gott wird Mensch von A bis Z und gerade dadurch wird er für den Menschen das A und O. Gott gibt den beliebig bedeutungslosen und bedeutungslos beliebigen Raum-Zeit-Koordinaten eines jeden menschlichen Lebens Bedeutung, Ziel und Würde. Er wandelt des Menschen unheilvolle, scheinbar ziel- und bedeutungslose Entwicklungs-, Lebens- und Sterbenszeit in bedeutungsvolle Heilszeit. Gott verzeitlicht sich im Menschen, damit sich der Mensch in ihm verewigen kann. So transformiert er die heillose Zeit in zeitloses Heil.

Anmerkungen

0 Ouvertüre

[1] **S. 13** Kästner, E.: »... was nicht in euren Lesebüchern steht« (Hrsg.:) Wilhelm Rausch, Frankfurt 1983, S. 123.

[2] **S. 15** Bahnsen, U.: Vom Nutzen der Frommen. Der Amerikanische Biologe David Sloan Wilson hält es für erwiesen, dass Glaubensysteme nach den Regeln von Darwins Evolutionstheorie entstehen. Ein Gespräch über den Sinn der Religionen. In: Die Zeit Nr. 52, 21.XII.2005, S. 33.

[3] **S. 15** Lorenz, K.: Der Abbau des Menschlichen. München/ Zürich 1983, S. 197.

[4] **S. 16** Pascal, B.: Pensées. Über die Religion und über einige andere Gegenstände. Nr. 358, Heidelberg 1978, S. 10 Übertragen und herausgegeben Ewald Wasmuth.

1. Problemeinführung

[1] **S. 20** Vgl. Honnefelder, L.:Anthropologie. Allgemeine Wissenschaftsgeschichte. In: LThK, Bd. 1, Freiburg/ Basel/ Rom/ Wien 3. Aufl. 1993, Sp. 721.

[2] **S. 21** Neue Jerusalemer Bibel – Einheitsübesetzung mit dem Kommentar der Jerusalemer Bibel. Deisler, A./Vögtle, A. (Hrsg.) Freiburg/ Basel/ Wien 1985, S. 772.

[3] **S. 23** Lotz, J. B.: Anthropologie. In: Brugger, K. (Hrsg.): Philosophisches Wörterbuch. Freiburg/ Basel/ Wien 1985, S. 20.

[4] **S. 24** Kant, I.: Werke in zwölf Bänden, Bd. 6, Schriften zur Metaphysik und Logik 2, Frankfurt a. M. 1968. Zitiert nach: Gondoch, D./Helmle, M./Paul, G.: Lehrbuch Philosophie Teil 2, Strömungen und Positionen. Frankfurt a. M./Berlin/ München 1980, S. 212.

[5] **S. 24** Vgl. auch Fahrenbach, H.: Mensch. In: Krings, H./Baumgartner, H. M./ Wild, C. (Hrsg.): Handbuch philosophischer Grundbegriffe. Bd. 4, München 1973, S. 891.

2. Der Mensch – nichts als Natur?

[1] **S. 28** Vgl. Lüke, U.: Evolutionäre Erkenntnistheorie und Theologie. S. 61 ff. u. 140 ff.

[2] **S. 29** Wetz, F. J.: Naturalismus und Menschenwürde. In: Langthaler, R.: Was ist der Mensch? Ein interdisziplinäres Gespräch zwischen Lebenswissenschaften, Philosophie und Theologie. Frankfurt 2004, S. 114.

[3] **S. 29** Wetz, F. J.: Naturalismus und Menschenwürde. In Langthaler, R.: Was ist der Mensch? S. 117.

[4] **S. 29** Wetz, F. J.: Naturalismus und Menschenwürde. In Langthaler, R.: Was ist der Mensch? S. 114 f.

[5] **S. 30** Goethe, J. W.: Faust 2, I, Saal des Thrones, S. 310, VV 4917–4922

[6] **S. 33** Thomas v. Aquin: Summa contra gentiles 2, 3.

[7] **S. 33** Denzinger, Heinrich/ Hünermann, Peter: Kompendium der Glaubensbekennt-

nisse und kirchlichen Lehrentscheidungen. Freiburg/ Basel/ Rom/ Wien 37. Aufl. 1991, Nr. 3004.

[8] **S. 35** Einstein, A.: Naturwissenschaft und Religion. In Dürr, H.-P. (Hrsg.): Physik und Transzendenz. Bern/ München/ Wien 1988, S. 75.

[9] **S. 37** Vgl. Johannes Fried: Aufstieg aus dem Untergang. Apokalyptisches Denken und die Entstehung der modernen Naturwissenschaft im Mittelalter. München 2001.

[10] **S. 37** Reinhold Schneider zitiert nach Andreas Nentwich: Die Täter werden nie den Himmel zwingen. In: Die Zeit Nr. 20, 8. V. 2003, S. 41.

[11] **S. 40** Habermas, J.: Zwischen Naturalismus und Religion. Philosophische Aufsätze. Frankfurt 2005. Hier auch findet sich (S. 118)die Kategorie vom »religiös unmusikalischen Bürger«.

[12] **S. 40** Ebd. S. 7 u. 13.

[13] **S. 40** ebd. S. 154.

[14] **S. 41** Vgl. Blumenberg, H.: Naturalismus. In Gallig, K. (Hrsg.) Die Religion in Geschichte und Gegenwart (RGG), Bd. 4, 3. Aufl. Tübingen 1960, Sp. 1335 f.

[15] **S. 41** Vgl. Steinmann: Naturalismus. In RGG, Bd. 4, 2. Aufl. Tübingen 1930, Sp. 427.

[16] **S. 42** Vollmer, G.: Was können wir wissen? Bd. I. Die Natur der Erkenntnis. Beiträge zur Evolutionären Erkenntnistheorie. Stuttgart 1985, S. 135 f. Ebenso ders.: Mesokosmos und objektive Erkenntnis. In: Lorenz, K./Wuketits, F. (Hrsg.): Die Evolution des Denkens. München/ Zürich 1983, S. 5.

[17] **S. 42** Vgl. z. B. Drumm, J.: Naturalismus. In LThK, Bd. 7, 3. Aufl. 1998, Sp. 673.

[18] **S. 44** Vgl. Kuhn, H.: Natur. Philosophisch. In Fries, H. (Hrsg.): Handbuch theologischer Grundbegriffe. Bd. 2, München 1963, S. 212.

[19] **S. 44** Zur genaueren Analyse vgl. Bröker, W.: Natürliche Künstlichkeit. Natur im Menschen. In Bröker, W.: Was ist der Mensch? Osnabrück 1999, S. 105–122.

[20] **S. 45** Vgl. Kanitscheider, B.: Im Innern der Natur. Philosophie und moderne Physik. Darmstadt 1996. Der Autor verwendet ca. ein Drittel des Werks auf dieses »Anliegen«.

[21] **S. 45** Vgl. Thomas von Aquin: Summa theologica I. q.1 a.8 ad 2. Vgl. Pesch, Otto Hermann: Theologie der Rechtfertigung bei Martin Luther und Thomas von Aquin. Mainz 1967, S. 516 ff.

[22] **S. 45** Vgl. Faber, E-M.: Gnade. Systematisch-theologisch. In: LThK, 3. Aufl., Bd. 4, Sp. 782.

[23] **S. 46** Vgl. Greshake, G./Faber, E-M.: Gnade. Theologie- und dogmengeschichtlich. In: LThK, 3. Aufl., Bd. 4, Sp. 778; vgl. Faber, E- M.: Natur und Gnade. In: LThK, 3. Aufl., Bd. 7, Sp. 667 ff.

[24] **S. 46** Dictionnaire philosophique in Oevres complètes, Basel 1792, Bd. 61, S. 717; zitiert nach Krings, H./Baumgartner, H. M./Wild, C. (Hrsg.): Handbuch Philosophischer Grundbegriffe Bd. 4, München 1973, S. 959.

[25] **S. 46** Vgl. Blumenberg, H.: Naturalismus. In RGG, Bd. 4, 3. Aufl., Sp. 1334.

[26] **S. 47** Zur Plausibilität und intellektuellen Redlichkeit solcher Behauptungen vgl. Der Beitrag der Naturwissenschaften zur natürlichen Theologie und Gotteserkenntnis. In: Lüke, U.: Mensch, Natur, Gott. Naturwissenschaftliche Beiträge und theologische Erträge. Münster 2002, S. 153 ff.

[27] **S. 48** Vgl. Kropac, U.: Naturwissenschaft und Theologie im Dialog. Umbrüche in der naturwissenschaftlichen und logisch-mathematischen Erkenntnis als Herausforderung zu einem Gespräch. Münster 1999, S. 243 ff.

[28] S. 48 Ein solcher Versuch liegt in der biologischen Dissertation vor. Söling, C.: Der Gottesinstinkt. Bausteine für eine evolutionäre Religionstheorie. Universitätsbibliothek Gießen Internet-Veröffentlichung 2002.
[29] S. 48 Jordan, P.: Der Naturwissenschaftler vor der religiösen Frage. Abbruch einer Mauer. Oldenburg/ Hamburg 6. Aufl. 1972.
[30] S. 49 Nikolaus von Kues: De venatione sapientiae. Zitiert nach Heinzmann, R.: Philosophie des Mittelalters. S. 284.
[31] S. 50 Vgl. Platon: Meisterdialoge – Phaidon, Symposion, Phaidros. In Andresen, K. e.a. (Hrsg.): Bibliothek der Alten Welt München/ Zürich, 2. Aufl. 1986, S. 71 Abs. 47.
[32] S. 50 Der Suizid als Möglichkeit wird ausdrücklich im Phaidon bedacht und ausgeschlossen. AaO S. 9 ff.
[33] S. 51 Vgl. Monod, J: Zufall und Notwendigkeit. Philosophische Fragen der modernen Biologie München 1971, S. 211 und 219. Auf den Zufallsbegriff, auf den Monod seine Überlegungen stützt, wird noch in den Kapiteln 4.3.1 und 5.3 einzugehen sein.
[34] S. 51 Vgl. Monod, J.: Zufall und Notwendigkeit. S. 215.
[35] S. 51 Vgl. Monod, J.: Zufall und Notwendigkeit. S. 218.
[36] S. 51 Eine Analyse seiner Teleonomievorstellung und eine Diagnose ihrer Hinfälligkeit habe ich vorgelegt in Lüke U.: Evolutionäre Erkenntnistheorie und Theologie. Stuttgart 1990, S. 79 ff.
[37] S. 53 Greshake, G.: Pelagianismus. In: LThK. Bd. 8, 3. Aufl. 1999, Sp. 8.
[38] S. 54 Metz, J. B.: Naturalismus. In: LThK. Bd. 7, 2. Aufl., Sp. 209.
[39] S. 54 Vgl. Blumenberg, H.: Naturalismus. In: RGG, 3. Aufl., Sp. 1336.
[40] S. 54 Vgl. u.a. Gehlen, A.: Urmensch und Spätkultur. Wiesbaden, 5. Aufl. 1986 sowie ders.: Der Mensch. Seine Natur und seine Stellung in der Welt. Wiesbaden, 13. Auflage 1986.
[41] S. 55 Zur kritischen Sichtung dieses neuerdings mit der Neuro-Theologie kombinierten soziobiologischen Ansatzes vgl. Kap. 8.3.
[42] S. 56 Vgl. Lüke, U.: Bio-Theologie. Zeit – Evolution – Hominisation. Paderborn 2. Aufl. 2001, S. 211 ff.
[43] S. 57 Zur genaueren Analyse dieser Zusammenhänge vgl. Lüke, U.: Religiosität – ein Produkt der Evolution? In Lüke, U.: Mensch, Natur, Gott. Biologische Beiträge – theologische Erträge. Münster 2002.
[44] S. 59 Habermas, J.: Zwischen Naturalismus und Religion. S. 114.
[45] S. 60 Kant, I.: Kritik der Urteilskraft § 81, Hrsg.: Weischedel, W., Frankfurt a.M. 3. Aufl. 1997, S. 381.

3 Die Schöpfungserzählungen des Alten Testamentes

[1] S. 62 Vgl. Groh, D.: Schöpfung im Widerspruch. Deutungen der Natur und des Menschen von der Genesis bis zur Reformation. Frankfurt a.M. 2003, S. 15 ff.
[2] S. 65 Vgl. Bischöfe von Deutschland, Österreich, Bozen-Brixen, Lüttich und Luxemburg (Hrsg.): Gotteslob. Katholisches Gebet und Gesangbuch. Kath. Bibelanstalt Stuttgart 1975, Nr. 32/ 1, 74.
[3] S. 65 Vgl. Groh, D.: Schöpfung im Widerspruch. S. 26 ff.
[4] S. 66 Groh, D.: Schöpfung im Widerspruch. S. 21.
[5] S. 69 Vgl. Zenger, Erich: Gottes Bogen in den Wolken. Untersuchungen zu Komposition und Theologie der priesterschriftlichen Urgeschichte. Stuttgart 2. Aufl. 1987, S. 65

u.185. Vgl. auch Ruppert, Lothar: Das Buch Genesis. Geistliche Schriftlesung Bd. 6/1 Düsseldorf 2. Aufl. 1984, S. 26.

[6] **S. 70** Hattrup, Dieter: Einstein und der würfelnde Gott. An den Grenzen des Wissens in Naturwissenschaft und Theologie. Freiburg/ Basel/ Wien 2001, S. 79.

[7] **S. 71** Genaueres zum Enuma Elisch vgl. Lambert, W. G.: Enuma Elisch. In Kaiser, O. u. a. (Hrsg.): Texte aus der Umwelt des Alten Testaments, Bd. III, Lieferung 4, Gütersloh 1994, S. 565 ff.

[8] **S. 71** Vgl. z. B. Bottéro, Jean: Mesopotamische Schöpfungsvorstellungen. In Merklein, Helmut (Hrsg.): Welt und Umwelt der Bibel 2/ 1996, S. 9–11

[9] **S. 71** Kraus, Georg: Welt und Mensch. Lehrbuch zur Schöpfungslehre. Frankfurt 1997, S. 159.

[10] **S. 79** Zenger, E.: »Das Blut deines Bruders schreit zu mir«. Gestalt und Aussageabsicht der Erzählung von Kain und Abel. In: Bader, D. (Hrsg.): Kain und Abel. Rivalität und Brudermord in der Geschichte der Menschen. München 1983, S. 11.

[11] **S. 80** Vgl. Amery, Carl: Das Ende der Vorsehung. Die gnadenlosen Folgen des Christentums. Reinbek 1972.

[12] **S. 83** Näheres vgl. Lüke, U.: Bio-Theologie. 221 ff.

[13] **S. 83** Vgl. Lüke, U.: Bio-Theologie, S. 245.

4 Evolution als Kreation – Kreation als Evolution

[1] **S. 88** Beides zitiert nach Hoff, P./Miram, W.: Evolution. Hannover 1979, S. 8.

[2] **S. 89** Stensen, N.: Nicolai Stenonis opera philosophica II, 254 zitiert nach Wieh, H.: Niels Stensen. Sein Leben in Dokumenten und Bildern, Würzburg 1988, S. 17 u. 32.

[3] **S. 90** Zitiert nach Hoff, P./Miram, W.: Evolution. S. 8.

[4] **S. 93** DH 3512 ff.

[5] **S. 94** Monod, J.: Zufall und Notwendigkeit. Philosophische Fragen der modernen Biologie. München 3. Auflage 1977.

[6] **S. 95** Zur Debatte um die Finalität, also um das Thema Teleologie- versus Teleonomiekonzept vgl. Lüke, U.: Evolutionäre Erkenntnistheorie und Theologie. S. 76–91 u. 149–165.

[7] **S. 95** Monod, J.: Zufall und Notwendigkeit. Philosophische Fragen der modernen Biologie. 3. Auflage 1977, S. 129 u. 151.

[8] **S. 96** Monod, J.: Zufall und Notwendigkeit. S. 157.

[9] **S. 96** Eine grundlegende Kritik an der Konsistenz der Monodschen Überlegungen findet sich in Lüke, U.: Evolutionäre Erkenntnistheorie und Theologie. S. 79 ff.

[10] **S. 98** Kundera, M.: Die unerträgliche Leichtigkeit des Seins. Frankfurt 1987, S. 36 f.

[11] **S. 99** Kundera, M.: Die unerträgliche Leichtigkeit des Seins. S. 49 f.

5 Schöpfungstheologie – (k)ein Kontra zur Evolutionstheorie?

[1] **S. 100** Vgl. Kap. 2.2 und 2.3 dieser Arbeit.

[2] **S. 101** Dogmatische Konstitution »Dei Verbum« des II. Vatikanum und »Die Interpretation der Bibel in der Kirche« vom 23. IV. 1993.

[3] **S. 101** Vgl. *New York Times* und *International Herald Tribune*.7. Juli 2005.

[4] **S. 102** Vgl. Kleine-Brockhoff, T.: Darwin vor Gericht. In: Die Zeit, Nr. 44, 27. X. 2005, S. 51.

[5] **S. 103** Vgl. z. B. Pons Collins Großwörterbuch Deutsch-Englisch, Englisch-Deutsch, London/ Glasgow/ New-York/ Stuttgart, 1. Aufl. 10 Nachdruck 1990.

[6] S. 103 Kummer C.: Evolution und Schöpfung. Zur Auseinandersetzung mit der neokreationistischen Kritik an Darwins Theorie. In: Stimmen der Zeit 1/ 2006 S. 36.

[7] S. 104 Dennett, D.: Süßigkeit für den Geist. Der US-Philosoph Daniel Dennet über Darwins umstürzlerische Idee, den Ursprung der Seele und die Vertreibung Gottes durch die Naturwissenschaft. In: Der Spiegel Nr. 52, 24. XII. 2005, S. 150.

[8] S. 104 ebd. S. 149.

[9] S. 105 Der Artikel von Christoph Kardinal Schönborn erschien am 7. Juli 2005 in der *New York Times* und im *International Herald Tribune.* Mark Ryland, der Vizepräsident des *Discovery Institut,* dem Think Tank der Bewegung um das Intelligent Design, hatte den Kardinal zur Abfassung dieses Artikels animiert. Vgl. Laubichler, M.: Glaube ans Design. Ritt den Kardinal der Teufel? In FAZ Nr. 162, 15. Juli 2005, S. 33.

[10] S. 105 Vgl. www.derStandart.at am 11. VII. 2005.

[11] S. 105 Ähnlich ist es auch mit den neuesten Werken des Altmeisters der Evolutionstheorie, z. B. Mayr, E.: Das ist Biologie.

[12] S. 106 Vgl. Hagemann, Rudolf: Allgemeine Genetik, Jena, 2. Auflage 1985, S. 107 f.

[13] S. 106 Mayr, E.: Evolution und die Vielfalt des Lebens. Berlin/ Heidelberg/ New York 1979, S. 18.

[14] S. 106 Vollmer, G.: Zufall in der Biologie. In: Herder Lexikon der Biologie, Heidelberg/ Berlin/ Oxford, Bd. 8, S. 509 f.

[15] S. 106 Kummer, C.: Evolution und Schöpfung. In: Stimmen der Zeit 1/ 2006, S. 39.

[16] S. 107 Vollmer, G.: Zufall in der Biologie. S. 509 f.

[17] S. 110 Näheres zu dieser Frage in Lüke, U.: Religiosität ein Produkt der Evolution? In ders.: Mensch – Natur – Gott. Naturwissenschaftliche Beiträge und theologische Erträge. Münster 2002, S. 58–74.

[18] S. 110 Vgl. www.derStandart.at 13. Juli, wo die austro-amerikanischen Professoren Manfred Laubichler (Theoretischer Biologe an der Arizona State University), Gerd Müller (Theoretischer Biologe an der Universität Wien), Walter Fontana (Systembiologe an der Havard University), Günther Wagner (Evolutionsbiologe an der Yale University) von »*himmelschreiender Arroganz*« reden und Schönborn charakterisieren als »*jemand, der es gewöhnt ist, vatikanische Intrigen zu spinnen*« und der »*nicht nur die Evolutionstheorie sondern die gesamte Naturwissenschaft diskreditieren*« ja sogar »*die Wissenschaft an sich nicht nur als marginal sondern als grundsätzlich teuflisch … stigmatisieren*« wolle.

[19] S. 110 Laubichler, M.: Glaube ans Design. Ritt den Kardinal der Teufel? In FAZ Nr. 162, 15. Juli 2005, S. 33.

[20] S. 111 Meyer, A.: Die Evolution bastelt blind und ohne Plan. Eine Abrechnung mit der religiösen Denkschule des Kreationismus und Verteidigung der Lehre Darwins. In: Die Welt, 25. VIII. 2005, S. 31.

[21] S. 112 Meyer, A.: Die Evolution bastelt blind und ohne Plan. In: Die Welt, 25. VIII. 2005, S. 31.

[22] S. 112 Vgl. auch Schockenhoff, E.: Kann man glauben, um zu erkennen? Evolutionslehre und »Intelligent Design«, gesehen im Licht einer Theologie der Schöpfung. FAZ Nr. 199, 27. VIII. 2005, S. 44.

[23] S. 114 Zur Bewältigung dieser theologischen »Hausaufgaben« liegen zumindest zwei unterschiedliche Denkmodelle vor, eines mit einem relativistischen und eines mit einem quantenphysikalischen Ansatz. Dieter Hattrup vertritt dabei u. a. in seinem Werk »Einstein und der würfelnde Gott« einen quantenphysikalischen Denkansatz. Ich

selber habe einen relativistischen Ansatz ins Spiel gebracht. Lüke, U.: Bio-Theologie. S. 148 ff.

[24] **S. 115** Diese Sachverhalte wurden bereits erläutert. Vgl. Kap. 4.1 Von der Kreation zur Evolution.

[25] **S. 116** Vgl. DH 3512–3514

[26] **S. 117** Newman, J. H.: Dokument A. 18.21, Birmingham Oratorium und Sundries, 83. Zitiert nach: Schmitz-Moormann, K.: Schöpfung und Evolution. Neue Ansätze zum Dialog zwischen Naturwissenschaften und Theologie. Düsseldorf 1992, S. 51.

[27] **S. 118** Vgl. Klein, W.: Teilhard de Chardin und das Zweite Vatikanische Konzil. München/ Paderborn/ Wien 1975.

[28] **S. 118** Vgl. Ratzinger, J.: Einführung in das Christentum. Vorlesungen über das Apostolische Glaubensbekenntnis. München 1968 ff.

[29] **S. 118** DH 3896.

In diesem Zusammenhang darf der Erheiterung halber ein Lapsus des anerkannten Evolutionsforschers Gerhard Herberer Erwähnung finden: »*Sogar Papst Leo XII. hat in seiner Enzyklika (›De generis humani‹) Forschungen in dieser Richtung gestattet. Allerdings musste erst die 2. Hälfte des 20. Jh. dazu anbrechen!*« Heberer, G.: Charles Darwin. S. 71.

Das Pontifikat Leos des XII. war 1823 bis 1829. Wir hätten es mit dem kirchengeschichtlich einzigartigen Fall der Erteilung einer Forschungserlaubnis zu tun, die dem Beginn der Forschung ca. dreißig Jahre (Darwins ›Entstehung der Arten durch natürliche Zuchtwahl‹ erschien 1859) vorauseilt und ihr eine Erlaubtheit erst etwa 120 Jahre später attestiert. Die Enzyklika trüge, übersetzte man sie ins Deutsche, überdies den entzückenden Titel: »Über die Schwiegersöhne des Menschen.« Aber was ist ein Jahrhundert für jemanden, der sich zeitlebens mit mehrtausendfach größeren Zeitstellungsproblemen zu beschäftigen hat!

[30] **S. 120** Kanitscheider, B.: Naturphilosophie, Kosmologie, Anthropisches Prinzip. S. 174 f.

[31] **S. 120** Näheres zur Anthropozentrik Rahners vgl. Lüke U.: Bio-Theologie. S. 186 ff.

[32] **S. 120** Mouroux, J.: Eine Theologie der Zeit. S. 63.

[33] **S. 120** Mouroux, J.: Eine Theologie der Zeit. S. 68.

[34] **S. 121** Arzt, V./Birmelin, I.: Haben Tiere ein Bewusstsein? S. 211.

[35] **S. 122** Lorenz, K.: Antriebe tierischen und menschlichen Verhaltens. zitiert nach Süssmann, G.: Glaube und Naturwissenschaft. S. 99.

[36] **S. 122** Diesen Pessimismus findet man recht gebündelt in: Lorenz, K.: Der Abbau des Menschlichen.

[37] **S. 122** Näheres zu den historischen Auseinandersetzungen vgl. Lüke, Ulrich: Bio-Theologie. S. 218 ff.

[38] **S. 123** Moltmann, J.: Gott in der Schöpfung. S. 149 f.

[39] **S. 124** Irrgang, B.: Lehrbuch der Evolutionären Erkenntnistheorie. S. 112.

[40] **S. 126** Bresch, C.: Das ALPHA-Prinzip der Natur. In: Bresch, C./Daecke, S. M./ Riedlinger, H.: Kann man Gott aus der Natur erkennen. S. 77 ff.

[41] **S. 126** Vgl. Hawking, St.: Eine kurze Geschichte der Zeit. S. 158.

[42] **S. 126** Hawking, St.: Eine kurze Geschichte der Zeit. S. 160.

[43] **S. 127** Bosshard, S. N.: Erschafft die Welt sich selbst? S. 209 f.

[44] **S. 128** Kanitscheider, B.: Naturphilosophie, Kosmologie, Anthropisches Prinzip. S. 167.

[45] S. 129 Pascal, B.: Pensées. Über die Religion und über einige andere Gegenstände. Heidelberg 8. Aufl. 1978, S. 96, Fragment 183.
[46] S. 130 So titelte der Spiegel in seiner Weihnachtsausgabe Nr. 52, 24. XII. 2005 Gott gegen Darwin. Glaubenskrieg um die Evolution.
[47] S. 130 Dogmatische Konstitution Dei Filius: DH 3004; Antimodernisteneid DH 3537–3550, insbesondere 3538 Zur genaueren Analyse vgl. Lüke, U.: Der Beitrag der Naturwissenschaften zur natürlichen Theologie und Gotteserkenntnis. In ders.: Mensch – Natur – Gott. S. 153–166
[48] S. 132 Vgl. das besonders polemische Werk Löbsack, T.: Die Biologie und der liebe Gott. München 1969. Vgl. Wilson, E. O. – er ist einer der Begründer der Soziobiologie – in: Biologie als Schicksal. Die soziobiologischen Grundlagen menschlichen Vehaltens. Frankfurt/ Berlin/ Wien 1980. Vgl. Wuketits, F.: Evolutionäre Ursprünge der Metaphysik. In: Riedl, R./Wuketits, F. M.: Die Evolutionäre Erkenntnistheorie. Bedingungen, Lösungen, Kontroversen. Berlin/ Hamburg 1987.
[49] S. 132 David Sloan Wilson ist Professor am Department of Biology and Anthropology an der Binghampton University im US-Bundesstaat New York.
[50] S. 132 Bahnsen, U.: Vom Nutzen der Frommen. Der Amerikanische Biologe David Sloan Wilson hält es für erwiesen, dass Glaubenssysteme nach den Regeln von Darwins Evolutionstheorie entstehen. Ein Gespräch über den Sinn der Religionen. In: Die Zeit Nr. 52, 21. XII. 2005, S. 33.

6 Noch-Tier oder Schon-Mensch? Zum Rubikon der Hominisation

[1] S. 135 Knapp zusammengefasst im Katechismus der katholischen Kirche. München 1993, Artikel 362–368. Aus der Fülle kirchenamtlicher Verlautbarungen: DH 3614 f. 3771.
[2] S. 137 Lorenz,K.: Antriebe tierischen und menschlichen Verhaltens. Zitiert nach Süssmann, G.: Glaube und Naturwissenschaft. Göttingen 4. Auflage 1978, S. 98 f.
[3] S. 137 Teilhard de Chardin, P.: Die Entstehung des Menschen. München Sonderausgabe 1969, S. 69.
[4] S. 137 Arzt, V,/ Birmelin, I.: Haben Tiere ein Bewusstsein? München 2. Aufl. 1993, S. 185 ff.
[5] S. 138 Steitz, E.: Die Evolution des Menschen. 3. überarbeitete und erweiterte Aufl., Stuttgart 1993, S. 128.
[6] S. 139 Vgl. Abb. 78 in Steitz, E.: Die Evolution des Menschen. Weinheim 1974, S. 70. Ebenso Abb. 109, 3. Aufl., Stuttgart 1993, S. 126 Hier werden für das Tier-Mensch-Übergangsfeld auch eher kulturanthropologische denn biologische Kriterien verwandt.
[7] S. 139 Vgl. Sentker, A./Willmann, U.: Der Alte. Ein sensationeller Hominidenfund stellt die Geschichte der Menschwerdung auf den Kopf. In: Die Zeit Nr. 29, 11. VII. 2002, S. 27 f. Vgl. auch Mania, D.: Die Zeit – Welt- und Kulturgeschichte in 20 Bänden, Bd. 1, Hamburg 2006, S. 51.
[8] S. 140 Vgl. Begun, D. R.: Das Zweitalter der Menschenaffen. In: Spektrum der Wissenschaft, 12/ 2003, S. 58–66
[9] S. 140 Vgl. Leonard, W. R.: Menschwerdung durch Kraftnahrung. In: Spektrum der Wissenschaft, 5/ 2003, S. 30–38
[10] S. 140 Vgl. Wong, K.: Erste Urmenschen an den Pforten Europas. In: Spektrum der Wissenschaft, 4/ 2004, S. 24–32

[11] **S. 141** Mania, D. in: Die Zeit – Welt- und Kulturgeschichte, Bd. 1 Anfänge der Menschheit und Altes Ägypten, Hamburg 2006, S. 66.
[12] **S. 141** Trinkaus, E./Shipman, P.: Die Neandertaler. Spiegel der Menschheit. München 1993, S. 230 ff. und 242 ff.
[13] **S. 141** Vgl. Bahnsen, U.: Es werde Mensch. In Äthiopien haben amerikanische Forscher die Spuren der ersten modernen Menschen entdeckt. In: Die Zeit Nr. 25, 12. VI. 2003, S. 29.
[14] **S. 141** Vgl. Wong, K.: Die Zwerge von Flores. In: Spektrum der Wissenschaft, 3/ 2005, S. 30–39
[15] **S. 142** Vgl. Trinkaus, E. in: Proceedings of the National Academy of Sciences, 30. IX. 2003, S. 11231.
[16] **S. 142** Bräuer, G.: Der Ursprung lag in Afrika. In Spektrum der Wissenschaft. 3/ 2003, S. 38–46. Ähnlich Weniger, G. C.: Die zweite Menschwerdung. In Die Zeit Nr. 3, 12. I. 2006, S. 35.
[17] **S. 142** Hardy, A.: Der Mensch – das betende Tier. Stuttgart 1979, S. 9 und 150.
[18] **S. 144** Weniger, G.-Ch.: Projekt Menschwerdung. Streifzüge durch die Entwicklungsgeschichte des Menschen. Heidelberg/ Berlin 2003, S. 101.
[19] **S. 144** Kuckenberg, M.: Lag Eden im Neandertal? Auf der Suche nach dem frühen Menschen. Düsseldorf/ München 1997, S. 330 ff.
[20] **S. 144** Henke, W./Rothe, H.: Paläoanthropologie. Berlin/ Heidelberg/ New York 1994, S. 527.
[21] **S. 144** Mania, D.: Auf den Spuren des Urmenschen. Die Funde aus der Steinrinne von Bilzingsleben. Berlin 1990.
[22] **S. 145** Mania, D.: Die Urmenschen von Thüringen. In: Spektrum der Wissenschaft 10/ 2004, S. 46 f.
[23] **S. 146** Vgl. Henke, W./Rothe, H.: Paläoanthropologie. S. 450.
[24] **S. 146** Z. B. bei Schmidt, W.: Der Ursprung der Gottesidee. Bd. III, Münster 1931, S. 536 f.
[25] **S. 146** Bosinski, G. in: Die Zeit – Welt- und Kulturgeschichte. Anfänge der Menschheit und Altes Ägypten Bd. 1, Hamburg 2006, S. 95 und 97.
[26] **S. 146** Ries, J.: Ursprung der Religionen. Augsburg 1993, S. 30 ff. Vgl. auch Kuckenberg, M.: Lag Eden im Neandertal? S. 344 ff.
[27] **S. 146** Rensch, B.: Das universale Weltbild. Evolution und Naturphilosophie. Darmstadt 2. Aufl. 1991, S. 156.
[28] **S. 146** Bosinski, G. in: Die Zeit – Welt- und Kulturgeschichte. Anfänge der Menschheit und Altes Ägypten Bd. 1, Hamburg 2006, S. 97.
[29] **S. 147** Mania, D.: Auf den Spuren des Urmenschen. S. 274; vgl. auch Kuckenberg, M.: Lag Eden im Neandertal? S. 328 ff.
[30] **S. 147** Solecki, R.: Shanidar IV, a Neanderthal Flower Burial in Northern Iraq. in Science 190/ 1975, S. 880; zitiert nach Trinkaus, E./Shipman, P.: Die Neandertaler. S. 438.
[31] **S. 147** Vgl. Riedl, R.: Biologie der Erkenntnis. Die stammesgeschichtlichen Grundlagen der Vernunft. Berlin/ Hamburg 2. Auflage 1980, S. 159; ähnlich in ders.: Die Strategie der Genesis. Naturgeschichte der realen Welt. München 4. Auflage 1985, S. 293 f.
[32] **S. 147** Rensch, B.: Biophilosophie auf erkenntnistheoretischer Grundlage. Panpsychistischer Identismus. Stuttgart 1968, S. 253.
[33] **S. 148** Vgl. Trinkaus, E./Shipman, P.: Die Neandertaler. S. 232.

[34] **S. 148** Wong, K.: Frühe Spuren des menschlichen Geistes. In: Spektrum der Wissenschaft 12/ 2005, S. 45.
[35] **S. 148** Ries, J.: Ursprung der Religionen. S. 33.
[36] **S. 148** Weniger,G.-Ch.: Projekt Menschwerdung. Streifzüge durch die Entwicklungsgeschichte des Menschen. Berlin/ Heidelberg 2003, S. 107.
[37] **S. 149** Lüke, U.: Bio-Theologie. S. 281 ff. Vgl. auch Kap. 9 dieser Arbeit.
[38] **S. 151** Söling, C.: Das Gehirn-Seele-Problem. Neurobiologie und theologische Anthropologie. Paderborn/ München/ Wien/ Zürich 1995, S. 246.
[39] **S. 154** Ratzinger, J.: Kleine Katholische Dogmatik. IX. Eschatologie – Tod und ewiges Leben. S. 223.
[40] **S. 155** Rahner, K.: Grundkurs des Glaubens. Einführung in den Begriff des Christentums. Freiburg/ Basel/ Wien 1976, S. 57 f.
[41] **S. 157** DH 3615.
[42] **S. 158** Schulte, Raphael: Beseelung des Menschen. In: LThK, Bd. 2, 3. Auflage 1994, Sp. 311 f.
[43] **S. 160** Eine solche »Marginalisierungslösung« versucht offenbar Koltermann, R: Grundzüge der modernen Naturphilosophie. Ein kritischer Gesamtentwurf. Frankfurt 1994 S. 240.
[44] **S. 161** Hepp, H.: Die Zeit des Menschen. Anthropologische und medizinische Aspekte. In: Baumgartner, H. M. (Hrsg.): Zeitbegriffe und Zeiterfahrungen. Freiburg/ München 1994, S. 112.
[45] **S. 162** Koslowski, P.: Evolutionstheorie als Soziobiologie und Bioökonomie. Eine Kritik ihres Totatlitätsanspruchs. In Spaemann, R./Koslowski, P./Löw, R. (Hrsg.): Evolutionismus und Christentum. Weinheim 1986, S. 47.
[46] **S. 164** Ich habe an anderer Stelle dazu einen Vorschlag gemacht. Vgl. Lüke, U.: Bio-Theologie. S. 92 ff. und 166 ff.
[47] **S. 165** Einschlägige wichtige Stellen finden sich in DH 190, 201, 285, 360, 403, 455, 685, 1007, 1440, 3220 f., 3614 f., 3896 etc.

7 Der Mensch am Anfang – der Mensch am Ende

[1] **S. 169** Es handelte sich um den damaligen Kulturstaatsminister der Bundesrepublik Deutschland Julian Nida-Rümelin.
[2] **S. 169** Gerhard Schröder, er war von 1998–2005 Bundeskanzler.
[3] **S. 169** Es handelte sich seinerzeit um Ernst-Ludwig Winnacker.
[4] **S. 169** Das war seinerzeit Wolfgang Clement, der nachmalige Bundeswirtschaftsminister.@
[5] **S. 170** Man denke etwa an den ehemaligen Generalsekretär der CDU Peter Hinze.
[6] **S. 170** Da saß die wenig später des Amtes enthobene SPD-Bundesjustizministerin im selben Boot, in dem auch zahlreiche Bundestagsabgeordnete der CDU, nahezu die gesamte Fraktion der Grünen und große Teile der PDS hart gegen den Wind der von ihnen als solche wahrgenommenen Moralvergessenheit kreuzten.
[7] **S. 174** Vgl. Die Zeit Nr. 52, 21. XII. 2005, S. 31.
[8] **S. 174** Vgl. Die Zeit Nr. 22/ 2005, Nr. 25/ 2005, die Frankfurter Allgemeine Zeitung Nr. 115/ 20. V. 2005 etc.
[9] **S. 174** Vgl. FAZ Nr. 15, 18. I. 2006, S. N 1.
[10] **S. 175** Vgl. Merkel, R.: Rechte für Embryonen? In: Die Zeit Nr. 5, 25. I. 2001 S. 37 f. Vgl. auch die Beiträge in: Die Zeit Nr. 4 bis Nr. 11 von Robert Spaemann, Otfried Höf-

fe, Christoph Türcke, Hans Joas, Bettina Schöne-Seifert, Vittorio Hösle, Thomas Assheuer.

[11] **S. 191** Vgl. z. B. Synodenbeschluss »Unsere Hoffnung. Ein Bekenntnis zum Glauben in dieser Zeit« in Bertsch SJ, L./Boonen, Ph./Hammerschmidt, R./Homeyer, J./Kronenberg, F./Lehmann, K. (Hrsg.): Gemeinsame Synode der Bistümer in der Bundesrepublik Deutschland. Beschlüsse der Vollversammlung. Offizielle Gesamtausgabe. Freiburg/ Basel/ Wien 1978, S. 89.

[12] **S. 192** Synodenbeschluss »Unsere Hoffnung. Ein Bekenntnis zum Glauben in dieser Zeit« in Bertsch SJ. u. a.: Gemeinsame Synode der Bistümer in der Bundesrepublik Deutschland. S. 90 f.

[13] **S. 193** Synodenbeschluss »Unsere Hoffnung. Ein Bekenntnis zum Glauben in dieser Zeit« in Bertsch SJ u. a.: Gemeinsame Synode der Bistümer in der Bundesrepublik Deutschland. S. 92.

[14] **S. 197** Neuerlich Prof. Dr. Hoppe im September, Oktober und November 2005 in diversen Medien. Anlass dazu war die Eröffnung einer deutschen Niederlassung der Schweizer Sterbehilfeorganisation »Dignitas« in Hannover.

[15] **S. 197** Vgl. Willmann, U.: Dignitas ist ein diktatorischer Verein. In: Die Zeit, Nr. 44, 27. Oktober 2005, S. 5.

[16] **S. 200** Einer seiner Fälle ist der Folgende: »Ein Mann verbrennt in seinem Auto. Es gibt keine Rettung. Er fleht einen Herbeigeeilten an, ihn zu erschießen. Ein Sterbehilfegegner dürfte den Pistolenschützen mit Gewalt vom Schuss abhalten. Ist das richtiges Recht?« Merkel, R.: »Der Staat darf nicht zum Leben nötigen.« In: Die Zeit Nr. 47, 17. November 2005. Man staunt nicht schlecht, welche Diskurse just dann, wenn es keine Rettung mehr gibt, doch noch möglich und dass potentielle Helfer – offenbar für alle Fälle eines humanitären Eingreifens – mit Pistolen ausgerüstet sein sollen.

8 Freiheit des Geistes – Determination des Gehirns?

[1] **S. 208** Vgl. Hacker, P. M. S.: Hirnforschern aufs Maul geschaut. In: Gehirn & Geist 5/ 2004, S. 43 ff.

[2] **S. 209** Kröber, H.-L.: Das limbische System – ein moralischer Limbus? Wo Gut und Böse sich Grau in Grau färben: Die Hirnforschung bleibt hinter dem Begriff strafrechtlicher Verantwortlichkeit zurück. In: Frankfurter Allgemeine Zeitung (nachfolgend FAZ), 11. November 2003, Nr. 262, S. 37. Kröber ist Prof. für Forensische Psychiatrie am Uni-Klinikum Benjamin Franklin der FU Berlin.

[3] **S. 209** Olivier, R.: Wonach sollen wir suchen? Hirnforscher tappen im Dunkeln. In: FAZ, 13. XII. 2003, Nr. 290, S. 35.

[4] **S. 211** Singer, W.: Keiner kann anders, als er ist. In: FAZ, 8. I. 2004, Nr. 6, S. 33.

[5] **S. 211** Singer, W.: Keiner kann anders, als er ist. In: FAZ, 8. I. 2004, Nr. 6, S. 33.

[6] **S. 211** Singer, W.: Unser Wille kann nicht frei sein. In: Spiegel spezial 4/ 2003: Die Entschlüsselung des Gehirns. S. 25.

[7] **S. 212** Singer, W.: Unser Wille kann nicht frei sein. S. 23.

[8] **S. 213** Roth, G.: Fühlen, Denken, Handeln. Wie das Gehirn unser Verhalten steuert. Frankfurt a. M. 2001, S. 438.

[9] **S. 214** Roth, G.: Fühlen, Denken, Handeln. S. 441 ff.

[10] **S. 214** So u. a. Roth, G.: Wir sind determiniert. Die Hirnforschung befreit von Illusionen. In: FAZ, 1. XII. 2003, Nr. 279, S. 31. Ähnlich argumentiert er in: Fühlen, Denken Handeln. S. 245 ff.

[11] S. 214 Roth, G.: Wir sind determiniert. Die Hirnforschung befreit von Illusionen. In: Frankfurter Allgemeine Zeitung, 1. XII. 2003, Nr. 279, S. 31.
[12] S. 215 Vgl. Singer, W.: Unser Wille kann nicht frei sein. In: Spiegel spezial 4/ 2003: Die Entschlüsselung des Gehirns. S. 21; vgl. auch ders.: Keiner kann anders, als er ist. Verschaltungen legen uns fest: Wir sollten aufhören, von Freiheit zu reden. In: FAZ, 8. I. 2004, Nr. 6, S. 33.
[13] S. 215 Wingert, L.: Mein Ärger verraucht. Wie weit führt das Ticket der Hirnforscher? In: FAZ, 12. I. 2004, Nr. 9, S. 25.
[14] S. 215 Roth, G.: Fühlen, Denken, Handeln. Wie das Gehirn unser Verhalten steuert. Frankfurt a. M. 2001, S. 445.
[15] S. 215 Veröffentlichung am 19. X. 2004 in: Gehirn und Geist.
[16] S. 216 Singer, W.: Das Gehirn ist ein wunderbares Organ. Wie im Kopf aus dem Zusammenspiel von hundert Milliarden Nervenzellen ein Bild von der Welt und von uns selbst entsteht: Ein Gespräch mit Wolf Singer. In: FAZ, 25. XI. 2004, Nr. 276, S. 40.
[17] S. 216 Inzwischen ist ein sehr lesenswerter Sammelband der verschiedensten Positionen zu dieser Thematik erschienen. Geyer, C. (Hrsg.): Hirnforschung und Willensfreiheit. Zur Deutung der neuesten Experimente. Frankfurt 2004.
[18] S. 217 Buchheim, T.: Der Zorn des Gehirns. Was denkt denn da statt meiner? In: FAZ, 19. I. 2004, Nr. 15, S. 27 Buchheim ist Philosoph an der LMU München.
[19] S. 217 Buchheim, T.: Der Zorn des Gehirns. Was denkt denn da statt meiner? In: FAZ, 19. I. 2004, Nr. 15, S. 27.
[20] S. 217 Höffe, O.: Der entlarvte Ruck. Was sagt Kant den Gehirnforschern? In: FAZ, 11. II. 2004, Nr. 35, S. 33. Höffe ist Philosoph an der Universität Tübingen.
[21] S. 217 Roth, G.: Fühlen, Denken, Handeln. Wie das Gehirn unser Verhalten steuert. Frankfurt a. M. 2001, S. 449.
[22] S. 218 Wingert, L.: Mein Ärger verraucht. Wie weit führt das Ticket der Hirnforscher? In: FAZ, 12. I. 2004, Nr. 9, S. 25. Wingert ist Prof. für Philosophie an der Universität Dortmund.
[23] S. 218 Wingert, L.: Mein Ärger verraucht. Wie weit führt das Ticket der Hirnforscher? In: FAZ, 12. I. 2004, Nr. 9, S. 25.
[24] S. 218 Wingert, L.: Mein Ärger verraucht. Wie weit führt das Ticket der Hirnforscher? In: FAZ, 12. I. 2004, Nr. 9, S. 25.
[25] S. 218 Habermas, J.: Um uns als Selbsttäuscher zu entlarven, bedarf es mehr. Das Ich ist zwar sozial konstruiert, aber deshalb noch keine Illusion. In: FAZ, 15. XI. 2004 S. 35 f.
[26] S. 219 ebd.
[27] S. 219 ebd.
[28] S. 219 ebd.
[29] S. 220 ebd.
[30] S. 220 ebd.
[31] S. 221 Helmrich, H.: Das verbiete ich mir. Im Hirn: Bereitsein ist noch kein Wollen. In FAZ 30. XII. 2003, Nr. 302, S. 33. Herbert Helmrich war Vorsitzender des Rechtsausschusses im Deutschen Bundestag und Justizminister von Mecklenburg-Vorpommern.
[32] S. 221 Helmrich, H.: Das verbiete ich mir. Im Hirn: Bereitsein ist noch kein Wollen. In FAZ 30. XII. 2003, Nr. 302, S. 33.
[33] S. 222 Roth, G.: Fühlen, Denken, Handeln. S. 445.

[34] **S. 223** Schockenhoff, E.: Wir Phantomwesen. Die Grenzen der Hirnforschung. In FAZ, 17.XI.2003, Nr. 267, S. 31.
[35] **S. 223** Schockenhoff, E.: Wir Phantomwesen. Die Grenzen der Hirnforschung. In FAZ, 17.XI.2003, Nr. 267, S. 31.
[36] **S. 225** Koch, C.: Wir sind keine Zombies. Bewusstsein mit einem Schlag enthüllt? In: FAZ, 20.II.2004, Nr. 32, S. 37. Christof Koch ist Professor für Informationsverarbeitung und neuronale Systeme am California Institut of Technology.
[37] **S. 225** Kempermann, G.: Infektion des Geistes. Freier Wille auch biologisch bedingt. In: FAZ, 2.III.2004, Nr. 52, S. 37. Gerd Kempermann forscht an der Berliner Charite und am Max-Delbrück-Zentrum für Molekulare Medizin über die Neubildung von Nervenzellen im Erwachsenengehirn.
[38] **S. 226** Kröber, H.-L.: Das limbische System – ein moralischer Limbus? Wo Gut und Böse sich Grau in Grau färben: Die Hirnforschung bleibt hinter dem Begriff strafrechtlicher Verantwortlichkeit zurück. In: FAZ, 11.XI.2003, Nr. 262, S. 37.
[39] **S. 226** Clausberg, K.l/ Weiller, C.: Mach dir ein Bild vom Hirn. Wie Denken aussieht. In: FAZ, 31.I.2004, Nr. 26, S. 31.
[40] **S. 227** Clausberg, K./Weiller, C.: Mach dir ein Bild vom Hirn. Wie Denken aussieht. In: FAZ, 31.I.2004, Nr. 26, S. 31.
[41] **S. 228** Roth, G.: Fühlen, Denken, Handeln. S. 447 f.
[42] **S. 229** Geyer, C.: Hirn als Paralleluniversum. Wolf Singer und Gerhard Roth verteidigen ihre Neuro-These. In: FAZ Nr. 149 30.VI.2004, S. N3.
[43] **S. 230** Roth, G.: Fühlen, Denken, Handeln. S. 445.
[44] **S. 230** Vgl. u.a. Roth, G.: Fühlen, Denken, Handeln. S. 452.
[45] **S. 231** Zitat von Dürrenmatt nach Stingelin, M.: Ort, undenkbar. Friedrich Dürrenmatts Sicht vom Gehirn. In: FAZ, 26.II.2004, Nr. 48, S. 37.
[46] **S. 231** Roth, G.: Fühlen, Denken, Handeln. S. 445.
[47] **S. 231** Vgl. Roth, G.: Fühlen, Denken, Handeln. S. 256.
[48] **S. 232** Roth, G.: Fühlen, Denken, Handeln. S. 448.
[49] **S. 232** Roth, G.: Fühlen, Denken, Handeln. S. 449.
[50] **S. 238** Roth, G.: Die neurobiologischen Grundlagen von Geist und Bewusstsein. In Pauen, M./Roth, G.: Neurowissenschaften und Philosophie. München 2001, S. 205.
[51] **S. 241** Vgl. Zetkin/ Schaldach: Lexikon der Medizin. Wiesbaden 16. Auflage 1998, S. 519 f.
[52] **S. 242** Heinze, H.-J.: Kognitive Neurobiologie. Der Mythos vom Bewusstsein. In: Magdeburger Wissenschaftsjournal 1/ 2001, S. 49 f. Heinze ist Direktor der Klinik für Neurologie II an der Otto-von-Guericke-Universität Magdeburg.
[53] **S. 243** Lenzen, M.: Wieviel Freiheit darf's denn sein? In: Die Zeit Nr. 38 13.IX.2001 dabei Wolfgang Prinz zitierend:»Wir tun nicht, was wir wollen, sondern wir wollen, was wir tun.« Wolfgang Prinz (Psychologe)
[54] **S. 244** Jordan, P.: Der Naturwissenschaftler vor der religiösen Frage. Abbruch einer Mauer. Oldenburg/ Hamburg, 1. Aufl. 1963.
[55] **S. 245** Breidbach, O.: Expeditionen ins Innere des Kopfes. Von Nervenzellen, Geist und Seele. Stuttgart 1993, S. 214.
[56] **S. 245** Gierer, A.: Tragweite und Grenzen der Naturwissenschaften. Manuskript eines Vortrags in der Evangelischen Forschungsakademie Berlin Weißensee. Januar 1991, S. 10 f. Ähnlich äußert er sich in: »Im Spiegel der Natur erkennen wir uns selbst. Wissenschaft und Menschenbild. Hamburg 1998, S. 83 ff., 153 ff. u. 176 ff.

[57] **S. 246** Vgl. Der Hirnforscher Wolf Singer in seinem Dialog mit dem Philosophen Lutz Wingert: Wer deutet die Welt? In: Die Zeit Nr. 50/ 7. XII. 2000, S. 44.
[58] **S. 247** Singer, W. in: FAZ Nr. 222, 23. IX. 2000, S. 52,; Patricia Curchland u. a. in Information Philosophie 5/ 2000 S. 112.
[59] **S. 247** Rager, G.: Hirnforschung und die Frage nach dem Ich. In Rager, G. (Hrsg.): Ich und mein Gehirn. Persönliches Erleben, verantwortliches Handeln und objektive Wissenschaft. Freiburg/ München 2000, S. 50.
[60] **S. 248** Roth, G.: Die neurobiologischen Grundlagen von Geist und Bewusstsein. A. a. O. S. 204.
[61] **S. 249** Vgl. Flohr, H.: Die physiologischen Grundlagen des Bewusstseins. In Elbert, T./Birbaumer, N.: Enzyklopädie der Psychologie. Bd. 6 Biologische Grundlagen der Psychologie. Göttingen/ Bern/ Toronto/ Seattle 2002, S. 50 ff.
[62] **S. 249** Vgl. Rahner, K.: Schriften zur Theologie. Bd. VI. Einsiedeln/ Zürich/ Köln 2. Auflage 1968, S. 203 u. a.
[63] **S. 251** Vgl. Flohr, H.: Biologische Grundlagen der Psychologie. A. a. O. S. 41.
[64] **S. 252** Vgl. Damasio, A.: Descartes' Irrtum. Fühlen, Denken und menschliches Gehirn. München 3. Aufl. 1998.
[65] **S. 252** Metzinger, T. zitiert in: Breuer, H.: Schnappschüsse des Geistes. In Die Zeit Nr. 39, 20. IX. 2001, S. 42.
[66] **S. 252** Vgl. Schnabel, U. in: Die Zeit, Nr. 11, 7. III. 2002 Wo ist Gott? Hirnforscher erklären religiöses Erleben. S. 27 f.; ähnlich auch Grolle, J. in: Der Spiegel, Nr. 21, 18. V. 2002 Hotline zum Himmel. S. 190–201. Der Spiegel titelte gar mit: Hirnforschung. Der gedachte Gott. Wie Glaube entsteht. – Namentlich zu nennende »Neurotheologen« wären John Austin (Neurobiologe), Eleanor Rosch (Prof. für Kognitionsforschung an der University of California in Berkeley), Andrew Newberg (Radiologe von der University of Pennsylvania) Vilayanur Ramachandran (Neurologe an der University of California in San Diego). Letzterer sieht ein »Gott-Modul im Schläfenlappen« vor und steht nicht an, auch einen Genlocus, vermutlich den Gottesgenlocus, dafür zu postulieren. Er ordnet bestimmte religiöse Erfahrungen allerdings in den Formkreis einer Schläfenlappenepilepsie, die er posthum und ferndiagnostisch auch Personen wie Van Gogh, Dostojewski, Jeanne d'Arc und Moses zuschreibt. Beten könnte also einen hirndiagnostischen Anfangsverdacht stützen.
[67] **S. 253** Kant, I.: Kritik der Urteilskraft § 81, Hrsg.: Weischedel, W., Frankfurt a. M. 3. Aufl. 1997, S. 381.
[68] **S. 256** Graf, F. W.: Denk mal höher! Gibt es einen neurobiologischen Gottesbeweis? In: FAZ, 23. VII. 2004, Nr. 169, S. 33.
[69] **S. 256** Ebd., S. 33.
[70] **S. 257** Newberg, A./D'Aquili, E./Rause, V.: Der gedachte Gott. Wie Glaube im Gehirn entsteht. München 2003, S. 10.
[71] **S. 257** Ebd., S. 236.
[72] **S. 257** Ebd., S. 15 und S. 237 (FN 13).
[73] **S. 258** Ebd., S. 17.
[74] **S. 258** Ebd., S. 19.
[75] **S. 259** Ramachandran, V./Hirstein, W. S./Armel, K. C./Tecoma, E./Iragui, V.: *The neural basis of religious experience.* Paper presented at the Annual Conference of the Society of Neuroscience. Abstract 519.1 Vol. 23, Society of Neuroscience.

[76] **S. 259** Sollte der verehrte Leser dieser Zeilen jemals beim Beten oder Meditieren erwischt worden sein, so gehörte er jedenfalls in eine höchst veritable Patientenkartei.
[77] **S. 260** Vgl. Graf, F. W.: Denk mal höher! S. 33.
[78] **S. 260** Vgl. American Psychiatric Association: Diagnostic and Statistical Manual of Mental Disorders: *DSM-IV.* Washington D.C.: 4. Auflage 1994.
[79] **S. 260** Vgl. Söling, C.: Der Gottesinstinkt. Bausteine für eine Evolutionäre Religionstheorie. Dissertation zur Erlangung des Doktorgrades der Naturwissenschaftlichen Fachbereiche der Justus-Liebig-Universität Gießen. Gießen: 2002.
[80] **S. 261** Vgl. Voland, E.; Söling, C.: *Die biologische Basis der Religiosität in Instinkten – Beiträge zu einer evolutionären Religionstheorie.* In: Lüke, U./Schnakenberg, J./Souvignier, G. (Hrsg.): Darwin und Gott. Das Verhältnis von Evolution und Religion. Darmstadt: Wissenschaftliche Buchgesellschaft, 2004. S. 47 ff. Zitat S. 60 f.
[81] **S. 262** Der Übernahme einer Aufgabenstellung dieser Art zeigt sich z. B. Gerhard Roth keineswegs abgeneigt und glaubt auch korrespondierende Größen ausmachen zu können. Vgl. Roth, G.: Fühlen, Denken Handeln. Wie das Gehirn unser Verhalten steuert. Frankfurt 2003, S. 454.
[82] **S. 263** Vgl. Newberg, A.: Der gedachte Gott. S. 97–107.
[83] **S. 263** Vgl. ebd., S. 111 ff.
[84] **S. 263** Vgl. ebd., S. 127.
[85] **S. 265** Ebd., S. 158.
[86] **S. 265** Ebd., S. 174 f.
[87] **S. 265** Ebd., S. 158.
[88] **S. 265** Ebd., S. 170.
[89] **S. 266** Genauere Überlegungen dazu finden sich bei Lüke, U.: Mensch – Natur – Gott. S. 58 ff.
[90] **S. 267** Sommer, V.: Die Vergangenheit einer Illusion. Religion aus evolutionsbiologischer Sicht. In: Voland, E. (Hrsg.): Evolution und Anpassung – Warum die Vergangenheit die Gegenwart erklärt. Stuttgart 1993. Ebenso Dawkins, R.: Gottes Nutzenfunktion. In: Spektrum der Wissenschaft 1/ 1996, S. 94 ff.
[91] **S. 267** Zitiert nach Newberg, A.: Der gedachte Gott. S. 179. Vgl. auch Koenig, H. G.: The Healing Power of Faith. New York 1999 und ders.: Handbook of Religion and Mental Health. San Diego: academic press, 1998.
[92] **S. 269** Newberg, A.: Der gedachte Gott. S. 193.
[93] **S. 269** Goethe, J. W. von: Gedichte letzter Hand. Gott und Welt. Prooemion. Stuttgart u. a. 1827. Die fälschlich ins Internet gestellte Variante von Zeile 4 des Gedichts hat auch ihren Charme: »Natur ins Ich, sich in Natur zu hegen.«
[94] **S. 270** Newberg, A.: Der gedachte Gott. S. 212 f.
[95] **S. 270** Ebd., S. 221.
[96] **S. 271** Ebd., S. 257 (FN 9).
[97] **S. 272** Vgl. Geyer, C.: Was läuft in diesem Kino? Die Hirnforschung weiß nicht, ob sie gefunden hat, was sie sucht. In: Frankfurter Allgemeine Zeitung, 5. VII. 2004, Nr. 180, S. 31. Vgl. auch das Kapitel 9.2: Mehr Gehirn als Geist? Grenzen der naturalistischen Interpretation.

9 Nachdenken nach dem Denken oder dem Denken nachdenken

[1] **S. 273** Thomas von Aquin: Opusculum De ente et essentia, c. 2 f. n. 12 ff.
[2] **S. 273** Pascal, B.: Pensées, S. 167, Nr. 347.

[3] S. 274 Vgl. Kap. 6.1 und 6.2.
[4] S. 275 Diese Zusammenhänge wurden in Kap. 8 genauer erläutert.
[5] S. 275 Vgl. Zimmer, C.: Die Neurobiologie des Selbst. Wie entsteht das dauerhafte Erleben der eigenen Identität. In: Spektrum der Wissenschaft. 5/ 2006, S. 34–41
[6] S. 276 Vgl. zum diesem Problemkomplex Kap. 8.2.
[7] S. 278 Vgl. Weischedel, W.: Der Gott der Philosophen. S. 32 f.
[8] S. 278 Vgl. Baumgartner, H. M./Krings, H./Wild, C.: Philosophie. S. 1072.
[9] S. 279 Popper, K.: Objektive Erkenntnis. Ein evolutionärer Entwurf. Hamburg 2. Aufl. 1973.
[10] S. 279 Vollmer, G.: Evolutionäre Erkenntnistheorie. Stuttgart 3. Aufl. 1983.
[11] S. 279 Lorenz, K.: Die Rückseite des Spiegels. Versuch einer Naturgeschichte des menschlichen Erkennens. München 6. Aufl. 1982.
[12] S. 279 Riedl, R.: Biologie der Erkenntnis. Die stammesgeschichtlichen Grundlagen der Vernunft. Berlin 2. Aufl. 1980.
[13] S. 279 Vgl. Kap. 6 dieser Arbeit.
[14] S. 279 Habermas, J.: Zwischen Naturalismus und Religion. S. 113.
[15] S. 280 Simpson, G. G.: Biology and the nature of science. In: Science 139/ 1963, S. 81–88. Zitiert nach Vollmer, G.: Was können wir wissen? Bd. 2. Die Erkenntnis der Natur. Beiträge zur modernen Naturphilosophie. Stuttgart 1986, S. 71.
[16] S. 280 Brecht, B.: Gesammelte Gedichte, Bd. 2, Frankfurt 1967/ 1976 S. 587 f.
[17] S. 283 Albert, H.: Traktat über kritische Vernunft. Tübingen [5]1991, S. 15.
[18] S. 283 Albert, H. Traktat, S. 16.
[19] S. 284 Zur genaueren kritischen Analyse der Überlegungen Alberts vgl. Lüke, U.: Mensch, Natur, Gott. S. 35–44
[20] S. 284 Vgl. Albert, H.: Art. ›Kritischer Rationalismus‹. In: Seiffert/Radnitzky 1989, S. 181 f.
[21] S. 285 Thomas von Aquin: S. th. I q. 3 introd.
[22] S. 285 DH 806.
[23] S. 285 Vgl. z. B. Joh 14, 6.
[24] S. 286 Grass, G.: Wir leben im Ei. Frankfurt 2005.
[25] S. 290 Koestler, A.: Der Mensch – Irrläufer der Evolution. Eine Anatomie der menschlichen Vernunft und Unvernunft. Bern/ München 1978, S. 329 ff.
[26] S. 291 Habermas, J.: Zwischen Naturalismus und Religion. S. 114.
[27] S. 292 Rahner, K.: Grundkurs des Glaubens. S. 32 ff.
[28] S. 292 Brecht, B.: Gesammelte Gedichte Bd. 1, Frankfurt 1967, S. 99.
[29] S. 294 Nikolaus von Kues: Philosophisch-theologische Werke Bd. 4, De venatione sapientiae. Cap. XII., S. 44/ 46.
[30] S. 295 Nikolaus von Kues: Philosophisch-theologische Werke Bd. 1, De docta ignorantia I. Cap. V, S. 20/ 21 ff.
[31] S. 295 Vgl. Heinzmann, R.: Philosophie des Mittelalters. Grundkurs Philosophie Bd. 7, Stuttgart/ Berlin/ Köln 1992, S. 285.
[32] S. 296 Nikolaus von Kues: Philosophisch-theologische Werke Bd. 1, De docta ignorantia I. Cap. IV, S. 16–19
[33] S. 296 Borsche, T.: Nikolaus von Kues. In Niewöhner, F.: Klassiker der Religionsphilosophie. München 1995, S. 246.

10 Nachspiel – Mensch von Gottes Gnaden

[1] S. 301 Vgl. Kap. 3.

[2] S. 302 Vgl. von Wiese, B.: Echtermeyer – Deutsche Gedichte. Düsseldorf 1966, S. 114

Abkürzungsverzeichnis

DH Denzinger, H./ Hünermann, P.: Kompendium der Glaubensbekenntnisse und kirchlichen Lehrentscheidungen. Freiburg/Basel/Rom/Wien 37. Aufl. 1991

FAZ Frankfurter Allgemeine Zeitung

LThK Höfer, J./ Rahner, K.: Lexikon für Theologie und Kirche. Bd. 1–11, Freiburg 2. völlig neu bearbeitete Auf. 1957–1967 und
Lexikon für Theologie und Kirche. Das Zweite Vatikanische Konzil. Dokumente und Kommentare. Schriftleitung Vorgrimler, H., Bd. 1–3 Freiburg/Basel/Wien 1966–1968
Kasper, W. (Hrsg.):Lexikon für Theologie und Kirche. Bd. 1–11, Freiburg/Basel/Rom/Wien, 3. Aufl. 1993–2001

RGG Gunkel, H./ Tscharnak, L. (Hrsg.): Die Religion in Geschichte und Gegenwart. Handwörterbuch für Theologie und Religionswissenschaft. Tübingen 2. Aufl. 1927–1932
Gallig, K. (Hrsg.): Die Religion in Geschichte und Gegenwart. Handwörterbuch für Theologie und Religionswissenschaft. Tübingen 3. Aufl. 1957–1965
Betz, H. D./Browning, D. S./Janowski, B./Jüngel, E.: Religion in Geschichte und Gegenwart. Handwörterbuch für Theologie und Religionswissenschaft. Tübingen 4. völlig neu bearbeitete Aufl. 1998–2005

Verzeichnis der Abbildungen

Literaturverzeichnis

Albert, H.: Traktat über kritische Vernunft. Tübingen 5. Aufl. 1991

American Psychiatric Association: Diagnostic and Statistical Manual of Mental Disorders: DSM-IV. Washington D.C. 4. Aufl. 1994.

Amery, C.: Das Ende der Vorsehung. Die gnadenlosen Folgen des Christentums. Reinbek 1972

Arzt, V./Birmelin, I.: Haben Tiere ein Bewusstsein? Wenn Affen lügen, wenn Katzen denken und Elefanten traurig sind. München 2. Aufl. 1993

Audretsch, J./Mainzer, K. (Hrsg.): Vom Anfang der Welt. Wissenschaft, Philosophie, Religion, Mythos. München 2. Aufl. 1990

Bahnsen, U.: Es werde Mensch. In Äthiopien haben amerikanische Forscher die Spuren der ersten modernen Menschen entdeckt. In: Die Zeit Nr. 25, 12.VI.2003, S. 29

Bahnsen, U.: Vom Nutzen der Frommen. Der Amerikanische Biologe David Sloan Wilson hält es für erwiesen, dass

Glaubensysteme nach den Regeln von Darwins Evolutionstheorie entstehen. Ein Gespräch über den Sinn der Religionen. In: Die Zeit Nr. 52, 21.XII.2005, S. 33

Baumgartner, H. M. (Hrsg.): Zeitbegriffe und Zeiterfahrungen. Freiburg/München 1994

Baumgartner, H. M./Krings, H./Wild, C.: Philosophie. In Baumgartner, H. M./ Krings, H./Wild, C.: Handbuch philosophischer Grundbegriffe. Studienausgabe Bd. 4 München 1973

Begun, D. R.: Das Zweitalter der Menschenaffen. In: Spektrum der Wissenschaft, 12/ 2003, S. 58–66

Berger, K.: Darf man an Wunder glauben. Stuttgart 1996

Berger, K.: Jesus. München 2004

Bertsch SJ, L. / Boonen, P. / Hammerschmidt, R. / Homeyer, J. / Kronenberg, F. / Lehmann, K. (Hrsg.): Gemeinsame Synode der Bistümer in der Bundesrepublik Deutschland. Beschlüsse der Vollversammlung. Offizielle Gesamtausgabe. Freiburg/ Basel/Wien 1978

Blumenberg, H.: Naturalismus. In RGG, Bd. 4, Tübingen 3. Aufl. 1960, Sp. 1335f.

Borsche, T.: Nikolaus von Kues. In Niewöhner, F.: Klassiker der Religionsphilosophie. München 1995

Bosinski, G. in: Die Zeit – Welt und Kulturgeschichte. Anfänge der Menschheit und Altes Ägypten Bd. 1, Hamburg 2006

Bosshard, S. N.: Erschafft die Welt sich selbst? Die Selbstorganisation von Natur und Mensch aus naturwissenschaftlicher, philosophischer und theologischer Sicht. Freiburg/Basel/Wien 2. Aufl. 1987

Bottéro, J.: Mesopotamische Schöpfungsvorstellungen. In Merklein, H. (Hrsg.): Welt und Umwelt der Bibel 2/1996

Bräuer, G.: Der Ursprung lag in Afrika. In Spektrum der Wissenschaft. 3/2003, S. 38–46.
Brecht, B.: Gesammelte Gedichte, Bd. 1–4, Frankfurt 1967/1976
Breidbach, O.: Expeditionen ins Innere des Kopfes. Von Nervenzellen, Geist und Seele. Stuttgart 1993
Bresch, C.: Das ALPHA-Prinzip der Natur. In Bresch, C./Daecke, S. M./Riedlinger, H.: Kann man Gott aus der Natur erkennen. Quaestiones Disputatae 125, Freiburg/Basel/Wien 1990
Bröker, W.: Natürliche Künstlichkeit. Natur im Menschen. In Bröker, W.: Was ist der Mensch? Osnabrück 1999, S. 105–122.
Buchheim, T.: Der Zorn des Gehirns. Was denkt denn da statt meiner? In: FAZ, 19.I.2004, Nr. 15, S. 27
Busch, P.: Wunder, Wundertäter und Magie. In Erlemann, K./Noethlichs, K-L./Scherberich, K./Zangenberg, J. (Hrsg.): Neues Testament und Antike Kultur. Bd. 3, Neukirchen-Vluyn 2005

Clausberg, K./Weiller, C.: Mach dir ein Bild vom Hirn. Wie Denken aussieht. In: FAZ, 31.I.2004, Nr. 26, S. 31
Curchland, P.: Psychologie auf Neurowissenschaft zurückführen. In: Information Philosophie 5/2000 S. 112

Damasio, A.: Descartes' Irrtum. Fühlen, Denken und menschliches Gehirn. München 3. Aufl. 1998
Dawkins, R.: Gottes Nutzenfunktion. In: Spektrum der Wissenschaft 1/1996, S. 94 ff.
Dennett, D.: Süßigkeit für den Geist. Der US-Philosoph Daniel Dennet über Darwins umstürzlerische Idee, den Ursprung der Seele und die Vertreibung Gottes durch die Naturwissenschaft. In: Der Spiegel Nr. 52, 24.XII.2005, S. 150
Denzinger, H./Hünermann, P.: Kompendium der Glaubensbekenntnisse und kirchlichen Lehrentscheidungen. Freiburg/Basel/Rom/Wien 37. Aufl. 1991
Dictionnaire philosophique in Oevres complètes, Basel 1792, Bd. 61, zitiert nach Krings, H./Baumgartner, H. M./Wild, C. (Hrsg.): Handbuch Philosophischer Grundbegriffe Bd. 4, München 1973
Dogmatische Konstitution »Dei Verbum« des II. Vatikanum und »Die Interpretation der Bibel in der Kirche« vom 23.IV.1993
Drumm, J.: Naturalismus. In LThK Bd. 7, Freiburg/Basel/Wien 3. Aufl. 1998, Sp. 673
Dürr, H. P. (Hrsg.): Physik und Transzendenz. Bern/München/Wien 1988

Einstein, A.: Naturwissenschaft und Religion. In Dürr, H.-P. (Hrsg.): Physik und Transzendenz. Bern/München/Wien 1988

Faber, E-M.: Gnade. Systematisch-theologisch. In: LThK, 3. Aufl., Bd. 4, Sp. 782
Faber, E- M.: Natur und Gnade. In: LThK, 3. Aufl., Bd. 7, Sp. 667 ff.
Fahrenbach, H.: Mensch. In: Krings, H./Baumgartner, H. M./Wild, C. (Hrsg.): Handbuch philosophischer Grundbegriffe. Bd. 4, München 1973, S. 891
Flohr, H.: Die physiologischen Grundlagen des Bewusstseins. In Elbert, T./Birbaumer, N.: Enzyklopädie der Psychologie. Bd. 6 Biologische Grundlagen der Psychologie. Göttingen/Bern/Toronto/Seattle 2002, S. 50 ff.

Fried, J.: Aufstieg aus dem Untergang. Apokalyptisches Denken und die Entstehung der modernen Naturwissenschaft im Mittelalter. München 2001

Gehlen, A.: Der Mensch. Seine Natur und seine Stellung in der Welt. Wiesbaden, 13. Aufl. 1986
Gehlen, A.: Urmensch und Spätkultur. Wiesbaden, 5. Aufl. 1986
Geyer, C. (Hrsg.): Hirnforschung und Willensfreiheit. Zur Deutung der neuesten Experimente. Frankfurt 2004
Geyer, C.: Hirn als Paralleluniversum. Wolf Singer und Gerhard Roth verteidigen ihre Neuro-These. In: FAZ Nr. 149 30. VI. 2004, S. N3
Geyer, C.: Was läuft in diesem Kino? Die Hirnforschung weiß nicht, ob sie gefunden hat, was sie sucht. In: FAZ, 5. VII. 2004, Nr. 180, S. 31.
Gierer, A.: Im Spiegel der Natur erkennen wir uns selbst. Wissenschaft und Menschenbild. Hamburg 1998
Gierer, A.: Tragweite und Grenzen der Naturwissenschaften. Manuskript eines Vortrags in der Evangelischen Forschungsakademie Berlin Weißensee. Januar 1991, S. 10 f.
Goethe, J. W. von: Gedichte letzter Hand. Gott und Welt. Prooemion. Stuttgart u. a. 1827
Goethe, J. W.: Faust Nachdruck des achten Bandes der Berliner Ausgabe, Berlin/Weimar/München 1978
Gondoch, D./Helmle, M./Paul, G.: Lehrbuch Philosophie Teil 2, Strömungen und Positionen. Frankfurt a. M./Berlin/München 1980
Graf, F. W.: Denk mal höher! Gibt es einen neurobiologischen Gottesbeweis? In: FAZ, 23. VII. 2004, Nr. 169, S. 33.
Grass, G.: Wir leben im Ei. Frankfurt 2005
Greshake, G./Faber, E-M.: Gnade. Theologie- und dogmengeschichtlich. In: LThK, 3. Aufl., Bd. 4, Sp. 778;
Greshake, G.: Pelagianismus. In: LThK, Bd. 8, Freiburg/Basel/Wien, 3. Aufl. 1999, Sp. 8
Groh, D.: Schöpfung im Widerspruch. Deutungen der Natur und des Menschen von der Genesis bis zur Reformation. Frankfurt a. M. 2003
Grolle, J.: Hotline zum Himmel. In: Der Spiegel, Nr. 21, 18. V. 2002, S. 190–2001.

Habermas, J.: Um uns als Selbsttäuscher zu entlarven, bedarf es mehr. Das Ich ist zwar sozial konstruiert, aber deshalb noch keine Illusion. In: FAZ, 15. XI. 2004 S. 35 f.
Habermas, J.: Zwischen Naturalismus und Religion. Philosophische Aufsätze. Frankfurt 2005
Hacker, P. M. S.: Hirnforschern aufs Maul geschaut. In: Gehirn & Geist 5/2004, S. 43–45
Hagemann, Rudolf: Allgemeine Genetik, Jena, 2. Aufl. 1985
Hardy, A.: Der Mensch – das betende Tier. Religiosität als Faktor der Evolution. Stuttgart 1979
Hattrup, D.: Einstein und der würfelnde Gott. An den Grenzen des Wissens in Naturwissenschaft und Theologie. Freiburg/Basel/Wien 2001
Hawking, St.: Eine kurze Geschichte der Zeit. Die Suche nach der Urkraft des Universums. Reinbek 1992
Heberer, G.: Charles Darwin. Sein Leben und sein Werk. Stuttgart 1959

Heinze, H.-J.: Kognitive Neurobiologie. Der Mythos vom Bewusstsein. In: Magdeburger Wissenschaftsjournal 1/2–2001
Heinzmann, R.: Philosophie des Mittelalters. Grundkurs Philosophie Bd. 7, Stuttgart/Berlin/Köln 1992
Helmrich, H.: Das verbiete ich mir. Im Hirn: Bereitsein ist noch kein Wollen. In FAZ 30. XII. 2003, Nr. 302, S. 33.
Henke, W./Rothe, H.: Paläoanthropologie. Berlin/Heidelberg/New York 1994
Hepp, H.: Die Zeit des Menschen. Anthropologische und medizinische Aspekte. In: Baumgartner, H. M. (Hrsg.): Zeitbegriffe und Zeiterfahrungen. Freiburg/München 1994
Hoff, P./Miram, W.: Evolution. Hannover 1979
Höffe, O.: Der entlarvte Ruck. Was sagt Kant den Gehirnforschern? In: FAZ, 11. II. 2004, Nr. 35, S. 33
Honnefelder, L.:Anthropologie. Allgemeine Wissenschaftsgeschichte. In: LThK, 3. Aufl. 1993 Bd. 1, Sp. 721

Irrgang, B.: Lehrbuch der Evolutionären Erkenntnistheorie. München/Basel 1993

Jordan, P.: Der Naturwissenschaftler vor der religiösen Frage. Abbruch einer Mauer. Oldenburg/Hamburg 6. Aufl. 1972

Kanitscheider, B.: Im Innern der Natur. Philosophie und moderne Physik. Darmstadt 1996
Kanitscheider, B.: Naturphilosophie, Kosmologie, Anthropisches Prinzip. In Audretsch, J./Mainzer, K. (Hrsg.): Vom Anfang der Welt. Wissenschaft, Philosophie, Religion, Mythos. München 2. Aufl. 1990
Kant, I.: Kritik der Urteilskraft, Hrsg.: Weischedel, W., Frankfurt a. M. 3. Aufl. 1997
Kant, I.: Werke in zwölf Bänden, Bd. 6, Schriften zur Metaphysik und Logik 2, Frankfurt a. M. 1968
Kästner, E.: »... was nicht in euren Lesebüchern steht« (Hrsg.:) Rausch, W. Frankfurt 1983
Kempermann, G.: Infektion des Geistes. Freier Wille auch biologisch bedingt. In: FAZ, 2. III. 2004, Nr. 52, S. 37.
Klein, W.: Teilhard de Chardin und das Zweite Vatikanische Konzil. München/Paderborn/Wien 1975
Kleine-Bockhoff, T.: Darwin vor Gericht. In: Die Zeit, Nr. 44, 27. X. 2005, S. 51
Koch, C.: Wir sind keine Zombies. Bewusstsein mit einem Schlag enthüllt? In: FAZ, 20. II. 2004, Nr. 32, S. 37.
Koenig, H. G.: Handbook of Religion and Mental Health. San Diego: academic press, 1998.
Koenig, H. G.: The Healing Power of Faith. New York 1999
Koestler, A.: Der Mensch – Irrläufer der Evolution. Eine Anatomie der menschlichen Vernunft und Unvernunft. Bern/München 1978
Kollmann, B.: Neutestamentliche Wundergeschichten. Stuttgart/Berlin/Köln 2002
Koltermann, R: Grundzüge der modernen Naturphilosophie. Ein kritischer Gesamtentwurf. Frankfurt 1994
Koslowski, P.: Evolutionstheorie als Soziobiologie und Bioökonomie. Eine Kritik ihres

Totatlitätsanspruchs. In Spaemann, R./Koslowski, P./Löw, R.(Hrsg.): Evolutionismus und Christentum. Weinheim 1986
Kraus, G.: Welt und Mensch. Lehrbuch zur Schöpfungslehre. Frankfurt 1997, S. 159
Kröber, H.-L.: Das limbische System – ein moralischer Limbus? Wo Gut und Böse sich Grau in Grau färben: Die Hirnforschung bleibt hinter dem Begriff strafrechtlicher Verantwortlichkeit zurück. In: FAZ 11. XI. 2003, Nr. 262, S. 37
Kropac, U.: Naturwissenschaft und Theologie im Dialog. Umbrüche in der naturwissenschaftlichen und logisch-mathematischen Erkenntnis als Herausforderung zu einem Gespräch. Münster 1999
Kuckenberg, M.: Lag Eden im Neandertal? Auf der Suche nach dem frühen Menschen. Düsseldorf/München 1997
Kuhn, H.: Natur. Philosophisch. In Fries, H. (Hrsg.): Handbuch theologischer Grundbegriffe. Bd. 2, München 1963, S. 212
Kummer, C.: Evolution und Schöpfung. Zur Auseinandersetzung mit der neokreationistischen Kritik an Darwins Theorie. In: Stimmen der Zeit 1/2006
Kundera, Milan: Die unerträgliche Leichtigkeit des Seins. Frankfurt 1987

Lambert, W. G.: Enuma Elisch. In Kaiser, O. u. a. (Hrsg.): Texte aus der Umwelt des Alten Testaments, Bd. III, Lieferung 4, Gütersloh 1994
Langthaler, R. (Hrsg.): Was ist der Mensch? Ein interdisziplinäres Gespräch zwischen Lebenswissenschaften, Philosophie und Theologie. Frankfurt 2004
Lanzerath, D.: Krankheit. I. Medizinisch-anthropologisch. Lexikon für Theologie und Kirche, Bd. 6, Freiburg, 3. Aufl. 1997, Sp. 426
Laubichler, M.: Glaube ans Design. Ritt den Kardinal der Teufel? In FAZ Nr. 162, 15. VII. 2005, S. 33
Lenzen, M: Wieviel Freiheit darf's denn sein? In: Die Zeit Nr. 38, 13. IX. 2001
Leonard, W. R.: Menschwerdung durch Kraftnahrung. In: Spektrum der Wissenschaft, 5/2003, S. 30–38
Löbsack, T.: Die Biologie und der liebe Gott. München 1969.
Lorenz, K.: Die Rückseite des Spiegels. Versuch einer Naturgeschichte des menschlichen Erkennens. München 6. Aufl. 1982
Lorenz, K.: Der Abbau des Menschlichen. München/Zürich 1983
Lorenz,K.: Antriebe tierischen und menschlichen Verhaltens. Zitiert nach Süssmann, G.: Glaube und Naturwissenschaft. Göttingen 4. Aufl. 1978,
Lotz, J. B.: Anthropologie. In: Brugger, K. (Hrsg.): Philosophisches Wörterbuch. Freiburg/Basel/Wien 1985, S. 20
Lübbe, H.: Religion nach der Aufklärung. Graz/Wien/Köln 1986
Lüke, U.: »Als Anfang schuf Gott …« Bio-Theologie. Zeit – Evolution – Hominisation. Paderborn 2. Aufl. 2001
Lüke, U.: Evolutionäre Erkenntnistheorie und Theologie. Eine kritische Auseinandersetzung aus fundamentaltheologischer Perspektive. Stuttgart 1990
Luke, U.: Fahrlässige Tröstung? Anstößige Gedanken im Kirchenjahr. Leipzig 1998
Lüke, U.: Mensch, Natur, Gott. Naturwissenschaftliche Beiträge und theologische Erträge. Münster 2002

Mania, D. in: Die Zeit – Welt- und Kulturgeschichte, Bd. 1 Anfänge der Menschheit und Altes Ägypten, Hamburg 2006

Mania, D.: Auf den Spuren des Urmenschen. Die Funde aus der Steinrinne von Bilzingsleben. Berlin 1990
Mania, D.: Die Urmenschen von Thüringen. In: Spektrum der Wissenschaft 10/2004, S. 46f.
Mayr, E.: Das ist Biologie. Die Wissenschaft des Lebens. Heidelberg/Berlin 2000
Mayr, E.: Evolution und die Vielfalt des Lebens. Berlin/Heidelberg/New York 1979
Merkel, R.: Rechte für Embryonen? In: Die Zeit Nr. 5, 25.I.2001 S. 37f.
Merkel, R.: »Der Staat darf nicht zum Leben nötigen.« In: Die Zeit Nr. 47, 17.XI.2005.
Metz, J. B.: Naturalismus. In Höfer, J./Rahner, K.: LThK. Bd. 7, Freiburg/Basel/Wien, 2. Aufl., Sp. 209
Metzinger, T. zitiert in Breuer, Hubertus: Schnappschüsse des Geistes. In: Die Zeit Nr. 39, 20.IX.2001, S. 42
Meyer, A.: Die Evolution bastelt blind und ohne Plan. Eine Abrechnung mit der religiösen Denkschule des Kreationismus und Verteidigung der Lehre Darwins. In: Die Welt, 25.VIII.2005, S. 31
Moltmann, J.: Gott in der Schöpfung. Ökologische Schöpfungslehre. München 3. Aufl. 1987
Monod, J.: Zufall und Notwendigkeit. Philosophische Fragen der modernen Biologie. München 3. Aufl. 1977
Monod, J: Zufall und Notwendigkeit. Philosophische Fragen der modernen Biologie München 1971
Mouroux, J.: Eine Theologie der Zeit. Freiburg/Basel/Wien 1965

Newberg, A./D'Aquili, E./Rause, V.: Der gedachte Gott. Wie Glaube im Gehirn entsteht. München 2003
Newman, J. H.: Dokument A. 18.21, Birmingham Oratorium und Sundries, 83. Zitiert nach: Schmitz-Moormann, Karl: Schöpfung und Evolution. Neue Ansätze zum Dialog zwischen Naturwissenschaften und Theologie. Düsseldorf 1992
Niewöhner, F.: Klassiker der Religionsphilosophie. Von Platon bis Kierkegaard, München 1995

Olivier, R.: Wonach sollen wir suchen? Hirnforscher tappen im Dunkeln. In: FAZ, 13.XII.2003, Nr. 290, S. 35

Pascal, B.: Pensées. Über die Religion und über einige andere Gegenstände. Nr. 358, Heidelberg 1978 Übertragen und herausgegeben von Ewald Wasmuth
Pascal, B.: Pensées. Über die Religion und über einige andere Gegenstände. Hrsg. u. Übertragung Wasmuth, E. Heidelberg 8. Aufl. 1978
Pesch, O. H.: Theologie der Rechtfertigung bei Martin Luther und Thomas von Aquin. Mainz 1967
Platon: Meisterdialoge – Phaidon, Symposion, Phaidros. In Andresen, K. e.a. (Hrsg.): Bibliothek der Alten Welt München/Zürich, 2. Aufl. 1986
Pons Collins Großwörterbuch Deutsch-Englisch, Englisch-Deutsch, London/Glasgow/New-York/Stuttgart, 1. Aufl. 10 Nachdruck 1990
Pschyrembel Klinisches Wörterbuch, 258. neu bearbeitete Aufl., Berlin/New York 1998

Rager, G.: Hirnforschung und die Frage nach dem Ich. In Rager, G. (Hrsg.): Ich und

mein Gehirn. Persönliches Erleben, verantwortliches Handeln und objektive Wissenschaft. Freiburg/München 2000
Rahner, K.: Grundkurs des Glaubens. Einführung in den Begriff des Christentums. Freiburg/Basel/Wien 1976
Rahner, K.: Schriften zur Theologie. Bd. VI. Einsiedeln/Zürich/Köln 2. Aufl. 1968
Ramachandran, V./Hirstein, W. S./Armel, K. C./Tecoma, E./Iragui, V.: *The neural basis of religious experience.* Paper presented at the Annual Conference of the Society of Neuroscience. Abstract 519.1 Vol. 23, Society of Neuroscience.
Ratzinger, J.: Einführung in das Christentum. Vorlesungen über das Apostolische Glaubensbekenntnis. München 1985
Ratzinger, J.: Kleine Katholische Dogmatik. IX. Eschatologie – Tod und ewiges Leben. S. 223
Rensch, B.: Biophilosophie auf erkenntnistheoretischer Grundlage. Panpsychistischer Identismus. Stuttgart 1968
Rensch, B.: Das universale Weltbild. Evolution und Naturphilosophie. Darmstadt 2. Aufl. 1991, S. 156
Riedl, R.: Biologie der Erkenntnis. Die stammesgeschichtlichen Grundlagen der Vernunft. Berlin/Hamburg 2. Aufl. 1980
Riedl, R.: Die Strategie der Genesis. Naturgeschichte der realen Welt. München 4. Aufl. 1985
Ries, J.: Ursprung der Religionen. Augsburg 1993
Roth, G.: Die neurobiologischen Grundlagen von Geist und Bewusstsein. In Pauen, M./ Roth, G.: Neurowissenschaften und Philosophie. München 2001,
Roth, G.: Die neurobiologischen Grundlagen von Geist und Bewusstsein. A. a. O. S. 204
Roth, G.: Fühlen, Denken, Handeln. Wie das Gehirn unser Verhalten steuert. Frankfurt a. M. 2001
Roth, G.: Wir sind determiniert. Die Hirnforschung befreit von Illusionen. In: FAZ, 1. XII. 2003, Nr. 279, S. 31.
Ruppert, L.: Das Buch Genesis. Geistliche Schriftlesung Bd. 6/1, Düsseldorf 2. Aufl. 1984, Das Buch Genesis. Geistliche Schriftlesung Bd. 2, Leipzig 1. Aufl. 1984

Saller, M.: Heiland. Religionspädagogisch. In LThK, 3. Aufl., Bd. 4, Sp. 1264 f.
Schmidt, W.: Der Ursprung der Gottesidee. Bd. III, Münster 1931
Schmitz-Moormann, K.: Schöpfung und Evolution. Neue Ansätze zum Dialog zwischen Naturwissenschaften und Theologie. Düsseldorf 1992
Schnabel, U.: Wo ist Gott? Hirnforscher erklären religiöses Erleben. In: Die Zeit, Nr. 11, 7. III. 2002, S. 27 f.
Schneider, R. (zitiert nach Andreas Nentwich): Die Täter werden nie den Himmel zwingen. In: Die Zeit Nr. 20, 8. V. 2003, S. 41
Schockenhoff, E.: Ethik des Lebens. Ein theologischer Grundriss. Mainz 1993
Schockenhoff, E.: Kann man glauben, um zu erkennen? Evolutionslehre und »Intelligent Design«, gesehen im Licht einer Theologie der Schöpfung. Frankfurter Allgemeine Zeitung Nr. 199, 27. VIII. 2005, S. 44
Schockenhoff, E.: Wir Phantomwesen. Die Grenzen der Hirnforschung. In FAZ, 17. XI. 2003, Nr. 267, S. 31
Schönborn, C.: New York Times und International Herold Tribune. 7. Juli 2005
Schulte, R.: Beseelung des Menschen. In: LThK, Bd. 2, 3. Aufl. 1994, Sp. 311 f.

Sentker, A./Willmann, U.: Der Alte. Ein sensationeller Hominidenfund stellt die Geschichte der Menschwerdung auf den Kopf. In: Die Zeit Nr. 29, 11. VII. 2002, S. 27 f.
Simpson, G. G.: Biology and the nature of science. In: Science 139/1963, S. 81–88.
Singer, W./Wingert, L.: Wer deutet die Welt? In: Die Zeit Nr. 50/7. XII. 2000, S. 44
Singer, W.: Das Gehirn ist ein wunderbares Organ. Wie im Kopf aus dem Zusammenspiel von hundert Milliarden Nervenzellen ein Bild von der Welt und von uns selbst entsteht: Ein Gespräch mit Wolf Singer. In: FAZ, 25. XI. 2004, Nr. 276, S. 40
Singer, W.: Keiner kann anders, als er ist. In: FAZ, 8. I. 2004, Nr. 6, S. 33
Singer, W.: Unser Wille kann nicht frei sein. In: Spiegel spezial 4/2003: Die Entschlüsselung des Gehirns. S. 21; vgl. Singer, W.: Keiner kann anders, als er ist. Verschaltungen legen uns fest: Wir sollten aufhören, von Freiheit zu reden. In: FAZ, 8. I. 2004, Nr. 6, S. 33
Solecki, R.: Shanidar IV, a Neanderthal Flower Burial in Northern Iraq. In: Science 190/1975
Söling, C.: Das Gehirn-Seele-Problem. Neurobiologie und theologische Anthropologie. Paderborn/München/Wien/Zürich 1995
Söling, C.: Der Gottesinstinkt. Bausteine für eine Evolutionäre Religionstheorie. Dissertation zur Erlangung des Doktorgrades der Naturwissenschaftlichen Fachbereiche der Justus-Liebig-Universität Gießen. Gießen: 2002.
Söling, C./Voland, E.: Die biologische Basis der Religiosität in Instinkten – Beiträge zu einer evolutionären Religionstheorie. In Lüke, U./Schnakenberg, J./Souvignier, G. (Hrsg.): Darwin und Gott. Das Verhältnis von Evolution und Religion. Darmstadt 2004
Sommer, V.: Die Vergangenheit einer Illusion. Religion aus evolutionsbiologischer Sicht. In. Voland, E. (Hrsg.): Evolution und Anpassung – Warum die Vergangenheit die Gegenwart erklärt. Stuttgart 1993
Spaemann, R./Koslowski, P./Löw, R. (Hrsg.): Evolutionismus und Christentum. Weinheim 1986
Steinmann: Naturalismus. In Gunkel, H./Tscharnak, L. (Hrsg.): Die Religion in Geschichte und Gegenwart. Handwörterbuch für Theologie und Religionswissenschaft. Bd. 4, 2. Aufl. Tübingen 1930
Steitz, E.: Die Evolution des Menschen. Weinheim 1974
Steitz, E.: Die Evolution des Menschen. Stuttgart, 3. überarbeitete und erweiterte Aufl. 1993
Stensen, N.: Nicolai Stenonis opera philosophica. Ed. V. Maar 1910 zitiert nach Wieh, H.: Niels Stensen. Sein Leben in Dokumenten und Bildern, Würzburg 1988
Stingelin, M.: Ort, undenkbar. Friedrich Dürrenmatts Sicht vom Gehirn. In: FAZ, 26. II. 2004, Nr. 48, S. 37

Teilhard de Chardin, P.: Die Entstehung des Menschen. München Sonderausgabe 1969
Thomas v. Aquin: Summa contra gentiles 2, 3
Thomas von Aquin: Summa theologica I. q.1 a.8 ad 2.
Trinkaus, E. in: Proceedings of the National Academy of Sciences, 30. IX. 2003, S. 11231
Trinkaus, E./Shipman, P.: Die Neandertaler. Spiegel der Menschheit. München 1993

Voland, E./Söling, C.: Die biologische Basis der Religiosität in Instinkten – Beiträge zu einer evolutionären Religionstheorie. In Lüke, U./Schnakenberg, J./Souvignier, G.

(Hrsg.): Darwin und Gott. Das Verhältnis von Evolution und Religion. Darmstadt 2004
Vollmer, G.: Mesokosmos und objektive Erkenntnis. In: Lorenz, K./Wuketits, F. (Hrsg.): Die Evolution des Denkens. München/Zürich 1983
Vollmer, G.: Was können wir wissen? Bd. 1. Die Natur der Erkenntnis. Beiträge zur Evolutionären Erkenntnistheorie. Stuttgart 1985
Vollmer, G.: Was können wir wissen? Bd. 2. Die Erkenntnis der Natur. Beiträge zur modernen Naturphilosophie. Stuttgart 1986
Vollmer, Gerhard: Zufall in der Biologie. In: Herder Lexikon der Biologie, Heidelberg/Berlin/Oxford, Bd. 8, S. 509 f.

Walter, P.: Schriftsinne. In: LThK 3. Aufl. Bd. 9, Sp. 268 f.
Weischedel, W.: Der Gott der Philosophen. Grundlegung einer philosophischen Theologie im Zeitalter des Nihilismus. Zwei Bände in einem Band, Darmstadt 3. Aufl. 1998
Weniger, G. C.: Die zweite Menschwerdung. In Die Zeit Nr. 3, 12. I. 2006, S. 35
Weniger, G. C.: Projekt Menschwerdung. Streifzüge durch die Entwicklungsgeschichte des Menschen. Heidelberg/Berlin 2003
Wetz, F. J.: Naturalismus und Menschenwürde. In: Langthaler, R. (Hrsg.): Was ist der Mensch? Ein interdisziplinäres Gespräch zwischen Lebenswissenschaften, Philosophie und Theologie. Frankfurt 2004
Wieh, H.: Niels Stensen. Sein Leben in Dokumenten und Bildern, Würzburg 1988, S. 32
Wiese, v. B.: Echtermeyer – Deutsche Gedichte. Düsseldorf 1966
Willmann, U.: Dignitas ist ein diktatorischer Verein. In: Die Zeit, Nr. 44, 27. Oktober 2005, S. 5
Wilson, E. O.: Biologie als Schicksal. Die soziobiologischen Grundlagen menschlichen Vehaltens. Frankfurt/Berlin/Wien 1980.
Wingert, L.: Mein Ärger verraucht. Wie weit führt das Ticket der Hirnforscher? In: FAZ, 12. I. 2004, Nr. 9, S. 25
Wong, K.: Die Zwerge von Flores. In: Spektrum der Wissenschaft, 3/2005, S. 30–39
Wong, K.: Erste Urmenschen an den Pforten Europas. In: Spektrum der Wissenschaft, 4/2004, S. 24–32
Wong, K.: Frühe Spuren des menschlichen Geistes. In: Spektrum der Wissenschaft 12/2005, S. 45
Wuketits, F.: Evolutionäre Ursprünge der Metaphysik. In: Riedl, R./Wuketits, F. M.: Die Evolutionäre Erkenntnistheorie. Bedingungen, Lösungen, Kontroversen. Berlin/Hamburg 1987

Zenger, E.: »Das Blut deines Bruders schreit zu mir«. Gestalt und Aussageabsicht der Erzählung von Kain und Abel. In: Bader, D. (Hrsg.): Kain und Abel. Rivalität und Brudermord in der Geschichte der Menschen. München 1983
Zenger, E.: Gottes Bogen in den Wolken. Untersuchungen zu Komposition und Theologie der priesterschriftlichen Urgeschichte. Stuttgart 2. Aufl. 1987
Zetkin/Schaldach: Lexikon der Medizin. Wiesbaden 16. Aufl. 1998
Zimmer, C.: Die Neurobiologie des Selbst. Wie entsteht das dauerhafte Erleben der eigenen Identität. In: Spektrum der Wissenschaft. 5/2006, S. 34–41

Personenregister

Schlagwortregister